内蒙古经济转型技术
减碳措施方案与路径研究

张树礼　郭二果　李天昕　著

北　京

冶金工业出版社

2023

内 容 提 要

绿色低碳转型是实现碳达峰碳中和目标的重要内容，关键在于重点行业、领域的技术减碳上。本书着眼于内蒙古自治区六大重点行业和三大领域，从当前碳排放现状分析入手，紧密结合碳减排技术需求，综合考虑供给侧和消费侧角度，从全生命周期角度出发，采用生命周期评价（LCA）法、LEAP-Power 模型法、碳排放路径情景概述法等，开展碳排放核算、技术减碳潜力贡献评估，研究设计适合内蒙古经济技术发展水平和行业发展特点的低碳技术路径，提出六大行业三大领域的九项技术减碳路径、十项技术减碳政策和六项制度创新保障建议。

本书可为政府管理决策提供参考，同时可指导低碳咨询行业的方案制定，为各类企业技术人员选择低碳技术与发展路径提供依据，也可作为高等院校本科生及研究生学习减碳技术相关知识的课外学习资料。

图书在版编目（CIP）数据

内蒙古经济转型技术减碳措施方案与路径研究／张树礼，郭二果，李天昕著. —北京：冶金工业出版社，2023.3
ISBN 978-7-5024-9354-7

Ⅰ.①内…　Ⅱ.①张…　②郭…　③李…　Ⅲ.①低碳经济—区域经济发展—研究—内蒙古　Ⅳ.①F127.26

中国国家版本馆 CIP 数据核字（2023）第 011403 号

内蒙古经济转型技术减碳措施方案与路径研究

出版发行	冶金工业出版社	电　　话	（010）64027926
地　　址	北京市东城区嵩祝院北巷 39 号	邮　　编	100009
网　　址	www.mip1953.com	电子信箱	service@ mip1953.com

责任编辑　于昕蕾　美术编辑　彭子赫　版式设计　郑小利
责任校对　范天娇　责任印制　禹　蕊
三河市双峰印刷装订有限公司印刷
2023 年 3 月第 1 版，2023 年 3 月第 1 次印刷
787mm×1092mm　1/16；18.5 印张；446 千字；285 页
定价 118.00 元

投稿电话　（010）64027932　投稿信箱　tougao@cnmip.com.cn
营销中心电话　（010）64044283
冶金工业出版社天猫旗舰店　yjgycbs.tmall.com
（本书如有印装质量问题，本社营销中心负责退换）

前　言

　　实现碳达峰碳中和是国家的重大战略决策，低碳技术创新是落实碳达峰碳中和目标的关键。内蒙古自治区在低碳转型路径方面开展了大量探索，未来几年仍是内蒙古自治区低碳转型的关键时期。

　　本书聚焦内蒙古自治区六大重点行业和三大领域，采用定量/半定量方法，研究设计适合内蒙古自治区经济技术发展水平和行业发展特点的低碳技术路径。全书共分7章，前3章主要介绍了国内外技术减碳形势、低碳发展路径、存在问题及发展方向，以及内蒙古碳排放及低碳技术研究应用现状和研究方法。第4章介绍了内蒙古电力、钢铁、水泥、有色、化工、农牧业等六大重点行业及交通、建筑、公共机构等三大领域技术减碳路径。第5章介绍了内蒙古非二氧化碳控制技术现状及路径探索。第6章提出了内蒙古低碳技术发展的制度创新建议。第7章总结了研究分析情况，并提出了技术减碳对内蒙古经济转型决策的支撑建议。

　　编撰过程中，冶金工业出版社提出了宝贵建议，内蒙古包钢、包头海平面高分子工业有限公司、东方希望包头稀土铝业有限责任公司、北方联合电力有限责任公司包头第一热电厂等单位在现场调研中给予很大支持，在此一并深表感谢。

　　由于涉及学科较多，受时间、知识所限，难免有不周全或疏漏之处，敬请读者批评指正。

张树礼　郭二果　李天昕

2022 年 9 月 30 日

目　录

引　言

　　实现碳达峰碳中和是我国彰显大国责任、推动生态文明建设和经济高质量发展的重大战略决策。推进绿色低碳技术创新是推动结构调整、实现减污降碳协同增效及经济社会全面绿色转型的客观需求和重要路径，也是落实碳达峰碳中和目标的关键。内蒙古自治区在低碳转型路径方面已开展了大量探索，在重点行业领域大力研究应用低碳技术。但存在低碳技术研发水平相对落后、自主研发和创新能力不足、负碳技术应用体系尚不成熟、技术研发成果产业化不足以及"碳锁定"效应明显等问题。"十四五"作为双碳目标达成的关键时期，内蒙古自治区要加快技术减碳，加快开展相关研发与示范工作。

　　在这种"双碳"背景与内蒙古自治区绿色低碳转型迫切形势下，内蒙古自治区成立课题组，组织开展《碳达峰碳中和形势下内蒙古经济转型的路径研究》，寻找促进内蒙古自治区经济转型的路径对策，该书研究内容属于其子课题之——加快技术减碳。实现"双碳"目标，既要产业材料、制造工艺和能源等方面的技术更新迭代，也要交通、建筑等领域的挖潜提效，提高能源利用效率。

　　在综述国内外碳达峰碳中和技术发展概况的基础上，调查梳理内蒙古自治区碳排放及低碳技术的应用现状及存在问题。以问题为导向，以需求为牵引，聚焦关键核心技术，针对内蒙古自治区电力、钢铁、水泥、有色、石化化工、煤化工等重点行业及交通、建筑、公共机构等重点领域，提出内蒙古自治区经济社会转型中碳达峰碳中和技术路径，以科技创新引领全区如期实现碳达峰碳中和目标。

　　首先通过资料收集与文献查询、走访调研、多次研讨交流与专家咨询，在了解国内外低碳技术发展历程的基础上，梳理了内蒙古自治区重点行业和领域的能源消耗、碳排放情况，以及节能减排、资源综合利用等低碳技术研发与应用情况及内蒙古自治区可适用的碳减排技术等。然后重点针对电力、水泥、钢铁、有色、化工、农牧业六大重点行业及交通、建筑、公共机构三大领域，从全生命周期角度出发，采用生命周期评价（LCA）法、LEAP-Power 模型法、碳排放路径情景概述法等，开展碳排放核算、技术减碳潜力贡献评估，最后筛选设计适合内蒙古自治区经济技术发展水平和行业发展特点的低碳技术路径，提出六大行业三大领域的九项技术减碳路径、十项技术减碳政策和六项制度创新保障建议。

　　本书体现了三大创新点：

　　（1）较为系统地梳理了当前国家推广应用的低碳技术体系和内蒙古自治区低碳技术应用现状，为内蒙古自治区后续绿色低碳发展应用提供了基础。

　　（2）较早地、较为全面、系统地开展了内蒙古自治区重点行业领域技术减碳路径，采用半定量化方法给出了重点行业碳减排技术路线图。

　　（3）针对各行业领域及内蒙古自治区双碳目标的整体实现，提出了针对性低碳技术发展应用的政策建议，为政府管理决策提供参考。

碳减排路径设计中体现了三大特点：

（1）本地特点。研究基于全自治区现状摸底调查，充分考虑内蒙古自治区本地化的环境、社会与经济分布规律，提出体现地方行业水平实际和本地社会经济本底的减排措施方案，具有较好的可行性和针对性。

（2）多尺度特点。研究基于各行业典型工艺产业链的全生命周期评价，结合省级层面数据进行碳排放环节和排放特征综合分析，兼顾宏观与微观，全面考虑了内蒙古自治区重点行业产业链、碳排放全工艺流程、碳减排技术路径与管控对策，具有多尺度研究特色。

（3）双路径特点。将从上至下行业宏观分析与从下至上减碳效果分析相结合，提出匹配工艺减碳环节和时间节点的路径设计方案，双路径相互校核，保障碳减排潜力分析的科学性和路径设计的合理性。

1 国内外碳排放及低碳技术发展概述

1.1 国内外碳排放情况概述

双碳背景下温室气体与气候变化成为国际社会关注的焦点。碳排放是关于温室气体排放的一个总称或简称，温室气体主要包括二氧化碳、甲烷、氧化亚氮、氢氟碳化物、全氟碳化物及六氟化硫等六种。自2010年以来，全球温室气体排放年均增长率1.4%，按照不包括土地利用变化产生的温室气体排放量，2019年，全球温室气体排放量达524亿吨二氧化碳当量，其中化石能源使用产生的二氧化碳排放量380亿吨二氧化碳当量。2020年二氧化碳排放量比2019年的排放水平下降约6%。全球温室气体中，二氧化碳占70%以上。在过去十年，排名前四位的排放国和地区（中国、美国、欧盟27国加英国、印度）温室气体总排放量（不包括土地利用变化）占全球55%，二十国集团成员国的排放量占78%。

2010~2020年全球及中国碳排放量如图1-1所示。从近年来年排放量来看，中国是最大的排放国，2020年碳排放量占全球的30.10%，其中三大化石能源煤炭、石油和天然气的合计碳排放量占全国碳排放总量的91.87%。从多年碳排放累计量来看，自1751年以来，美国累计碳排放量4000亿吨，占全球的25%，居首位，欧盟27国加英国碳贡献22%，中国排放占比13%；从人均碳排放量来看，美国17.6t/a，中国10.1t/a。从能耗强度来说，2019年我国能耗强度是世界平均水平的1.3倍，远高于美国、英国、法国、德国、日本等发达国家，是经济合作与发展组织（OECD）的2.7倍。2020年我国非化石能源占一次能源消费比重为15.8%，在占比84.2%的化石能源中，煤炭占56.8%。

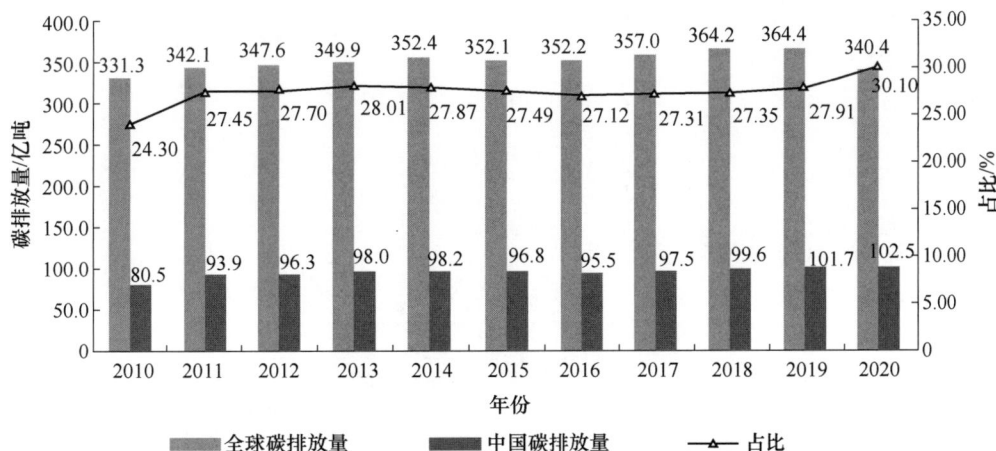

图1-1　2010~2020年全球及中国碳排放量

1.2 国内外低碳发展路径

1.2.1 全球碳中和战略行动路径

1992 年《联合国气候变化框架公约》第一个应对气候变化的里程碑文件问世，1997 年出台《京都议定书》第一个限制温室气体排放的全球性制度，首次以国际性法规的形式对发达国家温室气体排放做出明确，引入市场机制作为温室气体排放的新路径，催生出碳排放权交易市场。2015 年第三个里程碑式国际法律《巴黎气候变化协定》对 2020 年之后全球气候治理做出安排，明确全球平均气温较前工业化时期上升幅度控制在 2℃ 以内，努力限制在 1.5℃ 以内。截至 2021 年 3 月，巴黎协定签署方达 195 个（占温室气体排放总量 92%），缔约方达 191 个。2021 年 11 月 13 日闭幕的 COP26，是《巴黎协定》进入实施阶段后召开的首次缔约方大会，达成了首个明确计划减少煤炭用量的气候协议，是史上首个"减煤"协议，讨论内容涉及限制全球变暖的程度、对化石燃料的看法以及受气候危机影响最严重的国家是否应该得到补偿等问题，将全球变暖控制在 1.5℃ 以内，实现世界免遭灾难性气候变化的协议，代表了全球绿色低碳转型的大方向，形成全球气候治理新格局，全球各国迈出决定性步伐，纷纷制定应对气候变化、绿色低碳发展计划，至 2020 年底已有近 50 个国家的碳排放实现达峰，100 多个国家提出了碳中和承诺。部分国家碳达峰碳中和实施计划如图 1-2 所示。

已实施或计划实施碳交易系统和碳税	已实施或计划实施碳交易系统或碳税	考虑实施碳交易系统或碳税
丹麦	阿根廷	黑山
爱沙尼亚	澳大利亚	新加坡
芬兰	奥地利	泰国
法国	智利	土耳其
冰岛	哥伦比亚	越南
爱尔兰	朝鲜	科特迪瓦
拉脱维亚	列支敦斯登	
挪威	卢森堡	
波兰	印度尼西亚	
葡萄牙	日本	
斯洛文尼亚	哈萨克斯坦	
西班牙	墨西哥	
瑞典	荷兰	
瑞士	新西兰	
加拿大	韩国	
	南非	
	乌克兰	
	巴西	
	中国	
	美国	

国家层面　　次一级行政层面

资料来源：世界银行，BCG分析。信息更新至2021年3月31日

(a)

(b)

(c)

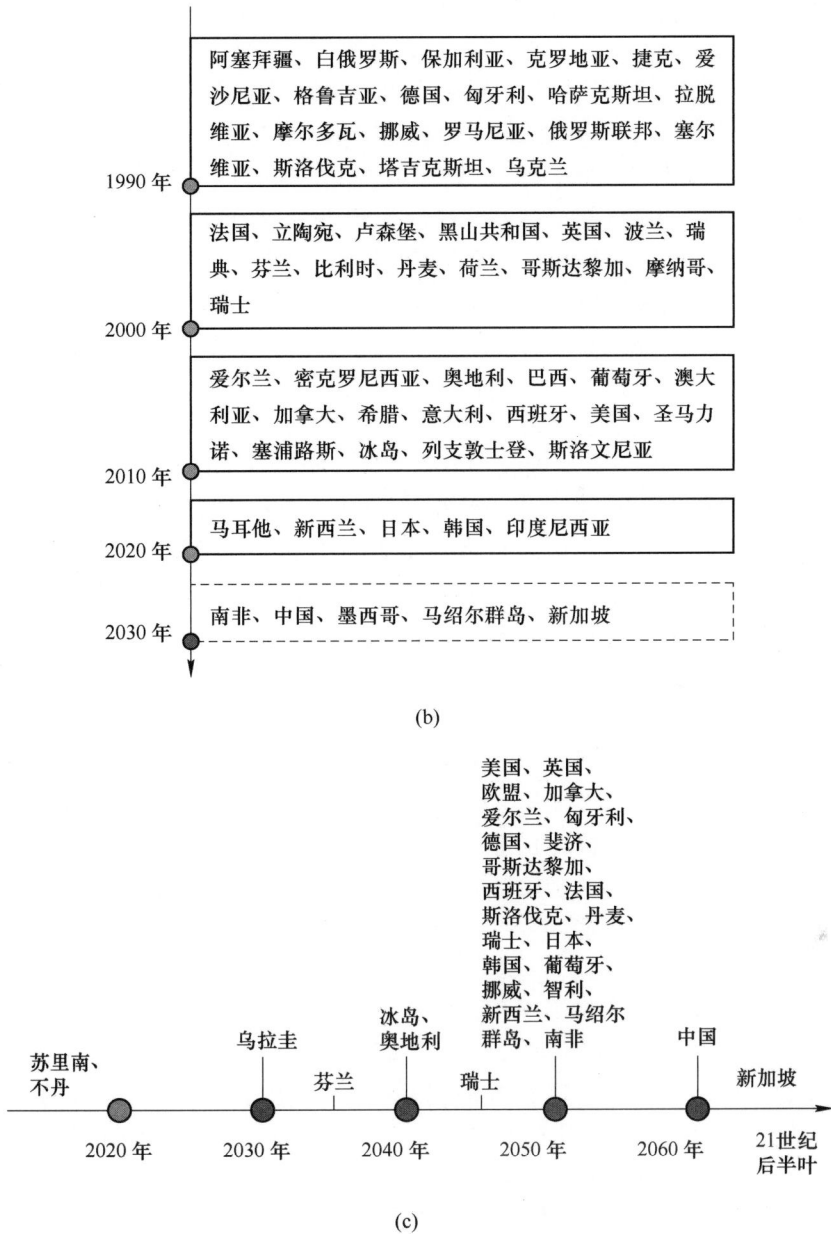

图 1-2 碳达峰碳中和计划实施国家

（a）实施碳交易或碳税的国家；（b）世界各国完成或预计完成碳达峰时间轴；

（c）主要国家或经济体计划或已完成碳中和时间轴

得益于森林覆盖率较高和能源需求较低的苏里南、不丹两个国家已经分别于 2014 年和 2018 年宣布实现碳中和。匈牙利、新西兰、英国、法国、丹麦和瑞典等六国已经正式颁布相关法案。韩国、加拿大、智力、斐济、欧盟、西班牙六个国家/地区提议气候立法。中国等 26 个国家出台碳中和政策文件，另有近百个国家进入政策讨论阶段。

美国早些采取的低碳城市建设行动包括节能项目、街道植树项目、高效道路照明、填埋气回收利用、新能源汽车以及固体废物回收利用等。以加州为代表的各州地方行动为美国低碳发展注入活力，2006年加州通过了AB32法案，实施了一系列环保项目，包括"总量限制与交易"计划、低碳燃油标准、可再生电力强制措施和低排放汽车激励措施等，实施"百万太阳能屋顶计划"，太阳能发电占全国太阳能发电总增长的43%，要求2020年的温室气体排放量降低到1990年的水平。美国重返巴黎协定后，提出《清洁能源革命和环境正义计划》，计划实现100%的清洁能源经济，2030年要在2005年的基础上减排50%～52%，2035年前电力系统实现碳中和，2050年实现零排放。希望未来在清洁能源方面引领世界，增加对绿色基础设施和发电厂碳排放的公共投资和创新产品；将组建由21个联邦机构和部门负责人组成的国家气候工作小组；建立公民气候行动计划，增加植树造林和保护生物多样性在内的工作。

芬兰计划在2035年实现碳中和。英国、日本、墨西哥、欧盟、韩国、菲律宾、美国加州等国家和地区通过了应对气候变化的专项法律。英国2020年出台"能源白皮书"，到2050年石油使用量降低至12%，天然气使用量降低到9%。欧盟于2019年公布"欧洲绿色新政"，提出在2050年欧洲在全球范围内实施碳中和，为缓解能源匮乏和提高能源效率，提出包括建筑翻新、可再生能源及氢能、清洁交通等内容的"绿色复苏计划草案"。日本、加拿大等其他国家也提出低碳目标。

日本作为世界主要发达国家和《京都议定书》诞生地，低碳发展战略启动较早，1998年颁布了《全球气候变暖对策促进法》，2007年开始推行碳税，2008年实施了《实现低碳社会行动计划》，2009年提出到2020年温室气体排放总量比1990年减少25%的目标。2011年福岛核事故发生后，日本能源战略和气候政策出现重大转变，减少对核能的依赖，强调由核能、可再生能源和化石燃料组成的能源组合是日本能源需求最可靠和稳定的来源。2020年日本提出《绿色增长战略》，确定了碳中和发展路径，确定了海上风电、氨燃料、氢能、核能、汽车和蓄电池、半导体和通信、船舶、食品与农林和水、航空、建筑、资源循环、生活方式等14个重点领域的深度减排路线图。

日本极其注重能源资源节约使用和回收利用的精细化管理，强调从源头上减少碳排放，循环经济和静脉产业发展水平全球领先。按照东京财团的研究评估，日本资源和能源节约对碳减排的贡献高于80%。除了把减排主要着力点放在排放量占40%的大企业外，同样注重用精细化的管理解决占排放量60%的小企业和家庭排放，并通过规范公众行为达到最大化减排的目的，可以说是走了一条节能减碳的"群众路线"。工业和家庭废物分类极为细致，从可资源化垃圾、可燃垃圾、不可燃垃圾、大型垃圾等大类出发又逐步细分，如塑料制品分为包装膜/袋类、瓶盖类、托盘类、杯盒类、瓶管类等，并对丢弃的时间和地点、污渍去除、包装袋样式都做了极为细致的规定，丢弃一个瓶子需要清洗后将瓶盖、瓶身和标签放置在3个不同的垃圾箱内，规定某类垃圾只能在早上7时之前收集，决不允许在前一天晚上就丢弃或7时以后再拿出。同样的思维也出现在新碳税机制上，不同品种的煤炭、原油和成品油的税率是不同的，低碳管理较为细致。日本坚持节能和资源综合利用优先战略，注重发挥气候变化与产业、循环经济、环境政策的协同效应，对能源资源利用"精打细算""吃干榨净"，实现效益最大化、排放最小化。夏季办公室空调温度设定为28℃一项政策，每个夏季可节省155万桶石油；日本汽车产业以低油耗、低排放技术著称，有很强的国际竞争力；《建筑循环利用法》要求房屋改建要循环利用所有建筑材料，催生了世界上最先进的混凝土再利用技术，既节省资源也大幅降低了碳排放。

我国早在 2005 年"十一五"规划纲要中就提出节能减排，"十三五"时期将能源强度、碳强度列入考核指标，2019 年碳排放强度较 2015 年下降了 48%，非化石能源占能源消费比重达到 15.9%，均超额完成了中国向国际社会承诺的 2020 年目标。提出"十四五"时期，非化石能源占一次能源的 20%、电力占终端能源的 31%、非化石电力装机占 50%且发电量大于 40%的规划目标。在 2020 年 9 月份的第七十五届联合国大会上，我国首次明确提出碳达峰和碳中和，国家主席习近平同志向全世界表示我国将采取更加有力的政策和措施，承诺力争于 2030 年前达到峰值，2030 年单位国内生产总值二氧化碳排放将比 2005 年下降 60%~65%，2060 年前实现碳中和的宏远目标。之后，出台一系列政策文件，完整准确全面贯彻新发展理念，做好碳达峰碳中和工作，将碳达峰贯穿于经济社会发展全过程和各方面，确定了重点领域、行业的碳达峰碳中和工作的路线图、施工图。

在低碳发展战略政策方面，各国采用较多的措施是强化排放标准、提升能效、制订财政和经济政策、加大研发支持力度、强化对低碳技术的基础设施投资、专业能力培养和低碳文化建设等方面。

1.2.2 碳减排技术的研究与应用

1.2.2.1 区域双碳目标实现预测情景方法

各国在碳减排目标、减排情景和路径方法等方面具有一定的研究基础，法国着重强调碳足迹，并利用碳预算方法设定中、长期和行业减排目标；许多国家采用情景分析方法研究提出长期目标和低排放发展路径，美国围绕其长期减排目标，设定了基准、碳移除技术、有限碳汇、碳捕集利用和封存技术（CCUS）应用、智慧增长和有限生物质能源等 6 种情景，分别探讨了不同技术发展模式和经济社会条件下实现减排目标的可能路径；加拿大的情景设计思路与美国类似，通过比较分析现有技术、新技术、零排放电力、高需求响应和高减排力度（深度脱碳）等不同技术组合情景，力求在不同条件下得到具有共性的、主要的低碳转型思路；德国基于多数研究和情景评估结果，选择的技术路径在已知技术的条件下是技术和经济可行的，对 2030 年的行业减排目标、政策和措施上又考虑了未来发展的不确定性；法国提出了 2023~2028 年和 2050 年两个时间节点下的行业量化减排目标，2035 年前采用模型预测，在更长时间尺度条件下倾向于长期趋势的宏观分析判断。

1.2.2.2 我国技术减碳研究概述

A 化石能源碳减排技术研究

我国对技术减碳研究方面，能源技术的研究较多，对能源生产和消费活动中化石能源碳减排技术进行了大量研发、创新和应用。钢铁、水泥、化工等高能耗、高排放大户，碳排放主要与生产技术工艺相关，实现工艺流程低碳再造是低碳发展的关键。为推动化石能源向高值、高效和清洁低碳转化，我国在碳基分子转变为化学品和新材料等方面进行了关键技术攻关。例如，科技部依托重点研究计划，在煤炭清洁高效利用和节能技术、可再生能源与氢能技术、储能与智能电网技术等方面部署了一系列研究。中国科学院完成了"应对气候变化的碳收支认证及相关问题""低阶煤清洁高效梯级利用关键技术与示范"等项目，启动了"变革性洁净能源关键技术与示范"战略性先导科技专项，以能源技术革命推进能源革命。

B　区域能源系统低碳发展路径规划

另外一些研究通过能源系统的优化建模来规划区域能源系统的碳中和发展路径，Zhou等以北京市某酒店的供能系统为例，采用遗传算法和 Monte Carlo 模拟对分布式能源系统的优化模型进行应对不确定性的定量分析，使得设计出的分布式能源系统具有更好地应对外部波动性和不确定性的能力。陈志昊等在考虑可再生能源供应不确定性的情况下，将城市内划分为多个节点，使用 ε-constraint 方法对城市能源系统进行多目标优化建模，并将该模型应用于雄安新区的能源系统设计中。在能源行业，Li 等借鉴了 LoMLoG 模型，加入电力储能模块，将电力、氢能、煤、石油和天然气 5 种能源子系统整合，搭建了我国能源基础设施优化规划模型 CRESOM，并且探讨了 5 种给定方案下我国能源系统发展路径的差异。李忱息等以区域能源系统结构及主要基础设施为规划起始点，综合考虑规划期内不同时间段上多种能源供应、转化、传输、储存、消费技术可能性及相互替代性，建立了基于超结构建模方法的能源系统发展规划模型，以华北地区某规模以上工业城市为例，对其 2021~2035 年的能源系统低碳发展路径进行了规划设计，预计 15 年内累计减少二氧化碳排放共计 1.5 亿吨。

C　某一行业或者某一低碳技术研究

针对某一行业或者某一低碳技术开展研究，邱玥等针对基础设施发展动力不足制约氢能大规模发展的问题，评估氢能在我国碳减排进程中的发展潜力，分析混氢天然气供应链关键环节的技术经济可行性，探究将氢气与天然气掺混形成混氢天然气技术在我国的应用前景。曹湘洪提出了炼油行业推进碳达峰和碳中和的技术路径：包括"分子炼油"、耦合"过程强化"、基于新催化材料和新催化剂的低能耗炼油技术，废弃高分子材料回收利用技术、基于数字化和智能化的炼油厂节能技术，以及生物炼制、发展氢能、二氧化碳捕集利用技术等。在行业碳排放量和减排潜力评估方面，许多学者针对有色金属做了如下研究：（1）在有色金属碳减排与经济增长关系方面，胡针和 Ren 等从脱钩的角度出发，计算了中国有色金属产业解耦效应的趋势，并得出行业的快速增长是造成 CO_2 排放增加的最重要因素。（2）在有色金属碳排放的影响因素分解研究中，时玉茹等采用对数指标分解方法（LMDI）对包括能源结构、能源强度和经济规模在内的影响因素进行分析；陈建宏等采用灰色关联度的方法，对湖南省有色金属采选业碳排放的驱动因素进行研究，并得出能源规模、经济增速是影响有色金属采选业碳排放的关键因素。（3）在对有色金属工业碳排放效率评估中，Wen 等采用 LEAP 模型测算了不同技术条件下中国有色金属冶炼业在 2010~2020 年的节能潜力；Wang 等采用非径向 DEA 模型对中国有色金属工业 2011~2016 年的碳减排情况进行分析；陈星将包括采选和冶炼及加工的有色金属工业作为一个整体，对有色金属工业的碳排放绩效进行了分析；周迪等对包括有色金属冶炼业的中国工业碳减排潜力进行了分析。

D　区域碳达峰碳中和技术路径研究

从整个区域角度出发，研究某个地区碳达峰碳中和技术路径。云南省根据能源结构、碳排放现状、碳排放重点行业、林业碳汇情况等，制定碳中和目标导向下的技术路线和行动方案：大力发展水能、风能及太阳能等可再生能源；充分利用废弃矿山、盐穴、枯竭油气藏等地下空间进行储能；结合二氧化碳生化反应合成甲烷及矿井抽水蓄能等技术，实现二氧化碳资源化利用与能源大规模储存；推动氢能产业发展，开展氢能制备、储存、运输、利用等相关设备和技术的研发、推广和标准化生产，并推动能源产、储、运、用一体化建设。预测方案落实后，若采用地质封存技术（CCS）将六大主要碳排放领域的二氧化碳封存30%，可在2037年实现碳中和，比不采用CCS技术实现碳中和提前8年。

E 二氧化碳的利用应用研究

关于二氧化碳的利用应用研究，通过化学反应途径利用二氧化碳生产化学品，世界化学、化工界做了许多开拓性的研究工作。2020年中国科学院大连化学物理研究所李灿团队"千吨级液态太阳燃料合成示范项目"成功运行，基于他们发明的二氧化碳加氢高选择性合成甲醇的催化剂，开发了二氧化碳加氢合成甲醇技术，"液态太阳燃料合成提供了一条减排二氧化碳，以及可再生能源到绿色液体燃料生产的全新途径"，目前由于合成反应的转化率低，研究成果还未进一步工业放大和推广应用。中国科学院上海高等研究院孙予罕等开发了二氧化碳和甲烷干重整生产一氧化碳的技术，完成了万吨级装置的工业试验，但也没有大规模推广应用。从目前看，大规模有经济性的捕集储存利用二氧化碳仍然受到技术的制约。就碳封存技术来看，研究得出将二氧化碳作为石油开发驱替剂提高石油采收率具有较好的经济性。近年来我国在碳封存区域调查评价、关键技术研究和工程示范等领域有了较快的发展，十万吨级工程技术已经成熟，但百万吨级规模化地质封存技术可行性与地质安全性有待进一步示范验证，未来要在鄂尔多斯盆地、新疆等重要能源化工基地开展区域封存潜力评价与靶区优选，在高碳排放源集中区部署专项地质调查，筛选一批适宜场地，尽快实施年百万吨级咸水层 CO_2 封存工程示范与关键技术研发。

1.2.2.3 我国发布应用的低碳技术方法

国家发展改革委2005年编制了《国家重点节能技术推广目录》第一批，涉及煤炭、电力、钢铁、有色金属、石油化工、化工、建材、机械、纺织等9个行业，共50项高效节能技术；2014年发布了《国家重点推广的低碳技术目录》（第二批），涉及煤炭、电力、建材、有色金属、石油石化、化工、机械、汽车、轻工、纺织、农业、林业等12个行业，涵盖新能源与可再生能源、燃料及原材料替代、工艺过程等非二氧化碳减排、碳捕集利用与封存、碳汇等领域，共29项国家重点推广的低碳技术；2015年发布了《国家重点推广的低碳技术目录》，涉及煤炭、电力、钢铁、有色、石油石化、化工、建筑、轻工、纺织、机械、农业、林业等12个行业，共33项国家重点推广的低碳技术；2018年发布《国家重点节能低碳技术推广目录》，其中节能部分涉及煤炭、电力、钢铁、有色、石油石化、化工、建材等13个行业，共260项重点节能技术。低碳部分涵盖非化石能源、燃料及原材料替代、工艺过程等非二氧化碳减排、碳捕集利用与封存、碳汇等5大领域，共27项国家重点推广的低碳技术；2020年国家发展改革委印发《绿色技术推广目录（2020年）》，涵盖了节能环保产业、清洁生产产业、清洁能源产业、生态环境产业、基础设施绿色升级等5大绿色产业发展的116项技术。

目前应用较多的低碳技术有：

（1）减碳技术：高能耗、高排放领域的节能减碳技术，包括提高能效、节能材料、能源综合利用、工艺流程技术等。

（2）无碳技术：如核能、太阳能、风能、绿氢、生物质能、地热能等可再生新能源技术。

（3）负碳技术：如碳捕集和封存、利用（CCUS）、直接空气捕获（DAC）技术、生态碳汇等。

（4）能源管理技术：在基础设施建设运维、城市运行、产业布局、生产运营、防灾减灾和应急管理方面提高应对气候冲击的能力与韧性，如智能能源管理、储能、输配技术等。

（5）适应技术：如灾害预防、品种改良、设施农业、节能产品等技术。

（6）低碳消费技术：绿色低碳智慧的生活方式、节能产品等。

1.2.3　技术减碳面临的问题

加快技术减碳对碳达峰碳中和具有重要潜力和广阔前景，但目前我国在技术减碳过程中面临一些问题。

（1）关键技术基础薄弱、技术研发成果产业化不足。 低碳技术的研发投资规模大、技术生命周期长，具有较高的投资收益不确定性。整体上，我国低碳技术的发展具有起步晚、发展快、涉及面广的特点，存在关键技术少、技术研发成果产业化不足等问题。由于材料、控制、系统集成等技术基础薄弱、缺乏配套技术和装备、不利于低碳技术系统性发展，同时因缺乏共生技术支持，低碳技术研发成果比较零碎，缺乏系统化和工程化，自主创新和成果转化为现实生产力水平较低。

（2）绿色低碳技术工业化应用不足。 科研院所、高校、企业科研相结合方式没有打通，企业注重自身碳排放的损益，科研院所和高校关注碳减排前沿科学和技术，无法形成有效的清洁技术创新链，缺少科技战略统筹性布局。对绿色低碳技术体系发展中的关键科技问题比如 CCUS 技术标准制定、温室气体排放计量标准统一、二氧化碳吸附量核算、新能源与传统能源的互补融合等研究不足。

（3）全链条工业清洁技术替代暂时难以实现。 高碳行业产业规模大，技术和装备更新成本高，高碳排放行业绿色技术替代缺乏动力。目前对钢铁、化工、有色金属冶炼等碳排放高的行业，需重点研发氧气高炉、氢能冶炼和新型低碳工艺等技术。与传统技术相比，由于涉及新装备研发、工艺安全和技术成熟等多方面原因，上述工业清洁技术短期内难以实现替代。

（4）CCUS 等负碳技术体系尚不成熟。 目前 CCUS 等技术多处于实验阶段，目前在推广应用上存在的最大困难还是能耗和成本较高的问题。大规模工业化应用尚不成熟，在工业上二氧化碳排放端如果进行 CCUS 技术升级，企业整体运行成本和能耗都会增加。

（5）第三产业清洁技术创新支撑不够。 我国 2018 年居民生活，交通运输、仓储和邮政两个行业的二氧化碳排放占第三产业总排放量的 72.6%。2019 年公路运输占全社会货运总量比重为 74.3%，成为主要碳排放移动源。但替代汽油的动力电池技术、替代柴油的燃料电池技术，以及 AI、大数据等赋能的数字交通技术等在实现绿色低碳转型上仍无法提供有效支撑。

（6）新能源技术利用效率偏低。 近年来，新能源快速发展，但总体而言，新能源技术的使用效率仍然偏低，使用比例和发电利用率仍较低，平均弃风、弃光率较高，根据国家能源局数据，内蒙古自治区 2018 年弃风率 10%，2019 年弃风率 7.1%。主要原因是发电侧新能源储能技术发展不足、火电机组低负荷运行技术仍无法提供有效支撑；电网侧高效平稳并网接入技术仍未能突破，新能源电力消纳困难。

能源替代技术等投入到大规模应用时，遇到的主要问题是绿色溢价，使用零排放技术的成本，远高于沿用现有技术的成本，目前还没有任何一项碳中和技术解决这个问题。目前处于关键历史节点，补短板与转型不力可能导致落后和低效投资。

由于清洁能源自身特性，清洁能源替代过程中面临各种挑战与障碍，接纳风电的补偿不足以激励电网企业，跨区域输送风电的补偿机制存在障碍，电网建设落后于风电建设速度；太阳能电池、光伏电板成本依旧较高，太阳能项目补贴有下滑趋势。

1.3 我国技术减碳发展方向

我国应加快部署低碳领域的国际前沿技术研究，一是加大力气创新颠覆性技术（如氢能、生物反应能、核聚变等），二是完善升级现有技术（如 CCUS、储能、通过智能制造与技术革新提高能源利用效率等），三是加强成熟技术的推广应用（如可再生能源、地热能等），大力推广应用在能源、工业、交通、建筑等各个领域。

（1）加快能源技术创新及应用。能源技术革新是实现双碳战略的重要基础，而能源供给端的技术革新是推动碳中和技术的动力。未来几年，我国能源领域要加速煤电清洁低碳高效转型、推动风光电基地化规模化发展、深挖水电开发利用空间、稳步推动核电安全有序发展、迎来氢能和储能产业快速发展，将目前以化石能源为主体的能源体系转变为以可再生能源为主体、多能互补、高效利用、智能化管理的低碳能源体系。

一要发展智能电网，通过纵向源、网、荷、储协调规划，横向多能互补，以及发展多种类型的商业化储能技术与调峰技术、调动各种灵活性资源等途径（物理储能、化学电池储能、火电调节、氢储能、液体阳光及加氢站），以有效解决电网运行安全、电力电量平衡、可再生能源消纳等问题，构建以新能源为主体的新型电力系统。

二要研发能源转化新途径，减少传统能源利用中的二氧化碳排放，将二氧化碳利用起来或转化为高碳材料。采用的氢能技术、先进安全核能技术、CCUS 技术等要协同共进，突破储能、智能电网等关键技术，构建清洁低碳安全高效经济的能源体系。

三要分阶段实现能源低碳，通过化石能源的高效、清洁转化，小幅减排二氧化碳；化石能源与可再生能源优化互补，大幅减排二氧化碳；完全使用可再生能源，实现绿色、零碳排放等三步法，从根本上实现能源低碳。

（2）加快工业节能减碳，构建低碳循环工业体系。发展原料、燃料替代和工艺革新技术，推动钢铁、水泥、有色、化石等高碳产业生产工艺流程的零碳再造，强化资源能源循环利用，促进节能减污降碳协同增效。如采用电加热+热泵取代燃煤锅炉等；钢铁行业电弧炉炼钢有望取代传统高炉体系，成为炼钢的主流技术路线，长流程进步到短流程，以绿氢直接还原铁实现钢铁生产零碳化；冶金行业探索高炉富氢冶炼实现低碳氢冶金；结合煤化工技术，在冶金气中加入氢气，将其转化为化工原料，实现零碳排放冶金；采用纯氢还原工艺，彻底实现无碳冶金。加快中空或 Low-E 节能建筑玻璃、涂保一体化新保温体系、轻质建筑材料等建筑环保节能材料的发展应用，实现建筑、建材节能减碳。不易脱碳的工业环节，发展碳捕集、利用等技术。

（3）加快发展绿色低碳交通运输体系。要加快发展新能源汽车，鼓励交通设施与可再生能源结合，鼓励发展电动汽车、以电代油、以氢代油及生物航空燃料等。实施道路运输车辆达标车型制度，优化公交和轨道交通，倡导绿色出行。

（4）推进绿色低碳建筑建设。通过加大数字化、智能化应用，加快智能家居和电器的普及，大力发展电气化，加速建筑业脱碳。采用分布式蓄电方式实现充电桩与新能源汽车智能连接。利用 BIPV（building integrated PV）建设绿色建筑，推进建筑–光伏一体化，推动建设"光储直柔"新型配电系统，实现能源产销一体化。

（5）深化农牧业减碳和生态碳汇。通过育种改良和数字化管理，在作物生长效率、氮肥及农药利用率和高效种养、二氧化碳利用等方面加强农牧业碳减排。在森林、草原、土壤系统和水系统等方面增加生态碳汇。逐步注重非二氧化碳温室气体减排技术。

（6）重视 ICT 技术在双碳战略中的应用。要充分应用 ICT 技术（information and communications technology）和数字化解决方案助推各行业生产方式、运营模式调整和创新。在能源生产领域，综合应用 ICT 技术的智慧矿山、智慧石油、智慧光伏+储能、能源大数据、氢能数字化平台、风电大数据中心等解决方案形成绿色能源产业；在工业制造业，ICT 技术推动行业向智慧绿色制造转型，可在工业产品的设计、制造、包装、运输和回收等产品生命周期的各个环节，降低资源消耗，保护生态环境；在交通运输行业，采用物联网、5G、人工智能、云计算大数据中心等的智慧数字交通、智能导航、智慧物流、精准出行、数字化道路等方案将低碳交通运输成为现实。

（7）CCUS 技术应用重点解决问题。关于目前各行业逐步应用的 CCUS 技术，在今后开发应用中，一是要积极探索突破低成本碳捕集技术，降低投资与能耗水平；二是积极探索二氧化碳高附加值转化。

二氧化碳捕集技术要围绕进一步降低能耗和成本进行。溶剂吸收法要通过机理研究进行新溶剂的合成或传统溶剂的改性，开发纳微尺度传质强化的吸收技术，优化解吸流程的工艺与工程技术；吸附分离法的重点是开发吸附容量大的新型吸附材料、吸附剂及配套的吸附分离工程技术；膜分离的重点是膜材料的选择、改性和高通量的膜制备技术和工程应用技术；还要探索电化学捕集等新捕集技术。

二氧化碳储存技术要围绕地下储存的机理、储层地质条件进行，重点是大规模存储的地质构造选择、工程技术和地表安全性研究。

二氧化碳利用技术要开发大规模利用二氧化碳的技术，重点是二氧化碳高效加氢生产甲醇技术、二氧化碳电催化制乙烯技术、二氧化碳电化学或催化还原生产一氧化碳技术、二氧化碳生物微藻法生产高蛋白饲料及生物油脂技术等。

2 内蒙古碳排放及低碳技术研究应用现状

2.1 内蒙古能源消耗与碳排放现状

2.1.1 经济社会发展情况

内蒙古自治区经济社会发展基本情况数据如表 2-1 所示。在"十三五"时期，内蒙古自治区经济总量不断提升，地区生产总值年均增长 4.3%，人均地区生产总值突破 1 万美元。三次产业结构比例不断优化，三次产业结构比例由 2015 年的 12.6∶40.7∶46.7 演进为 2020 年的 11.7∶39.6∶48.8。非煤产业增加值占比达到 63.6%，规模以上装备制造业、高技术制造业、高新技术业、战略性新兴产业增加值分别较 2015 年增长 41.2%、17.5%、8.1%、7.5%。"十三五"期间累计化解钢铁过剩产能 346 万吨，取缔"地条钢"243 万吨，退出水泥熟料过剩产能 1070 万吨，化解煤炭过剩产能 6864 万吨。

表 2-1 内蒙古自治区经济社会发展基本情况数据

内蒙古自治区	单位	2015 年	2016 年	2017 年	2018 年	2019 年	2020 年
GDP 增速	%	7.7	7.0	4.0	5.2	5.2	0.2
GDP 总量	亿元	12948.99	13789.26	14898.05	16140.76	17212.53	17359.8
人口	万人	2440.4	2436.2	2433.4	2422.2	2415.3	2402.8
人均 GDP	万元/人	5.30	5.66	6.12	6.65	7.12	7.21
第一产业比重	%	12.6	12.0	11.1	10.8	10.8	11.7
第二产业比重	%	40.7	40.5	39.4	39.3	39.6	39.6
第三产业比重	%	46.7	47.6	49.5	49.9	49.6	48.8

数据来源：内蒙古自治区统计局。

2.1.2 能源生产情况

作为国家重要能源和战略资源基地，内蒙古煤炭、天然气资源储量居全国首位，2020年，全区煤炭产量 10.1 亿吨，占全国的 1/4；煤炭外运 5.7 亿吨，占全国跨省份调煤量的 1/3。油气年生产总量 3900 万吨标准煤，居全国前列。电力装机容量、总发电量及外送电量等指标均居全国前列，建成 5 条特高压、11 条超高压电力外送通道，输电能力达 7000万千瓦，外送电量占全国跨省份送电量的 17%，均居全国第一位，成为全国最大的电力保障基地。

在可再生能源方面，自治区风能、太阳能资源条件优越，风能技术可开发量占全国陆地风能技术可开发量的 56.8%，太阳能年辐射量仅次于西藏，居全国第二。近年来，依托资源禀赋条件，大力推动可再生能源高质量发展，风能、太阳能开发利用取得明显成效，风电、光伏装机迅猛增长，新能源并网规模稳居全国第一，成为电力装机的重要组成部分。截至 2020 年底，全区新能源装机达到 5054 万千瓦、居全国第一，可再生能源发电装机容量占比达到 36.1%，规模以上新能源发电量占规模以上工业发电量的比重达到 14.4%，非化石能源消费量占比由 8.7% 提高到 11.2%。风电、光伏发电消纳利用水平显著提升，2020 年全区可再生能源电力总量消纳责任权重完成 21%，超出国家下达激励性目标 1.3 个百分点；非水电消纳责任权重完成 19.5%，超出国家下达激励性目标 1.3 个百分点。目前，全区超过 1/3 的电力装机和 1/6 的全社会用电量来自新能源。

同时，加快存量煤电绿色改造升级，累计完成煤电机组超低排放和节能改造超过 9000 万千瓦、淘汰煤电落后产能 33.2 万千瓦，单位供电标准煤耗较 2012 年降低 18g，建成全国最大的清洁高效煤电供应体系，加速推动全区能源结构向清洁低碳转变。

2.1.3　能源消费情况

2018 年以来，受高耗能产业恢复性增长等原因，全区能耗大幅增长。全区能源和原材料工业占规模以上工业增加值的比重为 82.1%，电力、化工、钢铁、有色、石化炼焦、建材六大高耗能行业能耗占规模以上工业能耗的比重为 89.4%，煤炭占能源消费总量比重约 82%，位居全国第二。单位 GDP 能耗是全国平均水平的 3 倍，单位 GDP 碳排放和人均碳排放均为全国平均水平的近 4 倍，内蒙古相当于用占全国 7.2% 的碳排放生产了仅占全国 1.7% 的经济总量。

2.1.4　温室气体排放情况

根据内蒙古自治区温室气体清单报告结果，二氧化碳作为全区最主要的温室气体，其占到温室气体排放总量的 80% 左右。内蒙古自治区二氧化碳排放主要来自能源活动（即化石燃料消费产生的排放），能源活动产生的二氧化碳约占二氧化碳排放总量的 94%。从国家现行的考核制度和碳排放达峰行动方案要求来看，也只要求计算能源活动化石燃料消费所产生的二氧化碳，对于其他领域产生的二氧化碳不纳入考核范围。根据能耗数据推算，2020 年全区能源消费二氧化碳排放 7 亿~8 亿吨，若扣除外送电力蕴含碳排放，全区能源活动二氧化碳排放 6 亿吨以上。从强度来看，2020 年全区单位 GDP 碳排放同比不降反升 5.88%，较 2015 年上升 13.86%，单位 GDP 碳排放和人均碳排放远高于全国平均水平，分别居全国第四和第二位。六大高耗能行业二氧化碳排放约占二氧化碳总排放量的 80%。

根据世界资源研究所研究报告，从生产端来看（图 2-1），内蒙古的电力行业是最大排放源，占全区总排放的 63%，火力发电量位列全国第三，其次是制造业，排放占 19%，供热排放占 10%，三大排放源加总占比高达 91%。同时，内蒙古是电力净调出大省。从消费端来看（图 2-2），根据"谁消费、谁负责"的原则，有 20% 的排放随电力调出转移到了其他省份。工业、建筑和交通排放各占 74%、19% 和 5%。

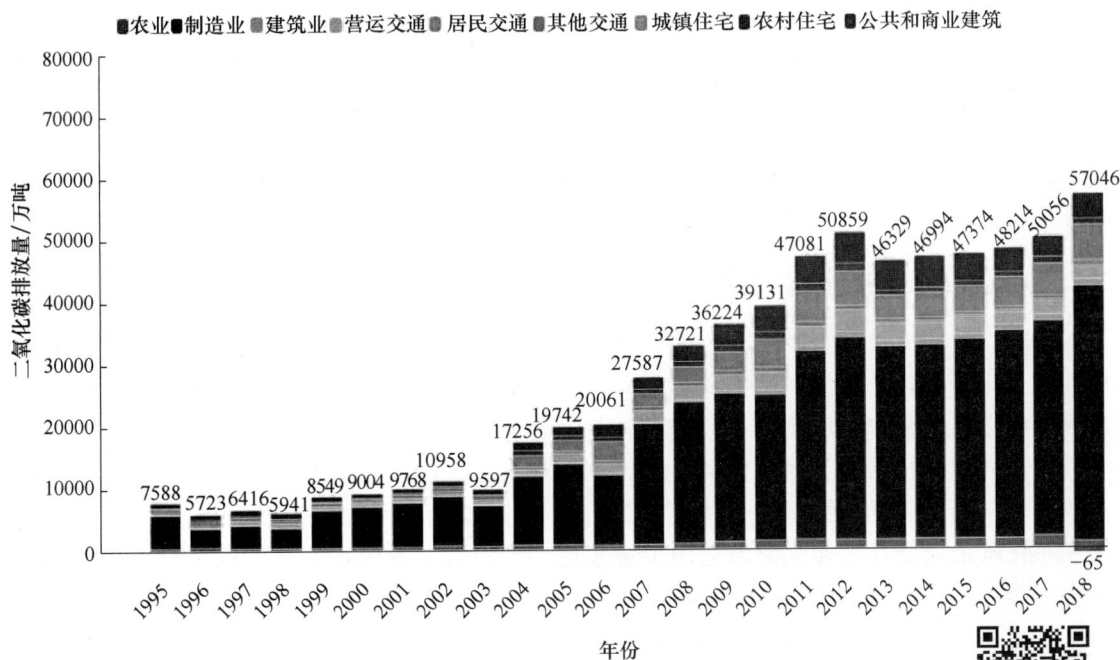

图 2-1　内蒙古二氧化碳排放构成（生产端）

数据来源：由 WRI 根据《中国能源统计年鉴》中各省能源平衡表数据计算得出

图 2-1 彩图

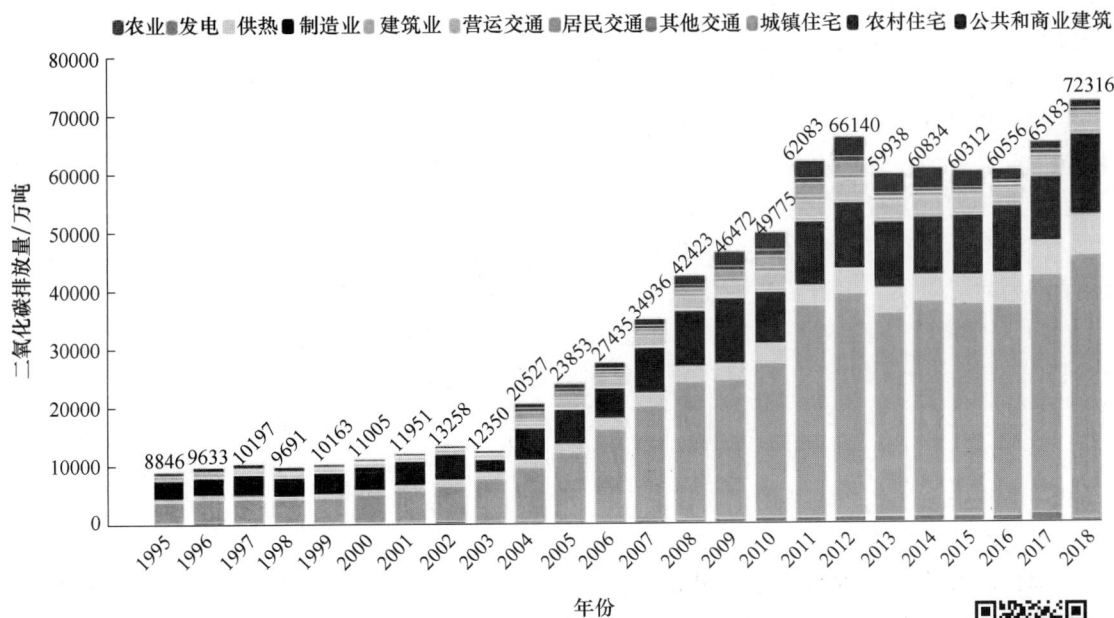

图 2-2　内蒙古二氧化碳排放构成（消费端）

数据来源：由 WRI 根据《中国能源统计年鉴》中各省能源平衡表数据计算得出

图 2-2 彩图

分盟市来看，鄂尔多斯市、包头市、乌海市排放量位居全区前三位。"十三五"期间，乌兰察布市、鄂尔多斯市碳排放量总量和单位 GDP 碳排放量增长速度最快，节能降碳力度有待进一步加强。

到目前为止，内蒙古"双控""双碳"面临的结构性矛盾仍十分突出，产业结构调整、能源结构优化难以在短期内取得"立竿见影"的效果，仍需一定的时间和过程加以化解，亟须低碳技术攻关和产业示范引领带动。

2.2　内蒙古低碳技术研究应用现状

"十三五"以来，在国家、自治区政策支持和市场环境不断改善的情况下，全区主要耗能工业企业单位产品能耗整体呈现稳中有降的良好态势。在依靠传统的绿色工艺技术、重大节能设备、余热余压利用、公辅设施改造等减碳技术基础上，大力发展可再生能源发电及储能的零碳技术和二氧化碳捕集、封存和利用去碳技术研发及应用。神华集团在内蒙古的鄂尔多斯市启动了我国首个井深 2500m 煤制油 10 万吨/a CCS 示范项目，标志着我国在二氧化碳地质储存工业化领域迈出关键步伐。中国最大的槽式光热发电示范项目——乌拉特中旗导热油槽式 100MW 10h 储能光热发电项目冲转及并网发电成功，并于 2016 年入选"国家太阳能热发电示范项目"。2021 年，由内蒙古久泰集团、清华大学共同研发设计建设的自治区重大项目——万吨级二氧化碳制芳烃工业试验项目，建成全球首套二氧化碳制芳烃装置。

内蒙古在低碳发展取得一些工作成绩的同时依然存在不少突出问题：

（1）低碳技术研发和应用技术落后、缺乏自主研发能力。内蒙古能源生产和利用、工业生产等领域技术水平相对落后，技术开发能力和关键设备制造能力差、产业体系薄弱，创新能力不足。低碳技术研发处于初级阶段，低碳技术应用处于直接引进阶段，特别是重大核心技术领域，如光伏电池的核心制造装备，产业规模很大却依赖外部。

（2）低碳技术研发与应用缺乏有效的激励机制。内蒙古处于工业加速发展进程中，其特点是重工业加速发展中伴随着高能耗、高污染、高排放，而对于减缓气候变化、实现碳中和等方面的资金投入明显不足。政府的奖励性拨款对于技术研发的资金投入而言捉襟见肘，且没有形成稳定的机制。金融机构对低碳项目的支持也不够，许多银行不会选择技术研发作为融资对象。银行贷款数量有限也不能满足技术研发的资金需求。

（3）"高碳"锁定效应。从技术角度看，内蒙古发展模式具有"高碳"特点，企业对这种模式具有路径依赖性，通常按照这种模式建造的能源、生产等设施，对其流程已经熟悉，不愿意进行技术升级，技术上被高碳锁定。低碳技术改造通常给企业带来减少能源消耗的直接利益，企业对低碳技术改造是普遍欢迎的，但对内蒙古高耗能企业而言，在新能源发展不能满足的生产需要的情况下，除一些常规电机变频改造、余热回收利用技术等传统减碳技术外，企业更加期待突破性的低碳技术。

（4）新技术成本过高，落地时间长。低碳技术的研发和示范需要高额的投资，且技术尚不成熟，生产成本较高，在短时间内也难以实现商业化应用。以 CCS 技术为例，目前国内二氧化碳捕集成本最低的 IGCC 电厂即使能够通过强化采油（EOR）和清洁发展机制（CDM）取得收益，也不能获得净利润，常规煤粉电厂和天然气联合循环发电厂更是望尘莫及。

2.2.1　电力、热力行业低碳技术应用现状

2.2.1.1　电力、热力行业减碳技术应用现状

绿色技术工艺。锅炉通过通流改造、抽汽改造、背压改造、低真空改造等，使运行的效率大幅度提高。内蒙古京能盛乐热电厂 2×350MW 超临界燃煤热电联产机组经过高背压供热技术改造，发电标准煤耗降低 21g/(kW·h)，乏汽利用量达 100%，机组供热能力提高 131MW，供热面积增加 262 万平方米，年增加供热量 134 万吉焦。

重大节能装备。锅炉部分高效环保煤粉锅炉、高效利用超低热值煤矸石的循环流化床锅炉、回转式空气预热器密封节能技术、低压省煤器技术等应用。汽轮机部分的改造技术还有三维流场动静叶片技术、轴封和隔板气封技术等。国华准格尔电厂针对汽轮机采用的凝汽器真空保持节能系统装置，使汽轮机平均煤耗降低 2~4g/(kW·h)。

余热余压利用。国电建设内蒙古能源有限公司布连电厂一期 2×660MW 超超临界直接空冷机组脱硫塔烟气热能回收，额定工况运行时发电煤耗可降低约 1.52g/(kW·h)，按机组年利用小时数 4500h 计算，2 台机组每年可节约标准煤 8200t。

公辅设施改造。采用高效机泵，合理配置变频电机及功率，解决发电过程中存在的电离损耗，减少资源的浪费。内蒙古京隆发电有限责任公司对 2 号汽轮发电机组电除尘器进行软特性准稳定直流除尘器电源节能技术改造，改造后除尘出口浓度下降了 55%，电耗降低了 50%，年节能约 2018t 标准煤，减排 CO_2 约 5246.8t。

2.2.1.2　电力、热力行业零碳技术应用现状

近年来，内蒙古依托资源禀赋条件，风电、光伏装机规模迅猛增长。随着可再生能源装机容量不断提高，风力、光伏发电逐步取代煤或其他不可再生资源发电。

风光发电及供热技术。深度调节动态无功补偿系统、风机并网运行动态无功补偿、变速恒频异步发电技术、双馈异步风力发电技术、太阳能光伏发电控制/逆变装置与并网发电关键技术、纳米染料敏化太阳能薄膜电池技术、分布式光伏能源互联网技术和风力发电变流器关键技术大量使用。国内最大的风电供热示范项目——内蒙古四子王旗 200MW 风电供热项目并网发电，并于 2020 年实现供热，年发电量 5.136 亿千瓦·时，供热面积 50 万平方米，每年可输送清洁能源 4.4 亿千瓦·时，节省标准煤 14 万吨，减排 CO_2 43.8 万吨。

风光制氢技术。作为一种新型的储能方式，主要涉及电氢转换和氢气输运两大关键技术。2021 年在鄂尔多斯市、包头市率先开展试验示范，优选了风光制氢一体化示范项目 7 个（鄂尔多斯市 5 个、包头市 2 个），其中中石化鄂尔多斯风光制氢项目拟利用二氧化碳和绿氢制甲醇，一期规划建设绿氢产能 1 万吨/a，可利用二氧化碳 7.3 万吨/a。

"十三五"期间，全区供电煤耗从 2015 年的 337tce/(kW·h) 下降到 2020 年的 321tce/(kW·h)。根据中国电力企业联合会发布的 2020 年度电力行业火电机组能效水平对标结果，内蒙古在 600MW 级、300MW 级、350MW 级各机组类型中均处于"5A 能效水平"。从 2020 年碳核查结果来看，全区 400MW 以上常规燃煤机组 59 个，单机最大装机容量为 660MW，热电联产机组为 19 个，仅占机组总数的 32%。截至目前，内蒙古还未有 1000MW 超超临界机组投入生产运行。已投入运行的 400MW 以下常规燃煤和非常规燃煤机组企业均采取了一定程度的节能减碳措施并取得成效，但对内蒙古传统火电企业的现状而言，节能降碳空间已大大缩小。

截至2021年9月，新能源装机规模达5238万千瓦，其中风电3896万千瓦、光伏发电1342万千瓦，仅占全区电源总装机的34.6%，新能源仍有较大的发展空间。

2.2.2　建材行业低碳技术应用现状

2.2.2.1　水泥行业减碳技术应用现状

推广节能技术应用。窑外分解新型干法水泥生产工艺、辊压机终粉磨技术、第四代篦冷机等先进适用技术装备。如内蒙古赤峰市元宝山水泥厂使用的HP强涡流型多通道燃烧节能技术，一次风量由14000m³/h减少到4000m³/h，每小时可节煤378kg，年节煤达2715t。对电机系统实施永磁同步伺服电机、高压变频调速、冷却塔用混流式水轮机等技术改造等。内蒙古翼东包头有限公司升级改造项目应用的高速永磁电机和磁悬浮轴承控制技术，使用KTS-180磁悬浮鼓风机、KTS-100磁悬浮鼓风机，年节电60万千瓦·时，年减排二氧化碳598t。

降低水泥熟料用量。熟料生产是水泥工业CO_2排放的主要来源，而熟料可以被部分其他矿物成分所取代，如石灰石、料化高炉矿渣（矿渣）、粉煤灰或火山灰等单掺和混掺等多种方式替代熟料生产各种水泥。

"十三五"期间，自治区调整产业结构，累计退出水泥熟料产能1070万吨，水泥行业能效水平有明显提升。2020年全区水泥单位产品综合能耗达到79.4kgce/t，比国家能耗限额标准先进值高8.6 kgce/t。但与工信部发布的2020能效领跑者比较仍存在很大差距。区内水泥企业发展阶段不同，生产能耗水平和碳排放水平差异较大，降碳改造升级潜力较大。

2.2.2.2　平板玻璃行业减碳技术应用现状

推广节能技术应用。采用玻璃熔窑全保温、熔窑用红外高辐射节能涂料技术，提高能源利用效率。在浮法玻璃生产线上，对风机、空压机等进行变频改造的应用。对玻璃生产全流程智能化升级，熔窑、锡槽、退火窑三大热工智能化控制，冷端优化控制、在线缺陷检测、自动切割分片、智能仓储等数字化、智能化技术等。

资源回收利用。对于浮法玻璃生产而言，碎玻璃加入的比例一般占原料总用量的18%~30%福耀通辽玻璃厂将生产中的不合格产品及切裁下的边料重熔，每增加10%的碎玻璃用量，熔制时能源消耗可节省2.5%。

余热余压利用。乌海中玻特种玻璃有限责任公司年产40万平方米窑炉烟气回收用于4.5MW余热发电系统发电和供热。

全区玻璃企业2家，均采用浮法玻璃生产，以乌海中玻特种玻璃有限责任公司为例，其2021年单位产品能耗为13.2kgce/重量箱，与工信部发布的2020年玻璃行业领导者8.92kgce/重量箱之间有较大差距，降碳技术改造升级潜力较大。

2.2.3　钢铁行业低碳技术应用现状

2.2.3.1　钢铁行业减碳技术应用现状

绿色技术工艺。焦化工序采用的低碳技术主要有煤调湿技术（CMC）、高温高压干熄焦技术（CDQ）等。烧结球团工序采用的技术主要有冷固结球团技术、小球烧结技术、厚烧层烧结技术和热风烧结技术等。对于炼钢工序厂采用的主要技术是高炉鼓风除湿技术、高炉喷煤炼铁技术等。炼钢工序的技术有电炉煤氧枪助熔节电技术、直流电弧炉炼钢技术和薄板坯连铸技术等。轧钢工序有连铸坯热装热送技术、连铸坯热装与直接轧制技术和连铸坯—火成材技术等，铸坯温度每提高100℃，节能6%左右，加热炉产量提高6%~10%，氧化烧损降低2%，具有显著的增产节能效果。包头钢联股份有限公司就使用了冷固结球团技术、厚料层烧结技术、高炉喷煤炼铁技术、薄板坯连铸技术等多项。

余热余能梯级综合技术。回收各类低温烟气、冲渣水和循环冷却水等低品位余热回收，通过梯级综合利用实现余热余能资源最大限度利用。包钢应用高炉炉顶余压发电（TRT）技术可回收高炉鼓风机所需能量25%~30%，每生产1t铁利用高炉余压可发电20~40kW·h，降低工序能耗8~16kg标准煤。包钢炼钢厂一、三烧结余热发电利用项目利用烧结等设备产生的废烟气，通过高效低温余热锅炉产生蒸汽，带动汽轮发电机进行发电，转炉煤气回收技术实现转炉煤气回收后，可使炼钢能耗下降11.3kgce/t。内蒙古德晟金属制品有限公司钢轧项目、内蒙古亚新隆顺特钢有限公司、德晟金属制品有限公司饱和蒸汽余热回收利用开发项目都已应用。

通用公辅设施改造。应用节能电机、水泵、风机产品，合理配置电机功率，实现系统节电。包钢4号高炉应用交流变频调速技术使电机功率消耗随工况负载大小同步变化，节电在10%~30%，效果显著。

2.2.3.2　钢铁行业负碳技术应用现状

碳化法新型湿法冶金技术。2020年，包钢利用碳化法新型湿法冶金技术启动处理量10万吨钢渣/a的全球首套商业化工厂，以冶金后产生的钢铁渣和二氧化碳为原料，将处理后生成的铁矿粉和不同浓度的碳酸钙提供给钢厂作为冶金原材料进行循环使用。

随着自治区降碳力度逐步加大，钢铁企业综合能耗逐渐下降，包钢集团是内蒙古钢铁行业代表性企业，其2021年吨钢综合能耗为629.83kgce/t，同比下降3.1%，五大国控工序均较同期有较大降幅，其中球团工序能耗18.36kgce/t，在全国同类型烧结机中保持领先水平。对标工信部2021年重点用能行业能效"领跑者"企业单位产品烧结工序能耗43.00kgce/t、转炉工序能耗-30.32kgce/t，其对应的数据为49.67kgce/t和-23.45kgce/t，低碳技术应用仍具有较大的减碳空间。全区钢铁工业以高炉—转炉长流程生产为主，一次能源消耗结构主要为煤炭，节能降碳改造升级潜力较大。

2.2.4　有色金属行业低碳技术应用现状

2.2.4.1　电解铝行业减碳技术应用现状

绿色技术工艺。铝电解槽能量流优化、新型稳流保温铝电解槽节能改造、氧化铝深锥高效沉降槽技术、铝电解槽新型导流结构节能组合技术、新型阴极结构铝电解槽节能技术等在内蒙古有大规模应用。内蒙古锦联铝业采用的低温低电压铝电解技术可实现每年节能25万吨标准煤，减排约66万吨二氧化碳。中铝公司包头分公司采用新型温流保温铝电解槽节能技术、赤峰启辉铝业$7×60km^3/h$（标准状态）清洁煤制气项目使用模块化梯级回热式清洁燃煤气化技术均取得了良好的节能降碳效果。

全过程精细化管控。采用不停电开关技术，降低停送电对电解系列的影响。铝电解阳极智能控制系统技术，有效增强电解槽稳定性，提高电流效率。还有铝电解槽"全息"操作及控制技术、铝电解阳极电流分布在线监测技术、铝电解"三度寻优"技术、铝电解槽焙烧自动控制技术、铝电解槽全自动温控燃烧焙烧技术、预焙铝电解槽电流强化与高效节能综合技术等。

以内蒙古电解铝企业包头市新恒丰能源有限公司600kA超大型电解槽生产线为例，其2021年铝液交流电耗为13031kW·h/t，与工信部发布的2020年能效"领跑者"同类型生产线单位产品能耗（铝液交流电耗）12580kW·h/t比较，低碳水平仍存在很大的差距。

2.2.4.2　铜锌冶炼行业减碳技术

绿色技术工艺。双炉粗钢连续吹炼节能技术、高效湿法锌冶炼技术、侧吹还原熔炼技术等已在内蒙古应用并使铜锌冶炼能耗水平大幅下降。赤峰云铜采用双炉粗钢连续吹炼节能技术先后对12.5万吨和40万吨生产线进行改造，12.5万吨生产线每年可节约标准煤4822t，碳减排量约15800t。赤峰金峰铜业有限公司使用双侧吹竖炉熔池熔炼技术改造1万吨铜冶炼技术改造项目，节能量按2013年粗钢产量6522t计算，改造后可节约标准煤45153t。内蒙古包头华鼎铜业发展有限公司使用的氧气底吹熔炼技术等。

余热余压利用。火法冶炼系统艾萨熔炼炉、贫化电炉、吹炼转炉、精炼阳极炉配备余热锅炉，年有效回收利用余热折合2.8万吨标准煤，占外购能源30%。内蒙古兴安铜锌冶炼公司年产10万吨锌冶炼18.5万吨硫酸副产品项目利用余热发电，满足企业供气、供电的需要。

"十三五"期间，内蒙古铜锌冶炼行业能效水平有明显提升。全区铜冶炼企业7家，以赤峰云铜企业为例，其2021年单位产品能耗与工信部发布的2021年铜冶炼行业能效领跑者单位产品能耗215.37kgce/t基本持平，其余企业该值在国家单位产品能耗先进值280kgce/t左右。内蒙古有色金属冶炼行业存在单位产品综合能耗差距较大、能源管控水平参差不齐、通用设备能耗水平差距明显等问题，行业整体技术降碳潜力较大。

2.2.5　化工行业低碳技术应用现状

2.2.5.1　化工行业减碳技术应用现状

重大节能装备。开展膜极距技术改造升级。采用分凝分馏塔、新型高效塔板技术，增加分离效率。用等温变换炉取代绝热变换炉。采用大型高效压缩机，如空分空压机、增压机、合成气压缩机等。如内蒙古乌海化工股份有限公司利用膜极距替代F电解槽的4片单元槽后电压下降明显，按电解槽在12kA下全年生产8000h计算，全年可比改造前节省约2042万千瓦·时。内蒙古亿利化工工业有限公司20万吨/a PVC项目，采用新型高效板塔后使低沸塔乙炔指标小于5mg/L、高沸塔高沸物小于50mg/L，塔的分离效率大大提高。

余热余压利用。做好工艺管理水平的提升，化工工艺的精细化管理，零部件和原材料的设计和组合工作。包头海平面高分子工业有限公司回收电石尾气发电项目，有效回收尾气约$1085 \times 10^4 m^3$，月发电1044万千瓦·时，年减少碳排放约12万吨。亿利化学工业有限公司氯化氢合成余热利用、内蒙古恒坤化工有限公司低压饱和蒸汽加热富油代替管式炉技术节能效果显著。

公辅设施改造。拓宽变频节能调速范围的方式，减少化工工艺生产线中电机拖动系统的所需能源，从而降低动能的损耗。改进升级化工生产的供热系统，将化工生产的各设备进行有效的联合，实现供热系统的升级改造，最大限度地降低系统的热能散发技术，以最快的速度完成热量的高速短时间传输，实现热量的充分利用。

全过程精细化管理。从提高生产效益和节能消耗目的出发，避免因人为因素、材料因素、设备因素对化工生产的节能效果的影响，开展有针对性的化工生产管理。内蒙古君正化工有限公司PVC干燥生产线采用的基于边缘计算的流程工业智能优化控制技术进行改造，改造后每1t PVC产品少用蒸汽0.1t以上，一年可节约蒸汽3.2万吨，按1t蒸汽消耗标准煤100kg计，每年节约3200tce。

2.2.5.2　化工行业负碳技术应用现状

二氧化碳捕集技术、封存技术（CCS）。2021年4月，内蒙古乌海化工有限公司电石渣矿化封存利用二氧化碳关键技术与工业示范已启动。

二氧化碳制芳烃。2021年，由内蒙古久泰集团、清华大学共同研发设计建设的自治区重大项目——万吨级二氧化碳制芳烃工业试验项目，建成全球首套二氧化碳制芳烃装置。通过合成气一步法制芳烃（FSTA）技术采用低氢碳比合成气直接制备芳烃，兼顾更好经济性同时，推动煤化工原料、产品之间形成产业链。

全区化工行业中乌海中联化工有限公司2021年电石单位产品能耗为804.5kgce/t，是工信部发布的2021年电石行业能效领跑者企业，比同期公布的电石行业"领跑者"企业能耗低0.5kgce/t，处于国家领先水平。2020年，全区烧碱单位产品综合能耗为381.7kgce/t，比国家能耗限额标准先进值低118.4kgce/t，但与工信部2020年烧碱行业单位产品能效"领跑者"高出最少71.7kgce/t，距离国家先进水平有很大差距。全区化工企业主要存在原料结构有待优化、能量转换效率偏低、节能装备有待更新、资源综合利用水平较低、余热利用不足等问题，节能降碳改造升级潜力较大。

2.2.6　煤化工行业低碳技术应用现状

2.2.6.1　煤化工行业减碳技术应用现状

绿色技术工艺。大型煤气化、合成气联产联供、合成气净化的技术的应用。内蒙古荣信化工年产40万吨煤制乙二醇、30万吨聚甲氧基二甲醚项目投入使用世界最大两台4000t级气化炉。大唐内蒙古国际多伦煤化工公司煤气化分厂1号煤气化炉以60%的生产负荷外送合格合成气。内蒙古世林化工有限公司年产30万吨甲醇项目采用的两段式加压气流床气化技术在生产中取得了良好的气化指标和煤种适应性。多喷嘴对置式水煤浆气化技术也被内蒙古五原金牛煤化有限公司、鄂尔多斯市昊华精煤有限责任公司等多家公司应用于生产。

余热余压利用。中天合创能源有限公司将全厂生产过程中产生的余热用于发电，年可产生8460万千瓦·时。呼和浩特市旭阳中燃能源有限公司360万吨/a焦化及制氢综合利用项目利用干熄焦余热发电。可控移热变化技术、等温变换节能技术分别被内蒙古伊泰煤制油、内蒙古国储能源集团所应用。

公辅设备改造。内蒙古中煤蒙大新能源化工有限公司利用循环水风机水泵进行节能优化升级改造技术对循环水风机和循环水水泵进行了节能优化升级改造，节电率达45%。

2.2.6.2　煤化工行业负碳技术应用现状

二氧化碳捕集、封存技术（CCS）：鄂尔多斯神华集团煤制油高浓度二氧化碳捕集与深部咸水层封存。神华集团在鄂尔多斯市开展了首个煤制油10万吨/a CCS示范项目，累计封存量超过30.26万吨CO_2，项目目前进入检测阶段。

二氧化碳合成化学品技术：鄂尔多斯新奥新能能源进行二期工业示范浆粉耦合气化生产技术，将生产过程中排放的二氧化碳为原料与水煤浆反应制一氧化碳和氢气，使碳素循环利用。2021年，乌海市国家能源集团煤焦化有限责任公司在焦炉煤气与二氧化碳/水蒸气重整转换技术开发领域方面开展中试实验并争取尽快将先进技术应用于工业生产，预计项目建成后，不仅可实现甲醇增产20%，同时可有效降低碳排放。

内蒙古煤化工行业先进与落后产能并存，企业能效差异显著，主要存在余热利用不足、过程热集成水平偏低、耗电/耗汽设备能耗偏低等问题，节能降碳技术升级改造潜力较大。

2.2.7　交通领域低碳技术应用现状

道路运输：鄂尔多斯市运用公共物流平台系统应用技术、货运运输组织模式优化技术打造的以公共货运枢纽、配送中心、末端配送站建设为核心的三级城市配送节点设施逐步完善，共同配送、集中配送等先进配送组织模式基本形成，货运配送运输成本降低了16.7%，日单车行驶里程提高了24.6%，燃料消耗降低了17.7%。

公路建设和养护：苏（尼特右旗）化（德）高速公路乌兰察布市段2号沥青拌和站加热系统热源选用清洁能源液化天然气代替燃油，应用沥青拌合设备"油改气"技术预计每年可减少一氧化碳排放量194.4kg。开展了常温技术和资源循环利用研究，发明了高性能沥青常温改性剂、常温再生剂和常温改性沥青混合料设计方法，创建了低温施工、超薄罩面、旧料再生、预制装配式路面等低碳环保沥青路面建设成套技术，且先后在荣乌高速、京藏高速、绥满高速、国道111线、国道307线雅山段等高等级公路中进行试铺示范，解决了沥青路面施工温度高、能耗高、材料循环利用率低、养护效益低的难题，应用效果显著。内蒙古交通质监局低碳环保沥青路面建设成套技术被提名为国家科技进步奖二等奖。

道路及隧道照明：采用LED灯、氙气灯代替原高压钠灯用于公路照明，对卧佛山、福生庄、金盆湾、旗下营、坝底隧道照明系统进行公路隧道节能照明技术节能改造辅以智能化可调光电子镇流器和智慧控制系统，可以根据需要调整光源亮度，有效减少公路照明能耗。自发光标识、风光能源互补发电、公路隧道照明节能关机技术等在公路工程中均已应用。

节能型交通工具与技术：内蒙古积极推广新能源公交车，2020年全区新增、更换公交车中新能源车比重约80%，每三辆公交车中，就有一辆是新能源车。到2021年底，BRT快速公交线路将达到11条。子午线轮胎、润滑油减磨剂、燃油清净剂等节能新技术、新工艺已逐渐被使用。全球首个万辆级氢能燃料电池汽车（重卡）产业化项目落户鄂尔多斯，同时推动纯电动重卡的产业布局和应用。呼和浩特新能源汽车制造项目在金山高新技术产业开发区落地，将致力于发展新能源汽车电池、电机、电控等核心零部件生产，以及整车制造等延伸产业链。国泰能源汽车有限公司与通辽市政府签署《内蒙古通辽新能源汽车产业园项目战略合作协议》，打造新能源汽车样板工厂和示范基地。

智能交通系统：包头市运用智能交通系统实现实时、有效的交通管控处理及交通诱导。呼和浩特市公交总公司GPS车辆调度系统已覆盖所有营运车辆，实现了公交车辆的智能化调度，提高了公交车辆运行的效率。全区 ETC 用户突破 430 万。内蒙古首个非高速公路 ETC 支付场景——ETC 停车场，在赤峰机场正式上线运营，标志着内蒙古 ETC 拓展应用进入新时代。

低碳交通的问题其实是城乡扩张导致的交通密度降低、交通需求增多，汽车保有量增加。现实中存在缺乏规划理论、方法，缺少顶层设计和规划，技术研发受经济效益制约、公共交通滞后于发展等问题。

2.2.8 建筑领域低碳技术应用现状

被动式建筑节能技术。通过对建筑中建筑朝向、遮阳、维护结构等进行合理的布置，实现建筑通风结构设计。涉及建筑规划、材料、设计等多方面。呼和浩特市建设被动式超低能耗住宅示范项目两处，总建筑面积 25.31 万平方米，预计建成后每年节约标准煤 5200t，减少二氧化碳 1.45 万吨。

主动式建筑节能技术。土默特右旗苏波盖乡开展绿色低碳取暖示范工作，利用内蒙古太阳能资源丰富的优势，采取主被动式太阳能交错采暖技术实现清洁采暖，有效解决采暖效率低、耗能高、浪费大、室内舒适度差的问题。在乌拉特后旗呼和温都尔镇完成了整建制镇老旧小区 22 万平方米风光电和光热水储能技术清洁供暖改造项目，利用新能源微电网技术，运用清洁风光电能替代常规能源（燃煤），采用气源热泵+电加热锅炉+太阳能集热水蓄热+老旧建筑节能改造耦合集成技术替代燃煤锅炉，无污染、零碳排放，多方优势互补，提升能源效率，实现风电清洁供暖的可持续发展，年节约标准煤四千余吨，年减排二氧化碳一万多吨。

装配式建筑方式和可再生能源应用技术。锡林郭勒盟进行装配式超低零能耗房屋示范项目研究，采用新型（EPS 聚合物）模块化装配式超低能耗部品组件材料和无梁板柱建造技术工艺，利用风光发电直供电能、太阳能光热水洗浴、生物降解处理生活污物实现中水达标排放，全年能耗是传统建筑能耗的三分之一。

低碳建筑材料造价高，建设成本、维护运营成本均高于一般建筑，导致房价升高，增大消费压力。公众对绿色建筑认识存在误区。

2.2.9 农牧业领域低碳技术应用现状

2.2.9.1 农牧业领域减碳技术应用现状

设施农业+二氧化碳气肥技术。内蒙古润泰新能源科技有限公司与乌海市乌达区政府打造的全国首个零碳高科技农业产业示范区，采用适用于严寒地区的太阳能供暖、太空能供冷-GEIS 技术向温室提供二氧化碳、灌溉水、土壤所需能源，使大棚一年四季均可种植，在提高经济效益同时每栋大棚年节约标准煤 42t，减排 CO_2 105t，相当于植树 5750 棵。将大气或企业生产产生的二氧化碳收集，通过气罐储存，投放到温室大棚，达到加快作物的生产速度、减少病虫害，降低 50%～60%农药使用量，有效利用二氧化碳。呼和浩特、赤峰、乌兰察布等地设施农业中均有使用。

畜禽粪便管理温室气体减排技术。采用粪污干湿分离、固体粪便覆膜静态好氧堆肥、液体粪污密闭储存发酵、粪肥深施还田等，替代化肥施用，提升土壤有机质含量。

农村沼气综合利用技术。采用厌氧发酵处理有机废物，沼气集中供气、发电上网、提纯制备生物天然气，沼渣沼液综合利用，为农村地区提供绿色清洁能源，替代化石能源，减少化肥施用，提升土壤固碳能力，实现减污降碳协同增效。

2.2.9.2　农牧业领域负碳技术应用现状

牧草生产固碳技术：通过对中轻度退化草地切根改良，重度退化草地免耕补播、多年生人工草地混播建植，以及林草复合、灌草结合、草田轮作等，提升草地生产力，增加牧草产量，提高草地生态系统固碳能力，促进草牧业可持续发展。

农作物秸秆还田固碳技术：通过秸秆粉碎抛撒、机械还田，配套应用调氮促腐技术，将碳保留在土壤中，增加土壤有机质含量，减少化肥用量，具有减肥、增产、固碳、降污多重效果。

保护性耕作固碳技术：利用秸秆地表覆盖、免耕播种，配套应用药剂拌种、种子包衣、化学除草等病虫草害防治技术，减少对土壤的扰动，降低土壤侵蚀，促进蓄水保墒，提高表层土壤有机碳含量，增加土壤固碳能力。

内蒙古农牧业存在粗放式生产方式使农药化肥使用量逐年增加、现代化水平低、农业基础设施薄弱、科技支撑不足等问题。

3 内蒙古技术减碳路径研究方法

3.1 研究思路与技术路线

科技创新对碳中和目标实现的支撑，关键表现在各行业、领域的技术减碳上。着眼于六大重点行业和三大领域，从当前碳排放现状分析入手，紧密结合碳减排技术需求，综合考虑供给侧和消费侧角度，研究内蒙古经济转型过程中碳达峰碳中和技术减碳路径。

首先在了解国内外低碳技术发展历程的基础上，梳理了内蒙古重点行业、领域低碳技术研究应用情况，收集目前发布的适用于内蒙古的碳减排技术。并且通过资料收集和趋势分析法，摸清内蒙古能源消耗和碳排放底数，包括分行业、分领域碳排放现状等。然后重点针对电力、水泥、钢铁、有色、化工、农牧业等重点行业及交通、建筑、公共机构等重点领域，从全生命周期角度出发，结合行业特点、获得数据的齐备程度等，选择性采用生命周期评价（LCA）法、LEAP-Power 模型法、碳排放路径情景概述法等，开展详略不同的研究，设计适合内蒙古经济技术发展水平和行业发展特点的低碳技术路径。最后提出内蒙古低碳技术发展制度创新建议。内蒙古技术减碳路径研究技术路线图如图 3-1 所示。

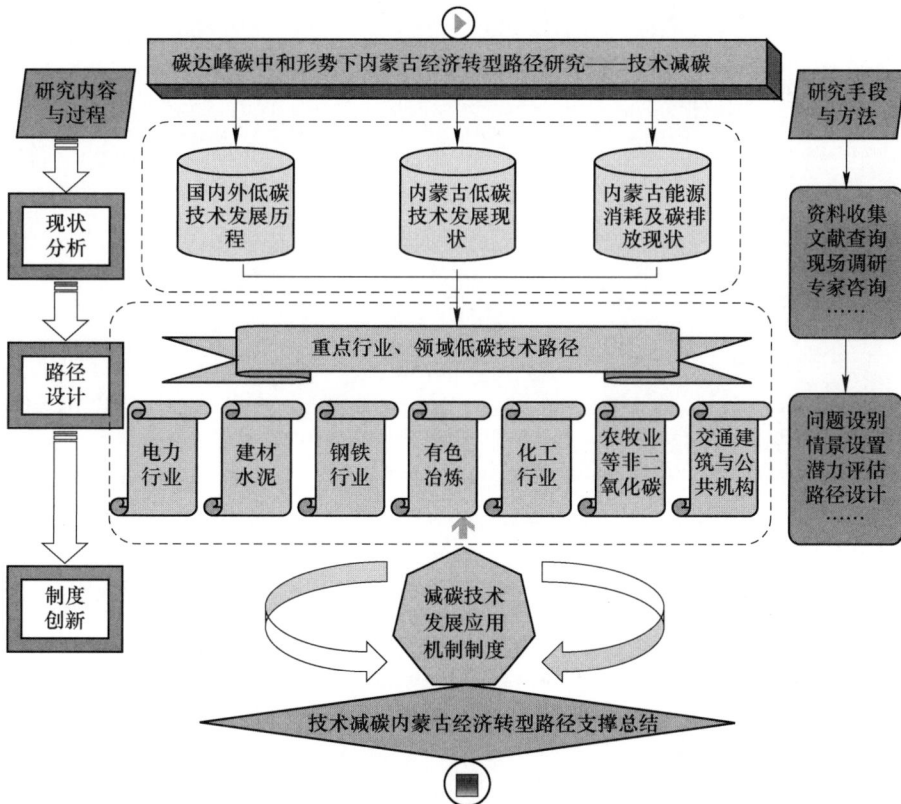

图 3-1 内蒙古技术减碳路径研究技术路线图

3.2　工作开展手段与方法

工作开展的手段与方法如下：

（1）资料收集与文献查询。通过文献检索和查询，了解内蒙古各行业发展水平及相关数据参数，选取不同行业的碳排放核算、技术减碳潜力贡献评估和路径设计方法等。

（2）现场调研。选择北方联合电力有限责任公司包头第一热电厂、包头钢铁（集团）有限责任公司、东方希望包头稀土铝业有限责任公司、包头海平面高分子工业有限公司等代表性行业企业，通过收集资料、开展座谈会、实地考察等形式，了解企业生产工艺、资源能源消耗、污染物排放等基本情况，以及在工艺设备改进、节能减排、资源综合利用、余热回收利用等方面的绿色低碳技术研发应用情况。

（3）研讨交流与专家咨询。通过开展阶段性研讨交流会、专家咨询会，不断完善研究内容和研究思路，推进研究进程，编撰成书。

3.3　技术路径设计方法

从全生命周期角度出发，采用生命周期评价（LCA）法、LEAP-Power 模型法、碳排放路径情景概述法等，开展碳排放核算和碳减排技术路径研究。

4 内蒙古重点行业领域技术减碳路径

4.1 电力行业

2010~2018 年，中国化石能源和水泥的 CO_2 排放量平均每年增长 1.4%。内蒙古是国家重要的能源基地，也是碳排放大区，人均碳排放量远远高于全国平均水平，实施二氧化碳排放达峰行动任务更加艰巨。"十三五"中期，内蒙古万元 GDP 能耗水平是发达国家的 3~11 倍，是全国平均水平的 2 倍左右，亿元工业增加值比全国多产生 180t 废气污染物、12489t 未能综合利用的固体废物。"十三五"国家要求内蒙古碳强度下降 17%，前三年实际执行结果是上升 1.5%，2019 年继续呈上升态势，基本上完不成规划目标。国家下达内蒙古"十三五"期间能耗指标是增量控制在 3570 万吨标准煤以内，单位 GDP 能耗下降 14%，而内蒙古在 2016~2018 年能源消费累计增量就已达到 4318.3 万吨标准煤，超出国家下达的增量指标 738.3 万吨标准煤，单位 GDP 能耗不降反升、累计上升 4.6%。可见，在碳达峰与碳中和目标导向下，走传统的能源基地发展道路已难以为继，必须加快转型步伐，制定差异化双碳目标，走出一条用低碳能源替代高碳能源的能源基地建设新路。

4.1.1 电力行业现状分析与核心问题识别

4.1.1.1 电力行业碳排放现状分析

以 2005 年为基准年，全国非化石能源装机、发电量分别累计提升 19 个百分点、16 个百分点，火电供电煤耗累计下降 61.5g/(kW·h)；电力行业累计减少二氧化碳排放超过 160 亿吨。碳排放强度持续下降。2019 年，全国单位火电发电量二氧化碳排放约 838g/(kW·h)，比 2005 年下降 20%；单位发电量二氧化碳排放约 577g/(kW·h)，比 2005 年下降 32.7%。2019 年我国二氧化碳排放总量约 102 亿吨，电力行业、交通行业、建筑和工业碳排放占比分别为 41%、28% 和 31%，火力发电二氧化碳排放总量约 42 亿吨。

数据来源：针对省级层面分析，中国碳核算数据库（Carbon Emission Accounts & Datasets, CEADs）提供了 1997~2017 年省级部门排放数据，这一数据使用 IPCC 部门排放核算方法核算，包括 45 个生产部门和 2 个居民部门，采用电力、蒸汽和热水的生产和供应部门数据作为电力行业排放数据。环境规划院提供了 2018~2020 年省级尺度电力排放数据。国家统计局提供了 1996~2020 年的国家和省级发电产量。其中，内蒙古每座燃煤电厂的地理坐标、技术类型和装机容量的信息，提取自全球能源监测的全球燃煤电厂跟踪器编制的开源数据集《内蒙古现有燃煤电厂》分集。与内蒙古发改、工信、能源、统计、科技等部门收集相关资料，到北方联合电力有限责任公司包头第一热电厂等进行考察调研，了解内蒙古电力行业基本情况。

1996~2020 年内蒙古电力行业碳排放量总体变化情况如图 4-1 所示，内蒙古电力碳排放总量出现了先增长后平稳再增长的波动趋势，主要分为四个阶段：（1）产能与碳排放同步快速增长段（1996~2007 年），年均增速为 17.41%。其中 2004 年 1 月，遵照自治区党委、政府关于产业政策调整的安排，内蒙古电力"厂网分开"，北方联合电力公司成立。2004~2006 年的三年间，自治区 220kV 东西大通道全线贯通，形成西起额济纳东至满洲里220kV 东西贯通的内蒙古自治区电网。（2）产能与碳排放同步平稳增长段（2007~2011年），增幅为 12.86%。2010 年 5 月，华北区域电力市场内蒙古电力多边交易市场运行正式启动。其中 2008~2009 年，因为全球金融危机的影响，内蒙古重化工业的企业用电量出现减缓趋势。（3）产能持平碳排放大幅降低段（2011~2015 年），增幅为 12.86%。近几年经济快速发展，但能源燃料的使用结构单一，大量燃煤的使用导致碳排放增长较多。其中 2010 年 5 月，华北区域电力市场内蒙古电力多边交易市场运行正式启动。（4）产能激增碳排放小幅降低段（2015~2020 年），增幅为 8.75%。四个阶段的变化趋势既受经济发展的影响也同时受到产业导向的影响。内蒙古需要改变过分依赖能源工业的发展模式，促进产业结构合理优化，降低碳排放成本。1996~2020 年，经济波动变化，尤其 2020 年由于新冠肺炎疫情对经济造成巨大冲击，经济增速陡降，碳排放相比较 2019 年无较大变化，2020 年全区碳排放量 6.26 亿吨，导致 2020 年碳排放脱钩指数激增。

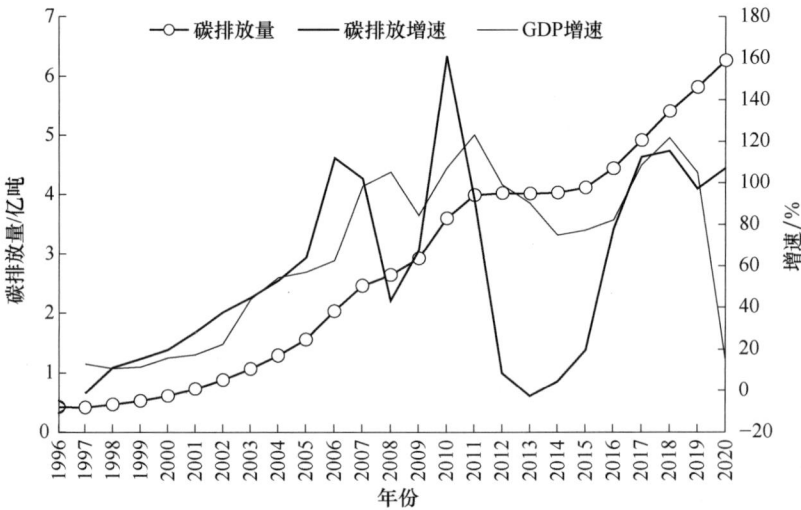

图 4-1　1996~2020 年内蒙古电力行业碳排放及增速

　　内蒙古电力碳排放总量总体上仍然呈增长趋势，增速波动、短期内难以实现脱钩。碳排放脱钩指数从 1997 年的-11%（碳排放增速大于经济增速）升至 2020 年的 743%（碳排放增速远高于经济增速），特别在 2019~2020 年出现了脱钩指数激增，要实现电力行业的绝对碳减排，其碳排放强度的下降速率要大于 GDP 的增长速率，而目前差距仍较大，因此内蒙古地区近期很难实现碳排放与经济增长的真正脱钩（图 4-2）。

　　根据何建坤等研究结论，若要实现二氧化碳的绝对减排，其碳排放强度的下降速率要大于 GDP 的增长速率。2011~2017 年内蒙古的国内生产总值增长了 1.42 倍，增长速率为41.95%，国民生产总值增速远远大于碳排放强度降速，说明内蒙古依旧迫切需要采取碳减排系列举措，寻找区域特色的低碳经济发展方式。

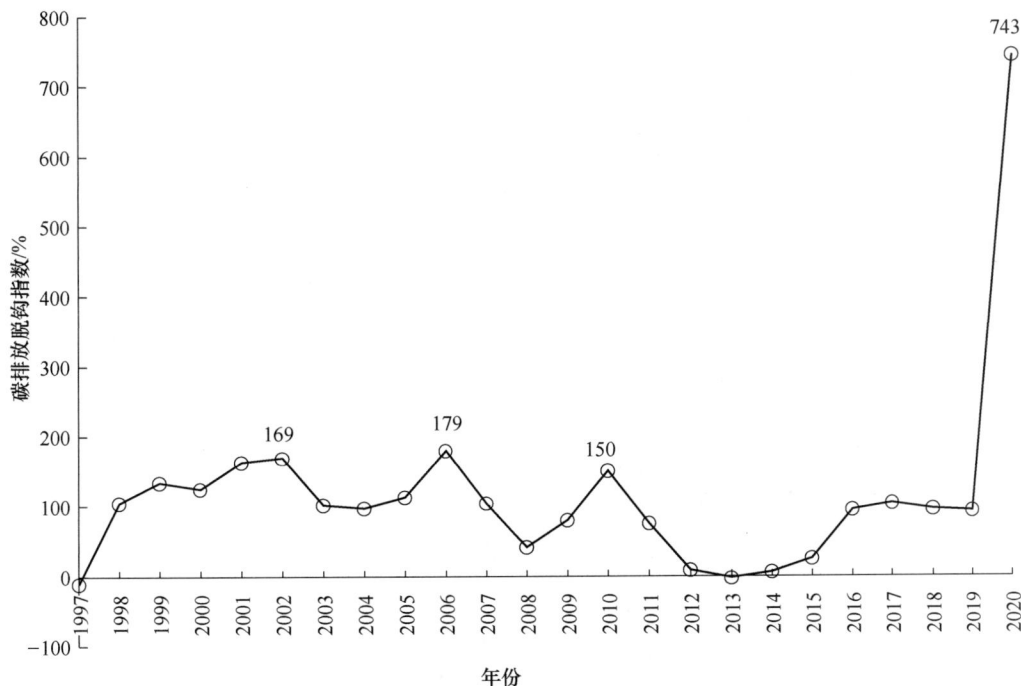

图 4-2 1997~2020 年电力碳排放脱钩指数
（碳排放脱钩指数＝碳排放增速/GDP 增速）

4.1.1.2 电力产业区域分布分析

A 内蒙古发电厂数量及分布

电力作为产业属性，为发电、输电、变电、配电、用电及其设备等的统称。而发电企业又分为：火力发电厂、水力发电厂、核能发电厂、风力发电厂、光伏发电厂。基于传统分类，本书通过全面调查内蒙古地区的电力企业，分析产业分类组成和区域空间分布规律，确定内蒙古地区的电力行业空间结构，并在此基础上分析本地电力行业发展的核心问题。

内蒙古电力类型分为风力发电、光伏发电、燃煤发电、燃气发电和水力发电。内蒙古各类电厂均集中分布在内蒙古的中南部，并没有完全与资源的空间分布相匹配，更多的是与电厂等基础设施的配套能力相匹配。

从电厂数量看（图 4-3），风力发电厂最多，占总厂数的 49%，分布在内蒙古全境；2020 年发电量为 726 亿千瓦·时，占总发电量的 13%，说明风力发电不管规模还是发电量都具有很大发展潜力。其次为太阳能发电厂，数量占比 30%，主要分布在中西部；2020 年发电量为 188 亿千瓦·时，占总发电量的 3%。可见内蒙古的风力发电和太阳能发电已给整个新型电力系统带来新能源消纳与并网的两大压力，这两个新能源系统的核心问题也是本地大规模发展清洁能源要面对的关键问题之一。第三为燃煤发电厂占比 20%，主要分布在呼和浩特市和鄂尔多斯市附近，但 2020 年发电量占到总发电量的 83%，说明内蒙古电力高度依赖燃煤发电，实现"双碳"任务较艰巨；水力发电厂和 2020 年发电量分别占总发电厂和总发电量的 1%，结合内蒙古水力资源贫乏的现状，内蒙古电力行业低碳转型设计中，水电可不计入考虑。

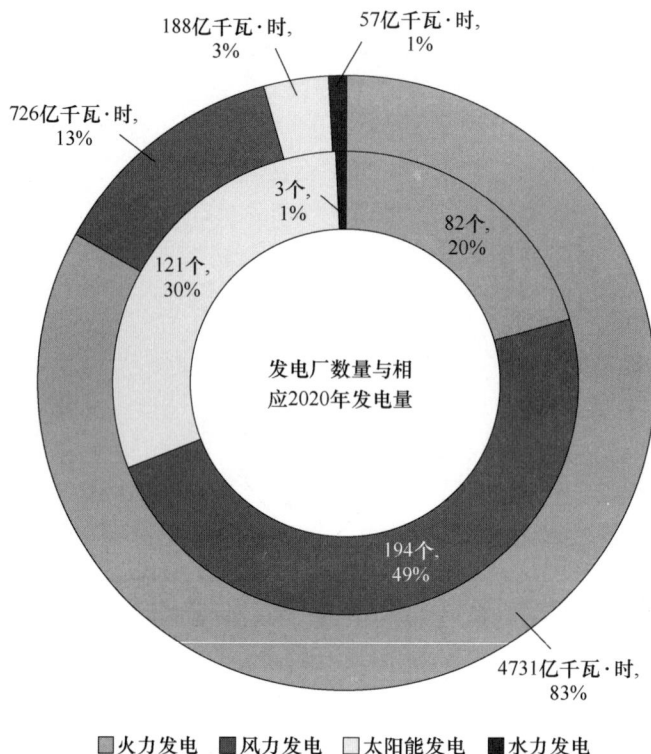

图 4-3　内蒙古发电厂数量（个）与相应 2020 年发电量

B　内蒙古发电厂分布特点

a　风力发电厂

内蒙古风力发电厂，空间上整体集中在东、中部，东西跨度较大，与风力资源分布相比大体一致，但北部资源区开发不足。风力发电厂有 194 个容量区间为 19～300MW，按自然分等法分为 5 类，容量为 33～50MW 的风力发电厂分布最多，为 159 个，最大容量 165～300MW 的风力发电厂只有 8 个分别分布在通辽市、乌兰察布市、锡林郭勒盟等地区；其中 2017 年容量 33～50MW 发电量最多为 14324.52 千兆瓦·时，其次为容量 165～300MW。2017 年发电量为 3664.33 千兆瓦·时。

内蒙古入网难和弃光现象较为普遍，光伏发电效率不高，设备闲置现象较为严重；其次光伏发电设备总体利用率不高，发电量占比低于装机容量占比，据统计，截至 2018 年底，规模以上太阳能发电量的增长速度，不足全区发电总量增速的 1/4；主要原因是发电侧新能源储能技术发展不足、火电机组低负荷运行技术仍无法提供有效支撑；电网侧高效平稳并网接入技术仍未能突破，新能源电力消纳困难。

b　光伏发电厂

内蒙古光伏发电厂空间上主要集中在中部，与太阳能资源分布相比匹配不足，特别是西部开发不足。已建成光伏发电厂 121 个，容量区间为 5～500MW，按自然分等法分为 5 类，容量为 33～50MW 的光伏发电厂分布最多，最大容量 200～500MW 的光伏发电厂分别分布在阿拉善盟、鄂尔多斯市、乌兰察布市、乌海市等地区；其中从多年数据来看，2017

年发电量最多为 7953.93 千兆瓦·时，2014 年发电量最少为 7835.74 千兆瓦·时。

内蒙古长期火电发展发达，使用方便，使用火电成为一种习惯，特别是冬季供暖期由于供暖的特点，风力不稳定，风电无法保证稳定安全运行。风电就地使用条件不够成熟，可靠性较低，自主研发能力堪忧，相关设备不够成熟，电力管理体制机制不健全。如何给予风电合理收益的计划电量，是保证风电发电调度优先权是否可行的解决之策。

c　燃煤发电厂

内蒙古燃煤发电厂空间上主要集中在中南部，尤其集中分布在黄河"几字弯"区域附近，该区域既有生态环境保护压力大的困扰，也面临着核心城市带动能力弱、产业升级水平差、协同联动程度低、公共服务水平不高等问题。但对比内蒙古的煤炭资源分布尚有一定发展空间，因此内蒙古地区未来煤炭开发潜力仍然巨大，同样意味着电力行业低碳转型不易。当前内蒙古燃煤发电厂有 79 个，容量区间为 100~6720MW，按自然分等法分为 5 类，容量为 400~1000MW 的燃煤发电厂分布最多，为 36 个，最大容量 6720MW 的燃煤发电厂只有 1 个，为大唐托克托发电厂；1000~3720MW 的燃煤发电厂分布在呼和浩特市和鄂尔多斯市等；其中 2017 年容量 1000~3720MW 发电量最多为 192666.05 千兆瓦·时，其次为容量 400~1000MW。2017 年发电量为 118893.49 千兆瓦·时。

d　水力发电厂

内蒙古水力发电厂有 3 个，容量最大为 1200MW，分布在呼和浩特市。近年来呼和浩特市规划大型抽水蓄能，抽水蓄能电站依托建设于哈拉沁水库旁。

4.1.1.3　电力行业关键问题解析

在电力低碳转型发展路径下，以风能、光伏为代表的新能源将成为电力供应主体，给现有电力系统带来战略性、全局性变革。在供给侧，新能源逐步成为装机和电量的主体；在用户侧，分布式电源、多元负荷、储能等发/用电一体的"产消者"大量涌现；在电网侧，以大电网为主导、多种电网形态相融并存的格局逐步形成。电力系统整体运行的机理必然出现深刻变化，为了推动内蒙古电力碳达峰、碳中和发展目标的实施落地，还需要重点关注以下四方面问题。

一是科学确定煤电发展定位。煤电与非化石能源并非简单的此消彼长，而应是协调互补的发展关系，解决好煤电发展问题是内蒙古稳妥实现电力低碳转型的关键。煤电由电量主体转变为容量主体，在为新能源发展腾出电量空间的同时，提供灵活调节能力以确保能源供给安全。科学谋划煤电退出路径，协调好煤电与可再生能源的发展节奏，防止煤电大规模过快退出而影响电力安全稳定供应。

二是拓展新能源发展模式和多元化利用。新能源将逐步演变为主体电源，宜坚持集中式与分布式开发并举，分阶段优化布局。内蒙古新能源发电资源丰富，新能源产业链相对完整，宜积极运用绿电制氢、气、热等电力多元化转换（Power-to-X）和跨能源系统利用方式，与火电 CCUS 捕获的 CO_2 结合来制取甲醇、甲烷等（应用于工业原料领域），全面扩大碳循环经济规模。

三是构建多元化清洁能源供应体系。未来各类型清洁电源的发展定位是电力低碳转型的焦点问题。单纯依赖新能源增长并不科学，需要在统筹平衡、功能互补的前提下，明确各类型电源发展定位，注重能源绿色低碳转型与灵活性调节资源补短板并重，实现"水核风光储"等各类电源协同发展。适度发展气电，增强电力系统的灵活性并实现电力多元化供应。每千瓦·时气电的排放约为煤电的50%且灵活调节性能优异，适度发展是保障电力安全稳定供应的现实选择；气电定位以调峰为主。未来仍需重视天然气对外依存度、发电成本、技术类型等问题，积极探索天然气掺氢、氢气和CO_2制取天然气等碳循环模式作为补充气源。合理统筹抽水蓄能和新型储能发展。近中期，在站址资源满足要求的条件下，应优先开发抽水蓄能以保证电力平衡并提供系统惯量；中远期需进一步挖掘优质站址资源。为满足电力平衡、新能源消纳等需求，中远期新型储能将取得快速发展。

四是务实解决电力平衡与供应保障问题。电力平衡是电力低碳转型亟须面对的重大难题和挑战，如近期受电煤供应紧张、煤炭价格涨幅明显等因素的影响，多地出现了限产限电现象，引发各方高度关注。值得指出的是，一定时期内煤炭仍是我国重要的"兜底"保障能源，应在妥善解决电煤市场供需、秩序、价格等问题的基础上，着力构建多元化的清洁能源供应体系，以此充分保障电力供应的充裕性。近期，煤电仍是保障电力平衡的主力电源。新能源具有有效出力不稳定且偏小的特点（图4-4），充分挖掘需求侧资源也是保障电力系统安全运行、促进新能源消纳的重要方式。为此，未来应从规划设计、市场培育、机制完善、基础设施建设等方面着手，建立健全需求侧资源利用体系。远期，保障电力平衡依赖多元化的清洁能源。着眼长远，我国电源发展存在多种路径，具有高度的不确定性；为了化解各种不确定性伴生的风险，应建立更加稳定的电力供应体系，提升极端情形下电力安全供应保障水平。

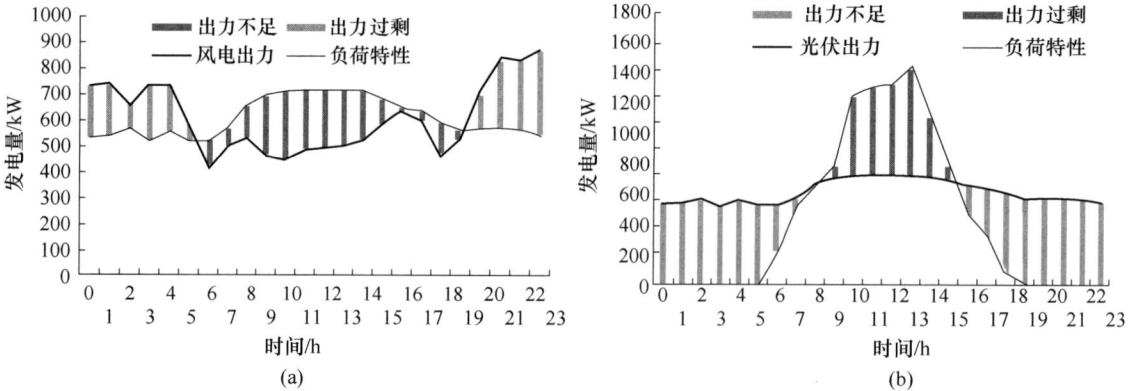

图 4-4　新能源发电特点

（a）风电 24h 发电特点，存在"逆调峰"特性，与负荷不匹配；
（b）光伏 24h 发电特点，白天出力大于负荷，夜间无出力

A　电力电量平衡解决问题

传统的电力电量平衡着眼于系统参数的刚性边界，采取简化的约束，或直接考虑电源总容量大于总负荷，根据网络负荷特性、接线模式及负荷预测等条件进行平衡。而随着新能源在电网中得到越来越广泛的应用，其发电的间歇性和波动性为系统规划带来了更多不确定性问题，主要表现可以总结为"一低、两高、双峰、双随机"，电网安全稳定风险增加，电力调节成本增加，电力平衡难度加大（表4-1）。

为解决新能源入网带来的电力电量平衡问题，新能源发电预测的重要性和使用范围变大。

表4-1　"一低、两高、双峰、双随机"挑战的核心问题及解决方案

挑战	核心问题	对应解决方案
一低	系统频率更容易变化	火电机组自带的二次调频功能
两高	谐波问题、系统无功功率变化加大	SVG静态无功补偿装置、统一潮流控制器、微电网
双峰	发电峰值和用电峰值不同	主要是储能的技术和设备，如抽水蓄能、新型储能、飞轮、煤电的利用性改造等
双随机	发电能力和用电需求难以预测	配网智能化改造、新能源发电预测、虚拟电厂

资料来源：中信建投。

"双峰"：新能源发电有明显的季节性和波动性，发电峰值和用电峰值不同，带来电力平衡的需求和难度加大。中午是光伏的主要发电时段，但是此时的用电需求却比较弱；傍晚时段，光伏基本不能发电了，却是电力系统用能的高峰，这也称为反调峰特性。反调峰特性，加上现在电力市场的建设，造成了新能源的电力平衡调节需求和难度增大。

"双随机"：发电侧和用电侧都会出现随机波动，带来电力平衡难度加大。新能源发电由于其发电时段不稳定，在电源侧会出现电压的随机波动。用电侧由于电力市场化改革以及分布式发电，导致用电侧的电力需求波动增加。

新能源发电规模不稳定，发电功率预测要求不断提高（图4-5）。近年来，随着新能源的大规模并网，电力系统调节手段不足的问题越来越突出，对发电功率预测的考核需求加大。2018年，国家发展改革委和国家能源局发布了《关于提升电力系统调节能力的指导意见》，意见提出"完善电力辅助服务补偿（市场）机制"，"实施风光功率预测考核，将风电、光伏等发电机组纳入电力辅助服务管理，承担相应辅助服务费用"。在这一背景下，自2018年起，各地区能源局纷纷加强了对新能源发电功率预测的考核。

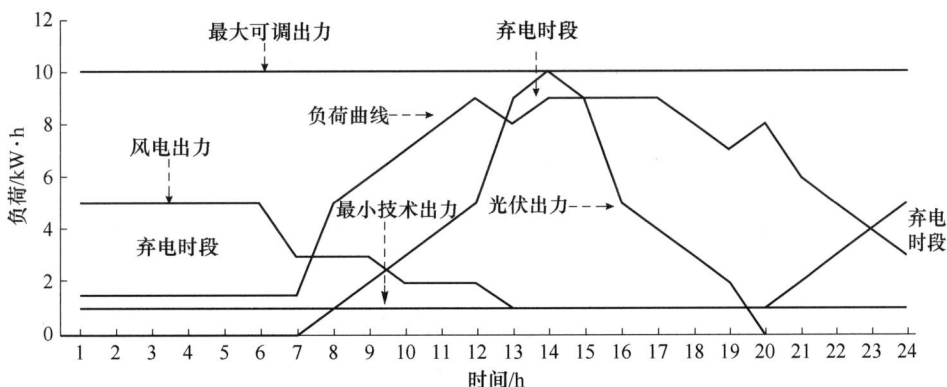

图4-5　新能源发电特性示意图
（资料来源：全国能源信息平台，中信建投）

B　火电灵活性改造内容与技术

新型电力系统中，火电的灵活性改造主要包括调峰能力、爬坡速率、启停时间等内容，涉及纯凝机组、供热机组两大机组，锅炉侧、汽轮机、热控等系统（表4-2和表4-3）。

表 4-2　纯凝机组及供热机组改造技术与需求

机组类型	技术特点	灵活性改造需求	技术方案机组类型
纯凝机组	低负荷运行能力强，负荷调节灵活	需解决制煤、锅炉、汽机、辅机、排放系统的低负荷运行适应性问题，实现深度调峰，重点关注低负荷排放和设备磨损及寿命问题	（1）磨煤机改造； （2）低负荷稳燃脱硝； （3）汽机系统适应性改造
供热机组	热电耦合，供热时负荷调节能力差	增加供热能力，降低供热时的被迫出力，利用热储能实现热电解耦	（1）汽轮机旁路供热； （2）低压缸零出力； （3）高背压改造； （4）电极锅炉； （5）固体储热； （6）储热水罐

表 4-3　火电灵活性改造主要环节

改造环节	具体改造技术
锅炉侧改造	制粉系统动态分离器、增加微油点火系统、增加水冷壁温监测、富氧燃烧技术、提升脱硝入口烟温技术
汽轮机改造	低真空改造技术、储热罐技术、汽轮机改造技术、低压缸切除供热技术
热控系统改造	给水泵小流量控制、汽动给水泵汽源切换、协调控制系统优化

C　火电灵活性改造市场空间预测

2021 年，国家发展改革委、国家能源局公布《关于开展全国煤电机组改造升级的通知》，强调存量煤电机组灵活性改造应改尽改，"十四五"期间将完成灵活性改造 2 亿千瓦，增加系统调节能力 3000 万~4000 万千瓦。

据中电联统计，火电灵活性改造单位千瓦调峰容量成本在 500~1500 元。根据火电灵活性改造规划及中电联统计单位成本进行测算，预期"十四五"期间火电灵活性改造投资额将达到 150 亿~600 亿元（表 4-4）。

表 4-4　350MW 电厂灵活性改造技术成本

调峰技术	调峰深度	投资成本/万元	运行成本
汽轮机旁路（部分容量）供热	增加 10%~15%额定容量调峰空间	2000~3000	较高
低压缸零出力	增加 20%~30%额定容量调峰空间	1000~2000	较低
低压缸高背压循环水供热	增加 15%~20%额定容量调峰空间	5000~10000	最低
电极锅炉供热	增加 30%以上额定容量调峰空间	5000~10000	高
电锅炉固体储热	可以实现 100%调峰容量	10000~20000	高
热水罐储热	增加 20%~30%额定容量调峰空间，取决于储能容量	3000~6000	较低

资料来源：江苏中科智储科技有限公司、北极星电力网、中信建投。

4.1.2　电力全生命周期碳排放核算

作为高耗能、高排放产业之一，电力行业如今面临着日益严峻的减碳压力，如何全面科学识别减碳重点，从源头解析减碳贡献环节，对行业实施低碳化、绿色化、清洁化发展有重要意义。

本书以内蒙古地区典型电力企业为案例，结合碳排放核算方法，建立基于全过程的电力行业平均水平生命周期评价清单，采用生命周期评价的方法，从工业过程面识别全厂的减排控制重点，进而确定全地区电力行业减排控制重点，并对重点过程的主要贡献环节及物质进行深层次追踪溯源。从区域整体综合影响的角度，对全地区电力生产优化调控提供参考。生命周期评价（LCA）法是对某种产品、活动或服务，从原料开采到最终处理进行全过程分析的方法，可从整体产业链的角度量化产品或某项活动产生的碳排放量，从而识别关键贡献过程或物质，是确定行业减排重点的有效方法。

4.1.2.1　范围定义

A　系统边界

在本书中，考虑到各种发电技术的特点和评价框架的一致性和可比性要求，LCA评价边界包括电厂建造、煤炭开采、煤炭清洗、煤炭运输、发电运行及电厂退役环节，如图4-6所示。其中，风电、光伏、水电等可再生能源发电不涉及煤炭开采周期及其相关环节。对不同发电方式，各环节相关生产活动描述如下。

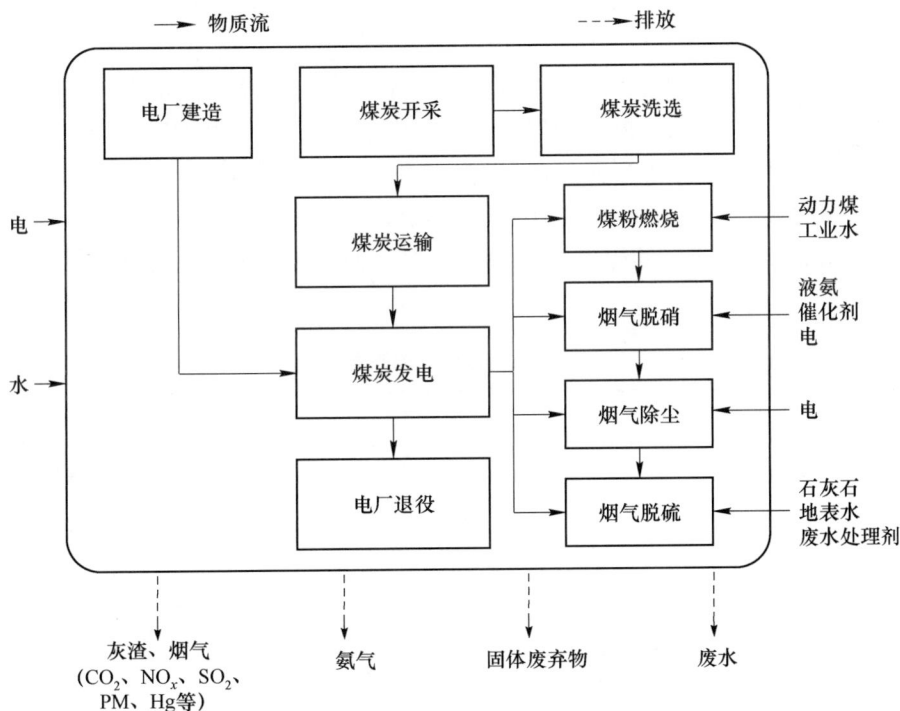

图 4-6　燃煤发电全生命周期评价框架

B　环境影响类型

环境影响类型指标见表 4-5。

表 4-5　环境影响类型指标

环境影响类型指标	影响类型指标单位	主要清单物质
气候变化（GWP）	kg CO_2 eq.	CO_2，CH_4，N_2O 等
初级能源消耗（PED）	MJ	硬煤，褐煤，天然气等
非生物资源消耗（ADP）	kg Sb eq.	铁，锰，铜等
水资源消耗（WU）	kg	淡水，地表水，地下水等
酸化（AP）	kg SO_2 eq.	SO_2，NO_x，NH_3 等
富营养化（EP）	kg PO_4^{3-} eq.	NH_3，$NH_4\text{-}N$，COD 等
可吸入无机物（RI）	kg $PM_{2.5}$ eq.	CO，PM_{10}，$PM_{2.5}$ 等
臭氧层消耗（ODP）	kg CFC-11 eq.	CCl_4，$C_2H_3Cl_3$，CH_3Br 等
光化学臭氧合成（POFP）	kg NMVOC eq.	C_2H_6，C_2H_4 等

注：eq. 是 equivalent 的缩写，意为当量。例如气候变化指标是以 CO_2 为基准物质，其他各种温室气体按温室效应的强弱都有各自的 CO_2 当量因子，因此产品生命周期的各种温室气体排放量可以各自乘以当量因子，累加得到气候变化指标总量（通常也称为产品碳足迹，product carbon footprint，PCF），其单位为 kg CO_2 eq.。

C　软件与数据库

本书采用 eFootprint 软件系统，建立了燃煤发电生命周期模型，并计算得到 LCA 结果，以净输出 1kW·h 电能为功能单位。研究过程中用到的中国生命周期基础数据库（CLCD）是由亿科开发，基于中国基础工业系统生命周期核心模型的行业平均数据库。CLCD 数据库包括国内主要能源、交通运输和基础原材料的清单数据集。

在 eFootprint 软件中建立的煤电 LCA 模型，其生命周期过程使用的背景数据来源见表 4-6。

表 4-6　背景数据来源

清单名称	所属过程	数据集名称	数据库名称
天然气	电厂建造	天然气（运输后）	CLCD-China-ECER 0.8
钢	电厂建造	碳钢	CLCD-China-ECER 0.8
铁	电厂建造	国产铁精矿	CLCD-China-ECER 0.8
水泥	电厂建造	水泥	CLCD-China-ECER 0.8
铜	电厂建造	铜精矿	CLCD-China-ECER 0.8
铝	电厂建造	铝	CLCD-China-ECER 0.8
煤	煤炭清洗	原煤（运输后）	CLCD-China-ECER 0.8

清单名称	所属过程	数据集名称	数据库名称
电	煤炭清洗	华北电网火电	CLCD-China-ECER 0.8
石灰石	煤炭清洗	石灰石	CLCD-China-ECER 0.8
柴油	煤炭清洗	柴油	CLCD-China-ECER 0.8
水	煤炭清洗	自来水（工业用）	CLCD-China-ECER 0.8
电	发电运行	华北电网火电	CLCD-China-ECER 0.8
煤	发电运行	原煤（运输后）	CLCD-China-ECER 0.8
天然气	发电运行	天然气（运输后）	CLCD-China-ECER 0.8
水泥	发电运行	水泥	CLCD-China-ECER 0.8
铬	发电运行	铬矿	CLCD-China-ECER 0.8
锰	发电运行	锰矿	CLCD-China-ECER 0.8
砖	发电运行	黏土空心砖（240mm×115mm×53mm）	CLCD-China-ECER 0.8
石灰石	发电运行	石灰石	CLCD-China-ECER 0.8
氨水	发电运行	合成氨	CLCD-China-ECER 0.8
催化剂	发电运行	甲醛水溶液（37%）	CLCD-China-ECER 0.8
天然气	电厂退役	天然气	CLCD-China-ECER 0.8
柴油	发电运行	柴油	CLCD-China-ECER 0.8
铜	发电运行	铜精矿	CLCD-China-ECER 0.8
铝	发电运行	铝	CLCD-China-ECER 0.8
煤	煤炭开采	原煤（运输后）	CLCD-China-ECER 0.8
电	煤炭开采	华北电网火电	CLCD-China-ECER 0.8
木	煤炭开采	residual wood, dry	Ecoinvent 3.1
汽油	煤炭开采	汽油	CLCD-China-ECER 0.8
石油	煤炭开采	原油	CLCD-China-ECER 0.8
钢	煤炭开采	碳钢	CLCD-China-ECER 0.8
水泥	煤炭开采	水泥	CLCD-China-ECER 0.8
柴油	煤炭开采	柴油（运输后）	CLCD-China-ECER 0.8
水	煤炭开采	自来水（工业用）	CLCD-China-ECER 0.8
钢	发电运行	碳钢	CLCD-China-ECER 0.8

清单名称	所属过程	数据集名称	数据库名称
煤	电厂建造	原煤（运输后）	CLCD-China-ECER 0.8
石油	电厂建造	原油	CLCD-China-ECER 0.8
石油	发电运行	原油	CLCD-China-ECER 0.8
水	发电运行	自来水（工业用）	CLCD-China-ECER 0.8

4.1.2.2　数据采集

为了便于计算和比较，对不同来源数据做归一化处理。即在燃料周期以1t煤为基本单位，在电厂周期以1kW装机容量作为基本单位，将物料、终端能源用量表示为单位煤炭或者装机容量的消耗量。最终通过负荷因子和能量转换效率计算，将单位发电量作为LCA各阶段的基本单位。

根据燃料开采、运输、发电和废弃处理的实际生产数据编制燃料周期材料清单，根据电厂建设和运行的实际数据编制电厂周期材料清单。不同物料的碳排放因子来自文献和GB/T 32151.1，利用这些数据可以计算生命周期总发电量、单位发电量碳排放和单位发电量大气污染物排放。

燃煤发电全过程消耗大量资源，排放大量污染气体、废水和固体废物。资源消耗数据和污染物排放信息来源于《中国环境年鉴》《中国交通年鉴》和以往研究成果。每本年鉴的数据都表明了内蒙古平均水平。

资源消耗（包括煤炭、柴油、汽油、水和电）的数据来自《内蒙古统计年鉴》和《内蒙古能源平衡表（实物量）》；煤炭燃烧过程中产生的碳氧化物、二氧化硫、甲烷和其他气态污染物的排放来自《中国环境年鉴》和软件eFootprint。本书将铁路和公路作为运输方式，根据《中国交通年鉴》，平均运输距离为722km。煤炭运输阶段排放的氮氧化物、烟尘等污染物的排放来源于《中国交通年鉴》。富营养化废水排放数据取自《内蒙古统计年鉴》。固体废物排放量来自《内蒙古能源平衡表（实物量）》。

本书采用eFootprint软件对燃煤发电技术进行LCA。LCA涉及许多定量计算。为了便于评估结果的计算和比较，需要统一每个子系统的功能单元。1t煤，提供0.0293GJ/kg的能量，被用作LCA在煤炭开采，洗涤和运输阶段的功能单元。在发电阶段，以1kW·h的功率作为LCA的功能单元，将产生的功率添加到电厂自身的用电量中，并减去损耗。煤矿、洗煤、运输阶段的功能单元通过计算能量转换效率，在各阶段以1kW·h的功率作为LCA的功能单元，转换为1kW·h的功率（表4-7）。

表4-7　燃煤发电全生命周期数据清单

类型	清单名称	单位	清单数据				
			电厂建造	煤炭开采	煤炭清洗	发电运行	电厂退役
消耗	氨水	kg				8.36×10^{-5}	
消耗	柴油	kg		5.43×10^{-5}	4.70×10^{-4}	1.67×10^{-6}	

续表4-7

类型	清单名称	单位	清单数据				
			电厂建造	煤炭开采	煤炭清洗	发电运行	电厂退役
消耗	催化剂	kg				7.38×10^{-6}	
消耗	电	kW·h		1.00×10^{-2}	3.00×10^{-3}	2.00×10^{-2}	
消耗	钢	kg	3.34×10^{-4}	6.45×10^{-4}		1.71×10^{-4}	
消耗	铬	kg				2.02×10^{-7}	
消耗	铝	kg	1.51×10^{-6}			1.70×10^{-6}	
消耗	铝	kg					
消耗	煤	kg	9.08×10^{-4}	2.00×10^{-1}	1.19	4.30×10^{-1}	
消耗	锰	kg		1.14×10^{-6}		1.86×10^{-7}	
消耗	木	m³		2.46×10^{-4}			
消耗	汽油	kg		4.67×10^{-5}			
消耗	石灰石	kg			1.00×10^{-5}	1.00×10^{-2}	
消耗	石油	kg	3.90×10^{-5}	3.50×10^{-5}		7.24×10^{-4}	
消耗	水	kg		3.40×10^{-1}	7.00×10^{-2}	1.20	
消耗	水泥	kg	5.68×10^{-4}	5.87×10^{-4}		7.11×10^{-4}	
消耗	天然气	m³	1.00×10^{-2}			1.87×10^{-4}	1.59×10^{-6}
消耗	铁	kg	2.21×10^{-6}				
消耗	铜	kg	3.36×10^{-6}			1.90×10^{-6}	
消耗	砖	Item(s)				2.70×10^{-5}	
排放	氮［排放到大气］	kg				4.50×10^{-5}	
排放	氮氧化物［排放到大气］	kg	2.88×10^{-4}	3.50×10^{-5}		1.33×10^{-3}	7.00×10^{-8}
排放	二氧化硫［排放到大气］	kg	4.88×10^{-4}	3.57×10^{-4}		5.44×10^{-3}	1.39×10^{-8}
排放	二氧化碳（化石源）［排放到大气］	kg	6.00×10^{-2}	7.46×10^{-3}	9.14×10^{-4}	6.40×10^{-1}	2.18×10^{-5}
排放	废水	kg		4.30×10^{-1}	2.00×10^{-2}	5.00×10^{-2}	
排放	废铁［生产废物］	kg		1.99×10^{-6}			
排放	废油［生产废物］	kg		6.67×10^{-4}			
排放	固体废物	kg	2.36×10^{-3}	2.00×10^{-2}	9.00×10^{-2}	4.00×10^{-2}	
排放	锅炉灰	kg		2.44×10^{-3}		4.00×10^{-2}	

续表 4-7

类型	清单名称	单位	清单数据				
			电厂建造	煤炭开采	煤炭清洗	发电运行	电厂退役
排放	化学需氧量［排放到水体］	kg	1.52×10^{-6}	1.33×10^{-5}	3.00×10^{-5}	2.58×10^{-3}	
排放	回收催化剂	kg				7.40×10^{-6}	
排放	甲烷（化石源）［排放到大气］	kg	1.00×10^{-2}	2.66×10^{-3}		5.62×10^{-4}	
排放	煤矸石	kg		4.27×10^{-4}	9.11×10^{-3}		
排放	泥炭	kg			2.00×10^{-5}		
排放	脱硫石膏	kg				5.00×10^{-6}	
排放	悬浮固体（SS）	kg			1.00×10^{-5}		
排放	烟尘和灰尘	kg	5.90×10^{-4}	9.50×10^{-7}		2.00×10^{-2}	
排放	一氧化氮［排放到大气］	kg					7.08×10^{-8}
排放	一氧化碳（生物源）［排放到大气］	kg	1.23×10^{-4}	5.33×10^{-5}		2.39×10^{-3}	
排放	用于回收的钢材	kg				1.03×10^{-4}	
排放	油	kg		6.67×10^{-4}			
排放	总颗粒物［排放到大气］	kg	5.45×10^{-9}		7.81×10^{-3}	2.80×10^{-5}	
排放	总磷［排放到大气］	kg		3.33×10^{-6}		5.00×10^{-5}	

过程运输信息见表 4-8。

表 4-8　过程运输信息

物料名称	毛重/kg	起点	终点	运输距离/km	运输类型
煤炭清洗	1	本地	本地	103	铁路运输-市场平均
煤炭清洗	1	本地	本地	626	货车运输（18t）-柴油

4.1.2.3　全生命周期影响分析

A　LCA 结果

LCA 结果在 eFootprint 上建模计算了 1kW·h 煤电的 LCA 结果（表 4-9），计算指标为气候变化（GWP）、初级能源消耗（PED）、水资源消耗（WU）、酸化（AP）、非生物资源消耗潜值（ADP）、富营养化潜值（EP）、可吸入无机物（RI）、臭氧层消耗（ODP）、光化学臭氧合成（POFP）、电离辐射-人体健康（IRP）、生态毒性（ET）、人体毒性-致癌（HT-cancer）、人体毒性-非致癌（HT-non cancer）。其中燃煤发电过程中主要环境影响类型为 PED>WU>GWP，而臭氧形成、酸化和富营养化主要是由燃煤发电过程中 NO_x 排放造成的。

表 4-9 煤电 LCA 结果

环境影响类型指标	影响类型指标单位	LCA 结果
气候变化（GWP）	kg CO_2 eq.	1.63
初级能源消耗（PED）	MJ	48.84
水资源消耗（WU）	kg	2.46
酸化（AP）	kg SO_2 eq.	9.80×10^{-3}
非生物资源消耗潜值（ADP）	kg antimony eq.	4.97×10^{-5}
富营养化潜值（EP）	kg PO_4^{3-} eq.	7.28×10^{-3}
可吸入无机物（RI）	kg $PM_{2.5}$ eq.	2.39×10^{-3}
臭氧层消耗（ODP）	kg CFC-11 eq.	9.14×10^{-9}
光化学臭氧合成（POFP）	kg NMVOC eq.	1.32×10^{-3}
电离辐射-人体健康（IRP）	kg U235 eq.	2.71×10^{-3}
生态毒性（ET）	CTUe	0.01
人体毒性-致癌（HT-cancer）	CTUh	3.68×10^{-10}
人体毒性-非致癌（HT-non cancer）	CTUh	2.31×10^{-9}

B 过程累积贡献分析

过程累积贡献是指该过程直接贡献及其所有上游过程的贡献（即原料消耗所贡献）的累加值（表 4-10）。由于过程通常包含多条清单数据，所以过程贡献分析其实是多项清单数据灵敏度的累积。

表 4-10 煤电 LCA 累积贡献结果

名称	GWP/kg CO_2	PED/MJ	WU/kg	ET/CTUe	AP/kg SO_2	RI/kg $PM_{2.5}$
燃煤发电	1.63	4.88×10^{-1}	2.46	1.19×10^{-2}	9.80×10^{-3}	2.39×10^{-3}
发电运行	7.56×10^{-1}	1.12×10^{-1}	1.44	5.37×10^{-4}	6.69×10^{-3}	6.64×10^{-4}
电厂建造	4.51×10^{-1}	2.42×10^{-1}	2.37×10^{-2}	1.36×10^{-4}	7.05×10^{-4}	7.97×10^{-5}
煤炭清洗	3.71×10^{-1}	3.68×10^{-1}	9.45×10^{-1}	8.92×10^{-3}	1.27×10^{-3}	1.44×10^{-3}
煤炭开采	1.53×10^{-1}	6.27	4.64×10^{-1}	7.54×10^{-3}	6.64×10^{-4}	1.08×10^{-4}
煤炭运输	5.58×10^{-2}	5.38×10^{-1}	4.66×10^{-2}	2.29×10^{-3}	1.13×10^{-3}	2.14×10^{-4}
电厂退役	2.22×10^{-5}	2.44×10^{-5}	2.05×10^{-6}	9.04×10^{-9}	1.40×10^{-7}	2.42×10^{-8}

　　燃煤发电中发电运行对 GWP 值贡献最大，直接贡献为 46.26%；其次为电厂建造和煤炭清洗，分别贡献 27.59% 和 22.72%（图 4-7）。以上这几个过程是节能减排控制的重点环节。

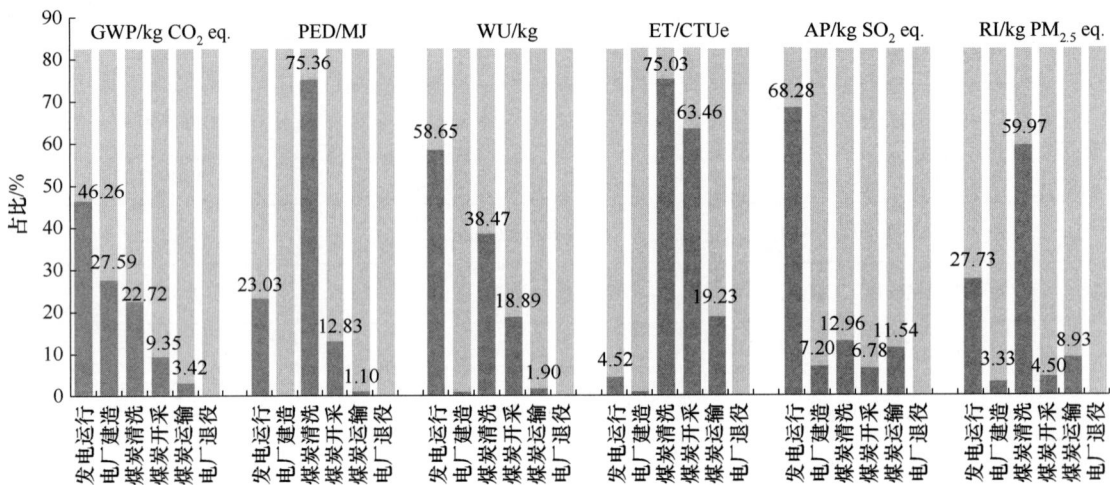

图 4-7　煤电 LCA 累积贡献结果

4.1.2.4　碳排放时间分布结果

　　从全生命周期碳排放得出使用煤炭发 1kW·h 电排放 1.63kg 二氧化碳，内蒙古地区燃煤发电碳排放量见图 4-8。燃煤发电碳排放量从 2008 年的 3.27 亿吨增加到 2011 年的 4.71 亿吨，后又大幅度增加至 2020 年的 7.71 亿吨，年均增长率为 7.40%。

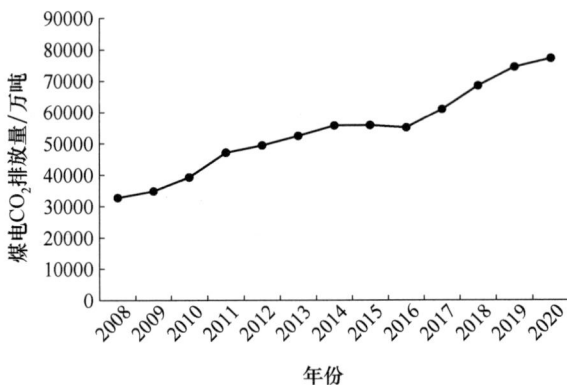

图 4-8　燃煤发电 2008~2020 年二氧化碳排放量

4.1.3　电力行业低碳产业技术基础与实践探索

　　目前内蒙古在能源低碳转型路径方面已开展了大量探索，取得了丰富成果。从减排对象来看分为供给侧、需求侧和电网侧三个角度进行了碳减排。其中供给侧减排包括对现有发电机组装机进行技术改进，从而提高发电效率，用低碳排放因子的发电方式替代高碳排放因子的碳排放方式，从而实现供电结构调整和将发电产生的二氧化碳捕获与埋存三个方面。需求侧减排主要是电网公司利用各种方式降低用户电力需求，典型方式有高峰限电、阶梯电价或峰谷电价等，但存在激励不足，不足以调节用电主体对电力需求等问题。电网侧减排主要是通过提高电网输配电效率和通过智能电网进行电力调度管理，但节约电力效率提升空间不大。更主要的是提高电网弹性，支持清洁能源入网，保障电网系统的稳定性。而二氧化碳捕获与埋存技术当前也有示范工程，但存在成本较高、实施难度大等问题，尚未大规模推广（表4-11）。

表 4-11　低碳产业技术基础与实践探索

低碳产业	技术基础	实践探索
1. 新能源发电	近10年，陆上风电、光伏发电成本分别下降40%、82%。海上风电并网最大单机达10MW。光伏210mm硅片大尺寸组件最大功率670W，光伏发电转化效率超过24%，最低度电成本低至0.15元/(kW·h)	截至2020年底，华能新能源并网装机超过3100万千瓦，海上风电已建在建规模超过800万千瓦。建成江苏大丰海上风电场、中心离岸距离55km，江苏如东海上风电场，装机容量70万千瓦。牵头成立海上风电创新联合体，投运国内首个千万点秒级国产实时新能源数据平台、国内首个海上风电智慧运维平台、首台5MW国产化海上风电机组
	发展高效率电网友好型风机、高转化效率光伏发电、低成本长储热光热发电，海上风电突破主轴承制造、控制系统国产化、平台轻量化等技术	
2. 核电	在运装机5216万千瓦，在建1476万千瓦。华龙一号、CAP1400等国产化第三代压水堆技术具备规模化发展条件，开展高温气冷堆技术攻关	华能山东石岛湾高温气冷堆示范工程已完成首堆冷试、热试和首次装料、临界，计划今年并网发电。发电效率高，堆芯出口温度高，具有固有安全性。牵头自主研发核心设备，推进商业化应用，预期设备国产化率超过93%
	预计2060年，核电装机3.3亿千瓦。加快国产化第三代压水堆技术推广，推进第四代核电关键技术研发，积极发展核电小型堆、核聚变技术，探索核能在供汽供热、工业制氢、海水淡化等领域的综合利用	
3. 水电	累计装机3.8亿千瓦，投运世界单机容量最大的百万千瓦水轮机组，水电规划设计、施工运行、设备制造等处于世界领先水平	投运全国首套70万千瓦水电机组国产计算机监控系统，开展澜沧江流域国家级风光水储一化清洁能源基地建设，积极推进西南战略性水电开发，推动其他水电工程智能建造、高海拔高寒地区水电建设和生态环保等技术领域取得新突破
	高水头大容量机组、工控系统国产化、核心零部件制造、高海拔高寒地区水电开发是重要的技术发展方向	

续表 4-11

低碳产业	技术基础	实践探索
4. CCUS	CCUS 技术包括二氧化碳捕集、利用和封存三个环节。截至 2020 年底，全球共有 65 个大型一体化项目，我国建成 35 个示范项目。CCUS 商业化还存在能耗大、成本高等问题，捕集成本就高达 400 元/t CO_2	华能 2006 年开始碳捕集技术研究，创立了具有完全自主知识产权的燃烧前和燃烧后二氧化碳捕集理论，研发了成套技术。牵头成立 CCUS 技术创新联合体，代表我国参加 ISO 碳捕集运输与封存技术委员会（TC265），参与发布 2 项国际标准。规划在甘肃陇东能源基地，与中石油合作，建设百万吨级 CCUS 示范项目
	加强捕集、运输、利用、封存及监测多环节技术攻关，实现低成本、低能耗捕集和大规模封存及转化利用，发展与生物质耦合的负碳排放技术，形成完整的技术链和产业链	
5. 新型储能	近 10 年，我国电化学储能成本下降 81%，能量密度提升 2.3 倍，实现了百兆瓦级储能电站系统集成。截至 2020 年底，已投运电化学储能 320 万千瓦	华能通过发展"新能源+储能"，积极推进储能技术规模化应用。投运山东德州丁庄风光储一体发电项目，配置 8MW 电化学储能。在江苏金坛建设我国首个盐穴压缩空气储能示范项目。规划在陇东能源基地，建设 60MW/120MW 电化学储能装置以及具有自主知识产权的国内首套兆瓦级重力压缩空气储能装置
	加快大容量、长周期、高安全、低成本电化学储能研发应用，建立完善的动力电池退役、回收、再利用体系，实现规模化梯次利用。推进氢能、蓄热、蓄冷等技术研发应用，解决新能源长时间尺度大范围波动问题	
6. 氢能	过去 5 年，世界绿氢制备成本下降 40%。目前，我国可再生能源制氢成本（标准状态）为 2.5 元/m^3，能耗（标准状态）为 5kW·h/m^3，电解效率为 60%~75%，氢料电池效率为 50%	国内多家能源和设备制造企业正在积极布局氢能产业链。华能在吉林白城已建成国内最大的离网风电制氢项目，在福建漳州发展氢能相关设备制造产业，在四川成都建设 13MW 电解水制氢项目，计划 2023 年 3 月投产
	加快研究制定我国氢能发展路线，突破绿氢制备、储运和燃料电池等关键技术	

CCUS 技术和新能源是低碳电力非常必要的技术选择，其作用很大程度上取决于政策支持的力度。事实证明，核能和应用 CCUS 技术的化石能源均可作为不稳定的可再生能源的补充。由于中国 CO_2 封存潜力巨大且严重依赖化石燃料发电，CCUS 技术被公认为中国电力系统脱碳的重要技术选项。CCUS 技术对能源转型具有重要意义，它为继续使用化石燃料提供可能，同时将煤炭淘汰的时间表至少延长十年，从而缓解搁浅资产以及煤电转型引发的就业问题。

电力行业低碳技术推广目录见表 4-12，可做进一步参考。

表 4-12　电力行业低碳技术推广目录

序号	电力体系	低碳类别	技术名称	适用范围	核心技术及工艺	主要技术参数	综合效益
1	火电	节能环保	燃煤电站金属板卧式湿式电除尘技术	工业烟气尾气处理	以不锈钢耐腐蚀金属集尘板和电晕线组成高压电场,通过电晕放电使粉尘等颗粒物荷电,荷电后的颗粒物在电场力的作用下被集尘板捕集,喷淋水在阳极板表面形成流动水膜,将吸附在集尘板上的粉尘冲入灰斗,排到循环水箱进行灰水分离处理,达到净化烟气的作用	烟尘排放浓度(标准状态)≤5mg/m³,SO₃去除率≥60%,压降≤450Pa	可高效去除 PM₂.₅细颗粒物,以及 SO₃气溶胶和汞等重金属污染物,缓解烟囱腐蚀,消除石膏雨和酸雾等,实现多重环保效益
2	火电	节能环保	基于干态气化分相燃烧煤粉工业锅炉技术	高效节能装备	通过空气分级,在双炉膛锅炉内完成煤炭固、气两相转化与燃烧,解决煤炭中的炭、灰中温安全分离难题,实现了煤炭充分燃烧和炉内固硫、抑氮的深度协同过程,实现了燃煤锅炉超高能效、系统节能与超低排放的协同兼顾	锅炉热效率>92%、烟气超净排放(尘<5mg/m³、硫<35mg/m³、氮<50mg/m³、灰渣含碳量<0.5%)	锅炉燃料成本降低 15%以上,碳减排量>15%,污染物总量减排>20%,系统节能>25%;综合运行成本降低 23%以上
3	火电	节能环保	介质浴盘管式焦炉上升管荒煤气余热回收技术	焦化余热利用	通过上升无机械损耗,核心部件可回收;比罗茨风机节能 30%,负压比水环节能 40%。管换热器实现对焦炉高温荒煤气余热的回收,换热器采用复合间壁式结构,烟气在内筒内自下而上流动,中间层为换热层、螺旋盘管缠绕于内筒外壁、沉埋于导热介质层内,和内筒通过导热介质层复合成一体化弹簧结构,换热介质在螺旋盘管内流动;最外层为外筒壁。可适应高温荒煤气流量和温度的脉冲式剧烈交变,内壁温度高,焦油蒸气不凝结	800℃荒煤气可降温 200℃;可产生 ≥2.5MPa 饱和水蒸气(或≥260℃高温导热油,或≥400℃过热蒸汽);同等条件下吨焦产汽量比水夹套技术增加 20%以上	节省 20%喷氨量;完全依靠回收焦炉荒煤气热量替代脱苯管式炉,使富油加热设备的热效率再提高 35%以上,减少污染排放点
4	火电	节能环保	生物质陶瓷热载体快速热裂解技术	资源循环利用	将破碎后的农林废物在无气化剂环境下与陶瓷热载体混合加热,实现热解裂解,生成混合气和生物炭,高温气体经过生物液喷淋冷凝为生物液和生物气,生物液分离为生物油和木醋液。热载体与生物炭系统分离后,热载体经热烟气加热提升使用,生物炭冷却排出。装备焦油含量低、气体热值高,余热回收效率大于80%。实现生物油气炭多联产,系统可长周期运行	温度 550℃生物液产率≥45%,热值≥14MJ/kg;生物气产率≥16%,热值(标准状态)≥14MJ/m³;生物炭产率 18%~30%。温度≥750℃生物液裂解,生物气产率≥50%;原料处理能力达 13t/h,电耗≤60kW·h/t	以 5 万吨级装备为例,年节约 2.58 万吨标准煤,减排 CO₂约 6.73 万吨;项目内部收益率≥12%

序号	电力体系	低碳类别	技术名称	适用范围	核心技术及工艺	主要技术参数	综合效益
5	火电	清洁生产	工业炼化尾气发电技术	工业余气利用	通过工业炼化尾气安全防泄漏系统、防回火进气系统、空燃比自动控制、智能管理、远程监控等技术，避免工业炼化尾气作为内燃机燃料时回火、放炮、爆震等不正常燃烧现象，隔离 CO、H_2S 等有毒成分，实现发电机组的全自动控制，有效解决燃气内燃发电机组燃用工业炼化尾气（$H_2 \geq 60\%$，$CO \geq 90\%$）的难题	发电机组单机功率 500～1200kW，适应燃气低热值 ≥3.8MJ/m^3，燃气中氢气含量 ≤60%，燃气中一氧化碳含量 ≤90%，额定工况燃气热耗率 ≤10.5MJ/（kW·h），机油消耗率 ≤0.8g/（kW·h）	发电效率 ≥37%，降低煤炭消耗，有效减少 CO_2 排放
6	火电	清洁生产	金属膜冶炼炉高温气体干法净化节能减排技术	大气污染防治	融合金属膜材料、膜元件制备技术、膜分离、膜装备、膜系统工程应用等技术，实现矿热炉及类矿热炉烟气（标准状态下含尘量<150g/m^3）在高温下精密气固分离，得到洁净煤气（标准状态下含尘量 <10mg/m^3），经换热器回收热能（同时得到纯净焦油等）后，送至用户处作为化工原料或燃气发电。核心滤材通过粉末冶金柯肯达尔效应原理制备，成套系统实现高温在线反吹、高温多级排灰、防结露防焦油糊膜、自动检测控制和安全防爆等功能	工作温度 200～550℃，净化前气体含尘量（标准状态）0～150g/m^3，净化后气体含尘量（标准状态）<10mg/m^3，过滤精度为 0.1μm	22500kV·A 铁合金矿热炉上应用，年可多回收净煤气（标准状态）约 4492.8 万立方米，颗粒物年减排量 1797t
7	火电	清洁生产	火电机组烟气超低排放及冷凝水回收技术	工业烟气尾气处理	利用一体化脱硫冷凝塔的结构，采用脱硫剂喷淋和水喷淋降温，兼具烟气脱硫、除尘、除雾协同净化功能与烟气冷凝、提水功能，将旋汇耦合高效脱硫技术与管式除尘除雾技术及混合式烟气提水技术结合，达到超低排放和冷凝水回收目的	660MW 级火电机组：系统平均提水能力达到 90t/h，最大提水出力达到 147t/h。SO_2 统计均值（标准状态）2.39mg/m^3，烟尘统计均值（标准状态）1.01mg/m^3	660MW 级火电机组：年节水量达 100 万吨。与分体布置相比占地面积降低 42.7%
8	火电	清洁生产	处理高浓度含盐有机废液焚烧炉技术	固体废物处理	采用顶喷废液、侧烧辅助燃料的一体化悬浮焚烧技术。"U"型膜式壁锅炉结构，一侧为燃烧室，燃烧温度 ≥1100℃，另一侧为急冷室，急冷室内置多组膜式壁管屏，烟气通过急冷室瞬间将携带的熔盐转为固态，落到燃烧室与急冷室底部设置熔盐槽中，通过侧墙再加热燃烧器对熔盐槽内的固盐再加热，液态熔盐通过槽底部中心溢流孔排出炉外	燃烧室出口烟气温度 ≥1100℃，焚烧效率 ≥99.9%，焚毁效率 ≥99.99%，焚烧残渣的热灼减率<5%，干烟气含氧量为 6%～10%，烟气停留时间 ≥2s，急冷室出口烟气温度 550℃±30℃，回收无机盐的纯度 ≥95%，回收的无机盐中 TOC 含量 ≤20mg/L	可回收高纯度无机盐和烟气废热，处理成本 400～600 元/t，无污水排放

序号	电力体系	低碳类别	技术名称	适用范围	核心技术及工艺	主要技术参数	综合效益
9	火电	清洁生产	直接烧煤洁净技术	煤炭清洁生产	燃烧前的净化加工技术，主要是洗选、型煤加工和水煤浆技术。燃烧中的净化燃烧技术，主要是流化床燃烧技术和先进燃烧器技术。燃烧后的净化处理技术，主要是消烟除尘和脱硫脱氮技术。原煤洗选采用筛分、物理选煤、化学选煤和细菌脱硫方法，可以除去或减少灰分、矸古、硫等杂质；型煤加工是把散煤加工成型煤，由于成型时加入石灰固硫剂，可减少二氧化硫排放，减少烟尘，还可节煤；水煤浆是先用优质低灰原煤制成，可以代替石油。流化床又叫沸腾床，有泡床和循环床两种，由于燃烧温度低可减少氮氧化物排放量，煤中添加石灰可减少二氧化硫排放量，炉渣可以综合利用，能烧劣质煤，这些都是它的优点；先进燃烧器技术是指改进锅炉、窑炉结构与燃烧技术，减少二氧化硫和氮氧化物的排放技术	消烟除尘技术很多，电厂一般都采用静电除尘器。脱硫有干法和湿法两种，干法是用浆状石灰喷雾与烟气中二氧化硫反应，生成干燥颗粒硫酸钙，用集尘器收集；湿法是用石灰水淋洗烟尘，生成浆状亚硫酸排放	静电除尘器效率最高，可达99%以上，湿法脱硫效率可达90%
10	火电	清洁生产	煤转化为洁净燃料技术	煤炭清洁生产	煤的气化技术，有常压气化和加压气化两种，它是在常压或加压条件下，保持一定温度，通过气化剂（空气、氧气和蒸汽）与煤炭反应生成煤气。煤的液化技术，有间接液化和直接液化两种。煤气化联合循环发电技术，先把煤制成煤气，再用煤气轮机发电，排出高温废气烧锅炉，再用蒸汽轮机发电。燃煤磁流体发电技术，当燃煤得到的高温等离子气体高速切割强磁场，就直接产生直流电，然后把直流电转换成交流电	煤气中主要成分是一氧化碳、氢气、甲烷等可燃气体。用空气和蒸汽做气化剂，煤气热值低；用氧气做气化剂，煤气热值高。煤在气化中可脱硫除氮，排去灰渣，因此，煤气就是洁净燃料。间接液化是先将煤气化，然后再把煤气液化，如煤制甲醇，可替代汽油，我国已有应用。直接液化是把煤直接转化成液体燃料，比如直接加氢将煤转化成液体燃料，或煤炭与渣油混合成油煤浆反应生成液体燃料，我国已开展研究	煤气化联合循环发电技术，整个发电效率可达45%。燃煤磁流体发电技术，发电效率可达50%~60%

序号	电力体系	低碳类别	技术名称	适用范围	核心技术及工艺	主要技术参数	综合效益
11	火电	清洁生产	生物质热解气化炉/生物质热解气化技术	发电装备	在结合生物质特性和快速热解装置基础上，将流化床半焦气化和生物质临氢热解技术耦合，以循环流化床分级热解气化技术为核心，将原料进行临氢热解，提高甲烷含量，进而提高燃气热值，不产生废水、焦油、飞灰等污染，合理利用钾、镁、硅资源，实现生物质能的高效综合利用。其技术原理包括：临氢热解技术、半焦气化技术、燃气净化技术，整个过程无二次污染、无废气排放、无二噁英生成。原料预处理：生物质原料经粉碎机破碎后进入干燥提升装置，利用120℃左右低温烟气对生物质颗粒进行干燥提升，去除水分。热解气化反应：干燥后的生物质颗粒进入中间料仓，通过螺旋给料机加入气化炉中下部，与循环上行的热载体和高温燃气快速混合，进行高温临氢热解反应，生成高热值气体，焦油在此过程完全裂解，主要生成小分子气体。高温物料循环回炉底，在900℃左右的高温下与空气和低压蒸汽进行燃烧反应和气化反应生成 CO、H_2、CO_2 等	燃气净化：气化炉出口燃气经一、二级卧式气固高效分离的半焦和载体经返料装置回到流化床底部作为气化原料；三级分离器分离得到的细粉作为硅钾肥外送。除尘后燃气进入余热锅炉回收热量，然后经过两级移动床净化、降温后送入发电系统。燃气发电：净化之后的燃气直接进入内燃机发电；也可以经过压缩提压后进入燃气轮机发电，余热回收的蒸汽再进入汽轮机发电，提高整体发电效率	热解气化工艺系统和设备适应能力强，适用性广，操作灵活，日处理生物质能力可组合成一百吨至千吨各种规模，可建各类生物质综合处理厂。气化强度大，单炉处理能力大，固定投资大大降低；操作简单，开停车方便，连续性生产。大规模封闭式生产线，不会影响周边环境。实现专业化精细生产，全部采用计算机 DCS 自动化控制，对周边环境无不良影响
12	火电	清洁生产	生物质气化发电技术	内燃发电	生物质通过热化学转化为气体燃料，将净化后的气体燃料直接送入锅炉、内燃发电机、燃气机的燃烧室中燃烧来发电。气化发电过程主要包括三个方面：一是生物质气化，在气化炉中把固体生物质转化为气体燃料；二是气体净化，气化出来的燃气都含有一定的杂质，包括灰分、焦炭和焦油等，需经过净化系统把杂质除去，以保证燃气发电设备的正常运行；三是燃气发电，利用燃气轮机或燃气内燃机进行发电，有的工艺为了提高发电效率，发电过程可以增加余热锅炉和蒸汽轮机。由于生物质燃气热值低（约 5023.2kJ/m^3），加之气化炉出口气体温度较高，因此生物质气化联合发电技术的整体效率一般要低于 35%	我国目前应用的生物质气化发电系统主要是中国科学院广州能源研究所开发的流化床气化炉和内燃机结合的气化发电系统。该系统采用内燃机系统，降低了对燃气杂质的要求（焦油和杂质含量<100mg/m^3 即可）和系统成本，适合发展分散独立的生物质能源利用系统	中国有大量的生物质废物，按现有的资源计算，只要 2% 的秸秆和 10% 的谷壳用于气化发电，总装机将达 2000MW。如果考虑林业废物和其他工业废物，这方面的市场潜力将更大

序号	电力体系	低碳类别	技术名称	适用范围	核心技术及工艺	主要技术参数	综合效益
13	火电	节能环保	火电机组一体化节能改造技术	大型煤电机组	主要采用辅机统调动力源、两级低压省煤器与烟气余热供暖风器联合系统、外置式蒸汽冷却器与附加高加联合系统、罗茨-水环真空泵、凝结水一次调频技术、空预器扩容改造、邻机蒸汽加热给水启动技术、轴封溢流回收优化改造、吹灰汽源优化改造等13项技术对煤电机组进行整体节能提效改造	在BMCR工况下，风机总轴功率13436kW；660MW负荷工况下，风机总轴功率11796kW；500MW负荷工况下，风机总轴功率8094kW；330MW负荷工况下，风机总轴功率4922kW	供电煤耗降低7.16g/(kW·h)，厂用电率降低1.51个百分点
14	火电	节能环保	超临界CO_2循环高效燃煤发电	燃煤蒸汽机	低温低压的S-CO_2工质经过压缩机升压后，然后通过回热器和汽轮机排出的乏气进行换热，预热到一定温度后，随后被热源进一步加热，再进入涡轮机膨胀做功带动发电机发电；做完功乏气由气缸排出，进入回热器与压缩机排出的低温高压工质换热，达到预冷的目的，冷却后的工质进入冷却器进一步冷却，最后进入压缩机压缩完成了整个循环	5MW试验系统下，最高压力21.5MPa，最高温度600℃，工质流量308t/h	300MW等级S-CO_2机组的锅炉效率为94.3%，发电煤耗为245.49g/(kW·h)，供电煤耗为255.18g/(kW·h)，与同等级燃煤蒸汽机组指标对比，S-CO_2的各项指标具有明显优势
15	火电	节能环保	锅炉深度调峰技术	循环流化床锅炉	中间煤仓煤种保持不变，两侧的煤仓上发热量高300~500kcal（1cal=4.1868J）的煤种，使得低负荷运行期间床温保持相对均匀，减少两侧床温的偏差	锅炉冷态下的最小流化风量（标准状态）为20万立方米/h，低负荷期间床压维持5~6kPa，一、二次风的占比为60%与40%，维持锅炉氧量在7.5%~8.5%之间，高压流化风母管压力在40~43kPa，返料风流量（标准状态）在22000m³/h	300MW循环流化床锅炉机组在20%低负荷下，依然可以稳定运行，使电网可以消纳更多风电等清洁能源，减少了燃煤机组SO_2、NO_x、粉尘等污染物的排放，预计按照每年度进行30次机组深度调峰，单台机组每年可带来直接经济收益约15万元×30次=450万元
16	火电	节能环保	热电解耦技术	热电机组	基于"温度对口、梯级利用"原理，将主蒸汽抽汽、再热蒸汽抽汽、工业抽汽、采暖抽汽等多种抽汽方式集成于一新系统，并针对新系统，制定了在不同电负荷和热负荷工况下的经济性抽汽方式选择策略，克服机组受"以热定电"限制而引起光风等新能源电力消纳困难的问题	最大调峰深度为采用主蒸汽调峰，机组负荷可降至80MW以下，若还需进一步调峰，可设置电锅炉消纳	机组出力降至30%的额定负荷

序号	电力体系	低碳类别	技术名称	适用范围	核心技术及工艺	主要技术参数	综合效益
17	火电	清洁生产	700℃超超临界燃煤发电技术	电力设备	包括高温合金材料研制、锅炉和汽轮机关键高温部件的加工制造、高温阀门制造、高温材料及关键部件的实炉验证、700℃超超临界示范电站的设计、建造及运行等	工质质量流量：3kg/s；工质进口压力：26.8MPa；工质进口温度：486℃；工质最高温度：725℃；工质额定温度：700℃；主蒸汽回路工质出口压力：25MPa；主蒸汽回路工质出口温度：545℃	大幅减少了包括二氧化硫、二氧化碳在内的污染物的排放
18	火电	清洁生产	超超临界循环流化床技术	电力设备	超超临界循环流化床锅炉的研发，外置式换热器是大型循环流化床锅炉的关键部件，可以通过控制进入换热器内循环灰流量灵活调节炉内和炉外受热面的吸热比例，使受热面布置更加灵活	常规超超临界参数(605℃/603℃/26~28MPa)机组、高效超超临界参数(605℃/623℃/29.4MPa)机组、二次再热超超临界参数(605℃/623℃/623℃/32.4MPa)机组	进一步提高机组效率、降低能耗的必由之路，也是低热值燃料清洁高效利用的有效途径
19	火电	清洁生产	1000MW超超临界火电机组油系统关键技术	能源系统	油系统是汽轮机组的重要组成部分之一，为了保证性能要求，国内对于大型汽轮机配套的油系统的关键设备一般从国外进口或引进技术。但我国自主研制的油系统已成功用于1000MW汽轮机组配套，用于贺州、莱州、六横等1000MW等级汽轮机组，已陆续投入商业运行，运行稳定，性能指标优于进口产品	主油泵为单级双吸离心泵，高度扭曲的叶片设计、叶轮直径φ380mm，其设计工作压力1.55MPa（压力范围：1.85~1.50MPa），设计流量为9500L/min（流量范围：0~10500L/min），设计工况效率大于75%。升压油泵采用高度扭曲三维叶片设计、叶轮直径φ306mm，其实际运行转速范围为：1600~1750r/min，其设计工作压力0.26MPa（压力范围：0.35~0.215MPa），设计流量9500L/min（流量范围：6500~13500L/min），设计工况效率大于85%。油涡轮采用环状布置的径流涡轮，将涡轮设计为低反动度、直喷嘴孔、多叶强前弯叶片，以适应1000MW等级汽轮机组的油系统动态平衡要求高效装置	不仅提高油系统工作的稳定性，而且大大提高了整个油系统效率，具有明显的节能效果

序号	电力体系	低碳类别	技术名称	适用范围	核心技术及工艺	主要技术参数	综合效益
20	火电	节能环保	生物质直接混燃耦合发电技术	发电厂	对 140MW 机组进行了技术改造，增加一套秸秆输送、粉碎设备，增加两台生物质/煤粉单独燃烧和混合燃烧设备，改造后机组采用秸秆作为生物质燃料	为了保证大容量、高参数机组的正常发电，秸秆的掺烧质量比最大为 30%，不超过煤和生物质总输入热量的 20%	按机组满负荷运转 6500h 计算，当消耗秸秆 9.36 万吨/a 时，可节约原煤 7 万吨/a，减少 CO_2 排放 15 万吨/a，SO_2 排放 1500t/a。就原料供给方面，当地农民增加了收入，在煤炭资源日益紧张的大环境下，经济效益、环境效益和社会效益显著
21	火电	节能环保	燃煤电厂碳捕集、利用与封存技术	燃煤电厂	降低电厂烟气的温度，进一步减少烟气中二氧化硫、氮氧化物、酸雾及其他污染物的含量，降低对碳捕集装置的腐蚀以及捕集效率的影响。在吸收塔与解吸塔中，胺液与烟气中的二氧化碳发生化学反应，最终获得 99% 以上纯度的二氧化碳气体，达到工业级利用标准。经过三级膜组件的分离提纯，最终获得较高纯度的二氧化碳气体。经过进一步的压缩、冷却、脱水和脱除杂质等工序，液化的二氧化碳根据其纯度储存在对应的工业级二氧化碳储罐或食品级二氧化碳储罐中	从预处理系统出来的烟气温度为 40℃，压力为 4kPa。到碳捕集系统中还需要进一步除去粉尘，粉尘要降低到 $1mg/m^3$ 的浓度。膜捕集 CO_2 预处理效果：气体中 SO_2 体积比 ≤ 1.0×10^{-6}、NO_x 体积比 ≤ 5.0×10^{-6}，不达标的气体返回预处理机组烟囱排空	通过预处理系统、胺法捕集系统、膜法捕集系统、压缩纯化系统等，成功捕集超过 10000t 高纯度二氧化碳
22	火电	节能环保	变频器调速节能技术	起重机械、油气钻采、煤炭、电力等领域	对电动机的控制方式有：V/f、SVC、VC、DTC 等；有滑模变结构，模型参考自适应技术；有模糊控制、神经元网络，专家系统和各种各样的自优化、自诊断技术等	具有可变分载的大功率电机，5 台大功率变频器（110~315kW）	投资额 18.8 万元，节能量 100tce/a，碳减排量 264tCO_2/a
23	火电	节能环保	火电厂凝汽器真空保持节能系统技术	火力发电机组以及水泥、化工、环保等行业余热发电机组	利用胶球清洗，在不停机时自动清除凝汽器污垢，保持 95% 以上收球率。各种规格的水冷式凝汽器系统发电机组	2×310MW 的水冷式凝汽器系统发电机组	投资额 800 万元，节能量 6000tce/a，碳减排量 15840tCO_2/a

序号	电力体系	低碳类别	技术名称	适用范围	核心技术及工艺	主要技术参数	综合效益
24	火电	清洁生产	大容量高参数褐煤煤粉锅炉技术	燃用褐煤的电站锅炉机组	传统褐煤锅炉主要用于亚临界及以下发电机组，发电煤耗较高。该技术通过炉膛结构优化、合理配风、烟气温度控制等手段，解决了褐煤锅炉炉膛热负荷不足及结渣、结焦等关键问题，实现了在超临界机组中应用褐煤，可大幅降低褐煤的发电煤耗	2 台 670MW 超临界褐煤锅炉	投资额 22000 万元，节能量 295000tce/a，碳减排量 780000tCO$_2$/a
25	火电	节能环保	高效利用超低热值煤矸石的循环流化床锅炉技术	民用及商用集中供热或供暖系统，煤矸石发电厂	采用混合流速循环流化床和多元内循环流化床相结合的方式，可将热值在 800kcal/kg（1cal = 4.1868J）以上的煤矸石锅炉效率提高到 75% 以上，实现低热值煤矸石的高效利用	35t/h 煤矸石循环流化床锅炉发电厂	投资额 600 万元，节能量 3509tce/a，碳减排量 9263tCO$_2$/a
26	火电	节能环保	中小型汽轮机节能技术	余热余压发电及工业拖动装置	针对中小型汽轮机体积流量小的特点，优化汽轮机通流结构，采用高效叶片设计、整锻转子、小根径叶轮结构等技术，实现高转速模块化中小型汽轮机的优化设计，提高了汽轮机的相对内效率	1×12MW 抽凝机组改造	投资额 750 万元，节能量 8268tce/a，碳减排量 21663tCO$_2$/a
27	火电	节能环保	基于凝结水调负荷的超超临界机组协调控制技术	超超临界机组	针对不同机组特点，设计了相应的控制方式，通过改变凝结水流量来加快变负荷初期的负荷响应速度；通过优化锅炉燃烧率控制来提高机组整体负荷响应能力；采用汽机调门阀限控制参与一次调频，从而在满足电网调度对机组 AGC 变负荷性能和一次调频功能要求的前提下，实现汽轮机高压调门全开滑压运行，提高了机组运行经济性，降低机组供电煤耗率	2×1000MW 超超临界机组改造项目	投资额 400 万元，节能量 12600tce/a，碳减排量 32760tCO$_2$/a
28	火电	节能环保	富氧双强点火稳燃节油技术	燃煤发电锅炉所有炉型	利用纯氧强化燃油和煤粉燃烧，引燃燃煤发电锅炉整个煤粉流。采用分级燃烧方式，降低煤粉着火温度，提高燃烧温度和燃烧效率，实现微油点燃全部一次风煤粉流，达到锅炉启停、稳燃、机组调试运行时节能的目的	国电成都金堂电厂 600MW 对冲燃烧锅炉	投资额 470 万元，节能量 11600tce/a，碳减排量 30600tCO$_2$/a

序号	电力体系	低碳类别	技术名称	适用范围	核心技术及工艺	主要技术参数	综合效益
29	火电	节能环保	准稳定直流除尘器供电电源节能技术	新建或需要改造的静电除尘器	准稳定直流电源可为电除尘器输出平行于时间轴的电压波形，能够自动调节电压，改善放电状态，有效抑制"反电晕"现象的发生，拓宽捕集高比电阻范围。使电除尘器的运行始终处于无火花放电状态，提高电除尘器的工作效率，减少电耗	一台 600MW 火力发电机组电除尘器	投资额 1440 万元，节能量 589tce/a，碳减排量 1283tCO$_2$/a
30	火电	节能环保	超临界及超超临界发电机组引风机小汽轮机驱动技术	火电厂	适用于燃煤发电厂大容量引风机，采取将引风机与脱硫增压风机合并的联合风机方式，并采用小汽轮机驱动，替代原有的电动机，可以大幅降低厂用电率	600MW 及 1000MW 火力发电机组	投资额 3350 万元，节能量 4829tce/a，碳减排量 12749 tCO$_2$/a
31	火电	节能环保	自然通风逆流湿式冷却塔风水匹配强化换热技术	大型自然通风逆流湿式冷却塔强化换热改造	对冷却塔进风在塔内的分布（速度场、温度场及含湿量场等）进行全三维精确计算，根据进风的分布情况重新设计配水系统使塔内各处的布水与进风做到最佳匹配	4500m^{2}冷却塔	投资额 250 万元，节能量 1981tce/a，碳减排量5230tCO$_2$/a
32	火电	节能环保	冷却塔用离心式高效喷溅装置	火力发电厂自然通风冷却塔	将传统喷头改造为离心式高效喷溅装置，利用切圆离心旋转原理，将水细化均匀喷洒并扩大范围，增加水气接触面积，提高换热效率。	300MW 机组，冷却塔面积 5500m，工作水头 0.8~1.6m，间距 1~1.25m	投资额 83 万元，节能量 1815tce/a，碳减排量4792tCO$_2$/a
33	火电	节能环保	永磁涡流柔性传动节能技术	匹配电机功率范围4~300kW	实现负载和电机之间通过气隙相连接。装置包括永磁磁力耦合器和永磁调速传动装置等，电机启动时不需要克服负载惯性，减小了峰值电流，节约能源，减少设备磨损	一台 185kW 功率热炉鼓风机	投资额 50 万元，节能量 116tce/a，碳减排量 306tCO$_2$/a
34	火电	节能环保	变频优化控制系统节能技术	已安装变频装置的风机、水泵系统	自动实时监测电机、变频器和负载的运行情况，并根据专家库系统进行运行寻优，使三者达到最佳匹配，实现节电和减少谐波污染的效果	煤化工锅炉系统 5 台风机总功率1900kW	投资额 189 万元，节能量 712tce/a，碳减排量 1880tCO$_2$/a

序号	电力体系	低碳类别	技术名称	适用范围	核心技术及工艺	主要技术参数	综合效益
35	火电	节能环保	绕组式永磁耦合调速器技术	电机控制节电领域	驱动电机与绕组永磁调速装置连接带动永磁转子旋转,产生感应磁场。通过控制绕组转子的电流调节传递转矩以适应转速要求,实现调速功能。同时,将转差功率回收利用,解决转差损耗产生的温升问题,其性能优于传统变频调速器	1套2500kW永磁调速器改造	投资额210万元,节能量1507tce/a,碳减排量3229tCO$_2$/a
36	火电	节能环保	开关磁阻电机调速系统节能技术	电力拖动电机领域	该技术通过对电机转速和电流等数据的实时监测,并根据负载变化情况,实时调节输出功率。特别是当负载功率小于电机额定功率时,通过降低输出电压,从而降低电机的输出功率,以匹配负载的变化,保证电机高效运行,并达到电机节电的目的	电力设备电机拖动中负载变化大、长期低速运行、频繁启停正反转、"大马拉小车"等,将200台套抽油机电机节能改造	投资额660万元,节能量1752tce/a,碳减排量4109tCO$_2$/a
37	火电	节能环保	冷却塔竹格淋水填料技术	小型循环水冷却塔	采用竹基材料替换水泥网格填料和PVC填料。与水泥网格填料相比,竹基填料的物理性能质量更轻、比体力更小、换热效率更高;与PVC填料相比,竹质的喜油性、耐酸碱及高强的抗温度交变应力的性能可以克服PVC填料易破损、易堵塞、阻力大、寿命短、换热效率低下等难题,从而提高能源利用率	自然通风双曲线冷却塔单台淋水面积2000m^2	投资额为254万元,碳减排量223tCO$_2$/a
38	火电	节能环保	大弹性位移非接触同步永磁传动技术	应用于皮带机	在设备主动轴和从动轴各安装一组永磁体,使得两组永磁体之间的磁力相互耦合,传递扭矩。该传动方式既可提高传动效率,又避免采用液力耦合使用液压油,进而减少化石能源的消耗,具有显著的节材、降耗效益	2×640MW机组输煤系统液偶改造	投资额为40万元,碳减排量129tCO$_2$/a
39	火电	节能环保	磁悬浮离心鼓风机综合节能技术	高效节能装备	采用磁悬浮轴承技术,消除摩擦,无须润滑;高速电机直驱技术,省却机械传动损失;利用智能管理模式,根据工况进行风量、风压调整、防喘振、防过载及异常工况下的操作,高度智能化,降低了操作和维护要求	功率50~1000kW;鼓风机正压升压范围30~150kPa;鼓风机正压流量40~450m^3/min;鼓风机负压真空度范围-10~-70kPa;鼓风机负压抽速80~1120m^3/min;噪声≤85dB	无机械损耗,核心部件可回收;比罗茨风机节能30%,负压比水环节能40%

续表4-12

序号	电力体系	低碳类别	技术名称	适用范围	核心技术及工艺	主要技术参数	综合效益
40	火电	节能环保	高效节能低氮燃烧技术	工业燃烧器	采用"3+1"段全预混燃烧方式，3个独立燃烧单元，使炉内温度均匀，热效率提高，解决燃烧不充分导致的高排放。用风的流速引射燃气，燃烧过程中逐渐加速，同方向上混合燃烧，充分利用燃气的动能，增加炉内尾气循环、延迟排烟速度，降低排烟温度，提高热交换效率，有效抑制 NO_x、CO_2、CO 的产生，节约燃料。通过分段精密配风，实现最佳风燃比。火焰稳定，负荷变化<40%时，热效率不变	火焰的出口速度240~360m/s；烟气的含氧量 0.5%~10%；实现节能 10%~30%	污染物排放浓度：NO_x<25mg/m³，CO<10mg/m³，CO_2<20%
41	火电	节能环保	带液固废深度脱水干化及资源化利用成套技术	工业废水/固废处理	集成带液固废进料过滤、隔膜压榨、真空干化、锅炉掺烧或残碳炉焚烧等关键工艺，利用压强与物相变化的关联关系，大幅降低传统常压条件下热干化的热源温度（150℃降至85℃）和汽化温度（100℃降至45℃），实现固液分离、工艺节能和低温干化；将带液固废的脱水与干化技术合为一体，在同一系统中一次性连续完成，处理后的固废直接进入锅炉进行掺烧，运行稳定，实现固废资源化利用	进料含水率70%~99%；出料含水率≤25%。进料压力 0.5~0.8MPa，压榨压力 0.8~1.0MPa，真空度−0.075~−0.095MPa，热水温度85~95℃	与传统真空带式过滤机相比，处理后滤饼含水率和固废排放量均降低30%，热值提高64%，如果滤饼按残碳30%、含水率25%计算，1t滤饼可产2t高温高压蒸汽，节能效果和经济效果显著
42	火电	节能环保	磁悬浮变频离心机技术	高效节能装备	利用磁悬浮轴承技术替代常规轴承，压缩机采用永磁同步电机直接驱动转子，电子转轴和叶轮组件通过数字控制的磁轴承在旋转过程中悬浮运转，在不产生磨损且完全无油运行情况下实现高能效的制冷功能。利用智能控制安全保护技术，保证机组节能运行	磁悬浮离心机组部分负荷最高能效比达到 34.58，综合能效比最高达到 13.18。380V 电源单台压缩机仅 2A 启动电流。可实现 2%~100%负荷连续智能调节，出水温度控制精度±0.1℃	制冷季或者全年运行时综合能效较常规机组节能约50%，噪声低70dB
43	火电	节能环保	焦炉炉头除尘技术	焦化除尘	采用"炉门上方设固定除尘罩+推焦车封闭及两侧设移动密封挡板"形式以及炉头吸尘罩控制技术，收集在焦炉生产过程中、装煤和出焦时炉门产生大量有毒含尘无组织排放的废气	净烟气粉尘超低排放（标准状态）：3.1mg/m³，低于国家标准（标准状态）的10mg/m³	烟气中的苯并芘、焦油等有机物一并得到治理，降低焦炉生产对环境的其他影响

序号	电力体系	低碳类别	技术名称	适用范围	核心技术及工艺	主要技术参数	综合效益
44	火电	节能环保	皮带机变频能效系统技术	煤炭行业煤炭、冶金、电力、化工、建材	通过料流传感器及 PLC 网络系统智能系统，检测和计算胶带上运送煤炭的情况，并与变频器相配合，实现皮带机的节能运行，最大程度地提高皮带输送机的整体运行效率	适用于煤矿地面及井下有瓦斯、煤尘爆炸危险环境，也适用于煤炭、冶金、化工、建材、粮食、运输等环境 200 万吨产能煤矿用皮带输送机变频控制系统	投资额 300 万元，节能量 12000tce/a，碳减排量 31680tCO₂/a
45	电网	节能环保	多能互补型直流微电网及抽油机节能群控技术	高效节能装备	通过风/光/储/网电等多能互补控制构成直流微电网，为多油井电控终端供电，发挥直流供电和多机集群优势。各抽油机冲次依采油工况优化调节，通过物联网实现集群协调和监控管理，使各抽油机倒发电馈能经直流母线互馈共享循环利用，提高能效，降低谐波污染，解决油田抽油机电控采油工艺和能效问题，大幅降低变压器容量、台数、线路损耗和抽油机电耗	工作温度：－40～80℃。驱动适应范围：额定电压 380V、660V、1140V 的三相异步电动机、永磁同步电动机，功率范围在 5～55kW 的各种抽油机	比传统模式相比，节约变压器台数 90% 以上，节约变压器容量 65%；吨液生产有功节电率 15%～25%，无功节电率 90%～95%；网侧功率因数优于 0.95
46	电网	清洁生产	配电网全替代型 SF6 常压密封空气绝缘柜技术	电力设备	通过带压力平衡过滤装置的非焊接密封体系、主动防御内部故障的单相绝缘结构、相距爬距大裕度的绝缘设计，集支承与绝缘屏障合一新材料开关框架、高可靠简洁分离式开关操作机构、双重防误五防连锁核心技术，实现配电网 SF6 全部替代。免维护长寿命技术可构建紧凑配电房；全范围功能断路器支撑智能配电网毫秒级隔离故障的零停电区域自愈系统建设	E2 级接地开关关合能力，真空三、清洁能源产业断路器机械寿命 ≥10000 次，三工位开关机械寿命 ≥3000 次，常压密封箱体防护等级 IP65	相比 SF6 柜，设计寿命按 40 年计算，每回路减少约 4kg 的 SF6 排放；大幅节省用地，占地仅为传统产品 1/5，配电房碳排放量寿命周期内不到传统产品 1/70
47	电网	节能环保	智能储能系统	储能系统	通信技术、电力电子技术、传感技术、高密技术、高效散热技术、AI 技术、云技术以及锂电池技术。具备本地 BMS、能源 IoT 组网、云 BMS 三层级架构，基于大数据分析及 AI 算法，通过储能系统站内协同、站间协同、站网协同，满足 5G 时代储能综合应用、智能协同、精细管理以及全场景应用的新需求	100A·h 智能锂电的放电容量相当于 200A·h 普通锂电或铅酸电池。针对新旧电池或不同种类电池混搭会产生偏流问题，智能储能系统可实现不同电池组间及电源智能协同，对电池组间的偏流及环流进行智能调压限流分摊管理，实现输出功率无损智能开机。可以自动适配不同电池组的电压，免增合路器与铅酸电池、新旧锂电智能混搭，最大化利旧现有电池	以典型 8kW 功耗 1h 备电场景为例，业界普通储能系统需配置 4 组 100A·h 铅酸或锂电池，而智能储能系统仅需配置 2 组 100A·h 智能锂电池，节省 2 组电池及 1 个机柜，从而减少了占地，降低了站点租金

序号	电力体系	低碳类别	技术名称	适用范围	核心技术及工艺	主要技术参数	综合效益
48	电网	节能环保	SSZ11-50000/110 全光纤传感智能电力变压器	变压器	基于变压器全光纤传感技术，采用具备温度、振动、压力、局部放电超声波等多参量全光纤传感器与变压器本体进行一体化融合设计，实现变压器内部绝缘、机械、热等状态的全面深度感知	采用内置多参量光纤传感器与变压器本体一体化融合设计，实现了变压器局放电、温度、振动、压力等参量内部直接监测，结合铁芯接地电流、油中溶解气体及微水监测，实现了变压器运行状态的全面感知，全面提升了变压器质量和智能化水平，支撑了国内首座智慧变电站示范建设	变压器内部绝缘、机械、热等状态的全面深度感知
49	电网	节能环保	高效节能永磁电动机	电动机	稀土永磁同步电机用永磁体取代电励磁，且无励磁损耗，同步运行时，转子中无感应电流，因此没有铜耗，由于定、转子同步，也没有铁耗，所以效率高，而且不需要从电网吸取滞后的励磁电流，从而大大节约了无功，极大地提高了电机的功率因数	包括壳体、中心轴、力轴、固定线圈以及与该固定线圈电磁配合的转子。中心轴设置于壳体上，固定线圈固定设置于中心轴上，转子可转动地设置于中心轴上，壳体上设置有壳体边盖；还包括与转子电磁配合的发电线圈，该发电线圈套设于转子的外侧，其上电气连接有用于对外输出电流的导线；转子外围设置有永磁片，并与发电线圈对应设置	提高电机的功率因数
50	电网	节能环保	分裂变压器	变压器	指每相由一个高压绕组与两个或多个电压和容量均相同的低压绕组构成的多绕组电力变压器。通常把低压绕组作为分裂绕组，分裂成两个或三个支路，线端标志为小写字母加数字。不分裂的高压绕组由两个并联支路组成，线端标志不变。各分裂绕组的总容量就是该分裂变压器的额定容量。具有两个低压绕组的分裂变压器通常称为双分裂变压器，其低压绕组的布置方式有辐（径）向分裂和轴向分裂两种。应用较多的是双绕组双分裂变压器，它有一个高压绕组和两个分裂的低压绕组，分裂绕组的额定电压和额定容量都相同	分裂运行：两个低压分裂绕组运行，低压绕组间有穿越功率，高压绕组不运行，高低压绕组间无穿越功率。在这种运行方式下，两个低压绕组间的阻抗称分裂阻抗。 并联运行：两个低压绕组并联，高低压绕组运行，高低压绕组间有穿越功率，在这种运行方式下，高低压绕组间的阻抗为穿越阻抗。 单独运行：当任一低压绕组开路，另一低压绕组运行，在此运行方式下，高低压绕组之间的阻抗称为半穿越阻抗。分裂阻抗与穿越阻抗之比，一般称为分裂系数。限制短路电流，减少变压器台数能有效地限制低压侧短路电流，因而可选用轻型开关设备，节省投资。正常运行时，分裂变压器的穿越阻抗和普通变压器的阻抗值相同，当低压侧一端短路时，由于分裂阻抗较大，短路电流较小	在应用分裂变压器对两段母线供电时，当一段母线发生短路时，除能有效地限制短路电流外，还能使另一段母线上电压保持一定水平，不致影响用户的运行。分裂变压器在制造上复杂，例如当低压绕组产生接地故障时，很大的电流流向一侧绕组，在分裂变压器铁芯中失去磁的平衡，在轴向上产生巨大的短路机械应力，必须采取坚实的支撑机构，因此，在造价上分裂变压器约比同容量普通变压器贵20%。分裂变压器中对两段低压母线供电时，如两段负荷不相等，两段母线上的电压也不相等，损耗也增大，所以分裂变压器适用于两段负荷均衡又需限制短路电流的情况

序号	电力体系	低碳类别	技术名称	适用范围	核心技术及工艺	主要技术参数	综合效益
51	电网	节能环保	磷酸铁锂电池一体化电源柜	智能变电站	针对智能变电站的建设需求而研发的新系统。智能一体化电源系统以直流电源为核心，将站用交流电源、直流电源、电力用交流不间断电源（UPS）、电力用逆变电源（INV）和通信电源等装置组合为一体，共享直流电源蓄电池组，并统一监控的成套设备。该组合方式是以直流电源为核心，直流电源与上述任意一种电源及一种以上电源所构成的组合体，均称为一体化电源设备。一体化电源总监控采集各站用电源系统的信息数据，将站用电源系统网络智能化、一体化，实现信息共享和统一管理。通过采用IEC61850规约与上位机系统通信，使站用电源系统成为统一的开放式系统	系统采用一体化设计，将交流电源系统、直流电源系统、电力UPS电源系统、通信电源系统进行统一设计、监控、生产、调试、服务，通过网络通信、设计优化、系统联动、设备智能档案管理的方法，实现站用电源安全化、网络智能化设计，实现站用电源交钥匙工程和客户效益	实现站用电源网络化、智能化，一体化程度更高，站用电源更加安全可靠，提高站用电源管理水平
52	电网	节能环保	超导储能（SMES）技术	能量存储、稳定电压动态性能及风力发电机	利用超导线圈储存电磁能，需要时将电磁能返回电网	比能量为0.5~5W·h/kg，典型额定功率为0.01~1MW，放电时间为2s~5min，循环次数≥100000次	使用效率为70%~81%
53	电网	节能环保	配电网全网无功优化及协调控制技术	县级供电企业（110kV及以下电网无功协调控制）	全网电压无功监测：可以对变电站、线路、配变、客户端电压无功远程实时监测。全网电压无功协调控制：实现变电站、线路、配变电压无功相邻协调、隔邻协调控制。已建设调度自动化系统以便提高变电站层运行数据；建设线路、配变电压无功调控设备监测；建设客户端电压监测；电压无功调控设备具备遥测、遥控功能	35kV杞梓里站10kV母线、10kV梓里196线路和10kV梓里198线路	投资额50万元，节能量84tce/a，碳减排量222tCO$_2$/a

序号	电力体系	低碳类别	技术名称	适用范围	核心技术及工艺	主要技术参数	综合效益
54	电网	节能环保	新型节能导线应用技术	110kV及以上架空输电线路	新建的架空输电线路工程，钢芯高导电率硬铝绞线：通过细晶强化和颗粒强化，提高导电率；铝合金芯高导电率铝绞线和中强度铝合金绞线：通过铝基体的配方组合，工艺及热处理的控制，使其导电率等诸参数明显提高，直流电阻降低	句容—茅山500kV改造路工程，全长约65.358km，实际平均输送功率为1804.28MW	与普通钢芯铝绞线相比投资额增加235.3万元，节能量886tce/a，碳减排量2339tCO$_2$/a
55	电网	节能环保	可控自动调容调压配电变压器技术	10kV配电网	利用组合式调压调容开关改变变压器线圈各抽头的接法和负荷开关状态，实现自动调容/调压、远程负控、三相有功不平衡调节等功能，实现变压器的节能运行	10kV配网线路35条，新建及改造智能化配电台区215台，适用于GB 1094.1—1996、GB 1094.2—1996、GB 1094.3—2003、GB 1094.5—2008、GB/T 6451—2008、JB/T 10778—2007	投资额1397万元，节能量1800tce/a，碳减排量4752tCO$_2$/a
56	电网	节能环保	全光纤电流/电压互感器技术	智能电网、数字化变电站建设	适用于大型智能变电站，光纤电压互感器利用泡克尔斯效应，当光波通过晶体时，在两个轴上光波之间的相位差会随着电压或电场改变，利用相位差即可测出对应的电压变化值	2×50MV·A、110kV智能变电站	投资额1200万元，节能量459tce/a，碳减排量1212tCO$_2$/a
57	电网	节能环保	大型供热机组双背压双转子互换循环水供热技术	供热机组	供热运行时机组使用高背压转子，凝汽器排汽温度提高至80℃，利用循环水供热；非采暖期，再将原低压转子恢复，排汽背压恢复至4.9kPa，机组运行效率得到较大提高	适合在供热负荷需求较大的地区使用，135MW机组双背压双转子互换循环水供热技术改造	投资额5875万元，节能量48659tce/a，碳减排量128460tCO$_2$/a
58	电网	节能环保	回转式空气预热器密封节能技术	火力发电	利用转子热端径向自补偿间隙密封片和基于压力监测的自动漏风回收技术降低了空气预热器的漏风率，提高了锅炉系统的效率，降低了供电煤耗	已安装回转式空气预热器的300~1000MW超临界、超超临界火力发电机组，2×640MW火力发电机组	投资额500万元，节能量5150tce/a，碳减排量13596tCO$_2$/a
59	电网	节能环保	基于快速涡流驱动及短路识别的电网运行控制技术	电网输变电线路	采用快速涡流驱动式真空断路器，结合电网故障快速识别技术，通过向远距离输电线路中投入补偿电容器或在电网故障时投入限流电抗器的方式，减少限流电抗器的电能损耗，避免短路时大电流和高电压冲击电流对串补电容的冲击，实现电网高效运行	宁夏回族自治区海原县110kV变电站项目	投资额300万元，节能量3810tce/a，碳减排量10058tCO$_2$/a

序号	电力体系	低碳类别	技术名称	适用范围	核心技术及工艺	主要技术参数	综合效益
60	电网	节能环保	基于架空地线绝缘接地方式的交流输电线路节能技术	具有架空地线逐塔接地的各电压等级架空输电线路	将普通地线和光纤复合架空地线的接地方式由逐塔接地改为绝缘单点接地,切断地线与大地之间的电流通路,减少感应电流产生的能量损失。同时通过对电压的有效控制,减少安全隐患	10 回架空输电线路	投资额 2.2 万元,节能量 148tce/a,碳减排量 390tCO$_2$/a
61	电网	节能环保	铜包铝芯电线电缆节能技术	高耗能企业用电	利用"集肤效应"原理,综合生产制造工艺、复合材料新型热处理技术等创新技术,将铜层均匀包覆在铝芯上,使铜、铝界面上的原子实现冶金结合。该技术生产的电线电缆可以降低线损,减少电能输送损耗,并可降低铜材消耗	35kV 以下所有用电单位,159 家高耗能企业更换电缆	投资额 50000 万元,节能量 30000tce/a,碳减排量 70313tCO$_2$/a
62	电网	节能环保	零过渡过程动态无功补偿节能增效技术	各用电行业和电网、电厂提高电能利用效率、提高电气设备工作效率、降损节能和改善电压质量	采用零过渡过程条件检测和控制技术,通过电力电子开关,使动态电压和电流的非周期衰减分量接近零,从物理本质上解决了电容器残余电压在投切过程中产生过电压和过电流的技术难题,电容器无须放电,电容器切投速度提高 3000~9000 倍,最低功率因数可以设计并达到 0.95,平均功率因数可以达到 0.98 以上	各用电行业和电网、电厂供用电系统的新建和技术改造项目的配套;合同能源管理;节能减排工程;需求侧管理等,项目建设规模新建住宅配套:1017 台	投资额 12752.5 万元,节能量 58000tce/a,碳减排量 136000tCO$_2$/a
63	电网	节能环保	节能铜包铝管母线技术	通用机械行业电网、钢铁、水泥等所有需要电能的用户	根据不同导体集肤效应不同,将原有铜排或铜管母线制作成铜包铝管结构,管子外侧是集肤效应强的铜,内侧是集肤效应小的铝,节约了铜材;减少了线损	发电厂及电站内母线,电压等级:0.4~220kV;额定电流:300~20000A,2900m 铜包铝管母线改造	投资额 960 万元,节能量 760tce/a,碳减排量 2006tCO$_2$/a

序号	电力体系	低碳类别	技术名称	适用范围	核心技术及工艺	主要技术参数	综合效益
64	电网	节能环保	微电网储能应用技术	各类型微电网工程以及分布式风储、光储工程	根据微电网项目特点和实际需求确定储能系统在微电网中的功能定位，通过储能定容方法确定储能系统规模容量，根据方案技术研究确定最优化的系统拓扑结构、关键设备选型和运行控制方案，并提供储能系统安装和运维优化建议。该技术可合理配置应用储能系统，减少设备投资，提高设备使用寿命和运行效率，有效提高微电网对可再生和清洁能源接入容量	10MW级风光柴储海岛微电网，储能系统为500kW×6h	投资储能系统约为350万元，碳减排量739tCO$_2$/a
65	电网	清洁生产	变压器用植物绝缘油生产技术	变压器绝缘油	用天然植物油替代矿物绝缘油，避免废矿物绝缘油处理过程及处理产物产生大量的CO$_2$排放。同时，相对于矿物油生产过程，植物绝缘油生产要求的温度和压力较低，耗能相对较少，可进一步减少CO$_2$排放	2台植物绝缘油变压器	投资储能系统约为10万元，碳减排量2.5tCO$_2$/a
66	电网	节能环保	低电压隔离式分组接地技术	电设备和网络的接地与保护	采用隔离式接地设备替代传统的接地网建设，将接地电阻放宽，不需使用钢材，不占地，不使用降阻剂，有效减小施工用电量，从而实现二氧化碳减排	3120个基站低电压（400V以下）用电设备	投资额为4368万元，碳减排量2577tCO$_2$/a
67	电网	节能环保	紧凑小型常压空气绝缘密封开关柜替代SF6环网柜/开关柜技术	输配电系统电力开关	采用均匀电场、真空灭弧和常压密封箱体空气绝缘等技术，使绝缘成套设备具有与SF6环网柜相同性能的同时，完全替代传统SF6开关柜/环网柜；同时，通过常压密封技术使产品具有可靠性高、免维护、紧凑小型化等特性。因实现了SF6零排放，且无环氧树脂等废物产生，碳减排潜力较大	12kV配网开关站配电房工程，32台12kV紧凑小型常压空气绝缘密封开关柜	投资额为291万元，碳减排量102tCO$_2$/a
68	电网	节能环保	园区型新能源微电网节能技术	园区微电网节能技术改造	采用光储技术、光功率平滑技术和削峰填谷控制策略，优化调度各种可再生能源和清洁能源发电、冷热电转换以及储能装置的充放电，实现微电网系统能效管理的节能经济性，降低对大电网的依赖和冲击	系统节能率：>50%。电网频率测量误差：≤0.01Hz。蓄电池单体电压测量误差≤0.3%，采样周期≤200ms。蓄电池温度采样分辨率≤1℃，测量误差≤2℃，采样周期≤5s	江宁微电网项目从2017年11月正式并网发电，光伏年累计发电量能达到45.2万千瓦·时，折合年节约标准煤138.1t。该项目综合年效益合计为95万元，总投入为258.2万元，投资回收期约2.7年

序号	电力体系	低碳类别	技术名称	适用范围	核心技术及工艺	主要技术参数	综合效益
69	电网	节能环保	园区多能互补微网系统技术	园区能源信息化节能技术改造	针对园区用能，融合分布式光伏、太阳能光热、风力发电、储热、储电、风力发电、交直流混合配电网、溴化锂热源制冷、智能充电桩等技术，通过智慧能源管理平台来实现各清洁能源供给、储存、传输、利用的综合管理及互补，降低园区用能成本	年日照时长：1600h；集热面积：550m²；发电功率：5kW	光伏发电系统建设投运后每年可节约标准煤 1700t，供热系统折合年节约标准煤 14t，溴化锂热源制冷折合年节约标准煤 60t。综合年节约标准煤 1774t，该项目综合年效益合计为 150 万元，总投入为 463 万元，投资回收期约 3 年
70	电网	节能环保	数字智能供电技术	高效节能装备制造	采用多输入多输出电源技术，在一套电源系统上实现多种能源供应，多种低压制式输出。采用模块化设计，可方便、快速、不停电更换流模块、管控模块、直流输出配电模块，支持各类模块混插，可随意组合并机输出；通过分布式软件定义电池系统，对充放电和成组进行动态管理和控制，实现电池信息化管理，智能运维	输出电压制式：直流 12V 或 48V、225~400V，供电效率 ≥96%，功率密度 ≥ 50W/in³（1in = 25.4mm）；防护等级：IP20（室内型）、IP55（室外型）	基站一体化能源柜：占地空间需求降低约 60%，供电效率提升 8% ~ 17%。数字能源机柜：ICT 设备机柜装机率提升 30%~40%，供电效率提升 10%~15%
71	风电	节能环保	复杂工况下直驱永磁风力发电机组技术	风力发电	针对陆地与海上风资源等自然环境条件分析，设计包括叶片、直驱永磁式发电机和全功率变流器等关键配套零部件，根据机组总体技术参数确定 5MW 级直驱永磁风力发电机机组装工艺和吊装工艺。单机容量大、千瓦配套费用低、发电效率高	叶轮转速 6~13.5r/min；额定风速 13m/s；切入风速 3m/s；切出风速 25m/s；整机最大风能利用系数 ≥0.45	与传统风力发电技术相比，发电效率提升 2%~3%
72	风电	清洁生产	海上风电场升压站结构设计、建设和保障技术	清洁能源设施建设和运营	采用整体式或模块式等方式布置导管架、单桩、高桩承台等。利用整体工厂建造、整体海上运输、海上就位安装建造海上升压站。结构可靠、适应性强，现场施工作业少、环境友好；带有盐雾过滤装置的正压通风系统和具有多重油水分离功能的事故油收集装置，保证设备耐久性和安全性，实现海上升压站在海洋环境下长期可靠运行	电压等级 110 ~ 220kV；装机容量 100~500MW；水深 5~40m；离岸距离 10 ~ 80km；海上正常运行时间 ≥25 年	用海面积 ≤425m²

序号	电力体系	低碳类别	技术名称	适用范围	核心技术及工艺	主要技术参数	综合效益
73	风电	清洁生产	10MW 海上风电机组设计技术	新能源装备制造	整机采用新型全密闭结构，可解决海洋腐蚀环境适应性问题；电气系统采用中压双回路，解决扭缆问题的同时提高无故障运行时间，电气效率提高 1.5%～3%；双驱电动变桨技术，解决了齿面磨损和驱动同步问题。发电机突破了兆瓦级海上风力发电机轴系、密封结构、电磁绝缘、通风冷却等技术，具有高可靠性、高性能、低维护成本的优点	额定功率 10MW；风轮直径 185m；可抗 77m/s 强台风；机组 MTBF 超过 2000h，在年平均 10m/s 的风速条件下，年等效小时数达 4000h	单台机组每年可减少能源消耗 13000tce，CO_2 排放 29770t
74	风电	节能环保	风光储输技术	发电厂	用联合发电智能全景优化控制系统统一协调控制，实现风力发电、光伏发电、储能发电、"风+光"发电、"风+储"发电、"光+储"发电、"风+光+储"发电等七种运行模式	10 万千瓦电站，就每天波动来讲，光伏在瞬间 2～5min 之内波动 50%～60% 是正常的	产能较过去扩大约 40 倍，成本降低了 78%
75	风电	节能环保	风电制氢技术	大规模风电场	主要涉及电氢转换和氢气输运两大关键技术，整个技术模块包括风力发电机及电网、电解水制氢系统、储氢系统和氢气输运系统。根据风场风电的拓扑结构，按照控制需求可以从 35kV 或 220kV 电网处取电，经过 AC/DC 转化后，进行电解水制氢，所制的氢气先储存在中压储氢罐中，然后，通过 20MPa 氢气压缩机充灌到氢气管束车，根据用氢需求进行派送，或者可以将中压氢气以不高于体积比 10% 的浓度掺入天然气管道中进行输送	碱性电解水制氢的运行温度为 70～80℃，电流密度为 0.2～0.4A/cm²，能耗为 4.5～5.5kW·h/m³，需要稳定电源；质子交换膜电解水制氢的运行温度为 70～80℃，电流密度为 1～2A/cm²，能耗为 3.8～5.0kW·h/m³，需要稳定或波动电源；固体氧化物电解水制氢的运行温度为 700～1000℃，电流密度为 1～10A/cm²，能耗为 2.6～3.6kW·h/m³，需要稳定电源	克服电场发电的不均衡性，提高风场风电的利用率
76	光伏	节能环保	光储空调直流化关键技术	高效节能装备	将光伏输出直流电直接连接变频空调系统直流母线，实现光伏直流直接驱动空调系统。实现了并离网多模式运行及自由切换，用电可不依赖于电网。通过引入储能单元，系统用电实现光伏储能互补，能量可用可储。利用功率阶跃抑制技术解决系统模式切换瞬间运行不稳定问题。利用能源信息智慧管理技术实现系统发电、用电、储电的智慧调度	系统模式切换时间最短 4.6ms，系统功率阶跃抑制时间小于 200ms，压缩机转速波动小于 0.1rad/s	光伏直驱利用率 99.04%，电能转换效率提升 6%～8%；设备成本降低 10%～20%

序号	电力体系	低碳类别	技术名称	适用范围	核心技术及工艺	主要技术参数	综合效益
77	光伏	清洁生产	高效PERC单晶太阳能电池及组件应用技术	新能源装备制造	通过在电池背面沉积 Al_2O_3 钝化层来降低电池背表面载流子复合量，提升电池长波响应，从而提升电池转换效率。在电池端，采用 SE 技术和 MBB 技术，有效提升电池转换效率；在组件端，采用半片电池封装技术，既提升组件功率，又有效降低组件工作温度，具备出色的耐阴影遮挡性能	PERC 电池转换效率≥23%	1GW 光伏装机每年发电16.4亿千瓦·时，折合52.5万吨标准煤，减排 CO_2 约120万吨
78	光伏	清洁生产	太阳能热发电关键技术	新能源装备	利用槽式及塔式工程设计关键技术及全厂性能计算软件，完成塔式镜场布置及瞄准点策略优化，提升发电量；塔式电站定日镜、大开口槽式集热器等设计应用，提高光热系统效率，降低了工程造价	塔式太阳能热发电光电转化效率>18%，槽式导热油太阳能热发电光电转化效率>16%，集热器开口尺寸≥8.5m	每千瓦装机可替代相同容量燃煤机组参与调峰，节能 300gce/（kW·h），减少 CO_2 排放 687g/（kW·h）
79	光伏	清洁生产	太阳能PERC+P型单晶电池技术	新能源装备	以扩散后的 PSG 层为磷源，利用激光可选择性加热特性，在电池正表面电极位置进行磷的二次掺杂，形成选择性重掺 N++ 层，降低硅片与电极之间的接触电阻，降低表面复合率，提高少子寿命，改善光线短波光谱响应，提高短路电流与开路电压，进一步提升电池效率。在 PERC 基础上，可实现 0.2%~0.3% 的转换效率提升	单晶 PERC 双面电池量产最高效率达23.44%，平均效率达23.22%	每吉瓦光伏电站年均发电10.7亿千瓦·时，节约34.2万吨标准煤，减排 CO_2 78.3万吨
80	光伏	清洁生产	集中式太阳能热发电技术	发电装备	利用光学系统聚集太阳辐射能，用于加热工质的发电方式。它是在很大面积的场地上，装有许多台大型反射镜，通常称之为定日镜（heliostat），每台都各自配有跟踪系统，准确地将太阳光反射集中到一个高塔顶部的接收器上，因此又称为塔式太阳能发电。整个系统由4个部分构成：聚光装置、集热装置、蓄热装置和汽轮机发电装置，主要包括定日镜阵列、高塔、吸热器、传热介质、换热器、蓄热系统、控制系统及汽轮机发电机组等	集中型太阳能热发电系统中，吸热器位于高塔上，定日镜群以高塔为中心，呈圆周分布，将太阳光聚焦到吸热器上，集中加热吸热器中的传热介质，介质温度上升，存入高温蓄热罐，然后用泵送入蒸汽发生器加热水产生蒸汽，利用蒸汽驱动汽轮机机组发电。汽轮机乏汽经冷凝器冷凝后送入蒸汽发生器循环使用。在蒸汽发生器中放出热量的传热介质重新回到低温蓄热罐中，再送回吸热器加热	接收器上的聚光倍率可超过100倍

序号	电力体系	低碳类别	技术名称	适用范围	核心技术及工艺	主要技术参数	综合效益
81	光伏	清洁生产	光伏建筑一体化（BIPV）技术	建筑	与建筑物同时设计、同时施工和安装并与建筑物形成完美结合的太阳能光伏发电系统，也称为"构建型"和"建材型"太阳能光伏建筑。它作为建筑物外部结构的一部分，代替部分建材并降低系统成本。既具有发电功能，又具有建筑构件和建筑材料的功能，甚至还可以提升建筑物的美感，与建筑物形成完美的统一体	作为普通光伏组件，只要通过 IEC61215 的检测，满足抗 130km/h（2400Pa）风压和抗 25mm 直径冰雹 23m/s 的冲击的要求。用做幕墙面板和采光顶面的光伏组件，不仅需要满足光伏组件的性能要求，同时要满足幕墙的三性实验要求和建筑物安全性能要求，因此需要有更高的力学性能和采用不同的结构方式	这些系统年发电量可达 70 万千瓦·时，相当于节约标准煤 170t，减少二氧化碳排放 570t
82	气电	清洁生产	超大功率电动压裂装备应用技术	油气资源开采	综合运用电动压裂成套装备总体集成技术、压裂装备负载特性匹配技术、大功率电机及多相变频控制应用技术、电传系统安全容错控制技术、数字混砂控制技术、井场油电混驱集群控制技术、高低压供配电技术以适应日趋增大的超大型压裂施工，实现页岩气及常规油气资源高效、经济、绿色开发	电动压裂泵装置输出功率 3700kW（5000hp），电动压裂泵装置最高工作压力 140MPa；连续工作/平均负荷率不小于 10h/65%；泵头体寿命 ≥600h；电动混砂装置最大流量 40m³/min；压裂控制装置稳定工作时间 ≥10h	与传统柴油驱动设备相比，可节能35.1%
83	气电	清洁生产	潜油往复式直线电机油气开采技术	油气资源开采	通过对永磁同步变频直线电机、特种柱塞抽油泵、电机智能控制、数据采集和无线远程传输等技术的集成应用，解决有杆采油系统杆管偏磨和地面漏油等问题。适合低渗井、丛式井、水平井、居民区油井等复杂油井以及页岩气井、煤层气井等非常规能源开采	推力密度 80N/kg，耐压 3300V；最大检测深度 3000m；最高使用温度 120℃	与传统三抽设备相比，单井节能 30%～80%；综合采油成本降低 50% 以上；电机平均使用寿命提高 40%；泵效 ≥90%；检泵周期提高 1 倍以上
84	气电	清洁生产	燃气轮机干式低排放技术	清洁能源装备	采用贫油预混燃烧模式，控制燃料/空气当量比，实现燃料与空气较均匀预先混合，将主燃区温度控制在 1670～1900K 之间，兼顾自燃、回火等因素；采用分级燃烧方式，保证低排放燃烧室在各工况下稳定工作；利用先进冷却技术，保证低排放燃烧室火焰筒寿命；切换点及燃料比例调节技术保证低排放燃烧室稳定工作，避免发生回火和振荡燃烧问题	燃烧室出口温度不均匀度应满足燃机整机对周向温度分布系数及径向温度分布系数的要求，燃烧效率 ≥99.5%	80%～100%工况下，排放烟气 NO_x ≤50mg/m³，CO ≤100mg/m³

序号	电力体系	低碳类别	技术名称	适用范围	核心技术及工艺	主要技术参数	综合效益
85	气电	清洁生产	9F级燃气-蒸汽联合循环机组纯凝发电技术	大电网运行	燃气轮机由压气机、燃烧室和燃气透平组成。压气机有轴流式和离心式两种，轴流式压气机效率较高，适用于大流量的场合。在小流量时，轴流式压气机因后面几级叶片很短，效率低于离心式。功率为数兆瓦的燃气轮机中，有些压气机采用轴流式加一个离心式作末级，在达到较高效率的同时又缩短了轴向长度	ISO工况定义：压气机进口压力为101.3kPa，温度15℃，相对湿度60%；用来冷却工质的冷却水或空气温度为15℃；标准气体燃料的H/C重量比为0.333，净比能为50000kJ/kg；标准燃料油的H/C重量比为0.1417，净比能为42000kJ/g	气耗折合标准煤耗240g/(kW·h)，明显低于燃煤机组平均发电煤耗的320g/(kW·h)，并且9F级燃气-蒸汽联合循环机组厂用电率为2.5%，明显低于燃煤机组平均厂用电率的5%，折合标准煤耗进一步降低，相应二氧化碳排放降低
86	气电	清洁生产	燃料电池氢气循环泵	氢燃料电池	氢气循环泵作为氢燃料电池的关键部件，专利设计的防冰结构、采用电机变频控制电机，使回流能力根据不同功率进行响应，可以有效地改善氢循环、灵活性高。提高了氢气的利用率。根据适配电堆功率及流量等参数的不同，分为四种型号：DQ30、DQ30H、DQ60、DQ10	最大压力≥550kPa；最大流量≥425L/min；额定功率≤3.4kW；额定电压：230/460V（AC）	改善氢循环、灵活性高，提高氢气的利用率
87	水电	节能环保	基于吸收式换热的热电联产集中供热技术	余热利用	在热力站设置吸收式换热机组降低一次网回水温度，提高供回水温差，增加管网输送能力；在热电厂设置吸收式余热回收机组回收汽轮机余热，减少环境散热；同时换热站内的低温回水促进电厂内余热回收效率得到提升，提高电厂整体供热效率	利用既有传热过程中的温差损失，在不增加能耗的前提下，提高热电厂供热能力30%以上；降低热电联产能耗40%以上；提高既有管网输送能力80%	余热回收和换热站改造投资1000~1500元/kW。300MW热电厂改造后年减少9.3万吨标准煤，减少CO₂排放量24.2万吨、SO₂排放量0.7万吨、NOₓ排放量0.34万吨、烟尘排放量6.3万吨
88	水电	清洁生产	大型抽水蓄能关键技术	蓄能装备	利用全工况范围内避开"S"不稳定区域、提高稳定运行裕量的转轮参数控制方法，解决水泵和水轮机工况性能合理匹配问题。通过发电机全域三维磁场分析模型，研制出高转速向心式磁极绝缘托板结构和双向弹性金属塑料瓦推力轴承	转轮水轮机工况和水泵工况最优效率≥94%。发电电动机单根定子线棒瞬时工频击穿电压≥6.5U_n；单根定子线棒起晕电压≥2.5U_n；整机定子绕组起晕电压≥1.1U_n	单位容量价格降低10%左右

序号	电力体系	低碳类别	技术名称	适用范围	核心技术及工艺	主要技术参数	综合效益
89	水电	节能环保	煤炭清洁生产	电力储存设备，电站	利用水作为储能介质，通过电能与势能相互转化，实现电能的储存和管理。利用电力负荷低谷时的电能抽水至上水库，在电力负荷高峰期再放水至下水库发电。可将电网负荷低时的多余电能转变为电网高峰时期的高价值电能	广州一期、二期抽水蓄能电站总装机容量 2400MW，为世界上最大的抽水蓄能电站；天荒坪与广州抽水蓄能电站机组单机容量 300MW，额定转速 500r/min，额定水头分别为 526m 和 500m，已达到单级可逆式水泵水轮机世界先进水平；西龙池抽水蓄能电站单级可逆式水泵水轮机组最大扬程 704m，仅次于日本葛野川和神流川抽水蓄能电站机组	解决电力系统日益突出的调峰问题。发挥调压调相作用，保证电网电压稳定。发挥事故备用作用，保障电力系统安全稳定运行。还具有黑启动、系统特殊负荷等功能
90	水电	节能环保	抽水蓄能技术	调峰、削峰填谷、紧急事故备用	电力负荷低谷时电能抽水至上水库，电力负荷高峰期放水发电	比能量为 0.5～1.5W·h/kg，典型额定功率为 100～5000MW，放电时间为 4～20h，循环次数 >50 年	使用效率为 70%～80%
91	其他	节能环保	10MW 先进压缩空气储能系统	空气储能	10MW 先进压缩空气储能示范电站，包含 10MW 压缩机子系统、10MW 膨胀机子系统、地下盐穴储气子系统、蓄冷蓄热子系统以及相应的辅助控制子系统、升压变电站及 35kV 并网线路等。项目地上占地面积 20 亩，地下储气部分利用盐穴腔体	最大储能容量 40MW·h，最大发电功率 10MW，系统额定效率 60.2%	具有规模大、成本低、寿命长、不受地理条件限制、环境友好等特点；有利于灵活调整用电负荷和电网电量，缓解高峰电力供需紧张，促进电力资源优化配置和开展压缩空气储能系统接入电网后的调度模式和商业模式的优化，推动电力系统运行和管理模式重大变革；有利于推动能源结构调整，提升可再生能源发电比例，助力"碳达峰碳中和"目标的实现，并带动相关产业发展，服务地方经济发展

序号	电力体系	低碳类别	技术名称	适用范围	核心技术及工艺	主要技术参数	综合效益
92	其他	节能环保	在役特种设备再制造成套技术	装备再制造	基于全生命周期管理理念，通过前检测评估、设计、再制造、性能检测、寿命评价等系统化再制造流程，结合应力模拟计算和消除、补偿加热设计焊后热处理、激光清洗、涂层现场再制造等先进技术，为电力、机电等行业在役关键敏感设备及特种设备部件的安装位置现场再制造提供整体性解决方案	焊接修复性能指标不低于原产品，大型设备残余应力不高于修复前的 1.2 倍，延长使用寿命 8~10 年；表面电弧喷涂：年磨损率小于 0.2mm；年腐蚀率小于 0.15mm；超声速火焰喷涂：金属-陶瓷复合涂层结合强度大于 90MPa，硬度（HV）800~1400 可调控	电站 660MW 锅炉汽包现场再制造与制造安装新汽包相比：可节约电能等能源 22 倍及钢材 281t（汽包按长 30m，外径 2m，钢板厚度 200mm 计算），减少汽包生产制造中产生的钢渣等废物排放 1348.8t；几乎不排放废水、有害气体；缩短产品制造工期约 2 年
93	其他	节能环保	旧电机永磁化再制造技术	装备再制造	通过对旧三相异步电动机转子母体进行重新设计、加工改造，采用新材料磁钢和磁阻，表贴在转子上，形成新三相电动机永磁转子。转子磁场与定子磁场波形同步，形成纯正弦波磁场。消除谐波，不产生退磁和反向转矩，温升低。具有高效率、高功率因数、起动转矩大等优势。融合了旧电机绿色清洗、无损拆解、旧件修复等生产技术	平均效率 92.8%，平均功率因数 0.98。绝缘等级 F 级，防护等级 IP55	使用旧电机 90% 的零部件，成本仅为新电机的 40%；再制造电机可达国家一级能效；综合节电率 10%~30%
94	其他	节能环保	汽柴油清净增效剂生产技术	交通车辆	采用不含金属成分和灰分、特殊配方制备的胺基化合物、醚类化合物等作为主要组分，混合汽柴油后，在发动机内部通过高温高压燃烧过程发挥功效，在燃油燃烧过程中产生大量自由基，引发连锁的分子链反应，可优化燃烧过程，提高燃烧速度，有效提高燃油经济性，降低油耗，减少机动车尾气主要污染物	加入汽柴油中可同时降低污染物 HC 下降率 5.47%、CO 下降率 4.01%、NO 下降率 10.39%、气体污染综合改善率 19.87%，节油率 2.6%	按 2019 年全国汽油消耗 12000 万吨，全国柴油 15000 万吨计算，一年可节约 1027 万吨标准煤；减少 CO_2 排放约 2731.82 万吨
95	其他	节能环保	污水源热泵系统流道式换热技术	高效节能装备	污水源热泵流道式换热器呈宽大矩形结构，无任何凸起物或支撑点，因此原生污水无须前置防堵、过滤设备，不会造成钩挂与缠绕，延缓污垢集聚，提高传热效率	换热器换热系数 $k \geqslant 1500W/(m^2 \cdot ℃)$，污水源热泵系统综合能效比 $\geqslant 3.5$	每吨污水可回收 1.8 万~3.6 万千焦热量，制热成本约 38 元/GJ，供暖投资约 100 元/m^2

序号	电力体系	低碳类别	技术名称	适用范围	核心技术及工艺	主要技术参数	综合效益
96	其他	节能环保	超低温CO_2空气源热泵技术	高效节能装备	采用CO_2跨临界复合式循环系统,通过两种工质的压缩制冷循环,吸取空气中的热量用于供暖。通过对CO_2高温热能的梯级利用及涡流管技术,提高CO_2提取室外环境中空气热能的能力;集成设计空气换热器实现快速融霜	室外环境温度-12℃、出水温度55℃,制热综合部分负荷性能系数IPLV(H)为2.5。制取1kW热量用电约0.4kW·h	在环境温度-35℃下,系统仍可以较高效率稳定运行;与氟利昂空气源热泵相比,1kW制热量节约用电0.12kW·h
97	其他	节能环保	CO_2捕集、运输、驱油、埋藏工程技术	温室气体减排	针对工业生产过程中不同浓度CO_2排放源,分别采用有针对性的捕集方法,尤其针对低浓度CO_2捕集,基于"AEA胺液"、CO_2双塔解吸节能工艺及热、碳、氮、氢四平衡节能技术,使采集成本大幅降低;捕集的CO_2采用管道输送,利用CO_2混相气驱、CO_2辅助蒸汽吞吐、CO_2非混相驱+刚性水驱、CO_2前置蓄能压裂等采油技术,将CO_2注入多种类型油藏,实现CO_2地质封存,提高油藏采收率,尤其对强水敏低渗油藏和火成岩裂缝油藏取得驱油技术突破	吨CO_2捕集热耗小于3.2GJ,低于国内平均水平30%;CO_2管道压力控制在8~11.7MPa,采用密相/超临界区输送;稠油总体换油率达2.01;稀油总体换油率达0.78	实现温室气体减排,同时每埋藏1tCO_2可采出原油约0.3t
98	其他	节能环保	废旧铅蓄电池高效回收利用制造集成技术	资源综合利用	整合全自动机械破碎分选、铅栅低温精炼、再生铅冶炼烟气制酸等技术,集成铅膏富氧侧吹连续熔炼等行业先进技术,实现废旧铅酸电池铅、塑料及硫酸等资源的全循环高效利用	资源综合利用率97%、铅回收率98.6%、废电池中硫资源利用率97%;渣含铅0.93%;再生粗铅主品位98.5%、再生聚丙烯纯度99%	以再生铅产量20万吨计,综合经济效益可增加约6000万元。有效减少含铅废水和废气排放量
99	其他	节能环保	单体大容量、固态聚合物锂离子电池技术	高效储能	聚合物锂离子电池由铝塑膜包装,电解质采用固态/凝胶态聚合物膜,无游离电解液,极大提升了电池安全性,规格与外形可根据需要灵活调整;铝塑膜包装取代了钢壳/铝壳,有效提高单体电池的能量密度	电池内阻<0.35mΩ;磷酸铁锂电池系统平均能量密度≥167W·h/kg,系统实际温升≤6℃;储能方向循环次数10000次以上,衰减不低于80%,使用寿命不低于12年	采用NMP及余热回收进行资源循环利用,系统回收效率>99%,余热回收效率>40%

序号	电力体系	低碳类别	技术名称	适用范围	核心技术及工艺	主要技术参数	综合效益
100	其他	节能环保	硅橡胶节能配电变压器技术	高效节能装备	用高性能硅橡胶绝缘材料及浇注工艺，结合主动消除局部放电、缺陷容错主绝缘、一体化硅胶套管增强表面绝缘等，生产的硅橡胶浇注干式变压器满足电力变压器一级能效要求，电气和消防安全可靠性高，产品终身免维护。所使用硅钢、铜材、硅橡胶等主材均可回收利用，生产过程能耗仅为常规变压器的10%	容量：100~2500 kV·A/10kV；局部放电≤5pC；主绝缘3重冗余；能效指标>1级；材料可回收率>99%；燃烧等级F1；绕组可燃物质量<2%；白天噪声≤55dB，夜晚噪声≤45dB；允许长期过载20%	产品具备过载能力和户外适应性；具有免维护优势，可大量服务于农村电网
101	其他	节能环保	退役动力电池高值化综合回收利用技术	资源循环利用	采用废旧动力电池自动化拆解、破碎和分离，以及电池废料高附加值湿法回收工艺，回收铜、铝、碳酸锂、磷酸铁和石墨等资源，实现从废旧电池中回收原料并再次做成电池材料的产业链循环利用，解决低能耗、低成本、高效回收废旧电池有价组分的问题	芯壳分离准确率>98%；外壳、铜回收率>98%；铝回收率>95%；锂综合回收率>92%；铁、磷回收率>92%；回收再生磷酸铁锂材料0.1C充电比容量≥155mA·h/g；石墨回收率>98.5%；再生石墨纯度>99.7%	提高退役动力电池的回收经济价值，提炼了磷酸铁、碳酸锂、石墨等原料，产品附加值提高了40%，极大减缓动力电池原材料紧缺问题，实现资源循环利用
102	其他	节能环保	废旧动力蓄电池综合利用技术	资源循环利用	利用废旧电池可用性多维度评价方法及快速分选技术、智能分时主动被动协同响应电池均衡技术以及模块化设计、柔性兼容的退役电池储能系统应用技术，通过过热蒸汽热解处理电解液的技术及装置、电池组分干法全自动分离收集技术及装置和氧化铝包覆和锰掺杂，实现废旧磷酸铁锂电池正极材料修复再生	电极组分一次收集率≥90%。通过氧化铝包覆和锰掺杂实现正极材料改性再生，首次放电容量120.9mA·h/g	退役电池成本仅为同类新电池的30%；通过回收废旧锂电池中的锂、钴、镍、锰、铜、铝、石墨、隔膜等材料，能实现较好的经济收益
103	其他	清洁生产	复杂多金属物料协同冶炼及综合回收关键技术	固体废物处理及综合利用	利用氧化物、硫化物、硫酸盐、单质等交互反应过程以及固相、液相、气相等多相耦合反应过程，处理含有铅、锌、锑、铜、锡、镍、铋、碲、金、银、砷、硫、铁、氟、氯、铬等十几种元素的复杂物料，进行回收。采用逆流焙烧干燥、富氧侧吹冶炼、富氧燃料浸没燃烧等技术，保证处理后的弃渣属于一般固废	铜回收率>96%；锑回收率>90%；银回收率>97%；铅回收率>97.5%；金回收率>97.5%；铋回收率>90%；锌回收率>90%；脱硫率>98.5%；氧浓度最高95%；废水、废气、固体废物优于国家现行排放标准	能够实现铅、锌、锑、铋、铜、金、银、碲、硫等多金属复杂原料的有价元素的综合回收，以及各种渣料的无害化处置，废气、废水达标排放，渣处理投资1200元/t，渣回收铜20kg/t，回收锌10kg/t

序号	电力体系	低碳类别	技术名称	适用范围	核心技术及工艺	主要技术参数	综合效益
104	其他	清洁生产	烧结（球团）多污染物干式协同净化技术	工业烟气尾气处理	以循环流化床反应器为核心，通过反应器内激烈湍动颗粒床层吸收吸附双重净化、细微颗粒物凝并功效，有机结合选择性催化还原（SCR）、循环氧化吸收（COA）和超滤布袋除尘技术，并通过智能化检测与控制系统，高效脱除 SO_2、NO_x、SO_3、HCl、HF 等酸性气体、重金属（铅、砷、镉、铬、汞等）、二噁英及颗粒物（含 $PM_{2.5}$）等多组分污染物	出口 SO_2 浓度（标准状态）≤35mg/m³；NO_x 浓度（标准状态）≤50mg/m³；烟尘浓度（标准状态）≤5mg/m³；多种污染物协同脱除：出口 SO_3（硫酸雾，标准状态）≤5mg/m³、重金属汞浓度（标准状态）≤3μg/m³、二噁英浓度（标准状态）≤0.1ng TEQ/m³	多污染物协同脱除，无有色烟羽排放。可减小占地面积约50%，耗水量节约30%，无废水排放
105	其他	清洁生产	利用交变脉冲电磁波的循环冷却水处理技术	工业循环冷却水处理	运用特定频率范围的交变脉冲电磁波，激励水分子产生共振，增强水的内部能量，促使在冷却水中形成无附着性的文石及在钢铁表面形成磁铁层，解决结垢和腐蚀问题。具备一定抑制细菌、藻类和微生物的作用	循环冷却水中的总Fe<1mg/L；异养菌总数<1×10⁴cfu/mL；循环冷却水的浓缩倍率≥6	循环冷却水系统压缩机能耗降低3%以上，节约用水30%以上
106	其他	清洁生产	沸腾式泡沫脱硫除尘一体化技术	工业烟气尾气处理	利用沸腾式泡沫脱硫除尘、精细化喷淋和高效除尘除雾技术和设备，通过在脱硫塔内设置沸腾式脱硫除尘构件，使烟气通过该构件自激发形成沸腾式泡沫层，增加气液接触面积和湍流强度，增强 SO_2 与浆液的传质效果，提高粉尘颗粒与液相表面碰撞黏附概率；辅助精细化喷淋层及高效除雾器布置，防止塔壁出现烟气走廊，提高雾滴湍流凝并效果脱除细微雾滴，实现 SO_2 与细颗粒粉尘的高效脱除及超低排放	单塔脱硫效率>99%，粉尘总体脱除率>80%	通过单塔改造实现 SO_2 排放浓度（标准状态）≤35mg/m³，粉尘排放浓度（标准状态）≤5mg/m³，达到超低排放要求。与传统湿式电除尘器相比，项目改造初投资节省50%以上，运行维护费用可降低约5%
107	其他	清洁生产	126kV 无氟环保型开关设备技术	电力设备	基于单断口、大容量真空灭弧技术，以及 SF6 替代气体的绝缘和灭弧性能，研制出以 126kV 真空灭三、清洁能源产业弧室作为灭弧单元，CO_2 或 N_2 作为绝缘和隔离接地开关灭弧介质的 126kV 无氟环保型开关设备。采用四极质谱残余气体分析结合自动控制焊接工艺，提升灭弧室密封可靠性。优化电压、开距等老练工艺参数，提升老炼效果	灭弧单元真空度高于 10^{-5} 级，额定电压126kV，额定电流2500A，额定短路开断电流40kA，额定容性电流开合 C2 级，电寿命≥20 次，机械寿命≥10000 次	全球变暖潜能值（GWP）≤1，按照目前 126kV GIS 年产量约15000 间隔计算，如果全部采用 126kV 无氟环保型开关设备，一年可减少约2970t 的 SF6 气体使用，等效减少7098.3万吨 CO_2 排放量，全生命周期内免维护

序号	电力体系	低碳类别	技术名称	适用范围	核心技术及工艺	主要技术参数	综合效益
108	其他	清洁生产	智慧能源管理系统技术	能源系统高效运行	综合通信技术通过具有对等通信技术的工业物联网与工业以太网无缝连接，并通过网络变量捆绑实现去中心化的设备互联互动。采用数据采集与处理模型、调控模型及策略，实现自适应智能控制、能效提升、能源平衡与调度、动态柔性调峰。在统一平台上解决了信息孤岛问题，实现了供用能系统的监控管一体化	工业物联网传输速率 ≥ 1Mbps；子网在线率 100%；传输误码率 ≤ 10^{-6}（光纤模式）；系统响应时间 ≤ 1s	能效提升率 10% ~ 40%；提高能源保障与安全管理水平，减少运维人员 1/3 以上
109	其他	节能环保	公共建筑智慧能源管控系统技术	电力行业，适用于楼宇、公共建筑及园区等	依托"大云物移智链"技术与能源管理深度融合，具备能源规划配置、综合监测、智慧调控、分析决策、智能运维、运营支撑等功能，实现横向"水、电、气、热、冷"多种能源互补控制，纵向"源-网-荷-储-人"高效协同。对园区综合能源规划、生产、运营全环节进行顶层设计和智慧决策提供支撑，实现对园区能源站机组及用户家用电器的元件级控制。通过精准用能管控，并协调光伏、储能、水蓄冷、水蓄热、余热利用等技术，减少园区或楼宇总用电量	构建 IOT 平台，各类终端设备灵活接入，广泛渗透传感层；快速响应多模场景市场需求；系统适应不同用户信息化需求；终端用能数据接入率 100%；能源系统主机运行数据接入率达到 100%；能源生产、传输、消耗和数据分析全过程管理	根据雄安新区智慧化平台建设需求，2025 年该技术预计总投资 2 亿元，年碳减排潜力 3.2 万吨 CO_2/a
110	其他	节能环保	退役电池梯次利用储能系统	退役电池梯次利用领域	采用磷酸铁锂退役电池、集装箱、组串式储能变流器（PCS）组成电池柜，通过电池管理系统（BMS）、能量管理系统（EMS）对电池柜系统进行精确管理，实现电池系统的安全运行，并将数据上传至综合管理云平台，实现能耗数据远程监控，电池充放电循环寿命大于 3000 次，系统效率高	电池效率 > 95%；系统效率 > 85%；储能系统质保 3000 次（5 年）	6 个月光伏系统共发电 143 万千瓦·时，折合标准煤 465t，则年节约标准煤 930t。该项目综合年效益合计为 252 万元，总投入为 1203 万元，投资回收期约 4.8 年

4.1.4　电力行业关键减碳技术的减碳潜力贡献评估

本节从内蒙古电力部门供给侧减排着手，利用 LEAP 模型设置了两种情景，分析了电力部门中长期的减排路径规划，并从减排量和减排成本等角度对各减排路径进行综合评价。

4.1.4.1 LEAP模型

LEAP（long-range energy alternatives planning system）模型是建立在情景模拟分析基础上的集经济、能源与环境于一体的综合能源系统分析模型，可应用于能源政策分析和环境气候变化评估。该模型采用的是自下而上的分析结构，输入模型的数据流向和现实世界的能源流向相同，即由一次能源生产开始，经过若干次的转换、传输，最终被消费并伴随有环境影响产生，且其对输入模型的数据要求不高。

从本质上看，LEAP模型是一种用以模拟核算的工具，其通过对考察区域或部门内部各生产环节的能源需求水平、需求类型、消费方式及该环节整体活动水平的分析，依据经济发展、技术变化、政策变动等设置一系列不同的情景，实现对该考察区域或部门未来能源需求及带来的环境影响的模拟核算，其中，各种燃料的温室气体排放因子来自4.1.2节。

通常情况下，LEAP模型包含4个分析模块，分别为关键假设模块、需求模块、转换模块以及资源模块。其中，关键假设模块对能源系统涉及的宏观变量进行设置，如GDP、人口数量、城镇化率等。需求模块是LEAP模型的核心部分，其以预测未来的能源需求为目标。该模块对未来能源需求的预测依据的原则是总的能源需求量等于各部门的活动水平与单位活动水平的能耗强度水平的乘积之和。其中，对能源系统部门的划分除应考虑研究目的外也依赖于所具有的数据。转换模块是对能源的加工、转换、存储以及传输整个一系列过程进行模拟，其以需求模块预测的数据为基础，实现对一次能源转换成二次能源的过程建模，其中转换效率的改善有助于整个能源系统能源效率的提高。此外，该模块也能够对本地资源量能否满足自身的能源需求做出判断，进而测算出所必需的能源进口量，以保证能源的供需均衡。资源模块是对能源系统所需求的一系列能源的统计，包含一次能源和二次能源。

A 电力消费预测的模型构建

根据内蒙古经济社会的发展现状以及电力能源的消费情况，构建内蒙古电力消费预测的LEAP模型（图4-9）。由于该模型以电力能源这一二次能源为研究对象，资源模块并不是必需的，故将其排除在外，因此该模型只包含关键假设模块、需求模块和转换模块3个模块。

模型构建的关键在于建立合理的数据结构，本书依据内蒙古经济与社会发展数据的统计常规，在该模块设立3个层级的数据结构。第一层级，将电力消费划分为与产业部门发展相关的和与居民生活消费相关的；第二层级，将产业部门按产业性质划分为第一产业、第二产业和第三产业；第三层级，将第二产业进一步划分为工业和建筑业，将第三产业进一步划分为交通运输、仓储和邮政业、批发、零售业和住宿餐饮业以及其他行业。模型的结构示意图如图4-9所示。

B 参数设置

根据LEAP的框架设计以及情景设置需要，本书选取人口、地区生产总值、城镇化率、产业结构（以第二产业占比变化来表征）、行业结构（以第二产业中工业占比变化来表征）、能源结构（以不同种类化石能源占比变化来表征）、能源强度和碳排放系数等主要参数。

在关键假设模块，需要分别设置输入变量、输出变量和控制变量。输入变量是与电力

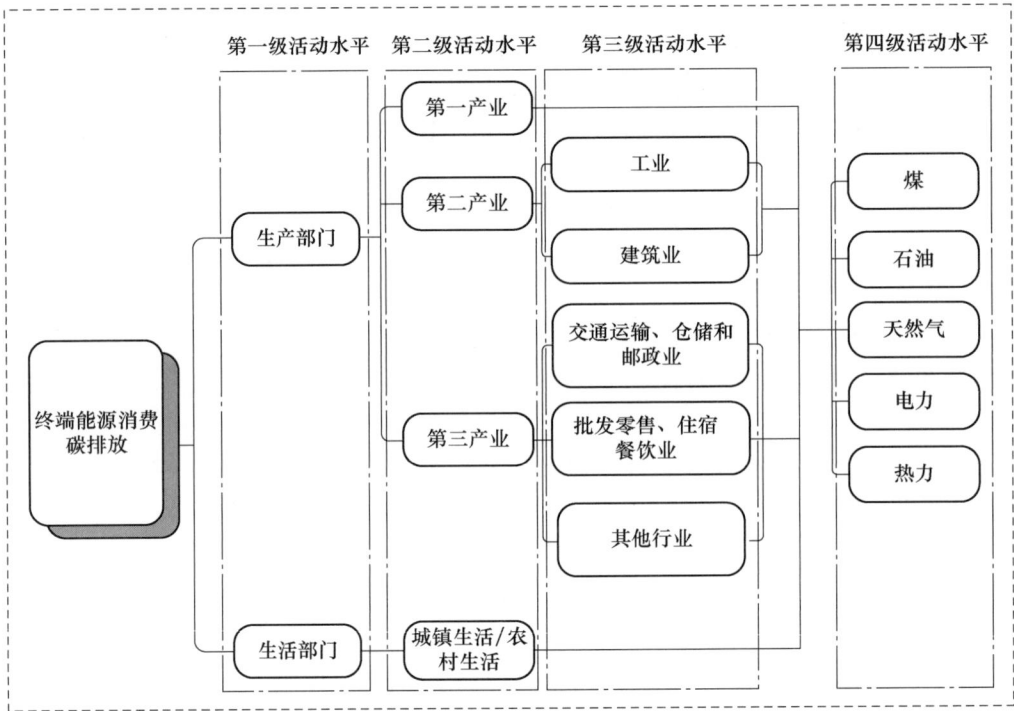

图 4-9　LEAP 模型构建

能源发展相关的影响因素，包含 GDP、人口数量、产业结构等；输出变量是与输入变量相关的，用以分析结果展示的变量，包含总的及各产业的 GDP、总的及各产业以及与居民生活消费有关的电力消费量、人口数量、人均电力消费量；控制变量是用以控制某些变量的变动情况，包含各产业的电力强度指数以及居民生活消费的电力强度指数。控制变量涉及的各项强度指数用以描述电力强度随着时间的推移发生的变化。输入变量和控制变量都是情景设置的关键。

　　在需求模块，需要为第三层级中的每个终端行业设置行业活动水平和单位行业活动水平的用电强度。各终端行业活动水平的衡量可以从实物产品角度出发，也可以从经济价值角度出发。考虑到各终端行业的产出产品并非唯一，且统计单位并不一致，因此从经济价值的角度出发，选择各终端行业的年行业增加值为其活动水平的统计指标。在该指标下，对应的单位行业活动水平的用电强度即为通常经济意义上的电力强度，指每消耗单位千瓦·时电力所产生的行业增加值。上一层级的电力消费量是下一层级各部门的电力消费量之和。

　　在转换模块，由于只聚焦于电力能源，因此该模块不包含热力生产与供应、石油开采、石油加工、焦化、天然气开采、煤炭开采等，只将电力的传输与配送和发电模块包含在内。各子模块的排列顺序应遵循能源的流动从初级到最终使用的顺序，考虑到电力的生产应在电力的传输与配送之前，因此将发电模块放置在电力传输与配送模块的下面。此外，由于火力发电在生产过程中会消耗化石能源，不可避免地就会排放 CO_2，这些在电力生产过程中排放的 CO_2 也被称为电力消费的隐形碳排放。由于 LEAP 模型本身内嵌了技术与环境数据库，因而也可以对电力生产过程中排放的 CO_2 进行核算。

4.1.4.2 内蒙古电力消费预测的情景设置

采用情景模拟分析法, 设置了未来内蒙古电力消费发展的两种情景, 并参照经济社会发展政策以及前人的研究成果对各发展情景的参数进行了设定。情景模拟分析是通过对研究事物所处内外环境进行严谨、细致的分析后, 对其未来可能的发展情景做出的假设。

从全国平均水平来看, 有研究表明在既有政策情景下, 电力行业碳排放在 2030 年左右达到峰值时, 非化石能源在发电中比重为 44%。而通过强化推动能源绿色低碳发展的相关政策, 2025 年前即可达到电力行业碳排放峰值, 2030 年非化石电力在发电量中比重可提升至 51%。其中, 可再生电力加速发展将分别贡献 2025 年、2030 年和 2035 年当年减排量的 45%、54% 和 62%。尽管从保障电力稳定安全供应角度, 煤电装机仍有一定增长空间, 但考虑到电力行业绿色低碳和可持续发展的长期需求, 应加强对煤电机组的有效控制。

为评估不同减排路径对电力行业的减排效果, 基于宏观政策设定两种低碳减排情景, 即基准情景和低碳情景。

基准情景描述了电力部门不采取额外的减缓行动的能耗与排放趋势, 为未来电力部门的低碳政策行动提供一系列比较基准点。基准情景的具体假设为: 电力消费的历史发展趋势作出的趋势外延, 其假定电力消费的当期形势将会持续进行下去, 而未来任何干预性的政策都将不予采用。考虑到经济新常态时期的电力消费特征与旧常态时期的电力消费特征存在较大的差异, 因此该情景下的模型参数设定主要借鉴的是新常态时期的电力消费特征以及该时期的经济发展规律。

低碳情景对于电力部门实现 CO_2 排放峰值以及实现碳中和后加速脱碳的路径进行了完整刻画。基于内蒙古能源与电力领域既有中长期政策目标全部实现的基础上, 加快 2030 年前非化石能源发展速度, 2035 年 "实施以碳强度控制为主、碳排放总量控制为辅的制度" 相统一。关键在于, 创造条件让二者有机衔接与过渡。在稳定的基础上, 要逐步加大新能源在能源结构中所占的比例, 稳步有序实现新旧能源替代, 推动煤炭与新能源优化组合。2050 年非化石能源占比为 50%。2060 年左右, 实现全国碳中和目标下净零排放的分区碳排放权分配额。

A 情景参数设定

依据两个情景的设置目标及其原则, 分别对 LEAP 模型的关键假设模块、需求模块和转换模块进行参数设定。各发展情景下变量参数设定见表 4-13。

表 4-13 各发展情景下变量设定

分类	发展情景	2000 年	2010 年	2020 年	2030 年	2040 年	2050 年	2060 年
GDP/亿元	基准情景	153.91	819.99	1735.98	4517.48	7288.95	10060.41	12831.88
	低碳情景	153.91	819.99	1735.98	2644.77	4029.32	6138.67	9352.28
总人口/百万人	基准情景	23.72	24.72	24.03	25.43	26.83	28.22	29.62
	低碳情景	23.72	24.72	25.23	23.40	22.60	21.90	21.00

续表 4-13

分类	发展情景	2000 年	2010 年	2020 年	2030 年	2040 年	2050 年	2060 年
城市区人口 /百万人	基准情景	10.01	13.73	16.22	16.16	18.02	19.88	21.74
	低碳情景	10.01	13.73	17.03	16.38	16.50	16.43	15.96
农业区人口 /百万人	基准情景	13.71	10.99	7.81	7.30	6.76	6.22	5.68
	低碳情景	13.71	10.99	8.20	7.02	6.10	5.48	5.04
城市化率/%	基准情景	42.20	55.53	67.48	63.55	67.17	70.43	73.38
	低碳情景	42.20	55.53	67.48	70.00	73.00	75.00	76.00

B 转换模块参数设定

在该小节，需分别对转换模块下的电力的传输与配送子模块和发电子模块涉及到的参数进行设置。

在该模块，需要对输配电线损率进行设置，其是评价国家电力系统网络输配电效率的一项综合性指标，也是国家对电力企业进行考核的一个重要经济指标，在电力供应过程中所耗用和损失的电量占总供电量的比例即是该指标的度量值。系统备用率是针对系统备用容量而言的，反映的是系统备用容量占系统最高负荷的比例。各发展情景下的输配电线损率和系统备用率设置见表 4-14。

表 4-14　各发展情景下的输配电线损率和系统备用率

类型	发展情景	2020 年	2060 年
线损率/%	基准情景	3.78	3.00
	低碳情景	3.78	2.80
系统备用率/%	基准情景	22.00	15.00
	低碳情景	22.00	13.00

发电模块能够模拟并优化调度电力生产过程，包含发电系统的系统负荷曲线、系统规划备用率（planning reserve margin（Percent））等基本参数、各类型发电机组的装机容量、容量可信度（capacity credit（Percent））、优先顺序（merit order）、进程效率（process efficiency）、最大可利用率（maximum availability（%））、寿命（lifetime（Years））等技术属性参数，投资成本（Capital Cost（Thousand CNY/kW））、固定运行和维护成本（Fixed OM Cost（CNY/kW））、可变运行和维护成本（Variable OM Cost（CNY/（kW·h）））、燃料成本等成本相关参数一系列参数的设置。本书从内蒙古电力生产的实际情况出发，主要考虑燃煤发电、水力发电、风能发电、太阳能发电、生物质能发电等发电形式，各发电类型的相关参数设置见表 4-15。

表 4-15 各类型发电细分技术的技术经济参数

发电技术大类	细分类发电技术	燃料类型	燃料价格/元·t⁻¹	机组技术参数					机组成本参数		
				容量可信度/%	最大可利用率/%	优先顺序	进程效率/%	寿命年限/年	投资成本/千元·kW⁻¹	固定运营维护成本/元·kW⁻¹	可变运行和维护成本/元·(kW·h)⁻¹
水力发电	水力发电	水能		100.0	30.0	2	100	40	9.7	105.0	0.039
	抽水蓄能	水能		100.0	30.0	2	100	40	5.9	200.4	—
太阳能发电	集中式光伏	太阳能		36.0	19.0	1	100	25	8.0	216.0	0.00049
	商业光伏	太阳能		100.0	19.0	1	100	25	9.1	293.0	—
	屋顶光伏	太阳能		100.0	19.0	1	100	25	10.2	293.0	—
	有储能的聚光太阳能发电	太阳能		36.0	19.0	1	100	20	42.5	293.0	—
陆上风电	陆上风电	风能		36.0	30.0	1	100	25	7.8	390.0	0.014
生物质发电	农林生物质发电	农林生物质能	490	100.0	30.0	3	35	30	9.7	132.0	0.048
	城市固体生物质发电	城市垃圾		100.0	60.0	3	35	30	25.3	618.0	—
燃煤发电	常规燃煤机组	动力煤	590	100.0	50.0	4	40	40	18.8	150.0	0.024
	碳捕获燃煤发电机组	动力煤	590	100.0	50.0	4	45	40	36.7	229.0	0.039

4.1.4.3　电力行业减排潜力与减排成本分析

A　电力需求总量

基于不同假设设计两种情景方案，采用自下而上的方法，构建内蒙古电力 LEAP 模型，预测未来电力需求情况，不同情景下内蒙古地区总电力需求情况如图 4-10 所示。由图 4-10 可知，不同情景方案下内蒙古地区的总电力需求保持历史的增长趋势持续增长，但是两种情景的增长情况有所差异。

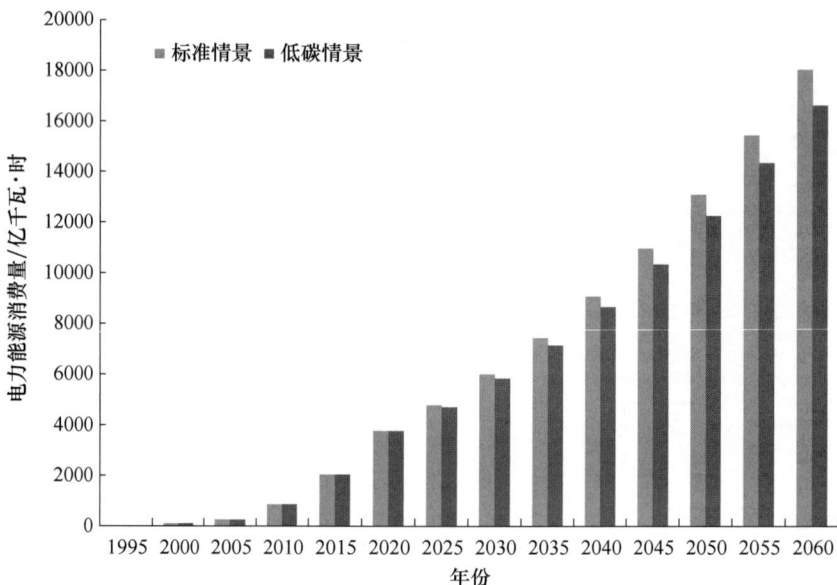

图 4-10　各情景下内蒙古地区总电力需求

具体来看，在基准情景下，内蒙古地区终端部门电力总需求从 2020 年的 3768 亿千瓦·时增加到 2030 年的 5993 亿千瓦·时与 2060 年的 18037 亿千瓦·时。在低碳情景下，内蒙古 2030 年和 2060 年的总电力需求分别达到 5828 亿千瓦·时和 16620 亿千瓦·时。与基准情景相比较，低碳规划情景的电力需求增长速度明显放缓，通过优化产业结构、提升城镇化率、节能降耗等政策调控实现经济由高速转向中低速高质量发展。

B　电力装机容量与发电量

基准情景与低碳情景最明显的区别在于对未来电力需求的预测，输配电损失以及系统备用率参数设置上，机组的经济技术特性参数、资源约束、发电建设能力等约束参数设置的情况基本一致。分析比较这两种情景结果，可知基准情景的总装机容量与总发电量明显大于低碳情景，该情景下需要建设更多的发电资源来满足未来增长最快的电力需求预测量，低碳情景需要建设更少的发电资源来满足增长最慢的电力需求，这说明外生的电力需求能够推动电力供给侧发展，因此在电力需求侧实施开展节能降耗措施，提高能源的利用水平，有利于合理地安排电源侧资源，实现电力行业"双碳"目标。两种情景下的总装机容量与总发电量变化情况如图 4-11 和表 4-16 所示，可知基准情景下的总装机容量从初始基准年的 147.9GW 增长到 2030 年的 338.5GW 与 2060 年的 887.6GW，发电量达到 22302 亿千瓦·时；低碳情景下的总装机容量 2030 年达到 213.1GW；2060 年达到 427.6GW，发电量达到 8362 亿千瓦·时。

从发电量结构变化来看，新增电力需求主要由非化石能源电力满足。长期来看，非化石能源电力将进一步置换存量煤电，以实现低碳排放要求。

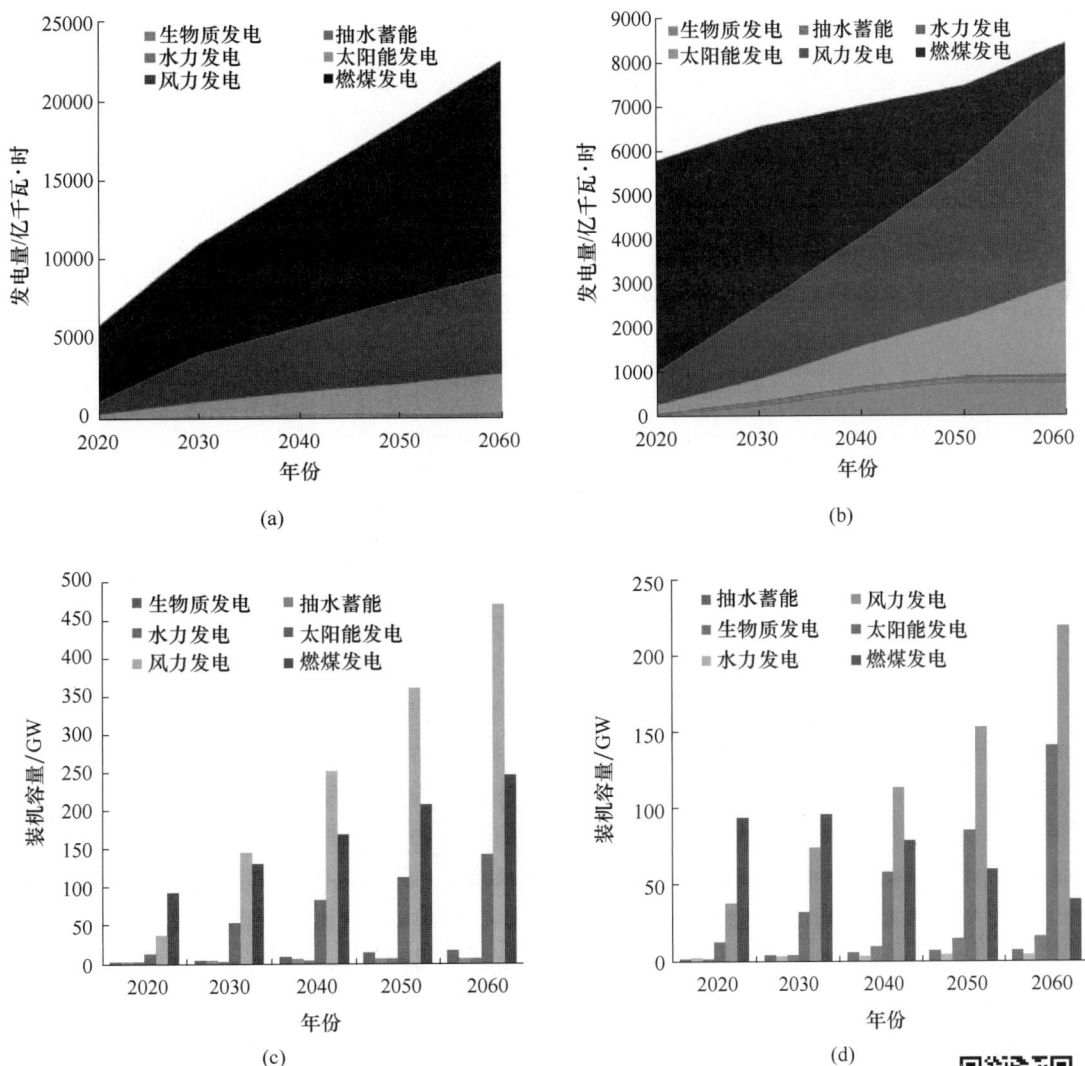

图 4-11 两种情景下的总装机容量与总发电量变化情况图

(a) 基准情景发电量；(b) 低碳情景发电量；
(c) 基准情景装机容量；(d) 低碳情景装机容量

图 4-11 彩图

表 4-16　两种情景下的总装机容量与总发电量变化情况

年份	发电量/亿千瓦·时											
	生物质发电		抽水蓄能		水力发电		太阳能发电		风力发电		燃煤发电	
	基准情景	低碳情景	基准情景	低碳情景	基准情景	低碳情景	基准情景	低碳情景	基准情景	低碳情景	基准情景	低碳情景
2020	11	11	20	20	57	57	188	188	726	726	4731	4731
2025	25	109	43	54	60	63	740	341	2400	1174	5804	4372
2030	25	207	66	89	79	69	866	495	2937	1623	6879	4013
2035	25	362	89	93	94	75	1115	693	3499	2028	7954	3469
2040	25	517	93	98	109	81	1364	891	4061	2434	9029	2926
2045	25	620	97	103	125	85	1613	1089	4623	2907	10104	2383
2050	25	723	101	108	140	90	1862	1286	5185	3380	11178	1839
2055	25	723	105	112	156	92	2111	1682	5747	3989	12253	1296
2060	25	723	109	117	171	94	2360	2078	6309	4597	13328	752

年份	装机容量/百万千瓦											
	生物质发电		抽水蓄能		水力发电		太阳能发电		风力发电		燃煤发电	
	基准情景	低碳情景	基准情景	低碳情景	基准情景	低碳情景	基准情景	低碳情景	基准情景	低碳情景	基准情景	低碳情景
2020	3	3	12	12	24	24	124	124	379	379	937	937
2025	22	22	26	26	24	26	450	220	890	561	1122	949
2030	41	41	39	39	30	28	529	317	1440	744	1306	961
2035	67	67	53	53	36	31	679	452	1981	940	1499	872
2040	93	93	55	56	42	33	829	586	2523	1136	1692	782
2045	119	119	58	60	48	35	979	721	3064	1332	1885	692
2050	145	145	60	63	53	37	1129	856	3606	1528	2078	602
2055	155	155	63	67	59	38	1279	1133	4147	1859	2271	502
2060	165	165	65	70	65	39	1429	1410	4689	2190	2463	401

C 二氧化碳排放量结果

基准情景与低碳情景下的二氧化碳排放量总体上均呈现逐年下降趋势，但是各情景的下降速度不同。由图 4-12 可知，各情景相比较，低碳情景下的碳排放量下降速度最快，意味着短期内产业、技术、市场、政策等将面临巨大挑战，还意味着 2030 年后煤电机组需要密集地退出，因此，政府需要科学制定并出台电力行业碳减排约束、碳配额制交易权、设置强制的可再生消纳目标的能源政策等政策，来有效地保障二氧化碳排放量的下降，从而有利于实现内蒙古碳达峰、碳中和的远期减排目标。

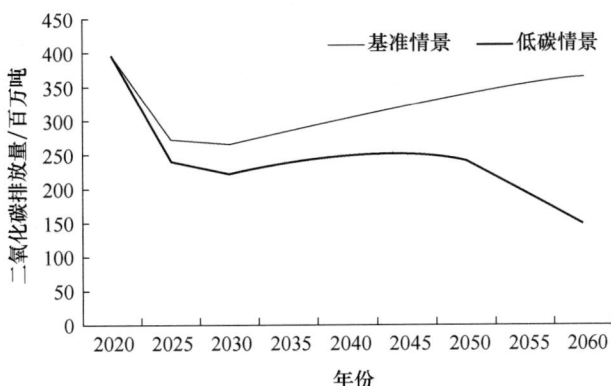

图 4-12 各情景下二氧化碳排放量结果

D 发电技术减排潜力与成本

本章选定 2020 年作为基准年，依据 LEAP 计算出的各发电技术各年新增发电量，计算未来电力行业的碳减排成本曲线变化趋势。平准化发电成本（levelized cost of electricity，LCOE），指发电机组在建设运营周期内每千瓦·时的发电成本，也可以认为是考虑到一项技术在整个生命周期中所产生的成本及资本回报率后，恰好可以实现盈亏平衡的发电成本，是一种被广泛认可且透明度高的发电项目成本计算方法。这其中包含 2 项重要的基本假设：（1）用于成本和效益折现的实际贴现率 r 是稳定的，对所有减排技术都一样，并且在所考虑的项目的生命周期内不发生变化。此外，本章参照国际能源署的 EGC 专家组调研报告，选择 7% 作为贴现率，约对应于放松管制或重组市场中大型公用事业的资本成本。（2）电价在项目的整个生命周期内不发生变化。

式（4-1）表示贴现收入之和的现值与贴现成本之和的现值相等，即净现值（net present value，NPV）为 0，其经济含义为该项目恰好达到最低期望收益率，不存在经济利润。

$$\sum PMWh \times MWhi \times (1+r) - t = \sum (Capitalt + O\&Mt + Fuelt) \times (1+r) - t$$

$$(4\text{-}1)$$

$$LCOEi = PMWh = \sum (Capitalt + O\&Mt + Fuelt) \times (1 + r) - t / \sum MWh \times (1 + r) - t$$

(4-2)

$$Carbon\ abatementi,\ t = (Capacityi,\ t - Capacityi,\ t - 1) \times timei \times (EFcoal - EFi)$$

(4-3)

$$Total\ costi = (LCOEi - LCOEcoal) \times MWhi \qquad (4-4)$$

式中，PMWh 为发电厂的上网电价，元/(MW·h)；MWhi 为第 i 种减排技术的年发电量，MW·h；Capitalt 为第 t 年初始投资成本的年化值，元；t 为成本支出发生的年份；O&Mt 为第 t 年的运行和维护成本，元；Fuelt 为第 t 年的燃料成本，元；r 为贴现率，%；Carbon abatementi，t 为第 i 种减排技术第 t 年带来的碳减排量，t；Capacityi，t 为第 i 种减排技术第 t 年的装机量，MW；timei 为第 i 种减排技术的年发电时间，h；EFi 为第 i 种减排技术对应的碳排放因子，t/(MW·h)；LCOEi 为第 i 种减排技术的平准化发电成本，元/(MW·h)；Total costi 为第 i 种减排技术的总碳减排成本，元。所有变量都是扣除通货膨胀后的净额。其中，在计算碳排放量时，碳排系数采用《2019 年度中国区域电网 CO_2 基准线排放因子 BM 计算过程》，生物质发电和燃煤发电单位电量排放因子分别为 1.11 tCO_2/(MW·h) 和 0.76 tCO_2/(MW·h)。

电力行业中各减排技术的减排潜力与减排成本变化见表 4-17。可知：2030 年、2040 年、2050 年、2060 年的总减排成本依次为 22.51 亿元，98.47 亿元，187.28 亿元，286.75 亿元，电力行业筛选的减排技术的减排成本在不断上升。值得注意的是，此处的单位减排成本是相较于煤电的增量成本。减排潜力方面，2030 年、2040 年、2050 年的 CO_2 减排潜力依次为 15052.55 万吨，15656.19 万吨，21506.92 万吨，35515.30 万吨。

从表 4-17 中可看出，发电结构改变能带来巨大的减排潜力。内蒙古电力行业供电结构调整减排潜力最大，其中太阳能发电、风力发电和燃煤机组退役减排量最大，因此，内蒙古电力行业可以获取较大碳减排的方向在于供电结构调整，同时这也是电力行业减排的重点方向。

分单项减排技术讨论，燃煤电厂技术改进和其他低碳技术改进虽然数量众多，但是每项减排技术对应的减排潜力均很小，因此尝试通过提高电厂发电效率对内蒙古电力行业减排的贡献是相对较小的。从内蒙古电力行业减排技术的减排潜力和减排成本来看，减排成本和减排潜力较大的减排技术均为燃煤电厂退役和高效储能，因此，内蒙古电力行业若要取得较大的碳减排量则需要付出较大的减排成本。

E　燃煤发电全生命周期发电技术减排潜力与成本

内蒙古作为能源大省，短期内较难完成"脱煤"，因此需要参考行业内主要节能降耗技术和脱碳工艺对燃煤发电过程中产生的二氧化碳进行减排，结果见表 4-18。从表 4-18 中可以看出，节能降耗技术减排潜力较大，并且减排成本不高，因此，2030 年之前可重点推广此类技术，中远期主要考虑脱碳工艺。

表 4-17 电力低碳技术减排潜力和减排成本

分类	减排技术	LCOE/元·(MW·h)⁻¹	相对煤电 LCOE/元·(MW·h)⁻¹	新增发电量/亿千瓦·时				减排潜力/万吨				减排成本/亿元			
				2030年	2040年	2050年	2060年	2030年	2040年	2050年	2060年	2030年	2040年	2050年	2060年
电源结构优化	生物质发电	780.00	285.68	195.80	309.90	206.60	0.00	681.38	1078.45	718.97	0.00	55.94	88.53	59.02	0.00
	风力发电	397.00	-97.32	896.57	811.28	946.50	1216.93	6813.92	6165.76	7193.38	9248.64	-87.25	-78.95	-92.11	-118.43
	水力发电	327.00	-167.32	12.21	12.19	8.14	4.07	92.83	92.61	61.86	30.93	-2.04	-2.04	-1.36	-0.68
	太阳能发电	345.00	-149.32	306.80	395.84	395.84	791.68	2331.68	3008.38	3008.38	6016.77	-45.81	-59.11	-59.11	-118.21
系统灵活性提升	抽水蓄能	270.00	-224.32	68.57	9.48	9.48	9.48	521.13	72.02	72.02	72.02	-15.38	-2.13	-2.13	-2.13
	高效储能(包括电化学储能)	685.00	190.68	550.00	798.02	1483.98	2759.59	4180.00	6064.93	11278.27	20972.91	104.87	152.17	282.97	526.20
	纯凝机组建设	99.00	99.00	38.61	0.00	0.00	0.00	293.44	0.00	0.00	0.00	3.82	0.00	0.00	0.00
	冷热电三联产技术	93.00	93.00	90.00	0.00	0.00	0.00	684.00	0.00	0.00	0.00	8.37	0.00	0.00	0.00
	燃煤电厂退役	494.32	0.00	-71.82	108.68	-108.68	-108.68	-545.83	-825.97	-825.97	-825.97	0.00	0.00	0.00	0.00
总计				2086.74	2228.02	2941.86	4673.07	15052.55	15656.19	21506.92	35515.30	22.51	98.47	187.28	286.75

表 4-18　燃煤发电低碳技术减排潜力和减排成本

分类	减排技术	减排潜力/万吨	减排成本/万元·t⁻¹
节能降耗	锅炉智能吹灰优化	280	−82
	天然气点火替代燃油点火	20	−96
	锅炉空预器技术改造	220	−3
	汽轮机汽封改造	60	−15
	火电厂凝汽器节能技术	1000	−267
	汽轮机通流现代化改造	1800	−395
	机组增容改铭牌	420	−69
	高压变频调速技术	30	−6
	高效电机替代	80	8
脱碳工艺	活化 MDEA 法	596	484
	常规醇胺法	574	564
	NHD 法	550	325
	膜吸收法	524	607
	二段变压吸附法	511	567
	O_2/CO_2 循环燃烧法	496	740
	化学循环燃料法	480	429
	氨法脱碳	437	485
	低温分离法	413	649
	低温甲醇洗法	412	631
	改良的热碳酸法	406	430
	变压吸附法	395	293
	膜分离法	388	384
	碳酸丙烯酯法	388	348

综上，电源结构优化减排潜力较大，且减排成本较低，电力行业应重点关注各可再生能源发电技术的综合应用，并坚持发展非化石能源发电的战略计划。由于各可再生能源发电方式的技术特征、当地配适的资源禀赋及技术的成熟水平各不相同，未来可再生能源发电很有可能呈梯队式发展模式。减排成本分析结果表明：近、中期应重点关注水电和风电等相对成熟且具有成本优势的可再生能源发电方式；远期应将研究重点放在生物质发电与风电的技术、成本瓶颈上，为未来的可持续电站体系的建立奠定基础。此外，对燃气发

电、纯凝机组建设及热电联产灵活性改造这类化石能源电站，仍具有较大的成本优化空间，应注重提升其发电效率，降低节能减排成本，充分挖掘节能减排潜力。

传统能源逐步退出要建立在新能源安全可靠的替代基础上。要立足以煤为主的基本国情，抓好煤炭清洁高效利用，增加新能源消纳能力，推动煤炭和新能源优化组合。火电不仅仍是发电支撑，还起到重要的调峰作用。在新能源装机大幅提升的背景下，新能源电力电量充分消纳与系统调节能力不足的矛盾越发凸显，系统灵活性提升的重要性也日益提升。具体来看，灵活性提升的方式包括引入需求侧响应、建设抽水蓄能电站、建设电化学储能电站和火电灵活性改造等（表4-19）。其中，火电机组灵活性改造具有改造效果好、性价比高、周期短等优点，可以在充分保障电网安全稳定运行的前提下，缓解"以热定电"和可再生能源消纳之间的矛盾。同时，由于目前内蒙古火电占比较高，因而实施火电灵活性改造是提升电力系统灵活性较为现实可行的选择。

表 4-19　系统灵活性提升手段比较

手　段	优　势	不　足
需求侧响应	潜力大	价格信号传导机制形成需要较长时间
	前景好	提升效果存在不确定性
		需求侧资源可控性相对较差
		响应效果难以精确计量，有争议
抽水蓄能电站	不仅提升灵活性，还能作为事故备用和黑启动电源	投资成本高，价格疏导困难
		抽发损失25%，使用成本高
电化学储能电站	全自动化控制，响应快速	缺乏转动惯量
	控制精度高，可全容量调节	前期投资高，性价比较低
火电灵活性改造	调峰能力提升显著	配套政策与机制依赖性较高
	配合检修同步进行，周期短见效快	
	单位调节容量投资小	

资料来源：《火电机组灵活性改造的激励机制研究》。

基于分析形成如下建议：

（1）根据研究结果，供电结构调整带来的碳减排量约占总减排量的90%，是电力行业主要的 CO_2 减排手段。因此，相比于煤电等传统发电方式的自身节能减排改造，未来内蒙古应重点从电源结构优化方面进行减排技术方案优选，以此来推动电力行业碳达峰目标的实现。

（2）2025年电力行业的减排量出现大幅度上升，其中系统灵活性改造下的纯凝机组建设发挥了重要作用，但相较于电源结构优化，纯凝机组建设仍具有较高的减排成本。一方面，内蒙古需要加快推进电力行业系统灵活性改造，提升储能水平，保证电力供需平衡；另一方面还应注重降低纯凝机组建设的投资成本与维护成本，结合网络化水平促进技术升级改造，使发电、配电更加高效经济。

（3）针对新型储能技术，其减排潜力在关键减排技术中排名靠前，但其过高的减排成本制约了其发展，可通过政策补贴、社会资本参与的形式进一步开发新型储能的减排潜力，促进新能源电力系统的建设，以实现与其他发电技术的优势互补，保证电力系统的低碳发展。

不同减排技术的减排潜力和减排成本表现出特异性，为实现电力工业 CO_2 减排这一目标，任何一种单一的技术手段都是远远不够的，还需重点关注各可再生能源发电技术及煤电改造技术的综合应用，突破新型储能在技术、成本上的瓶颈，建立可持续电站体系。

4.1.5　电力行业低碳技术路径设计

基于前部分行业关键减碳技术的减碳潜力贡献评估，结合当前国家规划与法规要求，综合考虑方案的实用性，利用生命周期评价方法评估各方案的环境经济效益，优选最优碳达峰和碳中和的情景方案，提出内蒙古地区电力行业的碳达峰与碳中和低碳技术路径设计方案。"双碳"目标的本质是在追求高质量经济发展的道路上，实现社会、经济的发展与碳排放逐渐"脱钩"。

4.1.5.1　电力行业发展政策建议

（1）电力行业应尽快采取深度减排行动。内蒙古在当前政策实施基础上加强 2030 年前实现电力碳达峰减排力度，目前电力行业碳排放仍然处于上升趋势，因此，应该加强顶层设计，稳妥规划转型节奏，保障电力供应安全；加强绿色低碳重大科技攻关，统筹电力全链条技术与产业布局；优化完善利益平衡统筹兼顾的市场机制，加快建设绿色金融政策保障体系。通过政策、技术、机制协同，推动内蒙古能源基地中长期低碳转型的高质量发展。

（2）严格控制新增煤电机组，加强对可再生能源的支持，保障可再生能源发展规模与速度。严控煤炭消费增长，严控新增煤电项目，为非化石能源发展提供空间，有序调整能源生产结构，提高煤炭利用效率。除了原则上不再新增煤电装机以避免造成浪费，还需要建立存量煤电机组容量成本回收机制，以妥善应对煤电机组转型问题。通过增加可再生能源供应满足未来绝大部分新增电力需求，在新基建中加强对可再生能源的支持，解决可再生能源发展面临的瓶颈和挑战。

（3）优先发展煤电集团和新能源的优化组合，充分利用火电企业的基础设施与调峰能力，提高电力系统整体灵活性和稳定性。系统灵活性改造下的纯凝机组建设发挥了重要作用，但相较于电源结构优化，纯凝机组建设仍具有较高的减排成本。一方面，内蒙古需要加快推进电力行业系统灵活性改造，提升储能水平，保证电力供需平衡；另一方面，还应注重降低纯凝机组建设的投资成本与维护成本，结合网络化水平促进技术升级改造，使发电、配电更加高效经济。加快形成多种能源协同互补、综合利用、集约高效的供能方式，提升能源供给质量、利用效率、减碳水平和安全保障能力，建设国家现代能源经济示范区，推动内蒙古由化石能源大区向清洁能源大区转变。

（4）全力推进风电、光伏技术应用，广泛拓展新能源场景应用技术发展。建设一批千万千瓦级新能源基地，在全国率先建成以新能源发电为主体，以火电调峰为辅助的能源供给体系，实现能源基地的全面低碳转型。同步建立完整的固废处理技术体系和产业创新机制，支撑后续风电、光伏以及储能行业等产生的大量固体废物处理。作为全国能源基地，充分发挥内蒙古大电网平台优化能源资源配置的枢纽作用、统筹推进源网荷储协调发展，提高电网接纳新能源和多元化负荷的承载力和灵活性。提升电网数字化智能化调度运行水平。积极发展源网荷储一体化、微电网、直流配电网等新模式、新业态，为保障经济社会发展和推动源绿色低碳转型提供有力支撑。

（5）积极发展储能技术研发和应用，加强跨区域电力交换通道建设，继续推进电力市场改革。随着间歇性可再生能源发电量的提高，电力系统需要新建储能机组来满足逐时的电力调峰需求。因此，需要积极部署储能技术的研发、示范和应用，建立绿色融资手段，为大规模的跨区域电力交换通道建设提供资金。未来的电力行业深度脱碳从政策上取决于电力市场机制建设，需要继续推进电力市场改革，通过市场手段实现社会总成本的最小化。

（6）研发和应用示范 CCUS 技术，实现深度减排。CCUS 技术的引入增强了系统电源的灵活性，而且可以替代一部分间歇性可再生能源发电，对保证未来电网的正常运行有一定的正面作用。当前 CCUS 技术还处在应用示范阶段，尚未开展大规模的地质勘探，内蒙古应加入研发投入，探索更为可行的 CCUS 技术应用路径，大力突破 CCS 技术瓶颈、降低成本，以落实技术的全面推广。

（7）完善绿色投融资机制，支持电力行业深度脱碳。随着碳减排力度的加大，电力部门的新增投资将大幅上升，年均新增投资规模也将长期维持在较高水平，需要建立和完善绿色投融资机制，以绿色金融支持内蒙古低碳转型。"双碳"目标使内蒙古电网运行面临极大挑战，在发电侧大力开发可再生能源的同时，需要大规模应用各类技术手段来保证电网的稳定可靠运行，例如跨区输电、储能技术、光热发电技术、虚拟同步技术等；此外，还需要考虑电网侧各类技术的配置及应用成本，对应的系统总成本将大幅上升。考虑到未来持续多年的高投资规模，完善绿色投融资机制对于电力行业深度脱碳至关重要。

4.1.5.2 电力行业低碳路径设计

针对不同控碳环节，分阶段提出电力行业"控碳，减碳，低碳，零碳""四步走"的本地化碳中和路线图（图 4-13）。

2022~2030 年，采取"控碳"技术路线，依据减排潜力和减排成本，次序实施新建煤电禁批→落后产能淘汰→电力结构调整→清洁煤技术、节能减排技术与工艺改造技术，可减碳 15052.55 万吨，以 2020 年为基准，可减排 24.05%。

2030~2040 年，采取"减碳"技术路线，次序实施系统灵活性改造→煤电发电和新能源的优化组合→绿电基础设施与调峰能力建设，可减碳 21506.92 万吨，累计减排 49.06%。

2040~2050 年，采取"低碳"技术路线，次序实施源网荷储一体化、微电网、直流配电网等智能配电技术→碳核查机制→碳交易市场机制，可减碳 21506.92 万吨，累计减排 83.41%。

2050~2060 年，采取"零碳"技术路线，次序实施新型储能技术→大比例风电、光伏应用技术→实用型 CCUS 技术→碳汇与负碳技术，可减碳 35515.30 万吨，累计减排 140.15%。

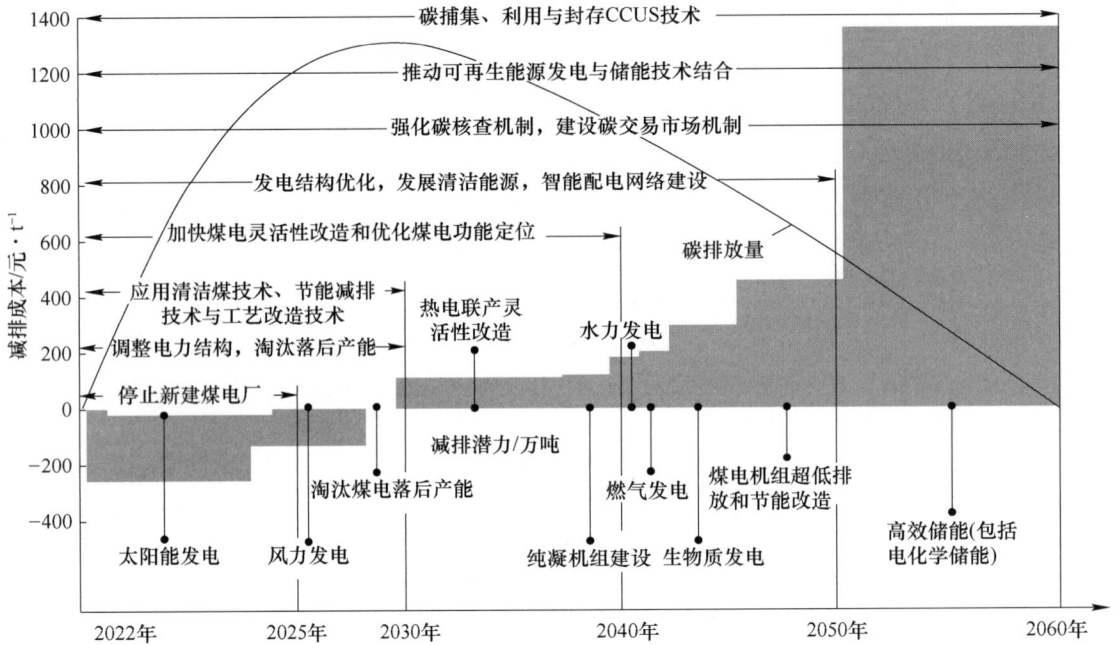

图 4-13 电力低碳技术路径建议

不同减排技术的减排潜力和减排成本表现出特异性，为实现电力行业碳减排目标，任何一种单一的技术手段都是远远不够的，还需重点关注各可再生能源发电技术及煤电改造技术的综合应用，突破新技术成本上的瓶颈，建立可持续电力体系。因此，内蒙古应在保持煤电作为保障电力平衡的主力电源的基础上，按照"增容控量""控容减量""减容减量"3 个阶段来谋划本区电力行业的发展路径。宜坚持集中式与分布式开发并举，分阶段优化布局，实现新能源逐步演变为主体电源的清洁化转型。基于火电企业格局配套风光电，控制新建重视替代，注重能源绿色低碳转型与灵活性调节资源补短板并重，实现"水风光储"等各类电源协同发展，电力多元化供应。

4.1.6 电力行业技术减碳研究小结

（1）内蒙古电力行业碳排放仍然呈增长趋势，增速波动。内蒙古省级水平燃煤发电占比高达 83%，碳达峰将晚于全国平均水平，短期内难以实现脱钩。

（2）内蒙古电力碳排放主要集中在中部和东部，乌海市、呼和浩特市和鄂尔多斯市火电厂碳排放最多，其中最高碳排放 2 万~3 万吨的火电厂集中在兴安盟、鄂尔多斯市、通辽市等地区。

（3）燃煤发电过程对环境影响最大的分别为气候变化（GWP）和酸化（AP），其他影响较小，其中燃煤发电过程贡献较大碳排放量。

（4）各关键减排技术带来的减排潜力随时间变化呈不同的发展趋势。从技术的单位减排成本而言，新型储能的减排潜力与减排成本将逐年增加，并成为拉动电力行业减排成本增长的主要因素。系统灵活性改造下的纯凝机组建设发挥了重要作用，减排成本也较高。燃煤电厂退役和高效储能减排成本和减排潜力均比较大。供电结构调整措施碳减排潜力最大，占总减排量的90%。所以，供电结构调整是电力行业减排的重点方向，应重点关注各可再生能源发电技术的综合应用。

（5）大电网、大市场，全国统筹电力分配仍是内蒙古能源基地发展的基本形态，分布式电网为有效补充。储能技术、转化及调节电源技术，可克服风、光能源波动性大的天然缺陷，可强有力地支持绿电替代煤电策略，已成为当前内蒙古电力行业低碳技术创新的重要前沿。

（6）电力低碳技术应用总结：内蒙古火电厂锅炉、汽轮机技术改造技术成熟，类型多样，发挥了很大的节煤减排作用；变频改造技术成熟，有效降低了能源耗损，实现了节电减排；余热余能利用技术先进，实现了资源回收利用减排；可再生能源发电技术发展迅速，清洁能源发展空间巨大；抓好煤炭和新能源的优化组合，电力系统灵活性整体提升。提高电网弹性，支持清洁能源入网，保障电网系统的稳定性。

4.2 水泥行业

"十三五"期间，内蒙古地区水泥行业在政府主管部门指导下，通过行业协会的引导协调和水泥大型企业集团的引领示范，落实了错峰生产、产能置换等国家相关产业政策，推进行业供给侧结构性改革，有效缓解了产能过剩矛盾。"十四五"期间，水泥产业仍将面临诸多挑战，包括尚未根本解决产能过剩、行业区域发展不均衡、水泥需求平台期面临下行压力以及"双碳"目标指引下的碳减排等问题。对比发达国家人均水泥存量均不超过25t的现状（图4-14），中国未来的水泥生产和消费量将很可能大幅下降。但近期作为高耗能高排放部门，水泥行业仍需承担更高的减排责任，压力不容小视。随着疫情后内蒙古各地经济的复苏，各种减碳措施、零碳措施和负碳措施的应用以实现内蒙古水泥行业的碳排放脱钩，进而实现碳中和仍是必由之路。

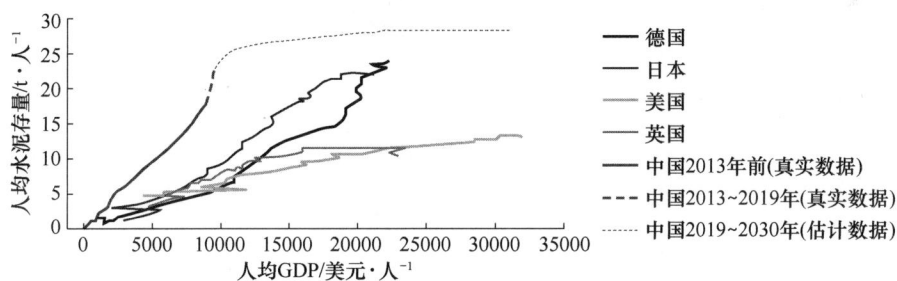

图4-14 各国人均水泥存量

4.2.1 水泥行业现状分析与核心问题识别

4.2.1.1 水泥行业碳排放现状分析

水泥行业被认为是世界上二氧化碳排放最高的部门之一，其排放量约占全球工业部门排放总量的25%。水泥行业是我国国民经济的重要支柱产业，水泥在建材行业中具有不可替代性。2020年，全球水泥产量41亿吨，其中，我国水泥产量23.90亿吨，占全球水泥产量的58.29%。2020年，水泥行业二氧化碳排放量14.66亿吨，占全国碳排放量的

14.41%。水泥行业碳排放主要来源于燃料燃烧产生的直接排放、净购入使用的电力产生的间接排放以及工业生产过程中产生的碳排放。其中，工业生产过程产生的碳排放主要来源于原料碳酸盐分解产生的碳排放以及水泥生产的生料中非燃料碳煅烧产生的碳排放。

数据来源：针对省级层面分析，中国碳核算数据库（Carbon Emission Accounts & Datasets，CEADs）提供了1996~2016年省级水泥行业数据，包括与过程相关、与化石燃料相关的直接排放以及与电力相关的间接排放。水泥企业空间数据来自各企业官方网站与内蒙古工信、统计等部门收集的相关资料。以了解内蒙古水泥行业企业规模、分布等情况。

A　水泥熟料产量现状分析

产能方面，2020年，全球水泥产量41亿吨，其中，我国水泥产量23.90亿吨，占全球水泥产量的58.29%。2020年，我国水泥行业二氧化碳排放量14.66亿吨，占全国碳排放量的14.41%。2020年内蒙古自治区水泥产量为3532.36万吨，同比增长266.5万吨，碳排放量2166.7万吨，占全国产量的1.48%，在31个省份中排名第22位（图4-15）。2020年，内蒙古水泥用灰岩产能为7121.23万吨/a，在中国各省份（自治区、直辖市）中排名第17位；熟料年产能为6603万吨，在中国各省份（自治区、直辖市）中位列第13位。可见，内蒙古水泥行业的产能在全国占比较小，但产量处于高位平台期，行业发展充满不确定性，碳排放量总量仍不可忽视。

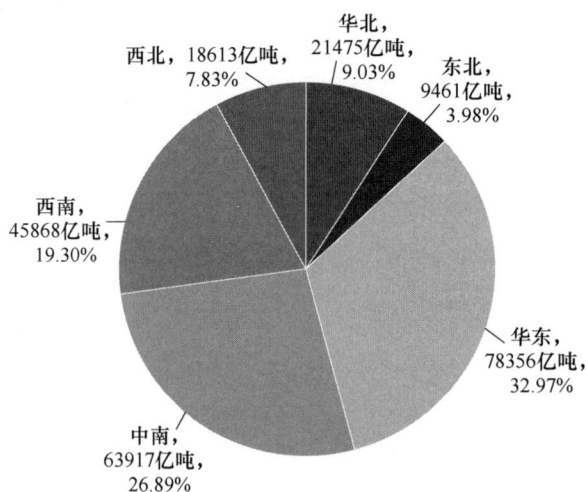

图4-15　2020年中国水泥产量分区域分布情况

1996~2016年期间，内蒙古水泥产量由394万吨上升至6298万吨，增长了14.97倍，熟料产量由278万吨上升至3339万吨，增长了11倍。2012年内蒙古水泥产量首次下降，出现6.3%的负增长。此后，在去产能行动的影响下，水泥产量继续受到抑制，但年产量保持在6000万吨左右。内蒙古水泥行业的熟料比呈现逐年下降的趋势，从1996年的72%下降至2016年的58%，下降了20%，并自2010年起，熟料/水泥比保持在58%，如图4-16所示。

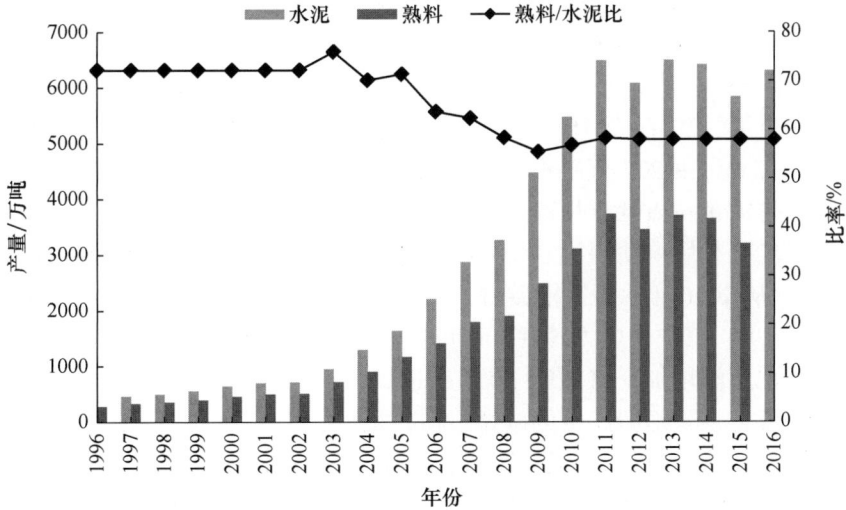

图 4-16 1996~2016 年水泥行业熟料与水泥生产情况

B 水泥行业能源消费碳排放现状分析

1996~2016 年期间，内蒙古水泥行业工业生产过程产生的二氧化碳排放量由 138 万吨上升至 1658 万吨，上升了 11 倍（图 4-17）。其中，2012 年，水泥行业工业生产过程产生的二氧化碳排放量增速放缓，主要因为 2011 年政府加大了对水泥行业的淘汰落后产能力度，有效遏制了二氧化碳排放。

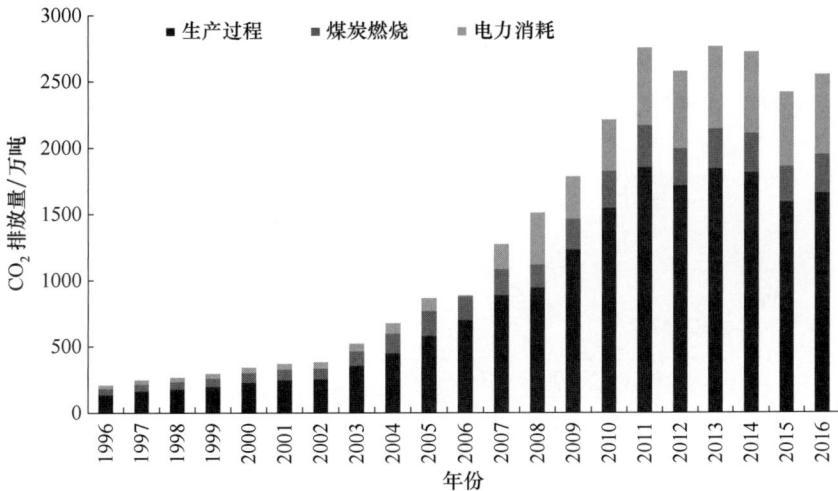

图 4-17 1996~2016 年水泥行业 CO_2 排放量及分类

1996~2016 年期间，内蒙古水泥行业煤炭消费产生的二氧化碳排放量由 45 万吨上升至 292 万吨，上升了 5.45 倍。其中，2008 年和 2015 年，水泥行业煤炭消费产生的二氧化碳排放量处于下降趋势，其余年份处于上升趋势。

内蒙古水泥行业碳排放量逐年增加，而且受产能变化影响明显，在 2011 年水泥产量增速放缓的情况下，碳排放量也保持在 2700 万吨。未来水泥行业的碳排放也必然很大程度上受能源结构和产量规模的影响呈现波动。

C　水泥行业碳排放总量现状分析

碳排放环节方面，1996~2016 年期间，内蒙古水泥行业碳排放总量呈现先增长后平稳的波动趋势，碳排放量由 207 万吨上升至 2550 万吨，上升了 11.32 倍。其中，2011 年之前，水泥行业碳排放量一直处于快速上升趋势，2011 年以后碳排放量波动变化。并且水泥行业碳排放受产能变化影响明显，在 2011 年水泥产量增速放缓的情况下，碳排放量也保持在 2700 万吨。从 2016 年水泥行业碳排放构成中，水泥行业碳排放主要来源于工业生产过程，占比 65.01%；其次是电力消耗产生的间接排放，占比 23.56%，电力消耗所产生的二氧化碳排放占比逐渐增加，自 2008 年起超过煤炭消耗所产生的碳排放，成为水泥生产第二大碳排放来源；煤炭消费产生的碳排放占比最低，为 11.43%。且由于工艺技术所限，水泥行业通过现有节能及替代石灰石原料技术（因耗量巨大且替代资源很有限）减碳空间有限，须付出巨大努力。因此，对于内蒙古的水泥行业来说，降碳的关键在于生产工艺的改进。

内蒙古水泥行业碳排放量呈波动趋势，增速放缓。2011 年之前，碳排放脱钩指数一直呈正数，最高达到 2011 年的 1042%（碳排放增速远高于经济增速），在去产能行动的影响下，水泥产量受到抑制，在 2012 年之后碳排放脱钩指数首次出现负值，最低达到 2015 年的-932%（碳排放增速远低于经济增速）。因此，在短期内有望实现碳排放与经济增长脱钩。详细情况如图 4-18 所示。

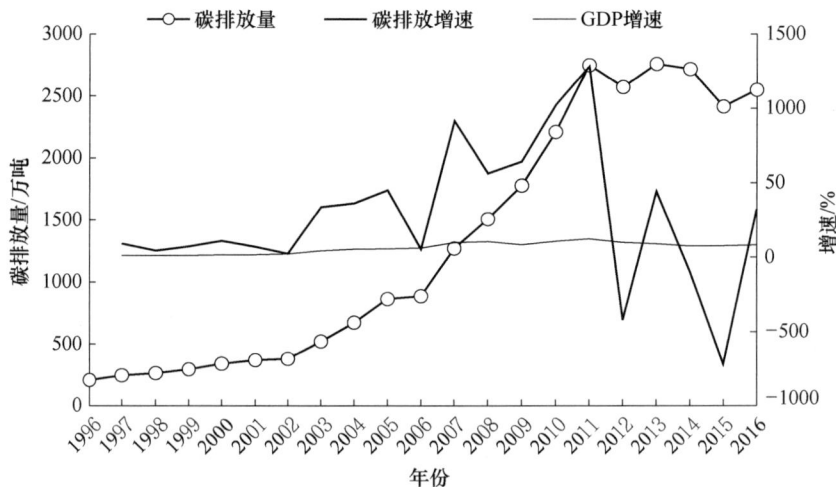

图 4-18　1996~2016 年水泥行业碳排放及增速

碳排放脱钩趋势方面，内蒙古水泥碳排放仍然呈增长趋势，增速波动、短期内难以有望脱钩（图 4-19）。

4.2.1.2　内蒙古水泥企业分布特点

全区共有水泥生产企业 138 家，其中，粉磨站企业 90 家，熟料生产企业 48 家，全区水泥熟料生产能力 5719 万吨。主要水泥企业有 9 家（详见表 4-20），其中，内蒙古蒙西水

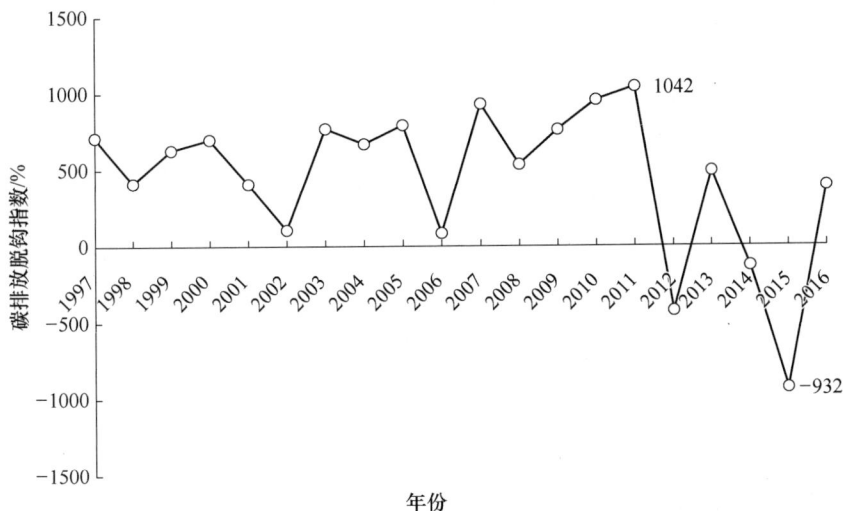

图 4-19 1997~2016 年水泥碳排放脱钩指数
（碳排放脱钩指数=碳排放增速/GDP 增速）

泥股份有限公司集团架构包含东胜蒙西水泥有限公司、鄂尔多斯市双岭水泥有限责任公司、包头蒙西水泥有限责任公司等数十家水泥公司及生产基地，是内蒙古最大的水泥熟料生产集团。中国联合水泥集团有限公司在内蒙古分公司包括巴彦淖尔中联水泥有限公司、乌兰察布中联水泥有限公司、通辽中联水泥有限公司等，其熟料年产能仅次于蒙西水泥股份有限公司。唐山冀东水泥股份有限公司在内蒙古包头市、呼和浩特市、乌兰察布市、锡林郭勒盟等地均有子公司或生产基地。山东山水水泥集团有限公司的子公司位于内蒙古扎赉特旗、阿鲁科尔沁旗、巴林右旗等地，是内蒙古主要的水泥熟料生产企业。内蒙古天皓水泥集团有限公司的主要水泥生产附属单位有 5 家，主要生产基地位于呼和浩特市、准格尔旗等地。宁夏建材集团股份有限公司在内蒙古的成员单位包括乌海赛马水泥有限责任公司、乌海市西水水泥有限责任公司、喀喇沁草原水泥有限责任公司等。内蒙古天皓水泥集团有限公司及其附属子公司共 11 家公司，主要生产基地位于呼和浩特市、准格尔旗等地。内蒙古万晨能源股份有限公司位于内蒙古乌海市，东方希望重庆水泥有限公司所投资建设的水泥生产单位则位于鄂尔多斯市达拉特旗。以上企业是内蒙古自治区主要的熟料水泥生产公司，熟料年产量达 4526 万吨，占内蒙古水泥行业的 60.54%。

表 4-20 内蒙古水泥熟料排行

序号	企业名称	产能/万吨·a⁻¹
	一、呼伦贝尔市（小计）	600
1	阿荣旗蒙西水泥有限公司	300
2	鄂伦春鑫昌泰水泥有限公司	150
3	海拉尔蒙西水泥有限公司	75

序号	企业名称	产能/万吨·a⁻¹
4	扎兰屯北疆建材有限公司	75
	二、兴安盟（小计）	225
5	扎赉特山水水泥有限公司	225
	三、通辽市（小计）	460
6	通辽中联水泥有限公司	150
7	内蒙古东蒙水泥有限公司	200
8	内蒙古宏基水泥有限公司	110
	四、赤峰市（小计）	699
9	阿鲁科尔沁旗山水水泥有限公司	165
10	喀喇沁草原水泥有限公司	150
11	赤峰山水远航水泥有限公司	150
12	赤峰鲁蒙特种水泥有限公司	75
13	阿鲁科尔沁旗鑫天山水泥集团有限公司	75
14	克什克腾旗红山水泥有限公司	39
15	林西华立水泥有限公司	45
	五、锡林郭勒盟（小计）	240
16	西乌珠穆沁哈达图水泥有限公司	75
17	冀东水泥阿巴嘎旗有限责任公司	90
18	苏尼特左旗泰高水泥有限公司	75
	六、乌兰察布市（小计）	690
19	乌兰察布市中联水泥有限公司	240
20	内蒙古世纪恒生矿业有限责任公司	150
21	内蒙古伊东冀东水泥有限公司	75
22	商都县民宇水泥有限公司	150
23	内蒙古蒙维科技有限公司	75
	七、呼和浩特市（小计）	780
24	内蒙古冀东水泥有限公司	300
25	呼和浩特市蒙西水泥有限公司	150

序号	企业名称	产能/万吨·a^{-1}
26	内蒙古天皓水泥有限公司	240
27	内蒙古武兰水泥有限公司	90
	八、包头市（小计）	315
28	包头冀东水泥有限公司	150
29	包头海平面金属科技有限公司	165
	九、鄂尔多斯市（小计）	765
30	内蒙古蒙西水泥股份有限公司	150
31	鄂尔多斯市蒙西建材有限责任公司	150
32	准格尔旗铸城水泥有限责任公司	90
33	内蒙古亿利冀东水泥有限公司	75
34	鄂托克旗恒卓水泥有限公司	75
35	鄂尔多斯市新华水泥有限公司	75
36	鄂尔多斯电力冶金股份有限公司	75
37	内蒙古君正能源化工有限公司	75
	十、巴彦淖尔市（小计）	174
38	巴彦淖尔中联水泥有限公司	174
	十一、乌海市（小计）	860
39	内蒙古万晨能源股份有限公司	300
40	乌海市西水水泥有限责任公司	225
41	乌海华源水泥有限公司	110
42	乌海赛马水泥有限责任公司	75
43	内蒙古君正化工有限公司	75
44	西部环保有限公司（海化）	75
	十二、阿拉善盟（小计）	378
45	内蒙古百建水泥有限公司	138
46	内蒙古松塔水泥有限责任公司	75
47	阿拉善左旗瀛海建材有限责任公司	90
48	阿拉善吉盐化建材有限公司	75

经调查分析可知，内蒙古水泥的产能主要由国内大型水泥公司的子公司或生产基地贡献，目前内蒙古大型水泥企业主要分布在中部和东部地区，尤其集中在"呼包鄂"城市群，受城市发展优势与交通运输优势影响明显，其余主要水泥生产企业则分布在与东北接壤的赤峰市、通辽市与兴安盟等地，并没有完全体现资源分布特征。总体上，水泥熟料产能过剩局面仍未改变，区域差异较大，呈现出中小规模为主，散排多，波动大，分布相对集中，增长趋势不减的规律。

4.2.1.3　水泥行业关键问题解析

通过多年的科技创新和绿色发展的持续投入，今天的内蒙古水泥行业已经走上了先进制造业和环保型产业的高质量发展之路，在产能规模、效益贡献、能效环保、资源利用等方面处于世界先进行列。内蒙古水泥行业碳排放量随产量增长而不断增加，目前占全国水泥行业二氧化碳排放量的 2.50% 左右。

同样，水泥行业面临多方面挑战，因此，本书从行业角度结合内蒙古地区本地化特色，全面梳理旨在说明水泥行业减碳所需面对的关键问题。

当前初步分析的行业问题主要包括：

（1）水泥产量处于高位平台期，行业发展充满不确定性。我国水泥产量已经多年连续世界第一，尽管内蒙古地区受水泥需求放缓的影响，产量也始终在高位徘徊。随着国家大力转变经济增长方式，不断优化投资结构，基建投资增速下降，对水泥刚性需求减少。中央继续强调"房住不炒"定位和落实长效调控机制，加之金融监管依然严厉、地方政府房地产调控力度不减，房地产市场进入降温通道，投资增速回落。受资管新规等政策从严影响，PPP 发展进入规范收缩时期，落地速度放缓，这些都会造成市场刚性需求减少。与此同时，随着国内国际双循环体系建设，"新基建"的推动，城镇化、美丽乡村建设步伐加快，国家经济会保持一个稳定的增长，所以水泥行业也将受益，局部市场会需求旺盛，但全国产销量难创以往的高峰，甚至会出现缓慢下滑状态。

（2）水泥熟料产能过剩局面仍未改变，区域差异较大。改革开放以来，国内水泥产能高速增长，为国内社会经济发展做出了重要贡献，但是随着经济转型的开始，水泥行业产能过剩问题也变得日趋严峻，尤其在东北、西北、华北等地，水泥产能过剩问题更加突出。内蒙古水泥实际产量自 2011 年达到 6500 万吨高峰后开始逐年下滑，产能利用率仅为 25.37%，水泥产能呈现严重过剩局面。与此同时，业内企业为了抢夺市场，低价倾销，割肉相残，由于内蒙古地域狭长、广阔，与宁夏、山西、陕西、河北、东北三省等地相邻，水泥市场相互依存、相互影响，种种因素之下，内蒙古一直是全国水泥价格的洼地。内蒙古成为全国水泥行业竞争最惨烈、价格最低、效益最差的地区，严重影响和阻碍了内蒙古水泥行业的健康持续发展。需求方面，内蒙古基础设施建设方面在国家新一轮相对宽松的货币政策下有一轮小幅扩张，主要集中在高铁、高速和水利，给内蒙古水泥行业带来一波行情。但是内蒙古水泥产能过剩严重的现状不会改变。

（3）规模结构仍有提升空间。我国水泥产业在布局上呈现出向资源地、消费区集中的趋势，这种布局特征导致了水泥产业的不合理分布。在供给侧结构性改革和国企改革的双重推动下，水泥行业加快兼并重组，提高区域产业集中度开始布局。"十三五"期间，大型水泥企业集团通过联合重组、整合产权或经营权等手段提升产业集中度，产能集中度。截止到 2020 年底，中国前 50 家大企业集团的水泥熟料设计产能占全国总产能的 76%，其中，前 10 家大企业集团的水泥熟料产能占全国总产能的 57%。2019~2020 年水泥行业通过产能置换等方式，实现产能压减以及熟料提升的成果，但依旧远低于国家强制性标准《水泥工厂设计规范》（GB 50295—2016）规定的水泥回转窑运转率至少 85%。再加上水泥企业粉磨站分布不均匀，运输管理方式粗放，导致污染源排放及成品运输颗粒物存在点、线、面等污染状况。在优化区域产能布局、置换淘汰小型企业及生产线、加强规模化大型化生产等方面还有大量提升空间。

（4）能源结构以燃煤为主，单位产品能耗仍有节约潜力。根据工信部 2020 年重点用能行业能效"领跑者"统计，水泥企业可比熟料综合能耗最低为 91.75kgce/t，根据现有工艺条件和理论热耗测算，可比熟料综合能耗在 95kgce/t 以下的已经达到国际较为先进水平，"十四五"期间吨水泥熟料综合能耗很难再有 3% 的下降空间。包括内蒙古在内的全国水泥产业能源结构依旧是以燃煤为主，目前水泥能耗进一步降低的潜力有限，需要进一步鼓励能够有效提高资源综合利用水平、加大替代原燃料比例的手段。水泥行业发挥协同处置优势，提高资源综合利用水平，在水泥熟料生产线配套建设协同处置生活垃圾、污泥、危险废物等装备，加强水泥熟料生产线余热发电水平。需要进一步适应煤电减量的能源结构调整，大幅度提高绿色能源、可替代能源的使用比例，推动能源清洁低碳安全高效利用。太阳能、风电、生物能、高效储能技术等零碳绿色能源应用技术在水泥行业的推广应用还有较大空间。

（5）科技创新短板明显。与国际国内标杆企业相比，内蒙古域内水泥行业无论在科技创新意识和资金投入，还是在 CCUS 等技术创新成果和新技术运用，抑或与互联网、大数据、人工智能进行深度融合上，均存在较大差距，行业整体科技含量水平有待进一步提升。

4.2.2 水泥全生命周期碳排放核算

应用生命周期评价方法核算水泥生命周期碳（温室气体）排放。生命周期评价是对一个产品系统的生命周期种输入、输出及其潜在环境影响的汇编和评价。本书将以内蒙古地区典型水泥企业为案例，结合碳排放核算方法，建立基于全过程的企业生命周期评价本地化清单，采用生命周期评价的方法，从工业过程面识别全厂减排控制重点，进而确定全地区水泥行业的减排控制重点，并对重点过程的主要贡献环节及物质进行深层次追踪溯源。从区域整体综合影响的角度，对全地区水泥生产优化调控提供参考。

水泥生产属于高耗能和高二氧化碳排放的行业，其主要的耗能和二氧化碳排放环节在于熟料的生产，我国目前主要采用新型干法窑煅烧石灰石制成水泥熟料，这一环节包括了 3 类二氧化碳排放机理：（1）化石燃料燃烧排放，我国主要以煤为燃料，吨熟料生产的煤耗平均约为 110kgce，折合约 290kg 二氧化碳排放；（2）过程排放，是指工业生产中，除能源活动之外的化学反应和物理变化所导致的温室气体排放，对于水泥行业而言，石灰石经高温煅烧分解所产生的二氧化碳即属于此类排放，我国吨熟料生产的过程排放量为 538kg 二氧化碳；（3）外购电力所对应的电力生产环节二氧化碳排放，我国吨水泥生产的电耗平均约为 110kW·h，折合约 94kg 二氧化碳排放。

4.2.2.1　范围界定

A　系统边界

系统边界是使用从摇篮到大门的方法设置的。这种方法涉及原材料和能源生产、公路运输、原材料破碎、熟料生成、水泥研磨和包装、废热能量回收、直接排放、现场烟气处理以及水泥厂固体废物再利用,具体生命周期流程如图 4-20 所示。众所周知,黏土和石膏是水泥制造过程中的重要原料。为了再利用工业固体废物和保护自然资源,含有二氧化硅和烟气脱硫 (FGD) 石膏的工业固体废物用于水泥制造,而不是黏土和石膏。除了石灰石之外,原材料的制造被忽视了,因为几乎所有这些材料都是工业固体废物。由于无法获得数据,本书忽略了与水泥基础设施和设备有关的信息。本书假设水泥厂选址尽量接近原燃料产地,不同工艺的原燃料运输量接近,因此,在进行工艺比较时忽略了原燃料运输对研究结果的影响。

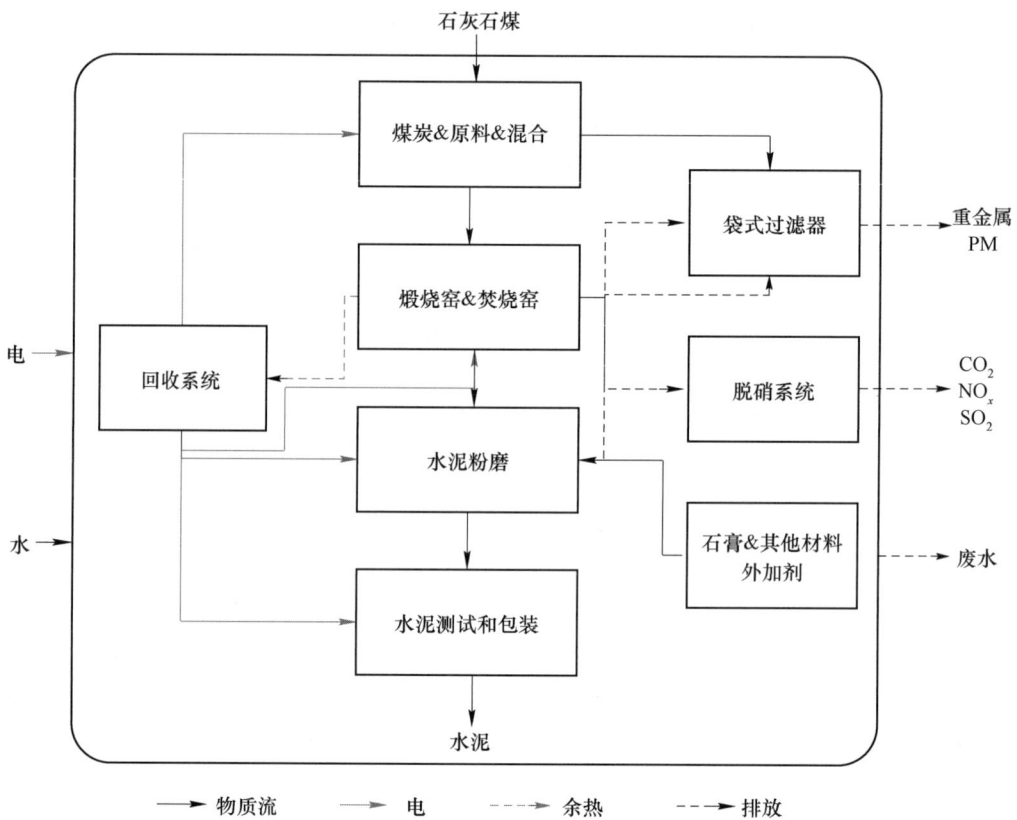

图 4-20　水泥生产全周期边界

水泥生产的主流-新型悬浮预热器 (NSP) 工艺应用于内蒙古水泥行业。主要生产过程有 3 个:煤粉和原料制备过程,包括原料的转移、研磨、均质化和储存,以及煤炭的研磨和储存。在焚烧过程中,研磨和混合的原料被输入预热器,然后进入煅烧炉,并在 950℃ 下与 60% 的煤分解。石灰石在煅烧炉中分解约 95%,在窑中分解为 5%。分解后的物质落入窑中,在超过 1400℃ 的温度下被焚烧成含有 40% 煤的熟料。在精加工过程中,当熟料,矿物添加剂和石膏通过研磨机精细造粒时,就会产生水泥。

B 环境影响类型

环境影响类型指标见表4-21。

表4-21 环境影响类型指标

环境影响类型指标	影响类型指标单位	主要清单物质
气候变化	kg CO_2 eq.	CO_2，CH_4，N_2O 等
初级能源消耗	MJ	硬煤，褐煤，天然气等
非生物资源消耗	kg Sb eq.	铁，锰，铜等
水资源消耗	kg	淡水，地表水，地下水等
酸化	kg SO_2 eq.	SO_2，NO_x，NH_3 等
富营养化	kg PO_4^{3-} eq.	NH_3，NH_4-N，COD 等
可吸入无机物	kg $PM_{2.5}$ eq.	CO，PM_{10}，$PM_{2.5}$ 等
臭氧层消耗	kg CFC-11 eq.	CCl_4，$C_2H_3Cl_3$，CH_3Br 等
光化学臭氧合成	kg NMVOC eq.	C_2H_6，C_2H_4 等

注：eq. 是 equivalent 的缩写，意为当量。例如气候变化指标是以 CO_2 为基准物质，其他各种温室气体按温室效应
　　的强弱都有各自的 CO_2 当量因子，因此产品生命周期的各种温室气体排放量可以各自乘以当量因子，累加得
　　到气候变化指标总量（通常也称为产品碳足迹，Product Carbon Footprint，PCF），其单位为 kg CO_2 eq.。

C 软件与数据库

本书采用 eFootprint 软件系统，建立了水泥生命周期模型，并计算得到 LCA 结果，使
用 1kg 的水泥作为功能单元。研究过程中用到的中国生命周期基础数据库（CLCD）是由
亿科开发，基于中国基础工业系统生命周期核心模型的行业平均数据库。CLCD 数据库包
括国内主要能源、交通运输和基础原材料的清单数据集。在 eFootprint 软件中建立的水泥
LCA 模型，其生命周期过程使用的背景数据来源见表4-22。

表4-22 背景数据来源

清单名称	所属过程	数据集名称	数据库名称
电力	水泥	华北电网火电	CLCD-China-ECER 0.8
煤炭	水泥	原煤	CLCD-China-ECER 0.8
黏土	水泥	黏土	CLCD-China-ECER 0.8
电力	生料	华北电网电力（到用户）	CLCD-China-ECER 0.8
石灰石	生料	石灰石	CLCD-China-ECER 0.8
黏土	生料	黏土	CLCD-China-ECER 0.8
石膏	水泥	天然石膏（CaO 32.6%，SO_3 46.5%，H_2O 20.9%）	CLCD-China-ECER 0.8
水	水泥	自来水（工业用）	CLCD-China-ECER 0.8
电力	熟料	华北电网电力（上网电力）	CLCD-China-ECER 0.8
自来水	熟料	自来水（工业用）	CLCD-China-ECER 0.8

4.2.2.2 数据收集

根据目标与范围定义，本书分别调查了上述水泥生产工艺的物质投入和污染物排放数据，并追溯上游原材料开采、能源生产等流程的生命周期清单，最终计算出不同工艺生产功能单位熟料产品的生命周期清单（表4-23）。电力和煤炭的LCI数据是从文献中收集的。

表4-23 过程清单数据

类型	清单名称	数量	单位	上游数据来源
产品	水泥	1	kg	—
消耗	电力	0.04	kW·h	CLCD-China-ECER 0.8
消耗	煤炭	4.30×10^{-3}	kg	CLCD-China-ECER 0.8
消耗	黏土	1	kg	CLCD-China-ECER 0.8
消耗	熟料	0.7	kg	实景过程数据
消耗	石膏	0.05	kg	CLCD-China-ECER 0.8
消耗	水	2.00×10^{-3}	kg	CLCD-China-ECER 0.8
排放	二氧化碳（化石源）［排放到大气］	8.70×10^{-3}	kg	
排放	化学需氧量［排放到水体］	6.00×10^{-4}	kg	
产品	熟料	1	t	—
消耗	生料	1.41	t	实景过程数据
消耗	煤粉	137.4	kg	数据不可得
能源	电力	28.85	kW·h	CLCD-China-ECER 0.8
能源	自来水	0.3	t	CLCD-China-ECER 0.8
排放	氨［排放到大气］	39.64	g	
排放	二氧化碳（化石源）［排放到大气］	748.1	kg	
排放	氮氧化物［排放到大气］	1.58	kg	
排放	雨水［排放到水体（淡水）］	2	m³	
排放	总颗粒物［排放到大气］	0.39	kg	
排放	化学需氧量［排放到水体］	0.06	g	
排放	汞［排放到大气］	0.06	g	
排放	氟［排放到大气］	2.55	g	
排放	二氧化硫［排放到大气］	0.38	kg	
产品	生料	1	t	—

类型	清单名称	数量	单位	上游数据来源
消耗	电力	22	kW·h	CLCD-China-ECER 0.8
消耗	石灰石	824.8	kg	CLCD-China-ECER 0.8
消耗	黏土	142.7	kg	CLCD-China-ECER 0.8
消耗	铁粉	32.5	kg	数据不可得
排放	二氧化碳［排放到大气］	857	kg	
排放	总颗粒物［排放到大气］	0.06	kg	

A　熟料煅烧过程的清单数据

熟料生产的原料投入主要为石灰石、黏土或砂岩及硫酸渣或其他工业废物。熟料生产的能耗主要为烧成煤耗和电耗，熟料生产过程会产生多种环境排放，其中，源自煤炭燃烧和石灰石分解造成的 CO_2 排放是基于政府间气候变化专门委员会（IPCC）的模型计算得出。

B　熟料生产上游流程的清单数据

熟料生产的上游流程包括电力生产、煤炭开采及石灰石、黏土等原材料开采。

C　运输信息

过程运输信息见表 4-24。

表 4-24　过程运输信息

物料名称	毛重	起点	终点	运输距离	运输类型
生料	1410kg	本地	本地	19km	货车运输（10t），柴油

数据来源：CLCD 数据库。

4.2.2.3　生命周期影响分析

水泥的 LCA 结果如表 4-25 所示。水泥全生命周期各阶段对气候变化（GWP）、初级能源消耗（PED）、水资源消耗（WU）的累计贡献结果见表 4-26。水泥生产过程气候变化（GWP）中生料生产的贡献最大，占 58.9%，其次是水泥生产的直接贡献，占 35.15%；对于初级能源消耗（PED），贡献最大的是电力，占 60.45%，其次是生料生产，占 26.97%；对于水资源消耗（WU）贡献最大的也是电力，占 40.32%，其次是自来水，占 39.54%，生料生产的贡献仅占 17.78%。

LCA 结果在 eFootprint 上建模计算了 1kg 水泥的 LCA 结果，计算指标为气候变化（GWP）、初级能源消耗（PED）、水资源消耗（WU）、酸化（AP）、非生物资源消耗潜值（ADP）、富营养化潜值（EP）、可吸入无机物（RI）、臭氧层消耗（ODP）、光化学臭氧合成（POFP）、电离辐射-人体健康（IRP）、生态毒性（ET）、人体毒性-致癌（HT-cancer）、人体毒性-非致癌（HT-non cancer），结果见表 4-25。

表 4-25   水泥 LCA 结果

环境影响类型指标	影响类型指标单位	LCA 结果
GWP	kg CO_2 eq.	1.49
PED	MJ	1.51
WU	kg	0.54
AP	kg SO_2 eq.	1.84×10^{-3}
ADP	kg antimony eq.	2.13×10^{-6}
EP	kg PO_4^{3-} eq.	2.40×10^{-4}
RI	kg $PM_{2.5}$ eq.	4.17×10^{-4}
ODP	kg CFC-11 eq.	9.14×10^{-10}
POFP	kg NMVOC eq.	1.61×10^{-4}
IRP	kg U235 eq.	2.33×10^{-4}
ET	CTUe	1.68×10^{-3}
HT-cancer	CTUh	3.65×10^{-10}
HT-non cancer	CTUh	3.51×10^{-8}

水泥生产过程中的二氧化碳排放主要源于熟料生产过程，其中石灰石煅烧产生生石灰的过程所排放的二氧化碳，约占全生产过程碳排放总量的 55%~70%；高温煅烧过程需要燃烧燃料，因此产生的二氧化碳，约占全生产过程排放总量的 25%~40%。

过程累积贡献是指该过程直接贡献及其所有上游过程的贡献（即原料消耗所贡献）的累加值。由于过程通常是包含多条清单数据，所以过程贡献分析其实是多项清单数据灵敏度的累积（表 4-26）。

表 4-26   水泥 LCA 累积贡献结果

过程名称	GWP	PED	WU	AP	ET	POFP
水泥	1.49	1.51	0.54	1.84×10^{-3}	1.68×10^{-3}	1.61×10^{-4}
熟料	1.43	0.74	0.39	1.52×10^{-3}	1.40×10^{-3}	1.30×10^{-4}
生料	0.88	0.41	0.1	2.37×10^{-4}	6.94×10^{-4}	7.92×10^{-5}

为了确定和描述每个中点类别最重要的过程，图 4-21 中列出了主导过程对每个中点的贡献以及 6 种不同类型水泥的 LCIA 中点结果。对于每一种水泥，电力生产对呼吸有机物和水生富营养化的贡献最大，而水泥生产的直接排放对非致癌物、呼吸道无机物、水生生态毒性、陆地酸/营养、光化学臭氧合成、水生酸化和全球变暖的贡献最大。水泥制造中使用的煤炭对不可再生能源类别的贡献最大，电力消耗和运输过程是不可再生能源类别的重要贡献者。氨、水生产和其他混合原料（如铁粉、沙子和石膏）对环境的潜在影响相对较小。其中，熟料过程对各个因子的贡献都大于生料过程，因此，熟料过程是节能减排控制的重点环节。

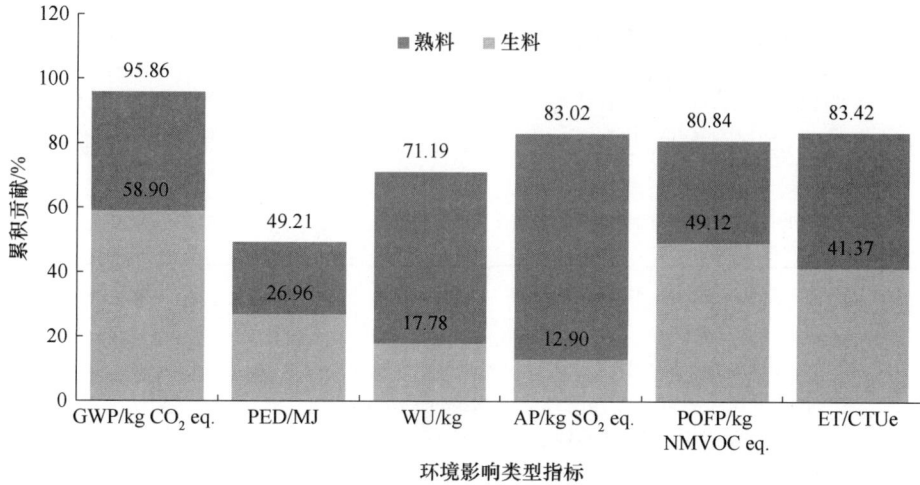

图 4-21　水泥行业 LCA 累积贡献结果

4.2.2.4　碳排放空间分布结果

从全生命周期碳排放得出生产 1kg 水泥排放 1.47kg 二氧化碳，因此 2020 年全区水泥二氧化碳排放量为 8406.93 万吨。碳排放空间分布主要集中在呼包鄂乌城市群和赤通双子星城市圈。可见，水泥行业的空间分布受市场影响大于受资源分布的影响。其中，阿荣旗蒙西水泥有限公司（产能 300 万吨/a）、内蒙古冀东水泥有限公司（产能 300 万吨/a）和内蒙古万晨能源股份有限公司排放二氧化碳最多（产能 300 万吨/a），为 447 万吨，分别位于呼伦贝尔市、呼和浩特市和乌海市。乌海市有 6 家水泥企业，二氧化碳排放量最高为 1281.4 万吨；呼和浩特市有 4 家企业，二氧化碳排放量为 1162.2 万吨；鄂尔多斯市和赤峰市拥有最多家水泥企业，二氧化碳排放分别排第 3 位和第 4 位。其他信息可参考图 4-22。

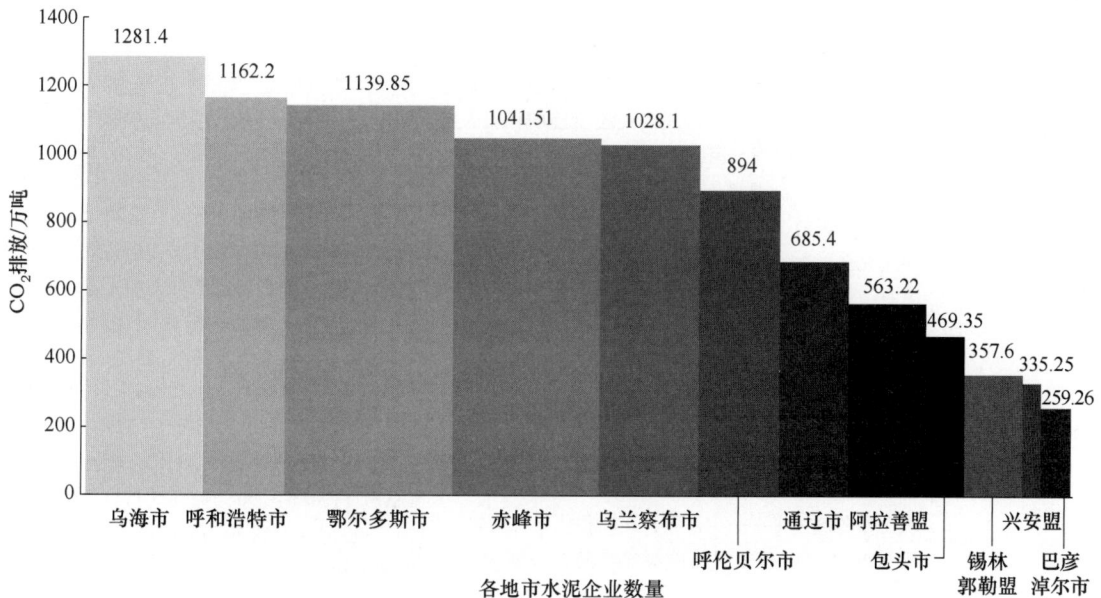

图 4-22　2020 年各地市水泥企业数量和 CO_2 排放统计

4.2.3　水泥行业低碳技术基础与实践探索

　　水泥行业的低碳技术应用起步较早，本书通过全面梳理国内外针对水泥行业的低碳技术，并对各类技术的应用实践进行分析，并为后续低碳技术应用潜力分析提供支撑（表4-27）。

表 4-27　低碳产业技术基础与实践探索

低碳产业	技术基础	实践探索
1. 提高能源利用率	采用预烧成、多级旋风预热器和多通道燃煤技术的干法窑是熟料生产当下最先进的技术系统，根据欧洲水泥厂的实际经验数据和理论模型测算，该系统可实现 3.0~3.4GJ/吨熟料的最佳能源强度。使用多级旋风预热器可以使能源强度有效降低 0.08~0.10GJ/吨熟料。箅式熟料冷却技术能够从热熟料回收更多的余热。当其与分解炉结合使用时，一方面回收的余热可用于干燥原料（相当于 0.1~0.3GJ/吨熟料的节能量）	海螺 CZ 公司的 3 号线项目采用多种方式提升能效：包括生料粉磨系统更换为辊压机终粉磨系统以降低电耗，预热器系统采用低阻旋风筒和管道式分解炉等。单个项目的减碳幅度按年产熟料 200 万吨计算，全年可减少二氧化碳排放约 67500t。若在其全公司推广，减碳量及幅度可达 850 万吨，减少约 4.3% 的碳排放
	在新建水泥厂部署现有先进技术，改造现有设施，在经济可行的情况下提高能源效率。目前仍有一些绿色前沿技术存在进一步的发展空间，如旋风预热分解器、多通道燃煤技术与箅式冷却技术，高压研磨机和立磨机等先进的研磨技术	
2. 使用碳密集度较低的替代燃料	水泥窑协同处置（co-processing）技术是使用替代燃料和处理固废的核心技术。利用水泥窑协同处理固体废物，不仅节省固废处置设施的投资及运行费用，同时为水泥生产找到替代燃料及原料。用作替代燃料的典型废物包括：轮胎，废油和溶剂，工业废料，塑料、纺织品和纸张残留物等物质。完全以生物质为基础的替代燃料包括：废弃木材、锯屑和污水污泥	华新水泥利用水泥窑焚烧废物的天然优势，借鉴瑞士豪瑞集团在全球废物处理技术领域的先进理念和成功经验，结合中国城市生活垃圾、市政污泥和工业危险废物的特点，研发出了国际先进、国内首例的华新水泥窑协同处置技术。2020 年，华新水泥股份有限公司旗下 7 家水泥熟料工厂入选工信部重点用能行业能效"领跑者"，其中信阳公司可比单位熟料综合能耗 91.75kgce/t，熟料热能替代率达到 31%，单位熟料化石燃料热耗低至 590kcal/kg。其示范工厂黄石万吨线于 2020 年底投产，可消纳生活垃圾预处理可燃物（CMSW）90 万吨/a（折合原生垃圾 150 万吨/a），节约 20 万吨标准煤/a，CO_2 减排 54 万吨/a
	目前，使用生物质和废物（替代燃料）燃烧仅贡献全球水泥行业热能消耗的 5%。IEA（2018）表示为实现 2℃ 目标，生物质和废物等替代燃料在全球各地区将进一步发展，逐渐替代传统燃料，到 2050 年，化石能源的能源需求将从 94% 降至 67%~70%	

低碳产业	技术基础	实践探索
3. 减少水泥熟料比例	在一定范围内降低水泥熟料的比例，即进行熟料替代可显著降低其 CO_2 排放量。2005 年全球水泥行业熟料比为 78.9%，而到 2014 年降低为 65%。欧洲地区的平均水泥熟料比为 73%，而中国的熟料比仅为 57% 从技术角度来看，降低水泥产品中的熟料占比有很大的可能性。除熟料外，诸如高炉渣、粉煤灰、火山灰、石灰石、石膏以及煅烧的黏土等其他用于制备水泥的物质在全球范围内广泛存在。在一定范围和条件下，通过混合这些物质能够制备熟料比例较低的水泥产品，从而降低生产过程中的二氧化碳排放量。	华新水泥股份有限公司"水泥低环境负荷化关键技术及工程示范项目"获得 2009 年国家科技进步奖二等奖，突破了工业废物活化与水泥高性能化的技术难题，实现工业废物高效利用和水泥性能大幅提升。应用水化调控、物理与化学活化、不同废渣的性能互补效应，利用 53% 的混合材掺量制备 42.5 等级高性能复合水泥和功能胶凝材料，并实现年产 120 万吨水泥生产线的产业化，减少二氧化碳排放 24 万吨/a。公司在混合材资源丰富的工厂已相应推广，降低熟料系数减碳
4. 新兴创新技术	余热发电技术仍被视为可大力推广的新兴技术。在熟料生产线加装余热回收发电设备，依据干法窑的配置和原料含水率，生产单位熟料可节约电能 8~25kW·h。 CCUS 技术包括二氧化碳捕集、利用和封存 3 个环节。目前为止，全球范围内有关水泥行业 CCUS 技术的应用进行了一些试点研究，主要涉及燃烧后捕集技术（化学吸附法、膜分离法与钙循环法），化学吸收技术是目前最先进的燃烧后补集技术，能够达到 95% 的最佳捕获量。膜分离技术理论上可以实现超过 80% 的补集率。 富氧技术（燃烧中捕集）是指在水泥生产过程中使用氧气而不是空气，可以产生几乎是纯的二氧化碳气流。欧洲水泥研究院已经提出了两种用于水泥工业富氧技术的方案，分别是部分捕集和完全捕集 加强循环回收、捕集、运输、利用、封存及监测多环节技术攻关，实现低成本、低能耗捕集和大规模封存及转化利用，发展与生物质耦合的负碳排放技术，形成完整的技术链和产业链	安徽芜湖海螺集团白马山水泥厂 5 万吨级二氧化碳捕捉收集纯化示范项目于 2018 年建成投运，通过水洗、脱硫、吸收剂吸取、压缩精制等一系列流程，可同时生产 99.9% 工业级纯度和 99.99% 食品级纯度的二氧化碳产品，该项目生产的二氧化碳产品可广泛应用于焊接、食品保鲜、干冰生产、电子、激光、医疗等各个领域。 海螺集团利用富氧对水泥熟料煅烧产生影响的基础上，以海螺 CZ 公司 2 号线为项目载体实施富氧燃烧技术，制取富氧代替一次风和窑炉送煤风，助力煤粉的燃烧，提高火焰的强度和窑内温度。实际测试，熟料烧成系统标准煤耗较技改前降低约 6kg/t 熟料，按照年产熟料 200 万吨计算，则全年减少二氧化碳排放约 31000t。若该技术在海螺集团全面推广，年节约标准煤约 150 万吨，年减排二氧化碳约 387 万吨。 海螺水泥生产企业配套建设余热发电系统，利用预热器出口和篦冷机中段出口的废气余热进行发电，并将这些电能用于企业生产，海螺集团年余热发电量约为 87 亿千瓦·时，水泥企业用电量大幅减少，全年减少二氧化碳的排放约 790 万吨

续表 4-27

低碳产业	技术基础	实践探索
5. 使用可替代水泥复合材料	替代水泥材料是在传统硅酸盐水泥熟料的基础上，加入不同种类、组合的人造矿物材料，通过材料复合影响熟料成分，达到减少 CO_2 过程排放、降低烧结温度或吸收 CO_2 等目的。与硅酸盐水泥熟料相比，基于不同原料混合或不同原料的替代水泥复合材料已经投入商业生产或者仍处于水泥行业测试、研究中	海螺集团 LP 公司采用黄磷渣配料，煅烧温度降低，吨熟料煤耗下降 1.5kg；采用电石渣、粉煤灰、硫酸渣等工业废料替代部分原料，既减少了矿山的开采量，又降低了二氧化碳的排放。 华新水泥公司使用粉煤灰、炉渣、煤矸石、硫酸渣、磷渣等各种工业废渣及市政污泥等来降低天然原料的消耗，有效减少过程排放。2020 年，公司水泥窑线综合利用各类工业废渣 318.54 万吨作为替代原料，共减少碳排放 34.59 万吨
	从理论上来说，替代材料可以减少更多的 CO_2，但实际情况取决于生产成本、原材料产地、市场局限性以及技术的发展程度。将传统硅酸盐水泥熟料替代为复合材料可以为 CO_2 减排提供一种新途径，是未来水泥行业低碳转型的关注点	

　　当前，水泥行业低碳转型前沿技术应用主要集中在提高能源效率、使用替代燃料、使用替代原料、减少水泥熟料比例和实施新型创新技术 5 个方向。水泥行业对能源的消耗量巨大，节能技术推广是未来减排的关键，未来水泥行业节能减排技术发展可主要从粉磨工艺、熟料冷却和余热回收利用方面展开。"碳达峰、碳中和"目标下，在经济和技术层面均对水泥行业减排提出了巨大挑战。要实现净零排放，水泥行业必须部署低碳排放以及负碳排放技术、发展零排放能源（表 4-28）。

表 4-28　绿色技术推广目录

序号	低碳类别	技术名称	适用范围	核心技术及工艺	主要技术参数	综合效益
1	节能环保	基于吸收式换热的热电联产集中供热技术	余热利用	在热力站设置吸收式换热机组降低一次网回水温度，提高供回水温差，增加管网输送能力；在电厂设置吸收式余热回收机组回收汽轮机余热，减少环境散热；同时换热站内的低温回水促进电厂内余热回收效率得到提升，提高电厂整体供热效率	利用既有传热过程中的温差损失，在不增加能耗的前提下，提高热电厂供热能力 30% 以上；降低热电联产能耗 40% 以上；提高既有管网输送能力 80%	余热回收和换热站改造投资 1000~1500 元/kW。300MW 热电厂改造后年减少 9.3 万吨标准煤，减少 CO_2 排放量 24.2 万吨、SO_2 排放量 0.7 万吨、NO_x 排放量 0.34 万吨、烟尘排放量 6.3 万吨
2	节能环保	集成模块化窑衬节能技术	水泥窑炉节能	通过原位分解合成技术，制备气孔微细化、高强度、耐侵蚀的轻量化碱性耐火材料。将轻量化耐火制品、功能托板、纳米微孔绝热材料等分层组合固化在其各自能承受的温度和强度范围内，保证窑衬的节能效果和安全稳定。采用自改进机器人智能设备，对集成模块在回转窑内进行高效运输和智能化安装，大幅降低回转窑资源、能源消耗和污染物排放	体积密度 2.66~2.75g/cm³；显气孔率 22%~25%；水泥回转窑筒体温度降低 80~130℃	窑衬质量减少 15% 以上，节约回转窑主电机电耗；提高检修效率、缩短检修时间、增加回转窑有效窑径提高产量

序号	低碳类别	技术名称	适用范围	核心技术及工艺	主要技术参数	综合效益
3	节能环保	高效节能低氮燃烧技术	工业燃烧器	采用"3+1"段全预混燃烧方式，3个独立燃烧单元，使炉内温度均匀，热效率提高，解决燃烧不充分导致的高排放。用风的流速引射燃气，燃烧过程中逐渐加速，同方向上混合燃烧，充分利用燃气的动能，增加炉内尾气循环、延迟排烟速度，降低排烟温度，提高热交换效率，有效抑制 NO_x、CO_2、CO 的产生，节约燃料。通过分段精密配风，实现最佳风燃比。火焰稳定，负荷变化小于40%时，热效率不变	火焰的出口速度：240~360m/s；烟气的含氧量：0.5%~10%；实现节能10%~30%	污染物排放浓度：NO_x<25mg/m³，CO<10mg/m³，CO_2<20%
4	节能环保	基于干态气化分相燃烧煤粉工业锅炉技术	高效节能装备	通过空气分级，在双炉膛锅炉内完成煤炭固、气两相转化与燃烧，解决煤炭中的炭、灰中温安全分离难题，实现了煤炭充分燃烧和炉内固硫、抑氮的深度协同过程，实现了燃煤锅炉超高能效、系统节能与超低排放的协同兼顾	锅炉热效率>92%、烟气超净排放（尘<5mg/m³、硫<35mg/m³、氮<50mg/m³、灰渣含碳量<0.5%)	锅炉燃料成本降低15%以上，碳减排量>15%，污染物总量减排>20%，系统节能>25%；综合运行成本降低23%以上
5	节能环保	工业炼化尾气发电技术	工业余气利用	通过工业炼化尾气安全防泄漏系统、防回火进气系统、空燃比自动控制、智能管理、远程监控等技术，避免工业炼化尾气作为内燃机燃料时回火、放炮、爆震等不正常燃烧现象，隔离 CO、H_2S 等有毒成分，实现发电机组的全自动控制，有效解决燃气内燃发电机组燃用工业炼化尾气（$H_2 \geqslant 60\%$，$CO \geqslant 90\%$）的难题	发电机组单机功率500~1200kW；适应燃气低热值（标准状态）$\geqslant 3.8MJ/m³$；燃气中氢气含量≤60%；燃气中一氧化碳含量≤90%；额定工况燃气热耗率≤10.5MJ/(kW·h)；机油消耗率≤0.8g/(kW·h)	发电效率≥37%，降低煤炭消耗，有效减少 CO_2 排放
6	节能环保	数字智能供电技术	高效节能装备制造	采用多输入多输出电源技术，在一套电源系统上实现多种能源供应，多种低压制式输出。采用模块化设计，可方便、快速、不停电更换换流模块、管控模块、直流输出配电模块，支持各类模块混插，可随意组合并机输出；通过分布式软件定义电池系统，对充放电和电池组进行动态管理和控制，实现电池信息化管理、智能运维	输出电压制式：直流12V 或 48V、225~400V，供电效率≥96%，功率密度>50W/in³（1in=25.4mm）；防护等级：IP20（室内型）、IP55（室外型）	基站一体化能源柜：占地空间需求降低约60%，供电效率提升8%~17%。数字能源机柜：ICT设备机柜装机率提升30%~40%，供电效率提升10%~15%
7	节能环保	新型多层干燥器与宽体辊道窑成套节能技术	水泥/建筑/陶瓷	利用冷却余热高效接力回收系统、内置式自循环干燥、风/气比例精准控制、窑炉内分区精准燃烧控制、节能型蓄热式燃烧等技术，实现窑炉冷却余热和干燥器内部热量的高效回收、快速均化、自动控温及循环利用，提高热效率，节能环保效果明显	高温区仪表控温精度±1℃；窑内截面温差≤3℃；外壁温升≤35℃；产品干燥、烧成综合燃耗≤1.8675kgce/m²	在陶瓷烧制过程中同比可节省燃料12.5%，高温燃烧烟气中的氮氧化物折算为40~50mg/m³

序号	低碳类别	技术名称	适用范围	核心技术及工艺	主要技术参数	综合效益
8	节能环保	多腔孔陶瓷保温绝热材料技术	节能材料	采用微纳米多级封闭空气腔、反热辐射配方料与短纤等原料制成独特蜂巢结构的陶瓷卷毡、管壳、砖形、板材等，利用陶瓷制品耐候性强、持久保温、高回用率、无固废等功效，减少了传统保温材料对生态的污染、固废处理和占地等难题	不燃烧等级 A1；导热系数（平均 70℃）0.036~0.041W/(m·K)；适合介质温度 -40~1000℃；回用率 >70%	与传统材料同厚度，节能 25%；与传统材料同表面温度，厚度减薄 >50%；保温外表面温度比国标验收标准低 10℃
9	节能环保	高固气比水泥悬浮预热分解技术	水泥煅烧窑炉节能	把生料的预热和部分分解由预热器来完成，代替回转窑的部分功能，能够缩短回转窑长度，同时使窑内由堆积状态进行气料换热过程，移到预热器内在悬浮状态下进行，使生料能够同窑内排出的酷热气体充分混合，增大了气料接触面积，传热速度快，热交换效率高，达到提高窑系统生产效率、降低熟料烧成热耗的目的	粉体物料预热至 780℃ 以上；二次空气预热至 1100℃ 以上；三次空气预热至 850℃ 以上；换热后的烟气温度降至 260℃ 左右	水泥熟料烧成的热耗低于每公斤熟料 2850kJ（680kcal）；窑系统运转率大于 90%；废气中 NO_x 含量小于 0.02%，SO_2 含量小于 0.005%
10	节能环保	富氧燃烧技术	水泥熟料烧成	通过使用高于空气氧含量的助燃剂，能够有效缩短燃煤燃烧时间，提高燃烧效率和燃烧温度，煤在富氧状态下得到充分燃烧，提高了火焰黑度，窑内传热得到强化，系统热利用率提高。此外，窑内温度提高，液相量增多，窑内结皮稳定且均匀，减小了窑转动扭矩，降低了窑运转电流	出口压力 -5320Pa；C_1 出口废气量（标准状态）1.306m^3/kg.cl；预热器出口温度 325℃	烧成煤耗降低约 5.0kgce/t.cl；另外，窑电流显著降低，C_1 出口废气量减少，降低热量损失和风机电耗，熟料综合电耗降低约 2.0kW·h/t.cl
11	节能环保	大推力多通道燃烧节能技术	建材/化工等回转窑	大推力多通道燃烧器，是由内部的旋流通道、中间的煤流通道、外部的轴流通道以及最外部的冷却风通道构成的燃烧器。煤粉从多通道燃烧器喷出燃烧，除空气输送煤粉本身就是煤粉与风的预混合外，还要经过多次扰动、混合。外部的轴流风通道将高压空气从通道中送出，使局部的出口空气风速接近风速，在如此高速气流的卷吸作用下，大量二次风进入燃烧区域，极大地提高了煤粉的燃烧速度和温度。在较小的一次风量条件下获得更高的火焰温度，从而达到节能降耗的目的	一次风量 <8%，一般燃烧器 12% 左右，吨熟料烧成热耗比一般燃烧器降低标准煤 3.5kg 以上	吨熟料烧成热能耗降低 3.5kgce 以上，实现节能量 23 万吨标准煤/a，减排约 61 万吨 CO_2/a

序号	低碳类别	技术名称	适用范围	核心技术及工艺	主要技术参数	综合效益
12	节能环保	新型干法水泥窑生产运行节能监控优化系统技术	能源管理优化	利用气体采样装置采集水泥窑炉废气,根据废气成分计算燃烧状态和能源消耗并利用专家系统提供操作指导。集成5G、SHDSL、ZigBee等通信技术,构建大规模节能减排监测网络,将采样原始数据和分析结果发布到网络上;以多种形式的媒体承载信息,使企业技术和管理人员能够用计算机、掌上电脑和移动电话等各种终端装置随时、随地、随身获取所需要的最新信息,并根据这些信息调控生产工艺参数		2500t/d以上新型干法水泥窑熟料的平均烧成热耗可降低70kcal/kg. cl
13	节能环保	CO_2捕集、运输、驱油、埋藏工程技术	温室气体减排	针对工业生产过程中不同浓度CO_2排放源,分别采用有针对性的捕集方法,尤其针对低浓度CO_2捕集,基于"AEA胺液"、CO_2双塔解吸节能工艺及热、碳、氮、氢四平衡节能技术,使采集成本大幅降低;捕集的CO_2采用管道输送,利用CO_2混相气驱、CO_2辅助蒸气吞吐、CO_2非混相驱+刚性水驱、CO_2前置蓄能压裂等采油技术,将CO_2注入多种类型油藏,实现CO_2地质封存,提高油藏采收率,尤其对强水敏低渗油藏和火成岩裂缝油藏取得驱油技术突破	吨CO_2捕集热耗小于3.2GJ,低于国内平均水平30%;CO_2管道压力控制在8~11.7MPa,采用密相/超临界区输送;稠油总体换油率达2.01;稀油总体换油率达0.78	实现温室气体减排,同时每埋藏1tCO_2可采出原油约0.3t
14	节能改造	外循环生料立磨技术	水泥等行业	采用外循环立磨系统工艺,将立磨的研磨和分选功能分开,物料在外循环立磨中经过研磨后全部排到磨机外,经过提升机进入组合式选粉机进行分选,分选后的成品进入旋风收尘器收集、粗颗粒物料回到立磨进行再次研磨。所有的物料均通过机械提升,能源利用效率大幅提升	系统气体阻力降低5000Pa	节约能源约为9.65万吨标准煤/a
15	节能改造	带中段辊破的列进式冷却机	水泥生产线	采用区域供风急冷技术并在冷却机中段设置了高温辊式破碎机,经过辊式破碎机,大块红料得到充分破碎,经过第二段篦床的再次冷却后,以较低的温度排出,热回收效率高,可降低烧成系统热耗	落入到第二段篦床的大部分熟料颗粒已经基本控制在25mm以下	平均节约2kgce/t熟料,节能能力约为26.6万吨标准煤/a

序号	低碳类别	技术名称	适用范围	核心技术及工艺	主要技术参数	综合效益
16	节能改造	火电厂凝汽器真空保持节能系统技术	余热发电	利用胶球清洗，在不停机时自动清除凝汽器污垢，保持95%以上收球率		二氧化碳减排量15840tCO$_2$/a，节能能力约为6000tce/a
17	节能改造	新型水泥熟料冷却技术及装备	水泥行业	采用新型前吹高效箅板、高效急冷斜坡、高温区细分供风、新型高温耐磨材料、智能化"自动驾驶"、新型流量调节阀等技术，高温热熟料通过风冷可实现对热熟料的冷却并完成热量的交换和回收，同时步进式结构的箅床将熟料输送至下一道工序，热回收效率高、输送运转率高、磨损低，可有效降低电耗	中置辊式破碎机将熟料破碎至小于25mm粒度	节能能力约为120万吨标准煤/a
18	节能改造	低导热多层复合莫来石砖	水泥行业	采用多层复合技术，产品由工作层、保温层、隔热层复合成。通过对各层的化学组分、结构和产品的制作工艺进行优化，使产品使用性能优于传统制品，导热系数得到明显降低；产品应用于大型水泥窑过渡带，不仅能够满足水泥窑的使用要求，且保温隔热效果远优于硅莫砖、硅莫红砖以及镁铝尖晶石砖，筒体外表温度明显降低，节能效果显著		节能能力约为68.3万吨标准煤/a
19	节能改造	锅炉烟气深度冷却技术	工业锅炉余热利用	采用恒壁温换热器，解决常规换热器低温腐蚀的问题；实现了烟气换热后温度的精准控制，设备投资较低。使用该技术进行改造后，可提高锅炉的效率2%～5%	控制换热面的壁面温度始终高于烟气的酸露点温度之上10～15℃	节能能力约为66万吨标准煤/a
20	节能改造	工业循环水余压能量闭环回收利用技术	工业循环水	以三轴双驱动能量回收循环水输送泵组为核心，采用液力透平回收回水余压能量，通过离合器直接传递到循环水泵输入轴上，减少电机出力，实现电机输出部分能量的闭环回收及循环利用，节能效果明显，延长了换热设备高效运行周期		节能能力约为38万吨标准煤/a

序号	低碳类别	技术名称	适用范围	核心技术及工艺	主要技术参数	综合效益
21	节能改造	工业燃煤机组烟气低品位余热回收利用技术	余热利用	采用燃煤烟气湿法脱硫系统余热回收利用技术，在湿法脱硫塔内设置若干间接取热装备，对湿法脱硫后饱和烟气、脱硫浆液或脱硫塔进口原烟气进行间接换热，回收湿法脱硫系统中气液两相的低品位余热，并将回收热量用于锅炉送风预热或锅炉除氧器补水预热，降低燃煤机组煤耗量		节能能力约为 100 万吨标准煤/a
22	节能改造	炉窑烟气节能降耗一体化技术	锅炉烟气处理	将尿素颗粒与催化剂充分混合后，通过催化剂的作用，分别脱除掉 NO_x、SO_2。脱硫脱硝过程不需要空压机、循环泵、搅拌器、排出泵、氧化风机、声波清灰器、污水处理、废渣处理、危废处理等设备，节约电能、水资源	锅炉炉膛温度 750~960℃	节能能力约为 36 万吨标准煤/a
23	清洁生产	金属膜冶炼炉高温气体干法净化节能减排技术	大气污染防治	融合金属膜材料、膜元件制备技术、膜分离、膜装备、膜系统工程应用等技术，实现矿热炉及类矿热炉烟气（标准状态下含尘<150g/m³）在高温下精密气固分离，得到洁净煤气（标准状态下含尘<10mg/m³），经换热器回收热能（同时得到纯焦油等）后，送至用户处作为化工原料或燃气发电。核心滤材通过粉末冶金柯肯达尔效应原理制备，成套系统实现高温在线反吹、高温多级排灰、防结露防焦油糊膜、自动检测控制和安全防爆等功能	工作温度 200~550℃；净化前气体标准状态下含尘量 0~150g/m³；净化后气体标准状态下含尘量<10mg/m³；过滤精度为 0.1μm	22500kV·A 铁合金矿热炉上应用，年可多回收净煤气（标准状态）约 4492.8 万立方米，颗粒物年减排量 1797t
24	清洁生产	水泥工业协同处置技术	水泥生产	水泥窑利用的代替燃料种类主要包括生活垃圾衍生燃料，轮胎衍生燃料，污水污泥，危险固废等。不同的预处理技术系统分为："先预处理，后脱水控制"预处理技术、"先发酵、后分选"预处理技术、"先焚烧、后处理"的预处理技术和"先气化、后处理"预处理技术四大体系	设计熟料规模大于 2000t/d，采用现场总线或 DCS 或 PLC 控制系统，除尘器同步运转率 100%	代替燃料 30 万吨/a，可减排二氧化碳约 20 万吨

序号	低碳类别	技术名称	适用范围	核心技术及工艺	主要技术参数	综合效益
25	清洁生产	利用高热值危险废物替代水泥窑燃料综合技术	水泥生产	采用成套水泥窑可替代燃料开发技术工艺,针对形态不同的危废物形成两种不同处置方案:液态高热值危废通过调配、过滤等手段预处理,打入防静电、泄压储罐再次过滤后,喷入水泥窑内焚烧;固态高热值废物通过增设的回转式固废焚烧炉燃烧,产生的热气、残渣进入分解炉,热量100%用于熟料煅烧,残渣中的无机物作为熟料替代,重金属固化于熟料晶格,可实现废物替代部分燃料		燃料替代料达到23%～25%,节能能力约为15万吨标准煤/a
26	清洁生产	烧结(球团)多污染物干式协同净化技术	工业烟气尾气处理	以循环流化床反应器为核心,通过反应器内激烈湍动颗粒床层吸收吸附双重净化、细微颗粒物凝并功效,有机结合选择性催化还原(SCR)、循环氧化吸收(COA)和超滤布袋除尘技术,并通过智能化检测与控制系统,高效脱除 SO_2、NO_x、SO_3、HCl、HF 等酸性气体、重金属(铅、砷、镉、铬、汞等)、二噁英及颗粒物(含 $PM_{2.5}$)等多组分污染物	出口 SO_2 浓度(标准状态)≤35mg/m^3;NO_x 浓度(标准状态)≤50mg/m^3;烟尘浓度(标准状态)≤5mg/m^3;多种污染物协同脱除:出口 SO_3(标准状态)≤5mg/m^3、重金属汞(标准状态)≤3μg/m^3	多污染物协同脱除,无有色烟羽排放。可减小占地面积约50%,耗水量节约30%,无废水排放
27	清洁生产	石灰回转窑低温脱硝催化技术	水泥熟料生产	石灰回转窑低温脱硝催化剂在高钙、含硫工况下催化转化 NO_x 为 N_2 和 H_2O	设计最低运行温度为170℃	NO_x 超净排放(出口≤35mg/m^3),SO_2/SO_3 转化率为0.88%,氨逃逸2.3mg/m^3
28	能源信息化管控	能效分析管理与诊断优化节能技术	能源系统诊断与优化	集成应用了信息技术、自诊断分析技术和大数据挖掘技术,从设备运行、工艺管控和管理策略3大方面对用能系统进行节能改造;建立了结合生产工艺特性的节能诊断分析模型,从安全运行和经济运行两方面深度挖掘工艺和管理的节能空间		节能能力约为15万吨标准煤/a

序号	低碳类别	技术名称	适用范围	核心技术及工艺	主要技术参数	综合效益
29	能源信息化管控	企业能源可视化管理系统	能源信息化管控领域	采用"中心云+边缘云"的云边协同解决方案,设计基于Spring开源架构,使用分布式消息系统等进行节点和服务的消息传递,数据存储使用单节点或分布式集群存储,支持秒级高并发,可对设备进行实时监测、运行数据分析与故障预警,对工厂的能源数据进行采集和分析,集节能控制、碳管理于一体,综合节电率显著		节能能力约为14万吨标准煤/a

4.2.4 水泥行业关键技术减碳潜力贡献评估

4.2.4.1 低碳发展情景设置

为评估不同减排路径对水泥行业的减排效果,基于宏观政策设定两种低碳减排情景,即2030年碳达峰情景以及2060年碳中和情景。每种情景设定不同减排参数,在此基础上基于水泥行业生命周期碳排放模型计算的结果,评估不同情景下水泥碳排放强度及生命周期各环节碳排放占比等规律。

2030年碳达峰情景:基于内蒙古水泥领域既有中长期政策目标全部实现的基础上,力争于2030年实现碳达峰。

2060年碳中和情景:水泥部门2060年左右,实现全国碳中和目标下净零排放的分区碳排放权分配额。

4.2.4.2 水泥行业减排技术设定

本书首先基于前面低碳产业技术基础与实践的调研分析结果,结合专家评判和生命周期评价分析,建立评估指标体系,对当前所有水泥行业的减碳技术、零碳技术、负碳技术进行全面评估,结合各类技术的成熟程度研判各类技术的减碳潜力及实用可行性,评估其减碳潜力贡献。

根据《重塑能源:面向2050年能源消费和生产革命路线图中国工业卷》、《国家重点节能低碳技术推广目录》、相关行业规划等资料,行业协会专家访谈调研结果进行全面梳理,在此基础上,选取消费减量、结构调整、原(燃)料回收与替代、节能与能效提升、末端脱碳、末端减污等6方面节能减排措施,筛选出22项水泥行业节能减排措施/技术,见表4-29。

表 4-29　水泥行业节能减排措施/技术筛选

类别	环节	技术名称	编号
消费减量	消费减量	水泥消费减量	CT1
结构调整	结构调整	压减和置换水泥熟料产能	CT2
		水泥企业错峰生产	CT3
原（燃）料回收与替代	原（燃）料回收与替代	工业废渣替代技术	CT4
		水泥窑协同处置城市生活垃圾技术	CT5
		水泥窑协同处置危险废物技术	CT6
		水泥窑协同处置污泥技术	CT7
		低温余热发电技术	CT8
节能与能效提升	原料预热分解与水泥熟料烧成	高能效水泥预热分解技术	CT9
		大力多通道燃烧节能技术	CT10
		高效低氮燃烧器	CT11
		富氧燃烧技术	CT12
		第四代温流行进式水泥熟料冷却技术	CT13
		水泥窑新型耐火材料成套技术	CT14
	生料与水泥粉磨	辊压机终粉磨系统（生料）	CT15
		辊压机半终粉磨系统（水泥）	CT16
		外循环生料立磨技术	CT17
	能源管理优化	新型干法水泥窑生产运行节能监控优化系统技术	CT18
		水泥企业可视化能源管理系统	CT19
末端脱碳	末端脱碳	水泥碳捕集、利用与封存（CCUS）	CT20
		水泥碳捕集与封存（CCS）	CT21
末端减污	末端减污（超低排放）	高效布袋除尘技术	CT22

4.2.4.3　水泥行业减排潜力及减排成本分析

各项技术措施的 2015 年、2020 年市场占比数据来自《重塑能源：面向 2050 年能源消费和生产革命路线图·中国·工业卷》、《国家重点节能低碳技术推广目录》（2015~2018年）、《水泥行业"十三五"煤控中期评估及后期展望》、《水泥行业大气污染物与温室气体协同控制研究》（生态环境部经济政策研究中心）、相关规划、文献等，2030 年市场占比数据为参考 2015~2020 年的推广比例变化情况估算而来。根据所收集的数据资料，结合国内外措施/技术的典型应用、统计数据、相关学术研究成果等资料，可计算出2030年各项措施/技术的减排潜力，详见表4-30。

表4-30 内蒙古水泥行业各节能减排措施/技术减排潜力

环节	技术名称	编号	2030年CO$_2$减排潜力/t·a^{-1}		
			直接潜力	间接潜力	总和
消费减量	水泥消费减量	CT1	2750943.875	150042.675	2900986.575
结构调整	压减和置换水泥熟料产能	CT2	720074.3	113569.75	833644.05
	水泥企业错峰生产	CT3	4410570.2	240562.45	4651132.65
原（燃）料回收与替代	工业废渣替代技术	CT4	55017.875	-411.45	54606.425
	水泥窑协同处置城市生活垃圾技术	CT5	34258.45	-6786.875	27471.575
	水泥窑协同处置危险废物技术	CT6	38706.775	-6362.7	32344.075
	水泥窑协同处置污泥技术	CT7	33191.125	-12216.375	20974.725
	低温余热发电技术	CT8	0	209969.1	209969.1
原料预热分解与水泥熟料烧成	高能效水泥预热分解技术	CT9	110504.95	19088.1	129593.05
	大力多通道燃烧节能技术	CT10	132605.95	0	132605.95
	高效低氮燃烧器	CT11	61238.15	0	61238.15
	富氧燃烧技术	CT12	100430.575	23279	123709.575
	第四代温流行进式水泥熟料冷却技术	CT13	97244.35	12725.4	109969.75
	水泥窑新型耐火材料成套技术	CT14	73669.975	16967.2	90637.175
生料与水泥粉磨	辊压机终粉磨系统（生料）	CT15	0	168643.375	168643.375
	辊压机半终粉磨系统（水泥）	CT16	0	202429.3	202429.3
	外循环生料立磨技术	CT17	0	14846.3	14846.3
能源管理优化	新型干法水泥窑生产运行节能监控优化系统技术	CT18	157136.65	24783.825	181920.475
	水泥企业可视化能源管理系统	CT19	0	34931.225	34931.225
末端脱碳	水泥碳捕集、利用与封存（CCUS）	CT20	8930.5	-99.475	8831.025
	水泥碳捕集与封存（CCS）	CT21	4465.25	-49.725	4415.5
末端减污（超低排放）	高效布袋除尘技术	CT22	0	3393.45	3393.45

注：负数代表CO$_2$的增排。

图 4-23 为各措施/技术的减排潜力占比，CO_2 减排潜力最大的是结构调整型措施/技术，其减排潜力占总潜力的 54.86%；其次为消费减量型措施/技术，占 29.01%；第三为节能与能效提升型措施/技术，占 12.51%；末端减污型措施/技术减排潜力最低，占比为 0.03%。

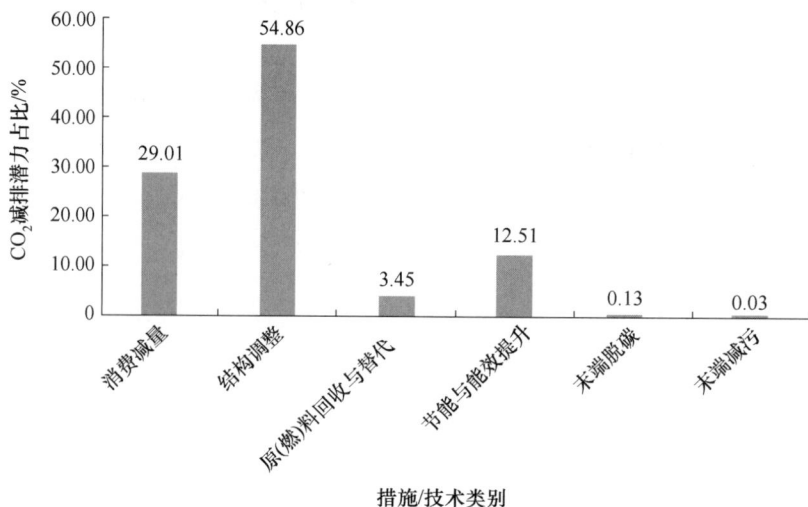

图 4-23　水泥行业 2030 年各措施/技术类别减碳潜力

水泥行业 CCS 和 CCUS 等末端脱碳技术能够很大程度减少碳排放，但是由于成本较高，技术成熟度低，在行业大范围推广还存在一定难度，所以为实现 2030 年碳达峰目标，前期还需主要依靠结构调整、消费减量等措施。但在碳达峰之后的进一步降碳工作，则须重点开展包括碳捕集在内的技术创新，原料替代等核心工艺的改进则是关键。目前 CCS、CCUS（碳捕集、利用和封存）是国际公认的大规模直接减排技术，也被认为是我国碳中和目标实现的重要支撑。可作为水泥熟料生产环节碳减排的"兜底"手段，未来，CCS、CCUS 可充当重要技术路径，为水泥行业碳中和做出重要贡献，为之前能够对其给予重视的企业提供价值回报。

对于我国而言，能效水平已处于世界领先水平；水泥行业的科技创新是科学性规律性积累性的发展过程，通过科技创新在节能降耗方面有较大突破，还是有一些瓶颈的，减排潜力有限；随着企业在节能减排技术方面的改造力度增加及推广，预测能效减排潜力在 5% 左右。

一些欧洲国家的平均燃料替代率已超过 50%，单个水泥厂的年平均燃料替代率高达 95% 以上；我国燃料替代率不足 2%，生物质燃料替代率不足 1%；与国外差距较大；通过加大对替代燃料方面的基础研究和推广，替代燃料和使用清洁能源相结合，预测替代燃料的减碳潜力在 30% 以上。

欧洲、美国、日本等国家混合材（工业废渣）替代部分熟料比例较低；在降低熟料系数方面，我国的水泥工业混合材替代部分熟料比例平均已大于 30%，进一步降低的空间有限。预测降低熟料系数的减碳潜力在 15% 左右。

我国水泥行业 CCS、CCUS 技术创新走在世界的前列，为二氧化碳捕集提供可借鉴的经验。随着试点增加、技术成熟，预测技术创新（包括碳捕集）的减排潜力在 50% 左右。

国际能源署于 2018 年最新提出的水泥行业低碳转型技术路线研究中表明，提高能源效率、使用碳密集度较低的替代燃料、减少水泥熟料比例、实施碳捕集等新兴创新技术是支持水泥行业低碳转型的主要手段。对内蒙古水泥行业而言，实现碳中和的难度不小，无论是配套的法律法规、政策支持、经济利益，还是技术研发等，都与欧美等发达国家有一定差距。

采用单位污染物减排成本方法，分析水泥行业低碳技术减排效果及减排成本效益情况，减排潜力成本见表 4-31。

表 4-31 各措施/技术实现综合减排潜力成本

环节	技术名称	编号	减排潜力成本/万元·a^{-1}
消费减量	水泥消费减量	CT1	0
结构调整	压减和置换水泥熟料产能	CT2	−28119
	水泥企业错峰生产	CT3	0
原（燃）料回收与替代	工业废渣替代技术	CT4	−447.226
	水泥窑协同处置城市生活垃圾技术	CT5	641.28
	水泥窑协同处置危险废物技术	CT6	−1386.1
	水泥窑协同处置污泥技术	CT7	5869.716
	低温余热发电技术	CT8	−15400.74
原料预热分解与水泥熟料烧成	高能效水泥预热分解技术	CT9	−1863.72
	大力多通道燃烧节能技术	CT10	−4008
	高效低氮燃烧器	CT11	−1005.34
	富氧燃烧技术	CT12	−3824.968
	第四代温流行进式水泥熟料冷却技术	CT13	−1422.84
	水泥窑新型耐火材料成套技术	CT14	−3674
生料与水泥粉磨	辊压机终粉磨系统（生料）	CT15	−9198.36
	辊压机半终粉磨系统（水泥）	CT16	−11723.4
	外循环生料立磨技术	CT17	−808.28
能源管理优化	新型干法水泥窑生产运行节能监控优化系统技术	CT18	−4275.868
	水泥企业可视化能源管理系统	CT19	−3340
末端脱碳	水泥碳捕集、利用与封存（CCUS）	CT20	−88.844
	水泥碳捕集与封存（CCS）	CT21	108.55
末端减污（超低排放）	高效布袋除尘技术	CT22	728.12

注：负值表示产生经济效益。

　　表 4-31 为各措施/技术实行的成本数据，其中，水泥窑协同处置城市生活垃圾技术（CT5）、水泥窑协同处置污泥技术（CT7）、水泥碳捕集与封存（CCS）（CT21）、高效布袋除尘技术（CT22）4 项措施/技术实现综合减排潜力成本为正值；其他各项措施（除 CT1 和 CT3）成本均为负值，即产生经济效益。压减和置换水泥熟料产能（CT2）实现综合减排潜力成本最小，即产生经济效益最大，为 2.81 亿元。

　　对比水泥行业节能减排措施和技术在 2030 年的推广和发展（图 4-24 和图 4-25）发现，压减和置换水泥熟料产能（CT2）、低温预热发电技术（CT8）、辊压机半终粉磨系统（水泥）（CT16）、辊压机终粉磨系统（生料）（CT15）、新型干法水泥窑生产运行节能监控优化系统技术（CT18）、大力多通道燃烧节能技术（CT10）拥有较高减排潜力，而且会产生一定的经济效益。而水泥窑协同处置污泥技术（CT7）、高效布袋除尘技术（CT22）、水泥窑协同处置城市生活垃圾技术（CT5）的二氧化碳减排潜力不大，同时会带来较高的成本。

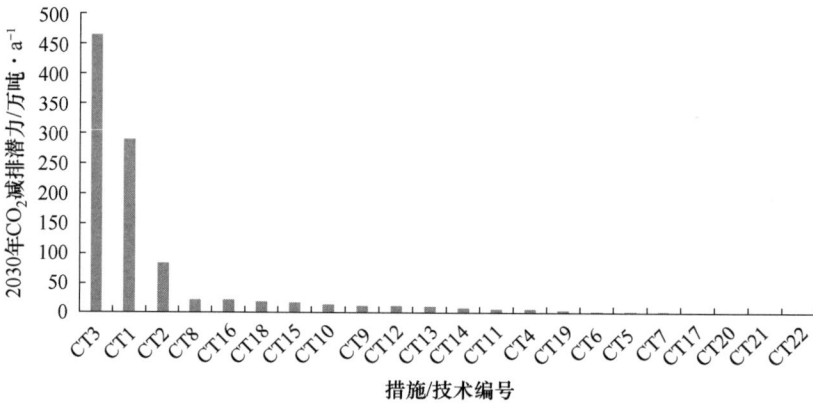

图 4-24　水泥行业 2030 年各措施/技术减排潜力优先度排序

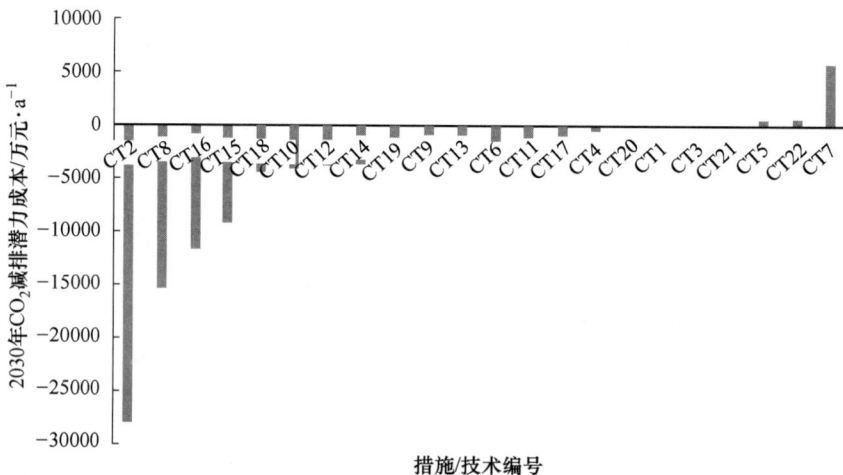

图 4-25　水泥行业 2030 年各措施/技术减排成本优先度排序
（负值表示产生经济效益）

4.2.5 水泥行业低碳技术路径设计

4.2.5.1 水泥行业发展政策建议

基于上述分析，提出如下水泥行业减排的相关政策建议：

（1）加强产能置换监管，加快低效产能退出。严禁新增水泥熟料，推动水泥错峰生产常态化，合理缩短水泥熟料装置运转时间。建议研究修订《产业结构调整指导目录》，提高水泥熟料落后产能和过剩产能淘汰标准，将 2000t/d 及以下普通水泥熟料、1000t/d 及以下特种水泥生产线列入"淘汰类"。鼓励大型骨干水泥企业联合设立产业结构调整专项资金，促进水泥熟料过剩产能的退出。支持各类社会资本参与水泥企业并购重组，提升水泥产业集中度，充分发挥大型骨干企业的示范引领作用。

（2）继续深入推广先进的节能减排技术。针对工艺环节中的排放段，强化各类成熟度较高的节能减排技术推广。如集成模块化窑衬节能技术、水泥熟料烧成系统优化技术和节能监控优化系统技术、提高余热回收利用技术等。建议加大推广力度，普及率在 2030 年应达到 50% 以上。

（3）科学调整水泥产品结构，加强顶层设计。完善生产者、消费者碳排放责任核算方法和各类责任分摊法等政策。制定奖惩激励机制，如若企业某项技术单位碳减排成本小于 71 元/tCO_2，则认为企业有动力自发应用该减排技术，此时政府应采取强制应用措施，如施加惩罚措施，督促企业克服初期投资较大的难关。如若该技术成本大于 71 元/tCO_2，则政府应采取经济激励措施，适当给予补贴，帮助企业进行技术研发改进，降低减排成本。

（4）优化调整水泥产品原材料结构，减少熟料用量。减少熟料用量与用混合材替代部分熟料是水泥混凝土工业发展趋势，也是提高建筑物寿命和水泥混凝土工业健康及低碳发展的必然选择。我国水泥中熟料系数为 0.678，若降到 0.55，以出厂水泥计，碳排放可减少 18%。

（5）提高碳捕集技术和绿色低碳水泥生产技术的研发投资。应用富氧燃烧、液氨吸收和高温钙循环等碳捕集技术以及创新绿色低碳水泥的生产工艺至关重要，通过这些技术措施可以将水泥行业碳排放量大幅降低。同时，采取经济激励措施，适当给予补贴，帮助企业进行技术研发改进，降低减排成本。

（6）因地制宜利用风能、太阳能等可再生能源。逐步提高低碳或零碳能源比例。

（7）建立全面的碳核查机制。在积极探索行业内重点减排路径的同时，积极做好碳资产管理工作，利用碳金融工具实现保值与增值等方面入手加强碳资产管理。提前做好准备工作：一是摸清家底，有效管理碳资产。二是实现低碳管理，设立专门机构或者部门。三是积极参与碳市场交易，积累经验。

4.2.5.2 水泥行业低碳路径设计

内蒙古水泥行业产能在全国占比较小，但产量处于高位平台期，碳排放量总量仍不可忽视，高增长期降碳压力颇具挑战，需基于全产业链分析，针对不同控碳环节，分阶段提出"控碳，减碳，低碳，零碳""四步走"的本地化碳中和路线图（图 4-26）。

2022~2030 年，采取"控碳"技术路线，依据减排潜力和减排成本，次序实施落后产能淘汰政策→产能置换技术→压减水泥熟料产量技术→多通道燃烧技术等系统改造技术，可减碳 408.41 万吨。

2030~2040 年，采取"减碳"技术路线，次序实施能源结构优化技术→高固气比预煅烧等先进技术→原料替代技术，可减碳 532.78 万吨。

2040~2050 年，采取"低碳"技术路线，次序实施清洁电力应用→回转窑提升技术→预热与预磨技术，可减碳 44.36 万吨。

2050~2060 年，采取"零碳"技术路线，次序实施实用型碳捕集与碳封存技术→碳汇与负碳技术，可减碳 14.28 万吨。

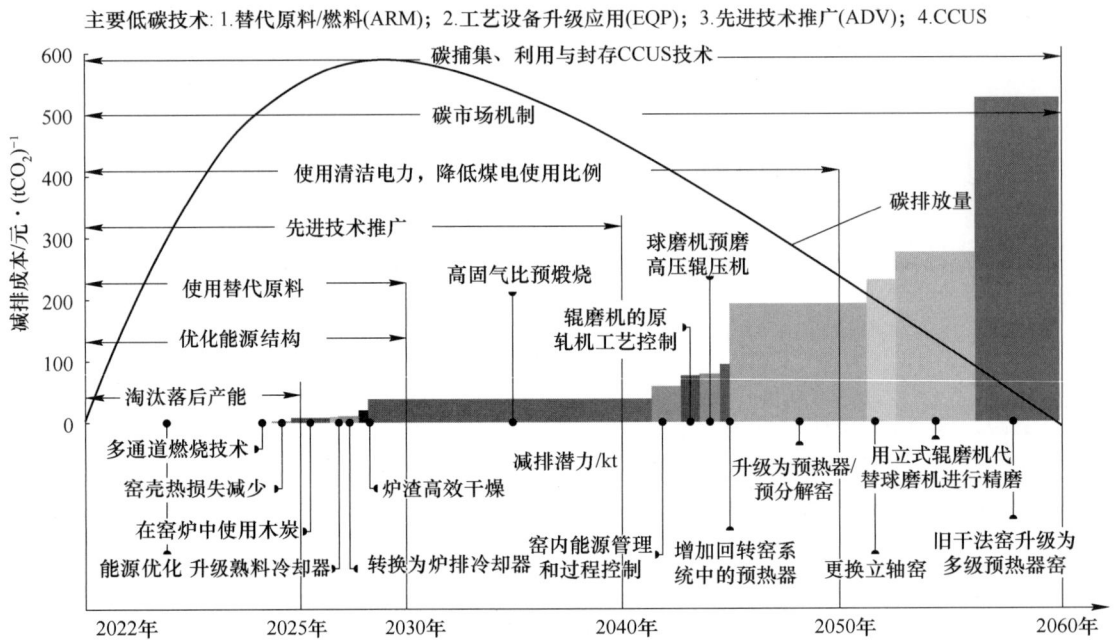

图 4-26 水泥低碳技术路径建议

未来的路径设计可遵循以下 3 大原则：

（1）重点关注结构调整和需求减量化类措施/技术。结构调整和需求减量化类深度脱碳措施/技术的减排成本为 0，甚至可以产生经济效益，而且减排潜力巨大，是目前水泥行业应该重点关注的协同控制措施/技术，其中包括：水泥消费减量（CT1）、压减和置换水泥熟料产能（CT2）、水泥行业错峰生产（CT3）。

（2）优先选择节能和能效提升、原（燃）料回收与替代类措施/技术。绿色制造是工业转型升级的必由之路。作为制造大国，内蒙古尚未摆脱高投入、高消耗、高排放的发展方式，资源能源消耗和污染排放与国际先进水平仍存在较大差距，加快推进制造业绿色发展刻不容缓。水泥行业大多数节能和能效提升、原（燃）料回收与替代类措施/技术，可以通过节能或燃料与原料替代带来收益（或降低成本），企业认可度较高。而且节能与能效提升类措施/技术的经济效益比较好，同时拥有较好的污染物和温室气体协同减排效果，企业优先选择减排成本较低的能效提升类措施/技术，并根据国家政策和企业自身情况，选择适合的末端治理措施/技术，因地制宜进行超低排放改造。通过政府部门大力提供水泥协同处置垃圾、协同处置污泥等措施/技术的政策支持，保证水泥企业协同处置垃圾、污泥的可持续性。其中包括：原（燃）料回收与替代（CT4~CT8）、原料预热分解与水泥熟料烧成（CT9～CT14）、生料与水泥粉磨（CT15～CT17）、能源管理优化（CT18、CT19）。

实现水泥工业要从全生命周期推动绿色工厂建设，水泥产品更符合绿色性能要求，生产环境更符合环境管理体系与要求。推动水泥工厂向着资源集约化、材料无害化、生产清洁化、工业废物利用率高及低碳技术应用的方向发展。既有助于碳达峰，又为碳中和减轻压力，加快水泥行业碳中和步伐。

（3）末端脱碳措施/技术仍是未来阶段的必要措施/技术。将水泥碳捕集与封存（CCS）（CT21）、水泥碳捕获、利用与封存（CCUS）（CT20）作为检验水泥降碳效果的兜底技术。目前，海螺水泥已与大连理工大学开展学研合作，在芜湖白马水泥厂建成年产5万吨级的水泥窑烟气二氧化碳捕集纯化示范项目。生产出纯度达99.9%的工业级、食品级二氧化碳，可广泛应用于气体保护焊接、食品保鲜、碳酸饮料添加等领域。未来水泥行业的碳中和之路要着重研发水泥窑全系统 O_2/CO_2 体系富氧燃烧+CCUS等技术，在具有封存潜力的地区尽快推广普及 CO_2 捕集、利用等项目。在不断深挖现有减碳技术潜力的同时，布局和储备一批前沿碳减排技术，期待革新减碳技术的试点和产业化应用，推进内蒙古水泥行业的低碳发展，最终采用碳捕获与封存（CCS）方式快速实现碳中和。

4.2.6　水泥行业技术减碳研究小结

（1）碳排放趋势分析结果：内蒙古水泥行业碳排放仍然呈增长趋势，水泥产量处于高位平台期，行业发展充满不确定性，增速波动、短期内难以实现脱钩。水泥一般用石灰石（ $CaCO_3$ ）作原料，煅烧过程中不可能不产生 CO_2 ，这部分如得不到利用，或流程重构技术不能解决，当在属"不得不排放 CO_2 "之列。

（2）碳排放空间分布分析结果：内蒙古水泥行业碳排放空间分布主要集中在呼包鄂乌城市群和赤通双子星城市圈，其中碳排放最大的水泥厂分布在呼和浩特。呈现出中小规模为主，散排多，波动大，分布相对集中，增长趋势不减的规律。

（3）环境影响分析结果：水泥生产过程对环境影响最大的方面分别为气候变化（GWP）、初级能源消耗（PED）、水资源消耗（WU）；其他影响较小。当前水泥行业碳排放主要来自熟料煅烧过程。

（4）技术减排潜力分析结果：当前碳减排潜力最大的减碳技术为结构调整型措施/技术，其减排潜力占总潜力的54.86%；其次为消费减量型措施/技术，占29.01%；第三为节能与能效提升型措施/技术，占12.51%；末端减污型措施/技术减排潜力最低，占比为0.03%。

（5）碳减排技术潜力成本评估结果：压减和置换水泥熟料产能、低温预热发电技术、辊压机半终粉磨系统（水泥）、辊压机终粉磨系统（生料）、新型干法水泥窑生产运行节能监控优化系统技术、大力多通道燃烧节能6项技术均拥有较高减排潜力，而且会产生一定的经济效益。而当前应用的多种协同处置技术尚有待升级，碳减排潜力不大，同时经济成本较高。

（6）水泥行业碳减排技术路径设计：工艺装备减碳技术在内蒙古具有较好的推广应用，技术先进成熟，有一定降碳效果，但在替代原料不变的前提下，当前内蒙古水泥行业依靠改进技术装备进一步降碳的空间有限；节能改造减碳技术成熟可靠，对于中小型水泥企业仍可继续严格实施节能减碳策略，但由于内蒙古大型水泥企业均已普及，因而进一步总量减碳空间不足；因此要重点关注结构调整和需求减量化类措施/技术，降低水泥中熟料掺量，大比例混材替代熟料技术，将成为未来水泥行业减碳技术的发展重点，CCS、CCUS 等末端脱碳技术是未来水泥降碳的兜底技术。

4.3　钢铁行业

4.3.1　内蒙古钢铁行业现状分析与核心问题识别

4.3.1.1　内蒙古钢铁行业碳排放现状分析

钢铁行业作为资源密集型产业之一，是碳排放的关键领域。根据 BP 世界能源统计年鉴（2019）数据统计，2019 年钢铁行业碳排放约占工业总排放量的 33.8%，全球 CO_2 排放总量的 7%。因此，钢铁行业的碳减排活动对其本身的可持续发展和全球碳排放控制都有着至关重要的作用。

A　粗钢、钢材、生铁产量现状分析

我国钢铁行业能源资源消耗密集且以化石能源为主，占全国碳排放总量 18% 以上，为碳排放量最高的非电行业。粗钢产销量大，粗钢产量从 21 世纪初 1.3 亿吨增长至 2020 年的 10.65 亿吨，钢铁生产将逐渐从以往的爆发式增长进入到平台稳定期，预计近些年粗钢产量保持在 10 亿~12 亿吨。2020 年内蒙古生铁产量 2380.83 万吨，同比增长 3.37%，占全国总产量的 2.68%，在全国 31 个省（自治区、直辖市）中排名第 8 位；粗钢年产量为 3119.87 万吨，同比增长 17.57%，占全国总产量的 2.93%，在全国 31 个省（自治区、直辖市）中排名第 10 位；钢材年产量为 2883.92 万吨，同比增长 12.49%，占全国总产量的 2.18%，在全国 31 个省（自治区、直辖市）中排名第 15 位。可以看出，内蒙古钢铁行业的产能在全国占比较小，但产量排名靠前，且增速明显，行业发展前景难以估计，碳排放总量仍需重视。

2000~2020 年期间，内蒙古粗钢、钢材、生铁产量分别由 423.60 万吨、378.91 万吨、440.84 万吨增长至 3119.87 万吨、2883.92 万吨、2380.83 万吨，增长量分别达到 6.37 倍、6.61 倍、4.4 倍。在过剩产能淘汰以及去库存、去杠杆的改革环境下，内蒙古生铁产量在 2010 年首次出现负增长，产量同比减少 5.43%，2014 年内蒙古粗钢产量首次下降，下降幅度达到 16.03%。此后内蒙古的粗钢、钢材、生铁产量增速放缓，但仍未到达平台期，钢铁行业产能依旧处于增长趋势（图 4-27）。

B　钢铁行业碳排放总量现状分析

数据来源：针对省级层面分析，中国碳核算数据库（Carbon Emission Accounts & Datasets，CEADs）提供了 1999~2019 年省级部门排放数据，这一数据使用 IPCC 部门排放核算方法核算，包括 45 个生产部门和 2 个居民部门，采用黑色金属的冶炼和压延加工部门数据作为钢铁行业排放数据。

1999~2019 年内蒙古钢铁行业碳排放量总体变化情况如图 4-28 所示，行业碳排放总量总体上呈现先增长后降低再小幅增长的波动趋势。碳排放总量由 495.64 万吨上升至 2977.44 万吨，碳排放增长量超过 5 倍，是内蒙古目前第三大碳排放行业，占内蒙古总碳排放量的 3.75%。其中，由钢铁行业产生的碳排放量最大值出现在 2009 年，碳排放量为

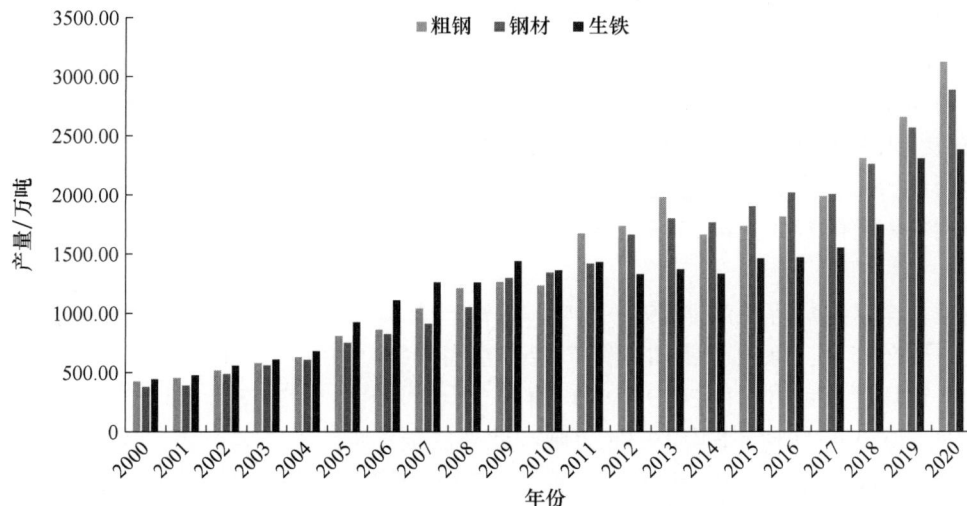

图 4-27 2000~2020 年内蒙古粗钢、钢材及生铁产量

5732.11 万吨，之后由于内蒙古针对钢铁行业开展落后产能淘汰，供给侧改革等措施，碳排放量急剧下降，之后波动幅度较大，但整体呈现缓慢增长的趋势。在钢铁行业的碳排放构成中，主要为化石能源燃烧和作为铁矿石还原剂的排放。

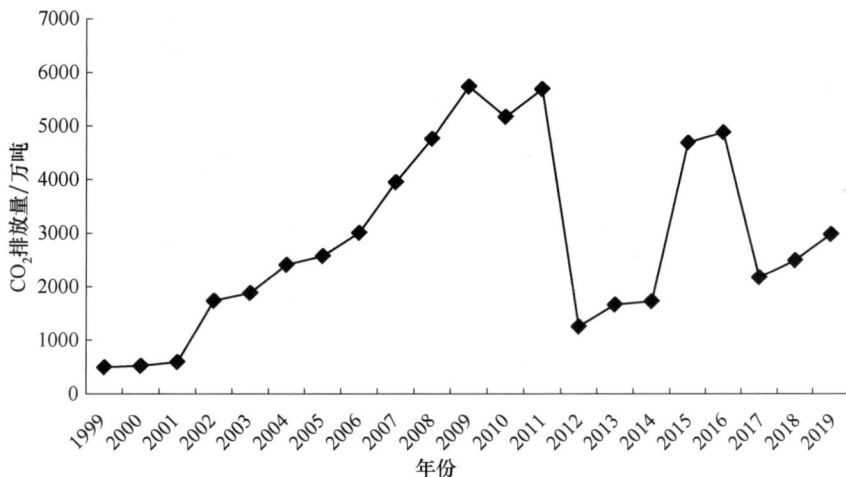

图 4-28 1999~2019 年内蒙古钢铁行业 CO_2 排放量

近年来，伴随着中国钢铁行业 CO_2 排放量的逐年增加，其发展也时刻面临着严重的生态环境问题，为应对中国日益严峻的环境挑战，实现 2030 年前碳达峰、2060 年前碳中和的目标，有必要对钢铁行业的碳排放问题展开深入研究。

4.3.1.2 内蒙古钢铁产业区域分布分析

A 内蒙古钢铁行业基本情况

钢铁工业包括黑色金属矿采选业和黑色金属冶炼和压延加工业，其中，黑色金属矿采选业包括铁矿、锰矿、铬矿和钒矿等黑色金属采选。黑色金属冶炼和压延加工业包括烧结、球团、炼铁、炼钢、黑色金属铸造、钢压延加工及铁合金冶炼。我国钢铁行业生产工艺流程以吨钢 CO_2 排放量为 1.7~2.2t 的长流程高炉—转炉为主，其生产的粗钢比例约占总产量的 90%，而吨钢 CO_2 排放量为 0.6t 的短流程电弧炉炼钢的粗钢产量仅占 10%。

目前，内蒙古自治区内粗钢生产流程结构以高炉—转炉长流程为主，2019 年长流程粗钢占比为 89.8%。正在积极开展包括内蒙古包钢钢联集团有限公司 75 万吨/a 电炉产能置换、万洲特钢有限责任公司 57.5 万吨/a 电炉建设等项目在内的产能置换、设备升级改造等项目。

内蒙古全区建成炼铁产能 2985 万吨、炼钢产能 3076 万吨。包头市是全区钢铁企业和产能的主要分布区，炼铁产能和炼钢产能分别占全区产能的 71.06% 和 72.36%。全年来看，包头市场建筑钢材库存 2019 年平均值在 20.63 万吨，较 2018 年 13.73 万吨大幅上升 6.9 万吨，2020 年上半年平均 19.98 万吨，此外从全年跟踪的主要经销商库存来说，常备库存量较去年变化不大，社会库存压力尚可。2019 年亚新资源占比迅速提升，后期万腾资源占比或有较大增长空间（图 4-29）。

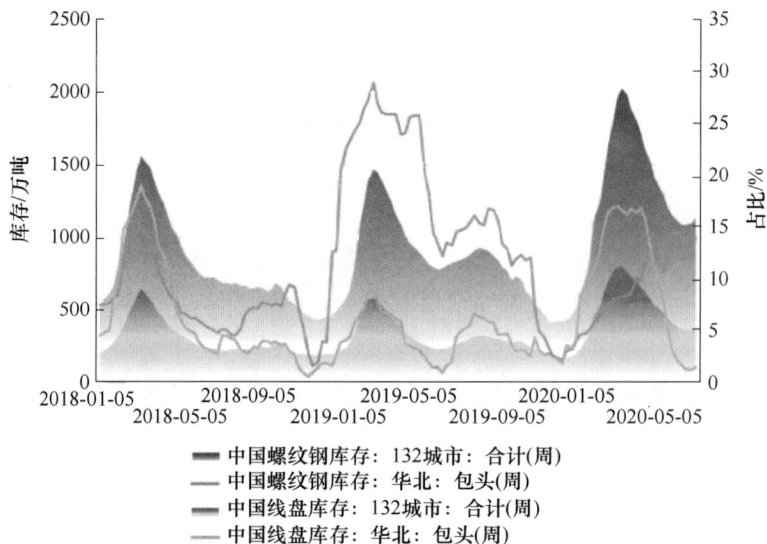

图 4-29 彩图

图 4-29   2018~2020 年包头市库存走势与全国对比

B   内蒙古钢铁行业空间分布分析

目前，全区建成钢铁企业 21 户、在建 1 户、已批未建 2 户，全区粗钢生产能力达到 3119.87 万吨/a。其中，有 11 家企业位于包头市，且大中型企业较多，总炼钢产能占全区 70% 以上（详见表 4-32），内蒙古包钢钢联集团有限公司作为全区最重要的钢铁生产企业，2021 年度生铁、粗钢、钢材产量分别为 1505.9 万吨、1644.73 万吨、1544.57 万吨，占比均达到全区 50% 以上。其余盟市中，赤峰远联钢铁有限责任公司、内蒙古德晟金属制品有限公司、乌兰浩特钢铁有限责任公司、乌海市包钢万腾钢铁有限责任公司产能较高，分别达到 374 万吨/a、230 万吨/a、160 万吨/a、130 万吨/a，小规模钢铁生产企业较少。

表 4-32　内蒙古主要钢铁企业

序号	企业名称	产能/万吨·a⁻¹
	一、包头市（小计）	2050
1	内蒙古包钢钢联集团有限公司	1500
2	内蒙古亚新隆顺特钢有限公司	300
3	大安钢铁有限责任公司	120
4	包头市吉宇钢铁有限责任公司	40
5	包头市宝鑫特钢有限责任公司	—
6	内蒙古包头吉鑫钢铁有限责任公司	70
7	内蒙古华业特钢股份有限公司	—
8	包头市德顺特钢有限责任公司	—
9	固阳县海明装备制造有限责任公司	20
10	包头市亿金材料制造有限公司	—
11	包头市固阳泰恒贸易有限责任公司	—
	二、赤峰市（小计）	428
12	赤峰远联钢铁有限责任公司	374
13	宁城鑫马铸业有限公司	54
	三、乌海市（小计）	130
14	乌海市包钢万腾钢铁有限责任公司	130
	四、鄂尔多斯市（小计）	230
15	内蒙古德晟金属制品有限公司	230
	五、兴安盟（小计）	160
16	乌兰浩特钢铁有限责任公司	160
	六、巴彦淖尔市（小计）	50
17	内蒙古蒙航铸业有限公司	50
18	内蒙古包钢还原铁有限责任公司	仅生产氧化球团

内蒙古铁矿资源主要集中在包头市、赤峰市以及乌海市，包头市白云鄂博大型铁矿储量约95000万吨，赤峰市铁保有储量9000万吨，乌海市已探明铁储量627万吨。内蒙古大中型钢铁企业主要分布在中部地区，在东部零散分布，尤其集中在"乌包鄂"城市群，受铁矿资源分布影响明显。总体而言，内蒙古自治区内钢铁行业碳排放量与钢铁企业空间分布区域差异较大，呈现出大中型企业为主，散排点较少，分布相对集中，碳排放量呈波动增长趋势。

4.3.1.3　内蒙古钢铁行业关键问题解析

内蒙古的钢铁行业已进入调整升级期，部分完成了超低排放改造。但由于原料充足，且焦炭自产率高等因素碳排放量仍随产量增加而持续增加，目前仍未实现脱钩。钢铁行业的碳排放量是内蒙古主要排放行业，其间接碳排放（所需电和热力产生的排放）不足全部碳排放的20%。钢铁生产环节大部分来自化石燃料（以焦炭为主），可通过电气化供能的环节有限，属于较难减排的重工业部门。内蒙古由于为能源大省，存在着明显的省际"碳不公平"现象，这样的叠加效应也使部分区域碳减排难度巨大。

（1）粗钢产量持续增加，碳排放总量达峰难度大。我国正处于工业化中后期的发展阶段，并且在2021年开始实施压减粗钢产量政策，但是内蒙古是钢铁需求量大省，建筑、机械、汽车等钢铁下游产业仍以缓慢增速发展，考虑装配式建筑、风电、光伏等新能源推广可能带来的粗钢需求增量，结合内蒙古钢铁行业产能现状，在目前基准情景下，粗钢产量将持续增长，减污降碳阻力明显，碳达峰时间节点也将随之推迟。

（2）长流程工艺为主体，工艺减碳压力大。钢铁行业经过深入的供给侧结构性改革与去产能工作，内蒙古钢铁企业绿色发展态势稳中趋好，虽然逐步开始推广短流程电炉工艺，但区内炼钢工艺以长流程高炉-转炉为主体，而且以高炉-转炉为主的钢铁冶炼设备普遍投产时间相对较短，距离退役年限还有一定时间，目前依靠冶炼工艺改革达到碳中和愿景，需要承担更高经济成本，装备上更新换代压力较大。

（3）乌包鄂地区产业相对集中，钢煤排碳存在空间叠加。钢铁行业是典型的能源密集型工业，对化石燃料需求量大，煤炭等化石燃料燃烧引起的能源活动排放是钢铁行业最主要的碳排放来源。内蒙古区内钢铁企业空间布局受矿产资源分布影响明显，且受到煤炭等能源供给的限制，导致其与煤电行业分布相近，集中分布在乌包鄂城市群，规模较大，碳排放存在空间叠加现象。

（4）钢铁行业节能低碳技术创新力度仍需加大。内蒙古区内通过对钢铁升级改造与整合重组，逐渐普及常规节能减碳措施，但由于节能减碳新技术的自主研发和创新进度慢，新技术的应用难度大，技术节能存在瓶颈，目前局限于开展长流程节能降碳技术的推广。需要应用新型低碳工艺和碳捕获与封存，降低成本，加强应用推广。

（5）钢铁行业绿色发展水平仍需提高。钢铁企业绿色发展水平并不平衡，既存在以包钢为代表的能源管理水平优秀，全流程超低排放的企业，也存在能源管理粗放、环保投入严重不足管理混乱的企业，需要促进整体钢铁企业绿色发展水平。

4.3.2　钢铁行业全生命周期碳排放核算

钢铁的生产过程是一个能源密集型和碳密集型的过程，是全球人为碳排放的主要来源之一。如何全面科学识别减碳重点，从源头解析减碳贡献环节，对行业实施低碳化、绿色化、清洁化发展有重要意义。钢铁行业涉及焦化、烧结、炼铁、炼钢、压延等环节，各环节都有相应的先进节能技术。

4.3.2.1　全生命周期评价边界

开展行业流程全过程分析，识别碳排放节点，重点预测碳排放主要工序或节点排放水平。主要生产活动和环节如图4-30所示。

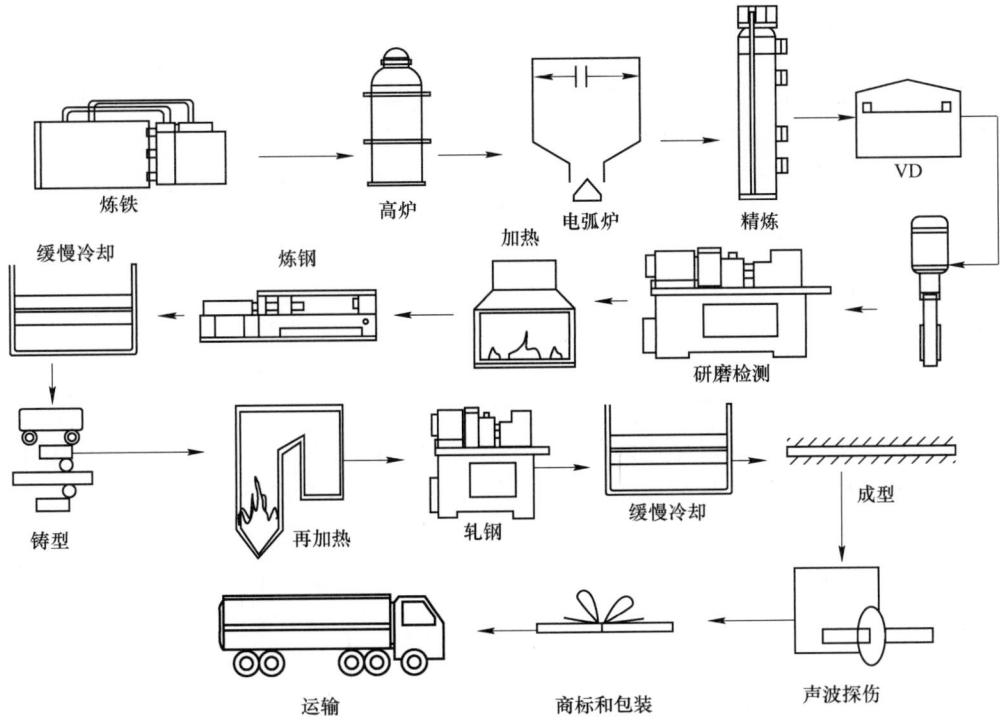

图 4-30 钢铁生产流程图

　　以企业法人或视同法人的独立核算单位为边界，核算其生产系统产生的二氧化碳排放（图 4-31）。生产系统包括主要生产系统、辅助生产系统，以及直接为生产服务的附属生产系统，其中，辅助生产系统包括石灰窑、制氧、鼓风、压缩空气站、环保、供电、供水、化验、机修、库房、运输等，附属生产系统包括生产指挥系统和厂区内为生产服务的部门和单位。

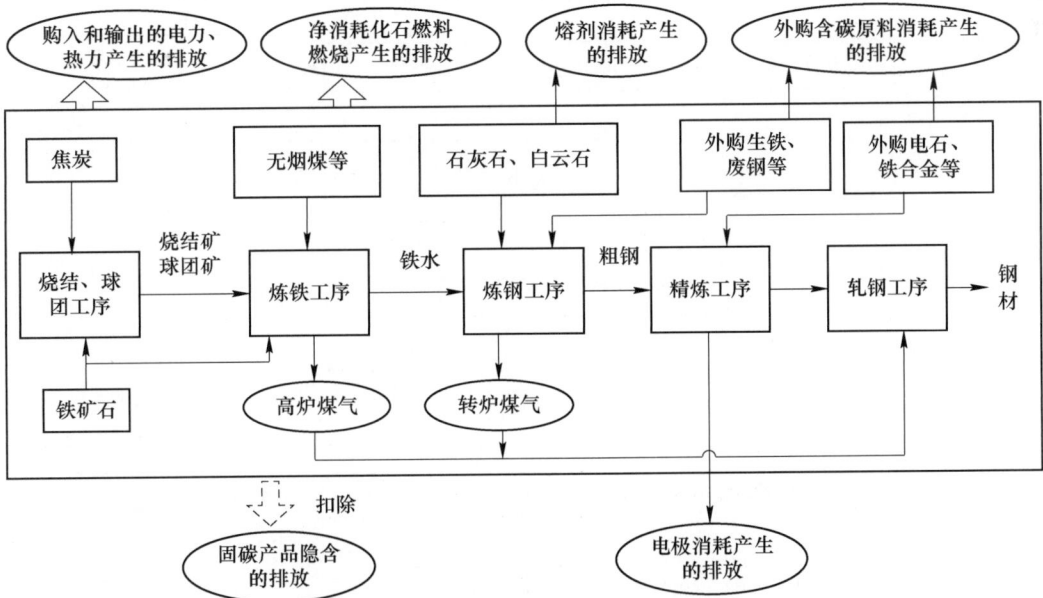

图 4-31 钢铁生产二氧化碳排放核算边界示意图

钢铁生产二氧化碳排放核算边界包括：

（1）燃料燃烧排放。钢铁行业消耗的化石燃料燃烧产生的二氧化碳排放，包括固定源排放（如焦炉、烧结机、球团、高炉、加热炉、工业锅炉等固定燃烧设备）以及用于生产的厂内移动源排放（如厂内运输车辆及厂内搬运设备等）。

（2）过程排放。钢铁生产在烧结、炼铁、炼钢等工序中由于其他外购含碳原料（如电机、生铁、铁合金、直接还原铁等）和熔剂的分解和氧化产生的二氧化碳排放。

（3）购入的电力、热力等对应的排放。企业消费的购入电力、氧气、氯气、氢气、压缩空气、氢气、热力等所对应的二氧化碳排放。

（4）输出的电力、热力等对应的排放。企业输出的电力、氧气、氮气、氯气、压缩空气、氢气、热力所对应的二氧化碳排放。

（5）固碳产品隐含的排放。钢铁生产过程中有少部分碳固化在生铁、粗钢等外销产品中，还有一小部分碳固化在以副产煤气为原料生产的甲醇等固碳产品中，这部分固化在产品中的碳所对应的二氧化碳排放应予扣除。碳排放节点如图4-32所示。

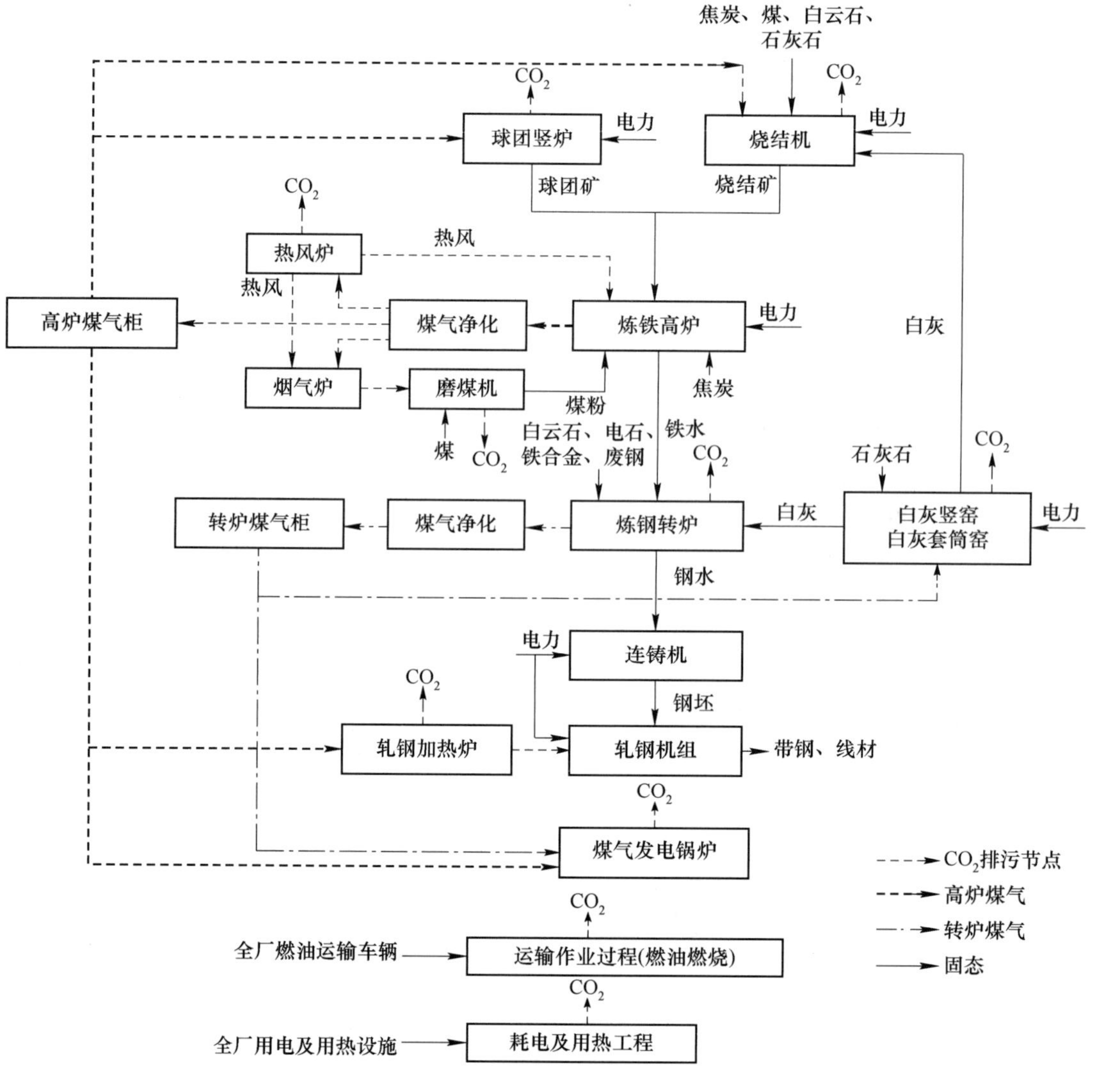

图 4-32 碳排放节点

4.3.2.2 清单数据

根据燃料燃烧、过程排放、购入的电力、热力等对应的排放、输出的电力、热力等对应的排放、固碳产品隐含的排放等实际生产数据编制材料清单，排放因子来自 GB/T 32151.5—2015《温室气体排放核算与报告要求　第 5 部分：钢铁生产企业》，见表 4-33。

表 4-33　生命周期碳排放核算范围相关数据一览

排放源类别	参数名称	单位
燃料燃烧	无烟煤	kgce/t
	烟煤	kgce/t
	褐煤	kgce/t
	精洗煤	kgce/t
	其他洗煤	kgce/t
	焦炭	kgce/t
	原油	kgce/t
	燃料油	kgce/t
	汽油	kgce/t
	柴油	kgce/t
	一般煤油	kgce/t
	液化天然气	kgce/t
	液化石油气	kgce/t
	焦油	kgce/t
	粗苯	kgce/t
	焦炉煤气	kgce/t
	高炉煤气	kgce/t
	转炉煤气	kgce/t
	其他煤气	kgce/t
	天然气	kgce/t
	炼厂干气	kgce/t
生产过程	石灰石	tCO_2/t
	白云石	tCO_2/t
	电极	tCO_2/t
	生铁	tCO_2/t

排放源类别	参数名称	单位
生产过程	直接还原铁	tCO_2/t
	镍铁合金	tCO_2/t
	铬铁合金	tCO_2/t
	钼铁合金	tCO_2/t
电力、热力	电力	$tCO_2/MW \cdot h$
	热力	tCO_2/GJ
固碳	生铁	tCO_2/t
	粗钢	tCO_2/t
	甲醇	tCO_2/t
	其他固碳产品或副产品	tCO_2/t

4.3.2.3　核算方法

钢铁生产企业的二氧化碳排放总量等于核算边界内所有的化石燃料燃烧排放量、过程排放量及企业购入电力和热力所对应的二氧化碳排放量之和，同时扣除固碳产品隐含的二氧化碳排放量以及输出的电力和热力所对应的二氧化碳排放量，计算方法如下：

$$E = E_{燃烧} + E_{过程} + E_{购入电} + E_{购入热} - R_{固碳} - E_{输出电} - E_{输出热}$$

式中，E 为二氧化碳排放总量，tCO_2；$E_{燃烧}$ 为燃料燃烧排放量，tCO_2；$E_{过程}$ 为过程排放量，tCO_2；$E_{购入电}$ 为购入的电力、氧气、氮气、氩气、压缩空气、氢气等消费对应的排放量，tCO_2；$E_{购入热}$ 为购入热力消费对应的排放量，tCO_2；$E_{输出电}$ 为输出的电力、氧气、氮气、氩气、压缩空气、氢气等消费对应的排放量，tCO_2；$E_{输出热}$ 为输出的热力对应的排放量，tCO_2；$R_{固碳}$ 为固碳产品隐含的排放量，tCO_2。

4.3.2.4　数据收集

本书采用 eFootprint 软件系统，建立了钢铁生命周期模型，并计算得到 LCA 结果，使用 1t 的粗钢作为功能单元。研究过程中用到的中国生命周期基础数据库（CLCD）是由亿科开发，基于中国基础工业系统生命周期核心模型的行业平均数据库。CLCD 数据库包括国内主要能源、交通运输和基础原材料的清单数据集。

在 eFootprint 软件中建立的钢铁 LCA 模型，其生命周期过程使用的背景数据来源见表4-34，结合碳当量系数汇总工序碳当量。对于钢铁生产过程的物质、能源项，需要结合每种物料及能量的碳当量系数，汇总主要工序及辅助环节的碳当量。对于计算过程中的碳排放系数选取，目前国内钢铁行业的数据尚未建立完整的碳排放数据库，为保证计算准确，碳排放系数数据优先选用国家权威部门发布的二氧化碳排放因子数据，如国际钢铁工业协会（IISI）、中国工程院、国际能源机构（IEA）等发布的数据，部分数据来源于《IPCC 2006 国家温室气体清单指南》（IPCC，2006），部分数据引用自 SimaPro、Gabi 等商业生命周期研究软件数据库。

表 4-34　背景数据、排放因子及来源

物质名称	直接排放因子	上游排放因子	来源
焦煤	3.142	—	IPCC
高炉喷煤	3.142	—	IPCC
烧结/转炉用煤	3.142	—	IPCC
焦炭	3.136	0.224	IPCC
石灰石	0.440	—	IPCC
白云石	0.471	—	IISI
电炉用电极	3.663	0.650	中国工程院
生铁	0.172	1.855	IEA
电	—	0.953	IEA
蒸汽	—	0.195×10^{-3}	IEA
氧气	—	0.355×10^{-3}	IISI
氮气	—	0.103×10^{-3}	IISI
高炉渣	—	0.550	Gabi 数据库
粗苯	—	3.382	Gabi 数据库
煤焦油	—	3.392	IPCC
焦炉煤气	0.836	0.977×10^{-3}	SimaPro 数据库
高炉煤气	0.891	0.170×10^{-3}	SimaPro 数据库
转炉煤气	1.512	0.432×10^{-3}	SimaPro 数据库

4.3.2.5　生命周期影响分析

基于图 4-32 包含铁矿石、煤炭开采等工序在内完整系统边界，计算了该钢厂钢铁生产过程中生命周期内各工序的温室气体排放量，详见表 4-35。结果显示，采用 ISO 标准对生产 1t 普通碳素钢生命周期碳足迹研究表明，将产生二氧化碳总计 1592.87kg，CH_4 总计 0.14kg，N_2O 总计 0.008kg。钢铁产品的温室气体排放主要是 CO_2，CH_4、N_2O 排放总量很小，可以忽略不计。全球变暖潜能值 GWP（global warming potential）是反映物质产生温室效应的一个指数，指在 100 年的时间框架内，各种温室气体的温室效应对应于相同效应二氧化碳的质量。根据 IPCC 规定，CO_2、CH_4、N_2O 的 GWP 值分别为 1、21、310。综合表 4-35 计算结果，将所有温室气体转换为二氧化碳当量 CO_2eq.，得出生产 1t 粗钢产生的温室气体的 CO_2eq. 值为 1.593t。

表 4-35 生产 1t 粗钢各工序温室气体排放总量

项目名称	CO_2/kg	CH_4/kg	N_2O/kg	CO_2eq/kg	占比/%
开采选矿	64.45	0.03	$6.2×10^{-6}$	64.52	4.05
煤炭采选	50.72	0.01	$5.4×10^{-6}$	50.72	3.18
原料运输	7.80	0.01	$2.6×10^{-5}$	7.80	0.49
焦化	272.07	0.01	$5.5×10^{-3}$	272.14	17.08
烧结	354.25	0.03	$1.4×10^{-3}$	354.32	22.24
球团	23.32	0.01	$7×10^{-5}$	23.32	1.46
高炉	567.53	0.02	$1.4×10^{-3}$	567.53	35.62
炼钢	84.59	0.01	$2.8×10^{-5}$	84.59	5.31
轧制	168.15	0.03	$1.2×10^{-6}$	168.15	10.56
合计	1592.87	0.14	0.008	1593.07	100

基于以上研究成果，根据《2021 内蒙古统计年鉴》中各盟市年粗钢产量，统计并梳理钢铁行业产生的碳排放，从全生命周期碳排放得出生产 1t 粗钢排放 1593.07kg 二氧化碳，因此 2020 年全区钢铁二氧化碳排放量为 4970.16 万吨。各盟市钢铁企业碳排放空间主要集中分布在乌包鄂城市群，可见钢铁行业受资源分布影响显著，其中以包头市为主要碳排放集中区域，包头市二氧化碳排放量最高，为 3392.92 万吨，占全区钢铁行业碳排放的 68.27%；赤峰市二氧化碳排放量为 741.51 万吨，排名第二；鄂尔多斯市、兴安盟、乌海市二氧化碳排放量相近，分别为 367.87 万吨、254.91 万吨、212.95 万吨。

4.3.3 钢铁行业低碳技术基础与实践

钢铁行业的低碳行动按照脱碳原理可分为 5 类，包括减少产量、节能技术、废钢循环利用、新能源替代和末端脱碳技术。减少产量措施包括延长钢材产品使用寿命、提升材料效率和严控产能等，以控制产量过度增长，进而实现钢铁产量的下降。节能技术主要包括能效提升、余热回收和智能化管理等，最终通过减少钢铁生产过程中的化石能源消耗来减少碳排放。废钢循环利用主要通过电炉短流程炼钢的方式替代"高炉—转炉"长流程炼钢方式，避免炼铁环节中大量的能耗和碳排放。新能源替代主要通过用低碳或零碳属性的能源，例如氢能（主要是绿氢和蓝氢）或生物质能，替代钢铁生产过程中的焦炭等化石能源。末端脱碳技术主要是指碳捕获和封存（CCS）技术，将钢铁生产环节中释放出的 CO_2 进行封存或利用。不过，上述每类低碳行动都有约束条件，因此中国钢铁行业需要考虑多种低碳技术组合，以保障其在"双碳"目标下的顺利转型。钢铁行业低碳行动分类见表 4-36。

表 4-36 钢铁行业低碳行动分类

原理分类	具体行动措施	约束条件
减少产量	延长钢材产品使用寿命，严控产能	社会经济发展需求
节能技术	能效提升、余热回收、智能管理等	理论节能最大潜力
废钢循环利用	电炉短流程炼钢工艺	废钢供应量
新能源替代	氢能炼钢	技术研发成本及绿氢供应成本
	生物质燃料炼钢	技术研发成本及生物质资源供应成本
末端脱碳技术	CCS 技术	技术成熟度和成本

在目前的工艺技术中，电炉炼钢、球团制造、直接还原铁（DRI）、能效提升等成熟度高、实用性强的低碳冶金技术具备降碳潜力。"十四五"期间粗钢产量将进入平台区，同时伴随部分成熟度高、实用性强的低碳冶金技术运用，将更好地促进行业从总量上实现碳达峰。在碳达峰的基础上，行业进一步推广电炉炼钢、增加球团比、DRI 等成熟度高的实用性低碳冶金技术，带动钢铁制造流程工艺的优化，同时各工序能效提升，减少化石燃料消耗，降低碳排放强度，能够较好地实现减碳 30% 的目标。当前，仅有为数不多的针对中国钢铁行业低碳路径的研究考虑了 CCS、氢能炼钢和生物质炼钢的可能性。

根据文旭林等人在《钢铁企业碳排放核算及减排研究》中对长流程钢厂碳排放研究：燃料燃烧碳排放约占 94%；净购入电力碳排放占约 6%。在烧结、炼钢工序中，需消耗石灰石、白云石、电极、生铁、铁合金等含碳原料，以及生产熔剂过程的分解和氧化产生的 CO_2 排放，约占总排放量的 6%。生产过程中部分碳固化在企业生产外销的粗钢、粗苯和焦油中，相应部分的二氧化碳排放应予扣除，约占总排放量的 4%。以上节点均是钢铁行业减碳的重要环节。适合内蒙古地区的主要低碳技术如下。

4.3.3.1 余热余能利用技术

A 技术内涵

内蒙古钢铁生产以长流程（高炉法）为主，生产过程中产生大量余热余能资源，主要包括煤气、余热资源。传统的流程结构节能、技术节能以及管理节能的空间日趋变窄，利用余能余热转化发电是最直接的提高能源利用率的手段。目前内蒙古钢铁行业平均自发电率较低，但仍具有较大提升空间。

B 未来发展方向和趋势

a 煤气发电技术

钢铁生产过程中伴随煤和焦炭的消耗，副产大量的煤气，包括高炉煤气（高炉炼铁工序）、转炉煤气（转炉炼钢工序）和焦炉煤气（焦化工序），这 3 种副产煤气占全流程总能耗的近 40%。目前，钢铁行业的煤气发电机组根据发电原理不同可分为燃气-蒸汽联合循环发电（CCPP）和锅炉发电。CCPP 机组具有较高的能源转换效率，但是投资较大、维护费用较高、对煤气的品质要求高、电厂连续运行可靠性低，导致近年来推广较慢；煤气锅炉技术近年来发展较快，由原来的中温中压、高温高压发展到目前主流的高温超高压、超高温超高压、超高温亚临界（蒸汽压力 17.5MPa，温度大于 570℃）参数，高炉煤气单耗由 5m/（kW·h）降至 2.6m/（kW·h），同时先进机组的热效率超过了 40%。钢铁企业也通过主动淘汰中、低参数机组，结合高炉气动鼓风改造，集中煤气资源建设高参数机组获得了较大的效益。高参数机组在小型化方面的技术突破，使其在中小型钢铁企业中的推广具备有利条件。35MW 超高压及 80MW 和 100MW 亚临界煤气发电均有数十套成熟的工程案例。亚临界机组的热效率能达到 41%，未来几年亚临界煤气发电有望逐步推广，并成为大中型企业的主流机组。

b　余热发电技术

钢铁生产过程中产生的余热资源主要包括来烧结工序中的冷却废弃带走的热量（占烧结工序热能耗的 35%，发电量平均 16kW·h/吨烧结矿）、焦化工序中冷却焦炭带走的热量（其中采用惰性气体冷却焦炭的干熄焦技术可回收 80%~86% 的焦炭显热，发电量超过 140kW·h/吨干熄焦）、转炉烟气汽化冷却和轧钢加热炉汽化冷却系统产生的蒸汽。根据不同的余热来源，主要的发电技术包括余热蒸汽发电技术、烧结余热发电技术以及焦化余热发电技术。

C　需解决的关键科技问题

进一步提高热装温度，降低煤气消耗，让节约的煤气发电；余热蒸汽发电存在蒸气压损失较大、产生的饱和蒸气压等级不一、冬季供暖造成的汽轮发电机组停运等问题；提高余热热源稳定性，外加煤气补燃保证机组稳定运行；提高装备的运行稳定性，提高发电效率。

4.3.3.2　富氧高炉技术

A　技术内涵

内蒙古钢铁冶炼技术主要以高炉-转炉法为主，高炉富氧鼓风是现代高炉炼铁技术中强化冶炼的重要技术手段。高炉炼铁是在高温有氧条件下，焦炭燃烧生成的还原气体（一氧化碳和氢气）在炉内上升过程中除去铁矿石中的氧，得到金属铁的过程。其中，铁矿石、焦炭、造渣用熔剂（石灰石）从炉顶装入，氧气由位于炉子下部的风口吹入经预热的空气（即鼓风）获得。高炉富氧鼓风是向鼓风中加入工业氧，使鼓风中含氧量超过大气中含氧量，其目的是在不增加风量、不增加鼓风机动力消耗的情况下，提高冶炼强度以增加高炉产量和强化燃料在风口前燃烧。与传统的高炉炼铁工艺相比，富氧高炉工艺生产流程产生的 CO_2 排放量可减少 50% 以上，生产效率提高 0.5~2.0 倍以上。

B　未来发展方向和趋势

高炉富氧鼓风，会使风口前理论燃烧温度大幅度升高：富氧率为 1%（氧气浓度由大气下的 21% 升高至 22%），理论燃烧温度提高 45~50℃，如：风温在 1000~1150℃，风中湿度为 1% 时，富氧后氧浓度达到 26%~28% 时，理论燃烧温度会达到 2500℃ 以上（同等条件、非富氧情况下，炉缸温度一般在 2200℃±50℃），这样的高炉会很难操作，必须加大喷煤比，以降低炉缸温度。瑞典炼铁界研究结果表明，高炉富氧后氧气浓度最高不要超过 37%，否则高炉难于操作，会进一步导致煤气流分布不均、炉缸过热、耐火材料损坏、风口区软熔带煤气透气性变差、炉顶温度过低、除尘效果不好等问题，严重影响高炉炼铁生产经济性。国内外的基础理论研究及小规模的试验，初步证明了顶煤气循环氧气高炉的工艺可行性。目前，内蒙古大多数高炉富氧率在 2.5%～4.0%（氧浓度 23.5%～25%），还有较大的提升空间。富氧率的高低主要是受氧气价格影响，如沙钢氧气价格在 0.5 元/m^3 左右，高炉生产富氧率可以达到 11.5%～15%（氧浓度 32.5%～36%）。沙钢高炉曾经富氧率达到过 12.6%（氧浓度 33.6%），取得了较好的经济效益。

C 需解决的关键科技问题

氧气高炉必须突破的科技难点有：（1）高富氧（全氧）使高炉内温度场发生变化，炉内上凉下热（"上凉"：由于采用纯氧鼓风后带来的炉内煤气量过少，造成炉身炉料加热不足；"下热"：由于理论燃烧温度提高、煤气量减少及直接还原度的降低，导致炉缸温度过高）；（2）理论燃烧温度过高，产生氧化硅大量挥发到上部重新凝结，降低料柱透气性，从而破坏高炉稳定运行；（3）高炉冶炼条件发生了变化，中心气流会减弱，边缘气流会增强；（4）高炉强化冶炼后，特别是炉内出现滑料现象时，极易发生滑料引起炉凉；（5）顶煤气脱碳工艺技术还不成熟。

4.3.3.3 氢冶金技术

A 技术内涵

钢铁工业的传统模式是采用碳作还原剂、产物是需排放 CO_2 的碳冶金，其反应式为 $2Fe_2O_3+3C=4Fe+3CO_2$。氢冶金的概念是基于碳冶金提出的，即利用氢代替碳作为还原剂，产物是水，无 CO_2 排放，其基本反应式为 $Fe_2O_3+3H_2=2Fe+3H_2O$。氢气是一种优良的还原剂和清洁燃料，用氢气取代碳作为还原剂和能量源，发展氢冶金，是钢铁行业低碳化、绿色可持续发展的最有利选择。氢冶金工艺技术流程按照研究进展和发展方向可分为富氢还原和纯氢还原。

对于各类钢铁生产工艺，包括高炉冶炼、直接还原铁（DRI）和熔融还原冶炼，均可采用氢能替代来减少焦炭和天然气等化石燃料的应用。当氢气由可再生能源发电制得时（绿氢），全生命周期下的碳排放量可进一步降低。从技术层面考虑，一般认为 DRI 结合氢能（DRI-H_2）是中国钢铁行业未来最有可能的零碳炼钢的技术方向。相关研究也把 DRI-H_2 的成熟度视为重要的情景变量。

B 未来发展方向和趋势

a 富氢还原技术

由于纯氢还原受大规模制氢技术和成本的限制，富氢还原得到了优先发展。在富氢高炉炼铁方面，向高炉中喷吹煤、焦炉煤气、天然气和塑料等均是传统高炉冶金向氢冶金技术开发的试验和实践。现有日本环境和谐型炼铁工艺技术开发项目（COURSE50）、韩国浦项制铁公司（POSCO）氢还原炼铁工艺、德国蒂森克虏伯公司氢基炼铁项目、中国宝武核能制氢项目等，说明国内外高炉炼铁已经从碳冶金向氢冶金转变。高炉富氢冶炼的研究与实践主要是向高炉内喷吹富氢气体，如焦炉煤气、天然气等。未来尚需在焦炭的骨架作用与氢还原之间的矛盾等领域进行集中攻关，有望在 2040 年实现高炉氢还原炼铁工艺。

直接还原铁工艺（竖炉）凭借流程短、不依赖于焦炭、能源选择范围广、环境负荷低等特点已成为钢铁工业绿色发展的有效途径。以天然气、煤制气、焦炉煤气等为主体能源或还原剂生产海绵铁的气基直接还原工艺是迅速扩大氢还原在炼铁技术上应用的关键技术。富氢气基直接还原铁的生产工艺自 20 世纪中叶已逐步实现了工业化，如 Midrex 工艺和 HLY-III 工艺的还原气中氢气的比例均超过 50%。自 20 世纪末起，我国陆续开展了气基竖炉直接还原技术的开发和研究，如宝钢煤制气-竖炉直接还原法（BL 法）工业性试验、陕西恒迪公司煤制气-竖炉直接还原铁的半工业化试验、山西含碳球团焦炉煤气竖炉直接还原铁的试验、中晋矿业焦炉煤气-气基竖炉等。预计在 2030 年之前可建成富氢竖炉直接还原铁生产示范装置，完成探索、研究、试用和完善重大关键共性技术的研发和中试。在 2030 年后逐步提高富氢直接还原铁产量的占比，使富氢直接还原工艺得以推广应用。

b　纯氢还原技术

纯氢还原是还原剂全部为氢气的无碳冶金工艺，气基直接还原技术将在纯氢还原铁生产领域占据绝对主导地位。纯氢气竖炉或流化床直接还原早在 20 世纪 80 年代就在西欧国家有过工业生产实践。因此，使用 100% 纯氢气大型竖炉生产直接还原铁在技术上不存在太大问题。但是，自西欧几座全氢气竖炉及特立尼达和多巴哥共和国的 CIRCORED 流化床直接还原炼铁生产装置停产后，40 多年来未建成一座采用纯氢气生产直接还原铁的竖炉或流化床。采用纯氢还原工艺实现无碳冶金还处于研发起步阶段，在实质性的研发与工业应用方面仍面临巨大挑战，预计在 2040 年可建成纯氢直接还原铁生产示范装置。

C　需解决的关键科技问题

内蒙古纯氢冶金技术研究储备不足，需要大力发展耐高温高安全性材料研发技术、氢冶金反应器结构设计和工艺控制技术、炉料特征变化的理论研究、氢气防爆防泄漏技术，深入分析和制定氢冶金工艺能够达到的最大产出条件和参数，找出控制提高反应速率和效率的方法。碳还原铁矿石为放热反应，氢气还原过程是吸热反应，在没有碳源、还原气全为氢气的条件下，系统内部无法实现热量互补、变换，供热问题要靠加大氢气量解决，而在高的制氢成本下，纯氢竖炉或流化床工艺不具经济性。因此，富氢或纯氢还原过程的实现要求保持原料氢平衡比例和反应过程中能量的持续供给，克服铁矿还原过程中的温度效应，突破热平衡、化学平衡和传质间矛盾导致的氢利用率极限，才能真正理论支撑工业大规模氢能冶炼技术的应用。

4.3.3.4　短流程清洁冶炼技术

A　技术内涵

短流程清洁冶炼技术以废钢为原料，与采用矿石炼铁后再炼钢（长流程）相比，省去了能耗最高的高炉炼铁、焦化和烧结球团工序，更有利于生产清洁化。短流程技术吨钢能耗约为 200kgce，仅为长流程的 1/3，每用 1t 废钢可节省约 1.7t 铁矿石，同时还可减少尾矿、煤泥、粉尘、铁渣等固体排放物排放量 97%，减少 CO、CO_2、SO_2 等废气排放量 26%，减少废水排放量 76%。

B　未来发展方向和趋势

内蒙古废钢产量不足，加上长流程废钢添加比不断提高，使得废钢行情较为紧俏，生产成本受废钢价格牵制，导致短流程电炉产量在我国仅占 10%，而世界平均水平 27.9%，相较于欧盟电炉钢占比 41%，美国占比 70%，日本占比 24.5%，中国工程院发布的《黑色金属矿产资源强国战略研究》指出，到 2025 年，我国钢铁蓄积量将达到 120 亿吨，废钢资源年产出量将达到 2.7 亿~3.0 亿吨，占粗钢产量的 23%~25%；2030 年，我国钢铁蓄积量将达到132亿吨，废钢资源年产出量将达到3.2亿~3.5亿吨，占粗钢产量的30%~33%；2060年，废钢资源年产出量将达到4.8亿~5.0亿吨，约占粗钢产量的60%。届时，国内废钢资源将相对充裕，短流程炼钢的优势将逐步体现。

C 需解决的关键科技问题

a 废钢中残留物控制

废钢质量对电炉钢的质量影响也大，冶炼中对入炉废钢的化学成分应基本明确，且力求稳定，这对顺利冶炼非常重要。如果大量配入废钢压块，所含化学成分难于掌握，所以经常易造成钢水含碳量过高或过低，给正常冶炼带来困难。在最近的10~15年，得益于电炉设计、生产与原料供应、中厚板坯连铸技术和直接轧制的发展，美国电炉钢企业，已经跻身于扁平材（质量要求较高）市场，生产标准的带钢。而目前国内的小钢厂生产仍集中在长材领域（附加值较低）。

b 钢水中氮含量的控制

在电炉上控制氮含量是非常困难的，这是用电炉流程生产优质钢最大的限制条件。钢中氮含量高会引起应变时效，使钢的延展性下降。在电炉工艺中，一般可通过有效地消除气源与钢液的接触可降低吸氮量（表4-37）。

表 4-37 钢铁行业绿色技术推广目录

序号	技术名称	适用范围	核心技术及工艺	主要技术参数	综合效益
1	钢铁窑炉烟尘细颗粒物超低排放预荷电袋滤技术	工业炉窑烟气净化	预荷电袋滤技术可使烟气中细颗粒物预荷电，荷电后的粉尘在直通式袋滤器滤袋表面形成多孔、疏松的海绵状粉饼，可强化过滤时细颗粒物的布朗扩散和静电作用，提高碰触概率和吸附凝并效应，从而提高细颗粒物净化效率；超细纤维面层滤料可实现表面过滤，减少细颗粒物进入滤料内部，防止 $PM_{2.5}$ 穿透逃逸，稳定实现超低排放	颗粒物排放浓度<$10mg/m^3$，$PM_{2.5}$ 捕集效率>99%，设备阻力 700~1000Pa，设备漏风率<1.5%；预荷电装置工作电压 50~72kV，二次电流 80~120mA	与传统袋式除尘技术相比，预荷电袋滤器颗粒物排放浓度下降30%~50%，环保效益显著；运行阻力能耗降低40%以上，节能效益显著；占地减少35%，单位产品钢耗量降低25%
2	钢铁烟尘及有色金属冶炼渣资源化清洁利用技术	重金属固废/危废处理	通过对原料的火法富氧燃烧挥发与湿法综合回收有价金属，对固废中的锌、铟、铅、镉、铋、锡、碘、铁等进行综合回收，并从生产过程中产生的碱洗废水中回收碘及钠钾工业混盐，工业废水经处理后全部回用于生产，减少新水消耗	锌冶炼总回收率>88%，火法锌回收率>93%，湿法炼锌回收率>95%，湿法炼锌直流电耗为 2850~2950kW·h/t Zn，湿法炼锌电解效率>92.5%，熔铸回收率>99.68%，铟冶炼回收率>82%，铅直收率>99%，镉直收率>98%，新水消耗<$5m^3/t$ Zn	可附带回收超细纯化铁粉等产品，经济效益良好

续表4-37

序号	技术名称	适用范围	核心技术及工艺	主要技术参数	综合效益
3	焦炉炉头除尘技术	焦化除尘	采用"炉门上方设固定除尘罩+推焦车封闭及两侧设移动密封挡板"形式以及炉头吸尘罩控制技术,收集在焦炉生产过程中、装煤和出焦时炉门产生大量有毒含尘无组织排放的废气	净烟气粉尘超低排放:3.1mg/m³(标准状态),低于国家标准的10mg/m³(标准状态)	烟气中的苯并芘、焦油等有机物一并得到治理,降低焦炉生产对环境的其他影响
4	CO_2捕集、运输、驱油、埋藏工程技术	温室气体减排	针对工业生产过程中不同浓度CO_2排放源,分别采用有针对性的捕集方法,尤其针对低浓度CO_2捕集,基于"AEA胺液"、CO_2双塔解吸节能工艺及热、碳、氮、氢四平衡节能技术,使采集成本大幅降低;捕集的CO_2采用管道输送,利用CO_2混相气驱、CO_2辅助蒸汽吞吐、CO_2非混相驱+刚性水驱、CO_2前置蓄能压裂等采油技术,将CO_2注入多种类型油藏,实现CO_2地质封存,提高油藏采收率,尤其对强水敏低渗油藏和火成岩裂缝油藏取得驱油技术突破	吨CO_2捕集热耗小于3.2GJ,低于国内平均水平30%;CO_2管道压力控制在8~11.7MPa,采用密相/超临界区输送;稠油总体换油率达2.01;稀油总体换油率达0.78	实现温室气体减排,同时每埋藏1tCO_2可采出原油约0.3t
5	滚筒法冶金钢渣高效清洁处理技术	固体废物处理	将高温熔态冶金钢渣在一个转动的密闭容器中处理,在工艺介质和冷却水共同作用下,高温渣被急速冷却、碎化和固化,并由高温熔融状态处理成低温粒化状态,实现破碎和渣钢分离同步完成。整个系统进渣安全可控、短流程、清洁化(渣不落地、水循环使用零外排、废气集中处理超低排放)	处理一罐渣流程短,只需20~30min;成品渣粒度≤10mm达到90%以上,金属铁含量≤3%。烟气排放浓度≤10mg/m³	采用密闭容器进行处理,烟气排放浓度(标准状态)≤10mg/m³,平均降低颗粒物排放2~4mg/m³;吨渣回收铁资源0.22kg、吨渣用电约10kW·h
6	固废基高性能尾矿胶结充填胶凝材料制备和应用技术	固体废物处理	以矿渣、钢渣、脱硫石膏等大宗固体废物为主要原料,通过机械活化和添加高效激发剂,有效激活固废潜在胶凝活性。新型高效尾矿胶结充填胶凝材料可适用于多种类型难胶结尾矿(特别是超细全尾砂),实现"以废治废"	充填体强度最高可达6MPa以上,充填灰砂比可达1:10以上	提高工业固废利用价值,产品应用成本仅为水泥等传统胶凝材料50%以下且性能更高;促进矿山尾矿减量排放,消除尾矿库带来的安全隐患和环境破坏

序号	技术名称	适用范围	核心技术及工艺	主要技术参数	综合效益
7	钢铁行业重点工序多污染物超低排放控制耦合技术	工业烟气尾气处理	根据烧结风箱烟气排放特征差异，在不影响烧结矿质量前提下，选择特定风箱段烟气循环回到烧结台车表面，用于热风烧结。剩余烟气首先通过脱硫区进行 SO_2 吸附及氧化，然后与喷入的氨气混合进入脱硝区发生脱硝反应。活性炭法吸附的 SO_2 经脱附、氧化等过程制备硫酸副产品	颗粒物≤10mg/m³；SO_2≤15mg/m³；NO_x≤50mg/m³；二噁英 0.021ng TEQ，烟气循环率＞25%、吨矿烟气量减少 21.5%~25%、CO 减排 1.72~4.4kg/t	固体燃耗降低 6.3%~10.8%、烧结矿提产 3.2%~6.2%；综合治理成本 12~15 元/t
8	金属表面无酸除鳞成套技术	无毒无害原料替代	采用高压水为动力，用一定压力的高压水和一定浓度的钢丸在耐磨除鳞喷头内充分混合，形成高能固液两相流，通过高速微细磨料的打击磨削与高压水楔强力冲蚀共同作用，一次性清除金属表面氧化层、油、盐、粉尘等杂质，确保待加工金属基体表面无任何附着物，过程中水与磨料可循环使用，产生的废渣作为铁精矿等可直接回收，并且无其他废水、废气排放	除鳞效能≤3.5kW·h/m²；清理后表面清洁度 Sa3.0 级；表面粗糙度 Ra2.0~16（可调）；技术适应性：普碳钢、不锈钢、钛合金、高强钢等材质	相比传统酸洗等表面清理工艺，该技术可实现吨钢废酸减排 20kg、含酸废水减排 0.6t；可全面满足不同材质金属、不同类型表面污染物的清理需求，生产成本较传统工艺降低 10%~70%
9	烧结（球团）多污染物干式协同净化技术	工业烟气尾气处理	以循环流化床反应器为核心，通过反应器内激烈湍动颗粒床层吸收吸附双重净化、细微颗粒物凝并功效，有机结合选择性催化还原（SCR）、循环氧化吸收（COA）和超滤布袋除尘技术，并通过智能化检测与控制系统，高效脱除 SO_2、NO_X、SO_3、HCl、HF 等酸性气体、重金属（铅、砷、镉、铬、汞等）、二噁英及颗粒物（含 $PM_{2.5}$）等多组分污染物	出口 SO_2 浓度≤35mg/m³（标准状态）；NO_x 浓度≤50mg/m³（标准状态）；烟尘浓度≤5mg/m³（标准状态）；多种污染物协同脱除：出口 SO_3（硫酸雾）≤5mg/m³（标准状态）、重金属汞≤3μg/Nm³（标准状态）、二噁英≤0.1ng TEQ/m³（标准状态）	多污染物协同脱除，无有色烟羽排放。可减小占地面积约50%，耗水量节约30%，无废水排放

续表 4-37

序号	技术名称	适用范围	核心技术及工艺	主要技术参数	综合效益
10	利用交变脉冲电磁波的循环冷却水处理技术	工业循环冷却水处理	运用特定频率范围的交变脉冲电磁波,激励水分子产生共振,增强水的内部能量,促使在冷却水中形成无附着性的文石及在钢铁表面形成磁铁层,解决结垢和腐蚀问题。具备一定抑制细菌、藻类和微生物的作用	循环冷却水中的总Fe<1mg/L;异养菌总数<1×10⁴ cfu/mL;循环冷却水的浓缩倍率≥6	循环冷却水系统压缩机能耗降低 3% 以上;节约用水 30% 以上

4.3.4　钢铁行业关键减碳技术的减碳潜力贡献评估

4.3.4.1　低碳发展情景设置

2020 年末,工信部发布《关于推动钢铁工业高质量发展的指导意见》,明确提出到"十四五"末力争全行业实现碳达峰,能源消耗总量和强度均降低 5% 以上。钢铁行业面临"十四五"提前碳达峰的要求。到 2030 年,碳排放量较峰值减少 30%。内蒙古最大的钢铁生产企业包钢集团承诺:力争 2023 年实现碳达峰,2030 年具备减碳 30% 的工艺技术能力,力争 2042 年碳排放量降低 50%,力争 2050 年实现碳中和。

内蒙古粗钢生产流程结构以高炉—转炉长流程为主,2019 年长流程粗钢占比为89.8%。高炉作为炼铁主要设备,其碳排放占高炉—转炉长流程碳排放的 67%。因此,若要实现钢铁行业碳中和的目标,高炉是实现低碳排放的重要主体。通过对普遍使用的钢铁企业长流程工艺的碳排放进行具体分析,可以观察到吨钢碳排放比例最高的高炉炼铁工序达到了 60% 以上,这也说明实现碳减排需首先解决高炉的高碳排放问题(表 4-38)。

表 4-38　钢铁企业高炉—转炉长流程各工序碳排放情况

序号	工序	工序吨钢碳排放/t	比例/%
1	焦化	0.190	6.125
2	烧结	0.265	8.543
3	球团	0.034	1.096
4	炼铁	2.079	67.021
5	转炉	0.288	9.284
6	轧钢	0.246	7.931

高炉常用的减碳手段是使用短流程替代长流程工序,或推广氧气高炉与氢能冶炼,对于其他工序的减碳可采用余热余能利用手段,因此,主要从推广短流程、改变能源比例(氧气高炉、氢能冶炼、CCUS)以及余热余能利用 3 个方面对减碳潜力进行分析。

目前,内蒙古地区钢铁冶炼采用高炉—转炉技术,装备上的更新换代压力较大。以现有技术装备为基础提高能源利用效率为钢铁行业的碳减排工作提供有力支撑,除余热利用

外，钢铁行业较为主流的减碳手段包括氧气高炉、氢能冶炼、CCUS 等，减碳效果见表
4-39。

表 4-39 节能技术及减碳贡献

序号	方法	应用背景	减碳效果
1	氧气高炉	（1）新型无氮气高炉技术，与普通高炉相比，节碳24%，降低 CO_2 排放 26%，与 CCS 技术结合减排可达到 50% 以上，考虑到氧气高炉氧气制取需要产生碳排放，实际减排率为 23.64% 左右	氧气高炉覆盖率达到 10%，可实现 CO_2 减排 0.35 亿吨，对 2030 年减排贡献 0.19%
		（2）炉顶煤气循环氧气高炉，相较传统高炉，CO_2 净排放可降低 32.9%～40.4%；传统高炉 CO_2 排放为822.5kg/t（粗钢）	碳排放降低 35% 时，CO_2 减排 3.07 亿吨，对 2030 年减排贡献率达 1.69%
2	氢能冶炼	（1）高炉喷吹废塑料技术，每喷吹 1t 废塑料相当于1.2t 煤粉，可实现减排 0.28tCO_2	CO_2 减排 3.11 亿吨，对 2030 年减排贡献率达 1.71%
		（2）高炉喷吹氢气，喷吹氢气量 100m³/t（铁）时，可产生节碳 14.08kg/t（铁）的效果，最终减排 CO_2 为51.7kg/t（铁）	喷吹氢气量 100m³/t（铁）时，CO_2 减排 0.46 亿吨，对 2030 年减排贡献率达 0.25%
		（3）高炉富氧喷吹焦炉煤气，国际先进水平喷煤比180～200kg/t，每增加 50m³ 焦炉煤气喷吹量可实现工序 CO_2 排放量减少 5%。	喷煤比为 200kg/t、焦炉煤气密度为0.5kg/m³ 时，CO_2 减排 3.55 亿吨，对2030 年减排贡献率达 1.96%
		（4）氢气直接还原： 1）以 MIDREX 法为例，配合电炉使用的 MIDREX工艺相较于高炉转炉工艺可减碳 50%； 2）日本 COURSE50 项目计划在 2030 年建立新的高炉炼铁工艺流程以减少炼铁工艺 30% CO_2 排放量，并在 2050 年实现工业化； 3）瑞典 HYBRIT 法可使吨粗钢的化石二氧化碳排放量由 1600kg 降低至 25kg	（1）CO_2 减排 11.71 亿吨，对 2030 年减排贡献率达 6.45%。 （2）该计划可实现 CO_2 减排 7.03 亿吨，对 2030 年减排贡献率达 1.18%。 （3）该计划可实现 CO_2 减排 16.77 亿吨，对 2030 年减排贡献率达 9.24%
3	碳捕获、利用与封存技术	（1）某集团初步具备实施 CCUS 可能性的设备仅为 60%。 （2）国际能源署规定捕集率 45%～55%，考虑到CCUS 碳封存场地的困难，实现 CCUS 的设备粗略按20% 计算	CO_2 减排 3.5 亿吨，对 2030 年减排贡献可达 1.93%

在钢铁生产流程中实现节能减排，除了降低各项工序的能耗之外，提高余能利用比例
也非常重要，对于余能利用主要考虑成熟技术推广以及新技术研发，具体技术及减碳贡献
见表 4-40。

表 4-40　余热回收技术对 2030 年减碳贡献对比

序号	技术	应用背景	节能（标准煤）/万吨	CO₂减排/万吨	CO₂减排率/%
1	冶金渣余热回收技术	（1）高炉渣显热回收，对于 60%~66% 品位的炉料，每产出 1t 生铁可产生副产品高炉渣 250~300kg，按 60% 的回收率统计，1t 液态渣水淬时散失热量合 54.59~61.42kgce	121~163	346~415	0.019~0.023
		（2）钢渣余热回收，钢渣有压余热发电整合有压热闷蒸汽可实现吨钢渣发电 3~5kW	5.12~8.54	14.64~24.42	0.0008~0.0013
2	CDQ 技术	每吨焦可对炼焦工序吨焦节能 40kgce，吨钢能耗降低 15kgce，CDQ 产生的蒸汽用于发电，每吨红焦可发电 100kW·h，减碳 100kg	87.53	10530	0.58
3	烧结矿显热回收技术	回收每吨烧结矿产生的烟气余热发电量为 28kW·h，折合 11.2kgce，减碳量约为 14kg	1242	1553	0.086
4	分子筛纯化器蒸汽加热技术	使用 1.0MPa、230℃ 的蒸汽将氮气从 34.6℃ 加热到 150℃，消耗蒸汽量 3355kg/h，使用蒸汽加热代替电加热，可节省 2217kW·h 电能，相当于 272.47kg/h 标准煤	52.86	144.6	0.008
5	TRT 技术	中国 TRT 生铁发电量为 30kW·h/t，国际发达水平的生铁发电量可以达到 40kW·h/t	1065	1331.68	0.073

　　总体上，钢铁行业降低碳排放主要有扩大短流程规模、改变生产能源结构（氧气高炉、氢能利用、CCUS）以及余热余能利用（高品位余能利用、低品位余能利用），其中，改变生产能源结构中的氢能利用具有最大的减碳潜力，可实现减碳 42.63 亿吨，对 2030年减碳贡献 20.79%，减少碳税 1705.2 亿美元，其次是扩大短流程规模，预计可实现减碳 4.5 亿吨，对 2030 年减碳贡献 2.48%，可实现减少碳税 180 亿美元。未来的钢铁行业减碳推荐以氢能冶炼和扩大短流程规模为主要研究方向，以氧气高炉、CCUS 和余热利用为辅。

4.3.4.2　钢铁行业减排技术设定

　　本书将首先基于前文低碳产业技术基础与实践的调研分析结果，结合专家评判和生命周期评价分析，建立评估指标体系，对当前所有钢铁行业的减碳技术、零碳技术、负碳技术进行全面评估。采用碳排放总量、度电碳排放量、度电污染物排放量进行减排潜力贡献评估，结合各类技术的成熟程度研判各类技术的减碳潜力及实用可行性，评估其减碳潜力贡献。

　　根据《重塑能源：面向 2050 年能源消费和生产革命路线图·中国·工业卷》、《国家重点节能低碳技术推广目录》、行业协会专家访谈调研、钢铁行业相关规划、研究成果等资料，初步筛选出 29 项节能减排措施/技术，见表 4-41。各项措施/技术有按类型和按环节两个分类维度。

表 4-41 钢铁行业节能减排措施/技术筛选

类别	环节	措施/技术名称	序号
消费减量	消费减量	减少不合理钢铁消费需求	T1
结构调整	结构调整	先进产能代替落后产能	T2
		增加短流程炼钢比例	T3
原（燃）料回收和替代	炼焦	高温高压干熄焦	T4
		炼焦煤调湿风选技术	T5
		焦炉荒煤气显热回收利用技术	T6
	烧结	烧结余热发电技术	T7
		烧结余热能量回收驱动技术（SHRT 技术）	T8
		烧结废气余热循环利用工艺技术	T9
	炼铁	提高高炉入炉球团比	T10
		高炉冲渣水直接换热回收余热技术	T11
		燃气-蒸汽联合循环发电技术（CCPP）	T12
		燃气轮机值班燃料替代技术	T13
		煤气透平与电动机同轴驱动高炉鼓风机技术（BPRT 技术）	T14
	炼钢	转炉煤气干法回收技术	T15
节能及能效提升	炼焦	大型焦炉用新型高导热高致密硅砖节能技术	T16
	烧结	环冷机液密封技术	T17
	球团	蓄热式转底炉处理冶金粉尘回收铁锌技术	T18
	炼铁	高炉鼓风除湿节能技术	T19
		基于炉腹煤气量指数优化的智能化大型高炉节能技术	T20
		旋切式高风温顶燃热风炉节能技术	T21
	炼钢	冷捣糊整体优化成型筑炉节能技术	T22
		钢水真空循环脱气工艺干式（机械）真空系统应用技术	T23
		加热炉黑体强化辐射节能技术	T24
	整体节能	钢铁行业能源管控技术	T25
		高辐射覆层技术	T26
末端脱碳	末端脱碳	二氧化碳捕集与封存（CCS）	T27
		二氧化碳捕集、利用与封存和提高采收率技术相结合（CCUS-EOR）	T28
末端减污	末端减污	超低排放改造	T29

4.3.4.3 钢铁行业减排潜力及减排成本分析

各项措施/技术的 2015 年、2020 年市场占比数据来自《重塑能源：面向 2050 年能源消费和生产革命路线图·中国·工业卷》、《国家重点节能低碳技术推广目录》（2015 年本，节能部分）、相关规划、文献等，2025 年市场占比数据为参考 2015～2020 年的推广比例变化情况估算而来。根据所收集的数据资料，结合国内外措施/技术的典型应用、统计数据、相关学术研究成果等资料，可计算出 2030 年各项措施/技术的减排潜力，见表 4-42。

表 4-42　2030 年内蒙古钢铁行业各节能减排措施/技术减排潜力

类别	措施/技术名称	序号	CO_2减排潜力/$t \cdot a^{-1}$
消费减量	减少不合理钢铁消费需求	T1	215.13624
结构调整	先进产能代替落后产能	T2	132.96863
	增加短流程炼钢比例	T3	443.83464
原（燃）料回收和替代	高温高压干熄焦	T4	0.38597
	炼焦煤调湿风选技术	T5	19.92838
	焦炉荒煤气显热回收利用技术	T6	9.24414
	烧结余热发电技术	T7	3.74441
	烧结余热能量回收驱动技术（SHRT）	T8	4.20016
	烧结废气余热循环利用工艺技术	T9	4.41759
	提高高炉入炉球团比	T10	16.81182
	高炉冲渣水直接换热回收余热技术	T11	19.22250
	燃气-蒸汽联合循环发电技术（CCPP）	T12	37.49206
	燃气轮机值班燃料替代技术	T13	2.44501
	煤气透平与电动机同轴驱动高炉鼓风机技术（BPRT）	T14	13.75143
	转炉煤气干法回收技术	T15	7.02887
节能及能效提升	大型焦炉用新型高导热高致密硅砖节能技术	T16	7.33421
	环冷机液密封技术	T17	0.38629
	蓄热式转底炉处理冶金粉尘回收铁锌技术	T18	20.41683
	高炉鼓风除湿节能技术	T19	4.54161
	基于炉腹煤气量指数优化的智能化大型高炉节能技术	T20	28.62871
	旋切式高风温顶燃热风炉节能技术	T21	12.70637
	冷捣糊整体优化成型筑炉节能技术	T22	96.85174
	钢水真空循环脱气工艺干式（机械）真空系统应用技术	T23	8.64058
	加热炉黑体强化辐射节能技术	T24	11.64592
	钢铁行业能源管控技术	T25	3.10022
	高辐射覆层技术	T26	84.68320
末端脱碳	二氧化碳捕集与封存（CCS）	T27	8.78904
	二氧化碳捕集、利用与封存和提高采收率技术相结合（CCUS-EOR）	T28	7.55229
末端减污	超低排放改造	T29	−17.95175

注：负数代表 CO_2 的增排。

图 4-33 为到 2030 年各措施/技术的减排潜力占比，CO_2 减排潜力最大的是结构调整型措施/技术，其减排潜力占总潜力的 47.75%；其次为节能及能效提升型措施/技术，占 23.09%；第三为消费减量型措施/技术，占 17.81%；末端减污型措施/技术减排为负值，表明该措施会增加 CO_2 排放。

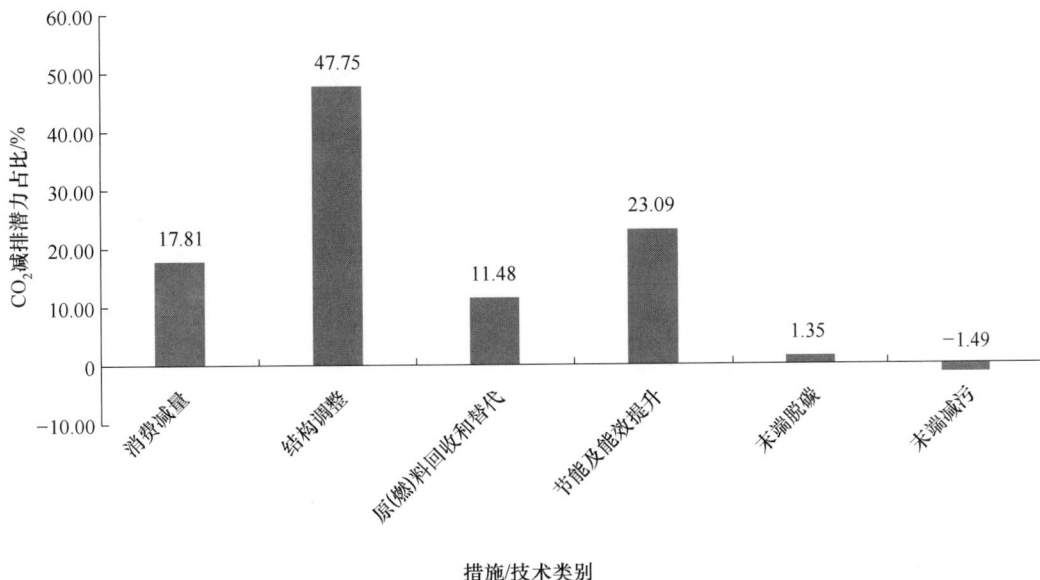

图 4-33 内蒙古钢铁行业 2030 年各措施/技术类别减碳潜力

粗钢产量是决定内蒙古自治区钢铁行业碳排放能否快速达峰的关键，加大废钢资源利用、推进外购电力清洁化和提高系统能效水平是钢铁行业实现碳排放达峰和有效降碳的重要途径，钢铁行业 CCS 和 CCUS 等末端脱碳技术能够很大程度减少碳排放，但是由于成本较高，技术成熟度低，在行业大范围推广还存在一定难度，利用氢能炼钢和 CCUS 等前沿低碳技术在 2030 年前对钢铁行业碳排放控制的贡献作用相对有限，还需主要依靠结构调整、消费减量等措施。到 2030 年，粗钢产量降低、加大废钢资源利用、推进外购电力清洁化、提高系统能效水平以及氢能炼钢和 CCUS 等前沿技术对钢铁行业 CO_2 减排贡献分别为 11%~52%、34%~52%、7%~20%、5%~13% 和 2%~3%。

在实现钢铁行业碳达峰之后，随着中国经济走向成熟，废钢逐渐增多，中国无疑将在更大程度上利用能源密度和碳密度都比较低的废钢。同时，想要实现碳中和的愿景，电弧炉将是钢铁生产的最主要路径，这在一定程度上将推动钢铁行业的能源投入转向电力。从长远来看，钢铁行业减排的重任将落在目前尚未商业化的创新技术的部署上，包括碳捕集在内的技术创新，目前 CCS、CCUS-EOR（二氧化碳捕集、利用与封存和提高采收率技术相结合）是国际公认的大规模直接减排技术，也被认为是我国碳中和目标实现的重要支撑。着眼实现碳中和愿景的需要，应坚持短期与中长期工作相结合，加快推进氢能炼钢、CCUS、碳循环钢化联产碳负排技术等低碳前沿技术的部署，为钢铁行业碳中和做出重要贡献。各措施/技术实现综合减排潜力成本见表 4-43。

表 4-43　各措施/技术实现综合减排潜力成本

类别	措施/技术名称	序号	减排潜力成本/万元·a⁻¹
消费减量	减少不合理钢铁消费需求	T1	0.00
结构调整	先进产能代替落后产能	T2	−2242.52
	增加短流程炼钢比例	T3	98839.71
原(燃)料回收和替代	高温高压干熄焦	T4	−604.91
	炼焦煤调湿风选技术	T5	−965.49
	焦炉荒煤气显热回收利用技术	T6	−1676.62
	烧结余热发电技术	T7	−2382.29
	烧结余热能量回收驱动技术（SHRT）	T8	−2554.86
	烧结废气余热循环利用工艺技术	T9	−2529.55
	提高高炉入炉球团比	T10	7179.15
	高炉冲渣水直接换热回收余热技术	T11	−1353.70
	燃气-蒸汽联合循环发电技术（CCPP）	T12	−809.53
	燃气轮机值班燃料替代技术	T13	−1515.21
	煤气透平与电动机同轴驱动高炉鼓风机技术（BPRT）	T14	−8449.89
	转炉煤气干法回收技术	T15	−2566.28
节能及能效提升	大型焦炉用新型高导热高致密硅砖节能技术	T16	−1318.51
	环冷机液密封技术	T17	−14.29
	蓄热式转底炉处理冶金粉尘回收铁锌技术	T18	−6155.06
	高炉鼓风除湿节能技术	T19	−633.96
	基于炉腹煤气量指数优化的智能化大型高炉节能技术	T20	−7357.11
	旋切式高风温顶燃热风炉节能技术	T21	−6224.46
	冷捣糊整体优化成型筑炉节能技术	T22	−36489.26
	钢水真空循环脱气工艺干式（机械）真空系统应用技术	T23	−1818.96
	加热炉黑体强化辐射节能技术	T24	−2390.47
	钢铁行业能源管控技术	T25	−1573.49
	高辐射覆层技术	T26	−1326.83
末端脱碳	二氧化碳捕集与封存（CCS）	T27	4387.62
	二氧化碳捕集、利用与封存和提高采收率技术相结合（CCUS-EOR）	T28	3212.19
末端减污	超低排放改造	T29	397965.28

注：负值表示产生经济效益。

表 4-43 为各措施/技术实行的成本数据，可以看出"增加短流程炼钢比例（T3）""提高高炉入炉球团比（T10）""二氧化碳捕集与封存（CCS）（T27）""二氧化碳捕集、利用和封存和提高采收率技术相结合（CCUS-EOR）（T28）""超低排放改造（T29）"5项措施/技术的成本为正值，高于其他措施/技术，其中"超低排放改造（T29）"的成本最高，远高于其他措施/技术。

对比钢铁行业节能减排措施和技术在 2030 年的推广和发展（图 4-34 和图 4-35），超低排放改造（T29）的减排成本最高，远高于其他措施/技术，而且其减排潜力为负值。增加短流程炼钢比例（T3）虽然需要付出较大减排成本，但是其减排潜力高居第一。减少不合理钢铁消费需求（T1）、先进产能代替落后产能（T2）、冷捣糊整体优化成型筑炉节能技术（T22）和高辐射覆层技术（T26）不仅具有较高减排潜力，而且会产生一定的经济效益。

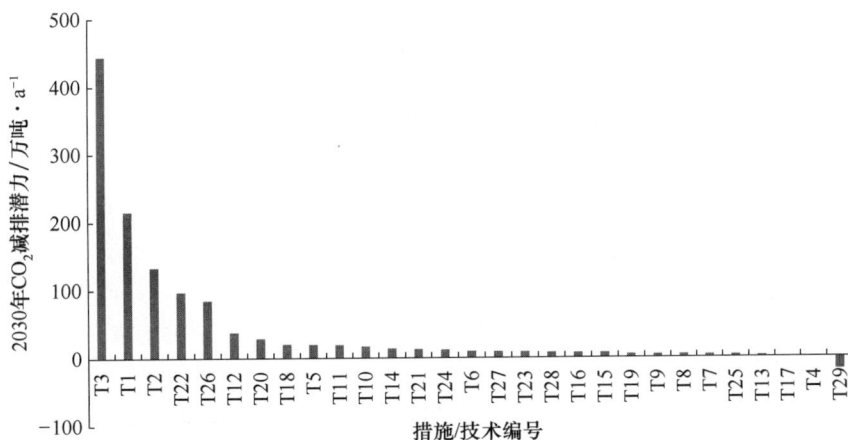

图 4-34　钢铁行业 2030 年各措施/技术减排潜力优先度排序

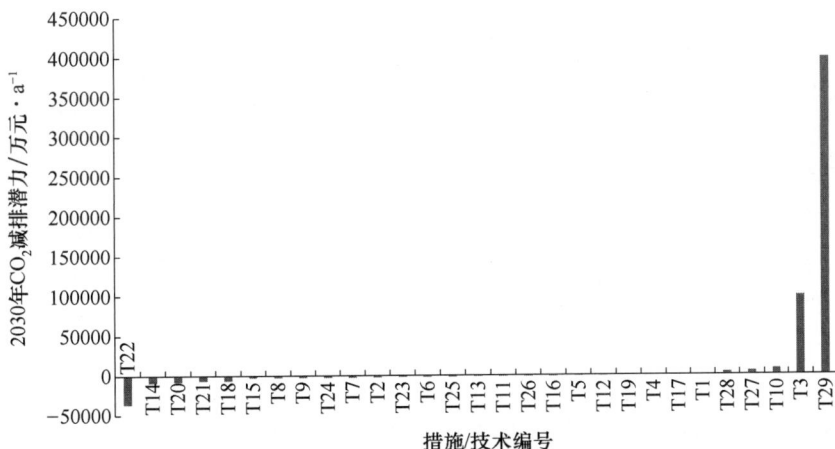

图 4-35　钢铁行业 2030 年各措施/技术减排成本优先度排序
（负值表示产生经济效益）

4.3.5 内蒙古钢铁行业低碳技术路径设计

4.3.5.1 钢铁行业发展政策建议

按照燃料/原料和工艺设备替代成本由小到大的原则，循序渐进推动初级钢生产的脱碳。

（1）限期实施技术装备升级改造。应尽少颠覆式替代既有工艺设备，鼓励高炉提高焦化环节副产氢的利用水平，对钢铁企业制氢和用氢予以财政支持，培育钢铁行业氢气消费需求和习惯，并充分利用内蒙古区内以高炉为主体的既有资产，对部分装备未达到产业结构调整指导目录准入标准，但不属于淘汰类的，按规定办理有期限的项目备案手续，在不新增产能的前提下，限期实施技术升级，存在产业结构调整指导目录淘汰类装备的，不予备案，并督促企业加快淘汰。

（2）利用综合标准依法依规淘汰落后产能。严格常态化执法和强制性标准实施，利用综合标准对能耗、环保、质量、安全、技术等达不到标准和生产不合格产品或淘汰类产能（即落后产能）依法依规关停退出，充分发挥法律法规的约束作用和规范标准的门槛作用，从体系建设、空间布局、能力提升、节能减排、质量升级等多方面推动钢铁企业转型升级、高质量发展。

（3）加大废钢资源回收利用，推进废钢资源回收体系建设。支持钢铁企业等牵头成立大型废钢回收加工配送企业，推进废钢回收、拆解、加工、分类、配送一体化发展，提升优质废钢资源保障能力。科学管理废钢资源交易，充分发挥废钢的市场调节作用，降低铁矿石的对外依存度。推动废钢现货、期货平台建设，促进形成公开透明有序的废钢定价机制。

（4）促进钢铁产业流程优化降碳。受到废钢资源以及直接还原铁（DRI）不足、高端产品生产技术不成熟等条件的限制，内蒙古自治区内应以包钢钢联股份有限公司（包钢集团）电炉炼钢建设项目为示范，最大限度地发挥现有高炉—转炉流程设备设施价值的同时，不宜冒进，分阶段目标稳步推进电炉炼钢。通过电价改革向电炉短流程炼钢倾斜，尽快制定区别于钢铁长流程的用电扶持政策，对全废钢电炉用电实施价格补贴，从而降低电炉炼钢用电成本。

（5）充分发掘新能源，提高绿电使用比例。鼓励企业因地制宜，充分利用风力、生物质能等可再生能源。鼓励钢铁企业以及以钢铁为核心的工业园区建设绿色微电网，优先利用可再生能源，通过电力直接交易、电网购电、购买绿电交易证书等方式给予电炉钢企业绿电使用配额，提高绿电使用比例。

（6）优化原材料结构，提高炼铁炉料球团矿配比。加大对"大比例使用球团矿"企业的政策支持，减少球团矿生产设备的限产比例，优化高炉炉料结构，给予区内球团用铁精粉生产企业金融和税收等方面优惠政策。

（7）加快零碳、负碳的科技研发和试验示范。通过淘汰落后产能、技术装备升级、生产工艺更新，内蒙古区内钢铁行业将有约870万吨二氧化碳不得不排放。后期需要加速推动对新资产的投入，包括逐步完善针对钢铁行业的氢气供应体系和CCUS产业，持续推动氢和CCUS成本的下降，根据各盟市不同的资源条件推动熔融还原、直接还原等技术工艺的规模化投产和运行。注重"双碳"目标与其他产业发展目标的协同，依靠负碳行业或部门共同实现碳中和。

（8）建立绿色零碳钢铁产品标准认证体系。积极参与构建钢铁产品碳排放核算认证体系，并基于此体系率先在重大公共设施工程建设项目的招投标过程中引入用钢的碳排放强制标准，逐步扩大标准的应用范围，鼓励政府和国企在更多的工程建设项目中采用标准，在适当时机将绿钢消费与地方和企业的碳减排考核指标挂钩，最大限度地培育绿钢消费市场。

（9）建立健全钢铁行业碳金融体系。建立以钢铁行业应对气候变化为发展目标的低碳标准体系，分批和有序开展钢铁行业低碳领域标准化工作。发布钢铁行业碳排放分级绩效评价标准，推动钢铁行业全面开展低碳绩效评价工作，并将低碳绩效评价结果与差别水价、电价和停限产等地方政策挂钩。充分发挥市场机制对控制温室气体的作用，加强碳减排的政策引导和激励，通过财政、税收、价格和金融等一系列调控政策，引导企业低碳转型。

4.3.5.2　钢铁行业低碳技术路径

基于前部分行业关键减碳技术的减碳潜力贡献评估，结合当前国家规划与法规要求，综合考虑方案的实用性，利用生命周期评价方法评估各方案的环境经济效益，优选最优碳达峰碳中和的情景方案，提出内蒙古钢铁行业的碳达峰碳中和低碳技术路径设计方案。

（1）依据减排潜力和减排成本，次序实施落后产能淘汰政策，严控落实产能产量双控，能耗双控。内蒙古区内粗钢产量基本达到峰值，吨钢能耗持续下降，根据以包头钢铁（集团）有限责任公司为主的钢铁企业"双碳"目标，力争于2025年前后实现碳达峰。（2）推广节能减排技术和应用，充分利用烧结余热回收利用、高炉高效喷煤、热风炉烟气双预热、转炉烟气高效利用等技术的应用，提升能效。（3）通过升级改造生产工艺，实施能源结构调整，提高绿电使用比例，更新富氧高炉炼铁、直接还原技术等先进技术，发展建设光伏、风电、生物质能等绿电项目，根据绿氢产业发展情况，部署氢能炼钢策略。（4）优化原燃料结构，提高炼铁炉料球团矿配比，推广高炉炉料优化技术，减少球团矿生产设备的限产比例，力争2045年碳排放量较峰值降低50%，（5）加大废钢资源回收、拆解、加工、分类、配送一体化发展，推进全废钢电炉短流程技术，持续增加以废钢为原料产钢量，强化冶炼技术实现工艺节能，并加强绿色化、智能化发展，电炉比例、废钢资源量将呈现稳步上升的趋势。（6）实施实用型碳捕集与碳封存技术，碳循环钢化联产碳负排技术，随着技术的发展和成本的降低，最后一部分碳排放量将有赖于负碳技术的低成本实现。

基于全产业链分析，针对不同控碳环节，分阶段提出"控碳，减碳，低碳，零碳""四步走"的本地化碳中和路线图（图4-36）。

2022~2030年，采取"控碳"技术路线，依据减排潜力和减排成本，次序实施落后产能淘汰政策→严控钢材产量→推广节能减排技术和应用→余热循环利用等节能改造技术，可减碳567.28万吨。

2030~2040年，采取"减碳"技术路线，次序实施能源结构调整→富氧高炉炼铁等先进技术→直接还原技术，提高绿电使用比例，可减碳481.34万吨。

2040~2050年，采取"低碳"技术路线，次序实施降低煤电使用比例→加大废钢资源利用→电炉短流程技术→高炉炉料优化技术，可减碳92.43万吨。

2050～2060 年，采取"零碳"技术路线，次序实施实用型碳捕集与碳封存技术→基于氢气的直接还原铁技术→碳循环钢化联产碳负排技术，可减碳 66.89 万吨。

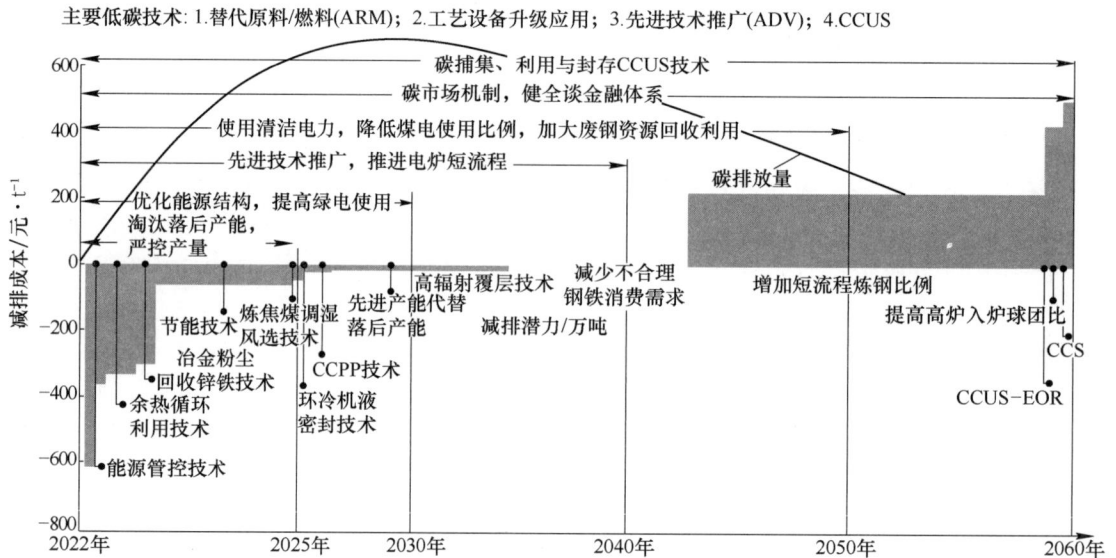

图 4-36　内蒙古钢铁行业低碳技术路径

根据《产业结构调整目录》，当前进一步推动内蒙古钢铁行业先进产能代替落后产能，严格落实产能置换政策，减少不合理钢铁消费需求，这是控制碳排放直接有效的手段。分阶段实施各类低碳、减碳技术，需多方考虑技术成熟度与经济成本，钢铁生产冶炼企业可以通过不断提升改造生产线，提升能效实现减碳排放，其中包括富氧高炉炼铁技术、氢能冶炼技术、烧结余热回收技术等。未来随着能源结构的优化，绿电的实现，钢铁行业相当一部分碳排放量将自然实现消减。废钢资源充足时，积极推广以废钢为原料的短流程清洁冶炼技术，将有效降低碳排放量。碳捕获、利用与封存技术 CCUS 的升级应用则是未来碳中和阶段最后考虑的方案。随着技术的发展和成本的降低，最后一部分碳排放量将有赖于负碳技术的低成本实现。

未来的路径设计可遵循以下三大原则：

（1）重点开展结构调整与消费减量化措施。以增加短流程炼钢比例（T3）为主的钢铁行业结构调整措施，虽然会造成一定的减排成本，但可以显著提高减碳能力。全废钢电炉短流程的单位产品煤耗、碳排放显著低于长流程，目前，内蒙古地区的电炉短流程炼钢比例远低于世界其他主要产钢国，因此该措施将是近期钢铁行业控煤降碳的重要措施。

（2）优化钢铁行业能源结构、加大废钢资源利用。高 CO_2 排放因子煤炭应逐步转变为煤气→天然气→氢气清洁能源实现钢铁碳零排。采用碳含量较低的燃料和/或还原剂，降低工业过程产生的直接碳排放。利用光伏发电、风能和地热能等清洁能源发电替代火力发电，减少因能源消耗产生的间接碳排放。另外，废弃生物质的使用还有许多潜在的好处，包括回收其能量含量、节约不可再生化石燃料、降低生产成本和减轻垃圾填埋压力。未来也可使用废塑料和废轮胎（其中也含有一些铁）代替煤生产钢铁。

（3）加大 CO_2 捕集与电解氢负排技术科技研发。钢铁行业碳中和需要通过末端碳捕集的方式才能实现，其中以 CCUS 和电解氢技术为主，这两种技术将贡献累计减排量的 15% 左右。有两大生产路线与 CCUS 和电解氢技术有关：一条是基于氢气的直接还原铁（DRI）路线，它的工艺能效较高，将来可以直接与低成本、使用波动性可再生能源的自产自用电力结合；另一条是创新型冶炼还原路线，不需要用到焦炉和某些烧结工艺，并且能产生更纯净、更适于捕捉的二氧化碳流。目前二氧化碳捕集成本较高，如果 CCUS 的技术、资金和成本障碍可以被克服，到 2060 年，这两大路线将共计提供原生钢产量的三分之二以上。

4.3.6 钢铁行业技术减碳研究小结

（1）碳排放趋势分析结果：内蒙古钢铁行业碳排放呈现逐步增长的趋势，吨钢综合能耗有所下降，但粗钢、钢材的产量仍旧不断增长，行业发展充满不确定性，短期内难以实现脱钩。

（2）碳排放空间分布分析结果：内蒙古钢铁行业碳排放空间分布主要集中在乌包鄂城市群，少量分布在兴安盟与赤峰市，由于包头市是全区钢铁企业和产能的集中地，导致该区域钢铁生产的碳排放量最大。整体呈现出大规模为主，分布相对集中，零散排放源较少，增长趋势不减的规律。

（3）环境影响分析结果：炼钢、炼铁过程中对环境影响最大的方面分别为气候变化（GWP）和初级能源消耗（PED）；其他影响较小。当前钢铁行业碳排放主要来自高炉炼铁过程的能源活动。

（4）技术减排潜力分析结果：当前碳减排潜力最大的减碳技术为结构调整型措施/技术，其减排潜力占总潜力的 47.75%；其次为节能及能效提升型措施/技术，占 23.09%；第三为消费减量型措施/技术，占 17.81%，原（燃）料回收和替代技术减排潜力占比为 11.48%。

（5）技术潜力成本分析结果：增加短流程炼钢比例虽然需要付出较大减排成本，但是该措施具有最大的减排潜力。减少不合理钢铁消费需求、先进产能代替落后产能、冷捣糊整体优化成型筑炉节能技术和高辐射覆层技术不仅具有较高减排潜力，而且会产生较高的经济效益。提高高炉入炉球团比、二氧化碳捕集与封存（CCS）、二氧化碳捕集、利用与封存和提高采收率技术相结合（CCUS-EOR）需要付出较高减排成本。

（6）低碳技术应用结果：工艺装备减碳技术在内蒙古推广发展阻力较大，高炉与短流程工艺可以发挥巨大减碳能力，但生产工艺更新换代压力较大；节能改造减碳技术成熟可靠，但对于内蒙古区内以包钢为主的大型企业已完成节能降碳相关技术普及，并力争于2030 年具备减碳30%的工艺技术能力，在小型企业推广节能降碳技术对整体减碳量贡献有限；大比例废钢利用技术，将成为未来内蒙古钢铁行业减碳技术的发展重点。但目前废钢资源严重不足，随着社会废钢资源产生量的不断增加，可在更大程度上利用能源密度和碳密度更低的废钢。

4.4 化工行业

4.4.1 内蒙古化工行业现状分析与核心问题识别

化工产业是内蒙古自治区支柱产业和传统优势产业，其门类主要包括焦化、氯碱、甲醇、氮肥等传统资源型产业，现代煤化工产业，以农药、医药、染料中间体等为主的精细化工产业，以及化工新材料产业。其中，焦化行业形成了煤焦化—煤焦油—煤焦油深加工、粗苯加氢，煤焦化—焦炉煤气—LNG，煤焦化—焦炉煤气—甲醇—芳烃等多条产业链；氯碱化工企业多采用煤—电—电石—PVC树脂—电石渣制水泥的上下游一体化发展模式；甲醇下游已形成甲醇—烯烃、甲醇—甲醇燃料、甲醇—甲醛及下游化学品等产业链；氮肥行业以煤为原料的企业占主体，且尿素装置单套规模基本均在50万吨以上；现代煤化工行业以鄂尔多斯市为重点，积极建设国家级现代煤化工产业集群，建成大路工业园区、独贵塔拉工业园区、苏里格经济开发区、达拉特经济开发区和蒙苏经济开发区等若干个现代煤化工产业集中布局区域。精细化工方面形成了"氢氰酸—羟基乙腈—苯胺基乙腈—靛蓝""氢氰酸—氰化钠（钾）—黄血盐钠（钾）""氯气—次氯酸钠—水合肼—发泡剂"等特色精细化工产业链。化工新材料产业形成了从氢氟酸到氟烷烃系列产品，再到偏氟乙烯以及聚偏氟乙烯、氟橡胶等下游深加工产品的完整产业链。生物化工产业正由传统精细化工产品向高附加值、高质量的精细化学品过渡。

4.4.1.1 内蒙古化工产业区域分布分析

目前，全区基本形成以鄂尔多斯市为主体有序发展的现代煤化工产业；乌海市及周边地区建设全国重要的焦化、氯碱和精细化工产业基地；乌兰察布市重点发展氟化工产业集群；赤峰市、通辽市因地制宜适度发展精细化工和生物化工产业。下一步，自治区将推动项目向现有的产业集中区和工业园区集中，实现错位发展，形成产业特色突出、资源配置高效、服务功能完备、竞争优势明显的产业发展格局。

4.4.1.2 内蒙古化工行业关键问题解析

A 传统化工产业集中度低

内蒙古自治区是我国重要的焦化、氯碱生产基地，但集聚发展水平不高，缺乏能够引领带动产业发展的"龙头"企业。氯碱和电石是资源和能源密集型产业，大型化、集中化、一体化是行业的发展方向。2019年，内蒙古自治区氯碱企业PVC和烧碱平均产能分别为36.7万吨/a和29.7万吨/a，虽略高于国内平均水平，但与新疆、陕西等国内先进地区的水平相比差距很大。电石企业仍有近百家，平均规模仅为15万吨/a左右，造成电石炉气的化工利用、自动化出炉、热回收等先进节能减排技术难以推广，部分企业由于环保和竞争力等问题已停产，造成一定程度的资源浪费。与新疆、陕西等地区先进企业相比，内蒙古自治区氯碱化工骨干企业的发展相对缓慢，综合实力和竞争力仍相对较弱。

B 技术装备水平有待提升

作为内蒙古自治区传统化工主体，焦化、氯碱产业技术装备整体水平有待大幅提升。从焦化产业来看，自治区仍有1/3的焦化产能为4.3m焦炉，且设备运行均在10年以上，部分企业配合煤硫含量较高，腐蚀、老化现象较为严重，安全风险较大。部分企业依据早期冶金行业标准设计，与现行的化工装置设计要求存在差距，而在山西、河北、山东、河南等地的焦化转型升级过程中，6m 以上的捣固焦炉已逐渐成为主体。在环保方面，焦化企业排污环节、污染物种类多，排放总量大，涉及备煤、炼焦、煤气净化、炼焦化学产品回收和热能利用等全流程。目前，内蒙古自治区焦化企业环保设施改造与山西、河北等焦化大省相比较为滞后，特别是无组织排放较为严重。此外，干熄焦配置较低，不仅加重环保负担，水资源浪费也较为突出。从氯碱产业来看，内蒙古自治区氯碱和电石企业的技术装备水平参差不齐，先进技术和落后技术并存，电石出炉自动化系统、炉气化工利用、余热利用、膜法除硝、聚合离心母液处理、废酸深度解析回收等新研发的先进技术还没有广泛应用。大部分中小企业技术粗放，科研、环保和安全等投入不足。

C 产业结构不尽合理

自治区化工产业结构"四多四少"问题依旧较为突出，且传统产品普遍存在产能过剩问题，特别是电石、烧碱、聚氯乙烯、氮肥等行业产能过剩尤为明显，高技术含量的化工新材料、高端专用化学品比例偏低。从传统化工来看，随着化产深加工技术的日益成熟，焦化产业下游虽已初步形成了焦炉气综合利用（焦炉气制甲醇、焦炉气制 LNG）、煤焦油深加工、粗苯精制等化产利用产业集群，但资源加工深度有待进一步提高，仍有大量焦炉煤气提供给周边水泥厂、玻璃厂等作为初级燃料燃烧使用，煤焦油没有形成集中深加工的产业集群规模效益。大型电石生产企业都配套建设了下游装置，基本实现了上下游一体化，但仍有一大批没有下游配套的商品电石企业，只能在有限的商品电石市场进行激烈竞争，一旦 PVC 等下游行业需求萎缩，就只能限产甚至停产。从新兴产业来看，氟硅化工是精细化工和化工新材料产业的重要组成部分，但目前含氟 ODS 替代品还缺乏满足未来市场需求的前瞻性产品种类；含氟聚合物也未形成系列化产品，目前主要生产涂料级 PVDF（聚偏氟乙烯），氟橡胶也仅能生产 26 型产品，还不能生产锂电池电极用的共聚 PVDF 和 246 型氟橡胶；配套战略性新兴产业的含氟精细化学品尚属空白。有机硅下游深加工产品生产规模有待提升，硅化工原料化学级工业硅生产能力没有充分发挥。生物基化学品以淀粉及大宗氨基酸等传统生物基产品为主，部分产品已处于产能过剩态势，市场竞争较为激烈，产品附加值不高。生物化工企业较为集聚的通辽市、赤峰市等蒙东地区水资源比较匮乏，因存在用水缺口，装置不能满负荷运行，致使能耗、物耗较大，生物基化学品竞争力减弱。

D 区域协同发展不足

乌海市及周边地区是我国沿黄地区最具发展活力的地区之一，但该区域分属内蒙古自治区三个盟市以及宁夏石嘴山市，园区点多面广，规划和管理体制不统一，区域竞争大于合作，各盟市间产业同构性强，各园区投资建设项目存在一定的重复性，园区间及城市间产业协作、关联不足，不利于产业集群的建立和区域产业竞争力的构建。应着重引导和推动沿黄各盟市站位整个黄河流域发展大格局，特别是乌海市及周边地区，鼓励找准发展定位，深化区域合作，实现错位发展、协调发展、有机融合，重点培育精细化工、新材料等战略型新兴产业，依靠整体合力共同落实国家战略。

E 资源环境约束加大

内蒙古自治区作为国家的清洁能源输出基地、现代煤化工生产示范基地、有色金属生产加工基地，产业结构以煤炭、电力、煤化工等能源资源为主，资源环境约束逐步加大，蒙东地区生态环境保护限制煤炭深加工项目实施，蒙西地区项目用水指标难以落实。其中，沿黄地区集中了全区50%的人口，创造了全区69%的经济总量和71%的财政收入，是内蒙古自治区经济主轴带和发展核心区，也是化工产业相对集中布局的区域。长期以来，沿黄地区在加强水利建设、改善生态环境、推动转型发展等方面做了大量工作、取得积极进展，但仍存在生态环境脆弱、防洪减淤形势严峻、水资源短缺和利用粗放、产业结构依能倚重且层次偏低、发展不平衡不充分等突出困难和问题。在实施黄河流域生态保护和高质量发展重大国家战略中，内蒙古肩负着重大政治责任，须进一步努力在高质量发展中实现高水平保护、在高水平保护中促进高质量发展，助力做好黄河流域高质量发展大文章。

4.4.2 化工行业全生命周期碳排放核算

本章应用生命周期评价方法核算化工行业生命周期碳（温室气体）排放。生命周期评价是对一个产品系统的生命周期种输入、输出及其潜在环境影响的汇编和评价。

4.4.2.1 全生命周期评价边界

化工行业门类和产品类型较多，不同门类和产品的生产流程不同，为便于核算，将整个化工行业的全生命周期碳排放划分为以下几个阶段：（1）燃料燃烧排放，包括煤、油、气等化石燃料在各种类型的固定燃烧设备（如锅炉、煅烧炉、窑炉、熔炉、内燃机等）或移动燃烧设备（厂内机动车辆）中发生氧化燃烧过程产生的二氧化碳排放。（2）过程排放，指化石燃料或其他碳氢化合物用作原材料产生的二氧化碳排放以及碳酸盐使用过程（如石灰石、白云石等用作原材料、助溶剂或脱硫剂等）分解产生的二氧化碳排放。如果存在硝酸或己二酸生产过程，还应包括生产过程的氧化亚氮排放。（3）二氧化碳回收利用量，主要指回收燃料燃烧或工业生产过程中产生的二氧化碳并作为产品供给其他单位从而应予扣减的二氧化碳，不包括企业现场回收自用的部分。（4）购入的电力、热力产生的排放，指化工生产企业消费的购入电力、热力所对应的二氧化碳排放。（5）输出的电力、热力产生的排放，指化工生产企业输出的电力、热力所对应的二氧化碳排放。

生命周期评价核算边界应以企业法人或视同法人的独立核算单元为边界，核算其全部生产系统产生的温室气体。全部生产系统包括主要生产系统、辅助生产系统及直接为生产服务的附属生产系统，其中，辅助生产系统包括动力、供电、供水、化验、机修、库房、运输等，附属生产系统包括生产指挥系统和为生产服务的单位和部门。如果核算边界内有多个生产活动单位，应按一定的逻辑将空间上相对独立、物料往来易于识别和计算的区域划为多个核算单元。具体核算边界如图4-37所示。

4.4.2.2 清单数据

清单分析以及有效数据收集是LCA的基础工作，对于化工生产过程，生命周期碳排放评价所需基础数据包括原料消耗、能源消耗、产品产出及污染物排放等。根据化工行业生产实际，碳排放所需清单数据见表4-44~表4-46（国家质量监督检验检疫总局和国家标准化管理委员会，2015）。

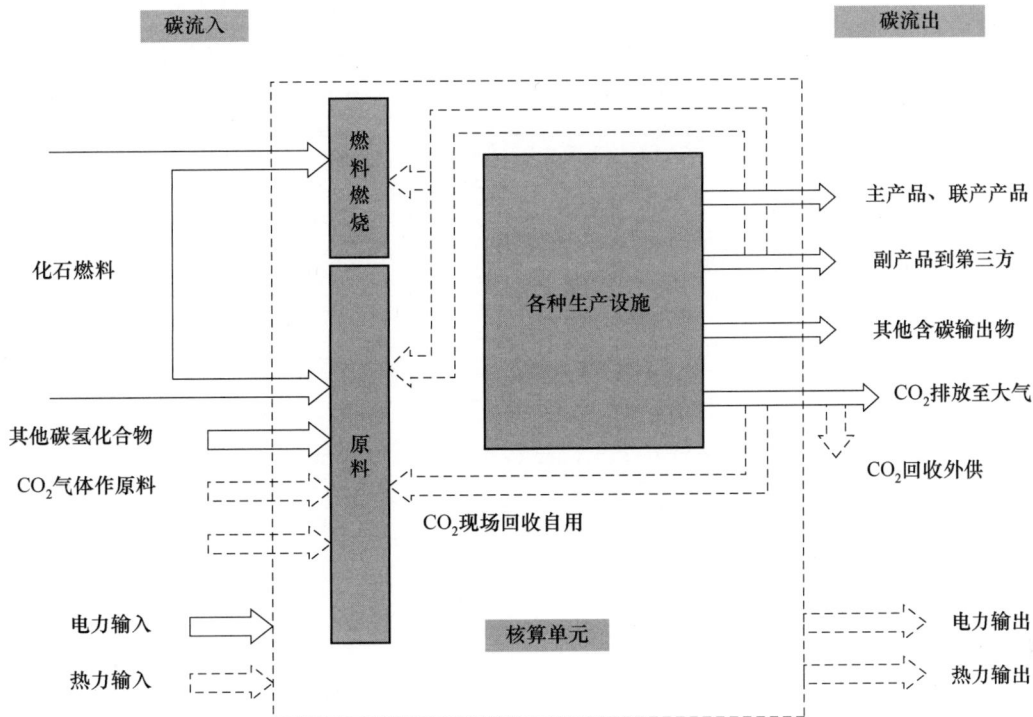

图 4-37 化工行业碳排放核算边界

表 4-44 化工行业常见化石燃料碳排放参数

燃料品种		低位发热量/GJ·t⁻¹ 或 GJ·m⁻³（标准状态）	单位热值含碳量 /tC·GJ⁻¹	燃料碳氧化率 /%
固体燃煤	无烟煤	26.7③	27.4×10⁻³②	94
	烟煤	19.570④	26.1×10⁻³②	93
	褐煤	11.9③	28.0×10⁻³②	96
	洗精煤	26.334①	25.41×10⁻³②	93
	其他洗煤	12.545①	25.41×10⁻³②	90
	型煤	17.460④	33.60×10⁻³④	90
	焦炭	28.435①	29.5×10⁻³②	93
液体燃煤	原油	41.816①	20.1×10⁻³②	98
	燃料油	41.816①	21.1×10⁻³②	98
	汽油	43.070①	18.9×10⁻³②	98
	柴油	42.652①	20.2×10⁻³②	98
	煤油	43.070①	19.6×10⁻³②	98

燃料品种		低位发热量/GJ·t^{-1} 或 GJ·m^{-3}（标准状态）	单位热值含碳量 /tC·GJ^{-1}	燃料碳氧化率 /%
液体燃煤	石油焦	32.5[3]	27.5×10^{-3}[2]	98
	其他石油制品	40.2[3]	20.0×10^{-3}[3]	98
	焦油	33.453[1]	22.0×10^{-3}[3]	98
	粗苯	41.816[1]	22.7×10^{-3}[4]	98
	炼厂干气	45.998[1]	18.2×10^{-3}[2]	99
	液化石油气	50.179[1]	17.2×10^{-3}[2]	98
	液化天然气	44.2[3]	17.2×10^{-3}[2]	98
气体燃料	天然气	389.31×10^{4}[1]	15.3×10^{-3}[2]	99
	焦炉煤气	179.81×10^{4}[1]	13.58×10^{-3}[2]	99
	高炉煤气	33.00×10^{4}[4]	70.8×10^{-3}[3]	99
	转炉煤气	84.00×10^{4}[4]	49.6×10^{-3}[4]	99
	密闭电石煤气	111.190×10^{4}[4]	39.51×10^{-3}[4]	99
	其他煤气	52.270×10^{4}[1]	12.2×10^{-3}[2]	99

①数字取值来源：《中国能源统计年鉴 2013》。
②数字取值来源：《省级温室气体清单指南（试行）》。
③数字取值来源：《2006 年 IPCC 国家温室气体清单指南》。
④数字取值来源：行业经验值。

表 4-45　化工行业常见产品碳排放参数

产品名称	含碳量/tC·t^{-1}	产品名称	含碳量/tC·t^{-1}
乙腈	0.5852	甲醇	0.375
丙烯腈	0.6664	甲烷	0.749
丁二烯	0.888	乙烷	0.856
炭黑	0.970	丙烷	0.817
乙炔	0.923	丙烯	0.8563
乙烯	0.856	氯乙烯单体	0.384
二氯乙烷	0.245	尿素	0.200
乙二醇	0.387	碳酸氢铵	0.1519
环氧乙烷	0.545	标准电石[1]	0.314
氰化氢	0.4444		

①需根据电石产品在 20℃、101.3kPa 下的实际发气量按 300L/kg 折算为标准电石。

表 4-46 化工行业常见碳酸盐碳排放参数

碳酸盐	排放因子/$tCO_2 \cdot t^{-1}$	碳酸盐	排放因子/$tCO_2 \cdot t^{-1}$
$CaCO_3$	0.4397	$BaCO_3$	0.2230
$MgCO_3$	0.5220	Li_2CO_3	0.5955
Na_2CO_3	0.4149	K_2CO_3	0.3184
$NaHCO_3$	0.5237	$SrCO_3$	0.2980
$FeCO_3$	0.3799	$CaMg(CO_3)_2$	0.4773
$MnCO_3$	0.3829		

4.4.3 化工行业低碳发展情景设置

为评估不同减排路径对化工行业的减排效果，基于宏观政策设定两种低碳减排情景，即 2030 年碳达峰情景以及 2060 年碳中和情景。每种情景设定不同减排参数，在此基础上基于化工行业生命周期碳排放模型计算的结果，评估不同情景下碳排放强度及生命周期各环节碳排放占比等规律。

2030 年碳达峰情景：基于内蒙古化工行业既有中长期政策目标全部实现的基础上，加快 2030 年前实现碳达峰。

2060 年碳中和情景：内蒙古化工行业在 2060 年前实现全国碳中和目标下净零排放的分区碳排放权分配额。

4.4.4 低碳产业技术基础与实践探索

4.4.4.1 化工低碳技术基础

从化工行业碳排放量的角度讲，全国化工（石油加工及炼焦业+化学原料和化学制品制造业）行业的碳排放量约为 4 亿吨，仅占到工业总排放量的 10.2%，占国内总排放量的 4%。因此，化工产业的碳排放总量相对有限。但是，化工的单位收入碳排放量高于工业行业的平均水平。另外，作为化工大省的内蒙古在化工行业产生的碳排放量较高，每万元收入碳排放高达 5.13 万吨，明显高于全国平均水平。

从化工行业碳排放产生原理的角度讲，由于煤炭主要由碳元素组成，氢碳摩尔比仅 0.2~1，需要牺牲一部分 C 来从其他原料中置换出氢，碳转换率比不上油气。从具体反应过程来看，煤炭是通过煤气化过程转换为煤气再进行后续的制备任务。在理想的水煤气制备反应中，一份 C 和 H_2O 生成了一份 CO 和 H_2。然而这个反应过程是强吸热反应，在实际煤气化过程中并不会单独存在，而是必须配合另外的碳氧化放热反应来给这一过程供热。这些放热反应消耗了 C，却并没有从 H_2O 分子中置换出等比例的 H_2，从而导致了最终产物的碳氢比例大于 1，甚至还生成了一些 CO_2。此外，以重要的化工中间产品甲醇为例，其原料的碳氢比例低至 0.5，对 H_2 的消耗明显大于 CO。因此，煤气化过程后往往会加一步变换反应来调节 CO 和 H_2 的比例。在这个过程中，消耗了一份 CO 和 H_2O 分子，生成了一份 H_2 和 CO_2。这些是煤化工路线中主要 CO_2 过程排放来源。另一方面，油的氢碳比为 1.6~2，天然气的氢碳比则都在 2 以上，含氢量皆显著高于煤炭。以天然气的 C1 化工为例，由于甲烷本身氢碳比达到 4，从最核心的反应方程式看，蒸汽重整制合成气过程产生的 H_2 与 CO 的比例高达 3，远大于煤化工（H_2 与 CO 的比仅为 1），因此下游产品的过程排放量也会相对较低。化工行业主要产品的碳排放量基础数据见表 4-47。

表 4-47　化工行业常见产品的碳排放量基础数据

产品	路线	工业过程 /$tCO_2 \cdot t^{-1}$	公用过程 /$tCO_2 \cdot t^{-1}$	总排放 /$tCO_2 \cdot t^{-1}$	过程排放标准 /%	万元排放 /tCO_2
合成氨	煤头	4.22	1.83	6.05	70	20.62
	气头	2.10	1.00	3.10	68	10.56
甲醇	煤头	2.13	1.78	3.91	55	15.88
	气头	0.67	0.92	1.59	42	6.46
尿素	煤头	1.47	1.54	3.00	49	17.41
	气头	0.46	1.06	1.52	30	8.82
醋酸	煤头	1.14	1.31	2.45	46	8.44
	气头	0.36	0.86	1.21	29	4.18
DMF	煤头	2.85	4.84	7.69	37	14.77
	气头	1.08	4.48	5.56	19	10.59
烯烃	煤头	5.97	4.06	10.03	60	9.86
	油头	1.73	0.94	2.67	65	2.62
	气头	0.95	0.94	1.89	50	1.86
乙二醇	煤头	2.84	1.86	4.70	60	7.28
	油头	0.97	1.31	2.28	43	3.53
	气头	0.53	1.31	1.84	29	2.85
PVC	电石	2.23	5.14	7.37	30	11.58
	乙烯（煤基）	3.70	4.76	8.46	44	12.26
	乙烯（裂解）	0.43	1.83	2.25	19	3.26

因此，从技术原理的角度讲，化工行业低碳产业技术问题的实质就是尽可能提高原料中碳原子的利用率，即原料利用和转化率的问题。虽然从反应机理上难以短期逆转，但通过提升包括合成气等物料的利用效率，就能够降低无谓的碳原子损失，这就是化工行业低碳技术的技术基础和核心原理。

4.4.4.2 化工低碳技术实践

A 可再生能源电解水制取绿氢替代一氧化碳变换

宁夏宝丰能源集团股份有限公司 2 万立方米/h 可再生能源电解水制氢一期 1 万立方米/h 氢气项目已建成投产，可实现年替代煤制氢 1.6 亿立方米、减排二氧化碳 44.5 万吨。该企业在内蒙古鄂尔多斯规划的 4×100 万吨/a 特大型甲醇制烯烃项目同样采用了该技术。宝丰能源 2020 年 4 月投资 14 亿元建设太阳能电解水项目，年产氢气 1.6 亿立方米，用以耦合煤化工的氢气需求以降低过程排放。宝丰煤制甲醇通过蒸汽利用，单吨甲醇公用工程排放 CO_2 仅 0.23t，低于行业 1.78t 的水平，若蒸汽均来自副产，则实际排放可能更低。

B 煤炭分级分质梯级利用

以中低温热解为核心的煤炭分级分质梯级利用技术，充分利用了低阶煤挥发分高、活性强、氧含量高、煤分子多芳烃的特点，在相对温和的条件下，从煤的大分子中分离出以氢气、甲烷、一氧化碳为主要成分的气体组分，以苯、蒽、萘、酚等为主要成分的煤焦油以及清洁半焦（兰炭）。由于整个过程没有对煤炭分子过分反复拆分，最大限度地利用了煤炭的分子结构特点，增加了化学能的多级多层次转化与梯级利用，最终提升了系统能效、减少了二氧化碳排放。整个过程的单位产品二氧化碳排放量、转化单位煤炭二氧化碳排放量分别降至 3.7t/tce、1.8t/tce，碳利用率和能源利用效率分别提升至 36% 和 60%。业内已经开发出数个国际领先的低阶煤热解技术。其中，自主开发的煤焦油制环烷基油及火箭煤油技术、煤焦油制芳烃及军用油品等技术得到工业化示范应用。

C 氧气分级气化促进煤气化

将此前煤气化炉主烧嘴和侧壁氧气喷嘴同时加入氧气的工艺改为侧壁氧气喷嘴加入氧气、主烧嘴中加入二氧化碳，合理调整气化炉火焰中心温度以及火焰中心与主烧嘴端面距离，成功用二氧化碳替代氧气实现气化过程的减碳固碳。采用该技术工艺建成的示范装置运行结果显示，二氧化碳替代主烧嘴中心的氧气后，粗合成气有效成分提高 2.31 个百分点，碳转化率提高 2.14 个百分点，比氧耗（1000m³ 有效气体消耗的氧气量）下降 7.55%，比煤耗（1000m³ 有效气体消耗的煤炭）下降 4.14%。当气化炉压力为 4MPa、温度为 1300℃、氧碳比为 0.42 时，粗合成气中的一氧化碳随二氧化碳加入量增加而增加；当氧碳比达到 0.48 时，一氧化碳产率最高，固定的二氧化碳最多达 0.26kg/kgce。

D 化工组合产品工艺替代单一产品工艺

山东能源集团有限公司采用甲醇/尿素、甲醇/醋酸组合产品工艺方案，可比单产甲醇减排 30%~35%。与同规模单产甲醇装置相比，60 万吨/a 醇氨联产装置可年减排二氧化碳 42 万吨。该集团采用低温甲醇洗替代多套聚乙二醇二甲醚（NHD）溶液吸收法合成气净化装置后，合成氨电耗下降 40%、蒸汽消耗下降 50%、甲醇电耗和蒸汽消耗分别下降 4% 和 3%。若采用该技术对现有传统工艺甲醇、合成氨装置进行升级改造，年可节约 620 万吨标准煤、减排二氧化碳 1670 余万吨。

E 烟气二氧化碳制合成气

钴催化剂烟气二氧化碳直接电解还原制合成气技术，将富含二氧化碳的烟气除杂、净化、提纯后和水在电化学反应器阴极转化为合成气。目前，内蒙古伊泰化工有限责任公司采用该技术在鄂尔多斯建成 50t/a 二氧化碳处理能力的中试装置，通过了 72h 现场运行考核，所得合成气碳氢比为 0.52∶1，符合合成气要求，真正实现了锅炉烟气的资源化利用。

化工行业细化领域较多，产业结构复杂。从原料和产品碳排控制的角度讲，煤化工、氯碱化工、石油化工的低碳技术各有特点，不能一概而论。从燃料碳排控制的角度讲，各种化工门类的低碳技术又有高度的相似性。因此，现将化工行业较为推荐的低碳技术整理成表 4-48，供相关行业参考。

表 4-48　化工行业低碳技术

序号	技术名称	适用范围	主要技术内容	典型技术参数	减排效益
1	变换气制碱及其清洗新工艺技术	化工联合制碱企业	开发了关键外冷碳化塔和清洗流程，制碱碳化与合成氨脱碳紧密结合，现行工艺废液零排放，节能高效制碱	联合制碱法，建设规模 60 万吨/a，投资 6 亿元	与浓汽制碱比较，节能 15000tce/a，二氧化碳减排 39600tCO₂/a
2	粉煤加压气化技术	煤制烯烃、煤制天然气、煤制油等现代煤化工行业	固体煤炭粉碎后，输送到气化炉内，粉煤与纯氧在高温、高压下发生反应，生产一氧化碳和氢气的混合气体	采用先进的 HT-L 粉煤加压煤气化技术改造原有的常压固定床煤气化装置，建设 18 万吨/a 合成氨或甲醇，投资 2.15 亿元	节能 75000tce/a，二氧化碳减排 198000 tCO₂/a
3	非熔渣-熔渣水煤浆分级气化技术制浆用级配技术	煤制合成气	使煤浆浓度比现有技术提高 3%~5%；气化采用非熔渣-熔渣分级气化技术；洗气塔内件改造以减小系统压差；黑水闪蒸系统蒸汽综合利用	采用常压固定床间歇式气化技术、20 万吨总氨能力的化工企业，建设 20 万吨/a 甲醇气化装置，投资 1.5 亿元	节能 60000tce/a，二氧化碳减排 158400 tCO₂/a
4	多喷嘴对置式水煤浆气化技术	煤制合成气	水煤浆、氧气进入气化室后，相继进行雾化、传热、蒸发、脱挥发分、燃烧、气化等 6 个物理和化学过程，煤浆颗粒在气化炉内经过湍流弥散、振荡运动、对流加热、辐射加热、煤浆蒸发与挥发分的析出和气相反应等，最终形成以 CO、H₂ 为主的煤气及灰渣	采用常压固定床间歇式气化技术、20 万吨总氨能力的化工企业，建设 1 台日处理 1150t 煤多喷嘴对置式气化炉，投资 1.2 亿元	节能 24000tce/a，二氧化碳减排 63360 tCO₂/a
5	新型高效膜极距离子膜电解技术	食盐水电解、氯化钾电解	阴极膜极距技术、新的电极降低电位、提高使用寿命	利用食盐水精制电解生产氯气、氢气和烧碱，建设 16 万 t/a 隔膜法烧碱生产装置，投资 9865 万元	节能 1966tce/a，二氧化碳减排 5113tCO₂/a

序号	技术名称	适用范围	主要技术内容	典型技术参数	减排效益
6	顶置多喷嘴粉煤加压气化炉技术	煤化工领域	将煤粉密相输送至气化炉顶部3个煤粉烧嘴内，并在烧嘴头部充分均匀混合，形成旋转场，使得气化炉内燃烧温度分布均匀，减少热损失，提高气化效率。粗合成气中的一氧化碳和氢气占比可达到90%以上，冷煤气效率可达到80%以上，相比传统固定床气化工艺降低了能耗	适用于"三高"劣质无烟煤、烟煤、褐煤等煤种，建设50万吨合成氨，投资25亿元	节能 50000tce/a，二氧化碳减排 132000 tCO$_2$/a
7	模块化梯级回热式清洁燃煤气化技术	煤气化领域	在循环流化床气化原理的基础上，优化换热过程，通过一级高温余热回收预热高温气化剂、二级中温余热回收产生气化所需水蒸气、三级低温余热回收产生热水，实现煤气的梯级余热回收利用与干法降温，实现节能	建材、冶金、化工等高能耗行业用清洁煤气，建设20套1万立方米/h（标准状态）流化床气化系统+2套1万立方米/h（标准状态）气流床气化系统，投资3.5亿元	节能 112200tce/a，二氧化碳减排 296200 tCO$_2$/a
8	玻璃板式换热器余热回收技术	加热炉、电力、锅炉等烟气余热回收	采用耐热玻璃作为换热元件，解决设备露点腐蚀问题，降低排烟温度，回收冷凝水潜热；采用板式结构，提高流膜传热系数；采用弹性良好的支撑和密封材料，减少板片间的压差和泄漏量。可对120~200℃的低温烟气进行深层次余热回收	使用温度：-40~250℃；压力：≤10kPa；介质：气-气换热（除HF外的所有气体），建设240万吨/a渣油加氢加热炉烟气余热回收装置，投资90万元	节能 1343tce/a，二氧化碳减排 3546tCO$_2$/a
9	热超导陶瓷涂层节能技术	电力、石化等行业锅炉、窑炉等热工设备	使用高热导率陶瓷涂层对锅炉等换热面表面进行涂覆，提高了换热面吸热和传热能力，并解决了锅炉在高温条件下复杂燃料燃烧产生的腐蚀与结渣问题，提高热工设备的换热效率，实现节能	对已建锅炉、电加热炉进行改造，建设1台20t/h煤粉锅炉，投资64万元	节能 1992tce/a，二氧化碳减排 5258tCO$_2$/a
10	换热设备超声在线防/除垢技术	化工行业的换热设备	超声脉冲振荡波产生效应，破坏污垢的附着条件，防止换热设备在运行过程中结垢	500万吨/a常减压装置，在52台脱前原油、脱后原油和初底油换热设备上应用，投资1170万元	节能 7992tce/a，二氧化碳减排 21098tCO$_2$/a

序号	技术名称	适用范围	主要技术内容	典型技术参数	减排效益
11	氯化氢合成余热利用技术	现有或新建氯碱企业的氯化氢或盐酸合成炉新建或改造	将氯化氢合成的热能利用率提高到70%，副产蒸汽压力可在0.2~1.4MPa间任意调节，可并入中、低压蒸汽网使用，使热能得到充分利用	氯化氢制备，建设副产蒸汽氯化氢合成炉一套，日产氯化氢140t，副产1.2MPa蒸汽84t，投资400万元	节能3780tce/a，二氧化碳减排9979tCO₂/a
12	煤气化多联产燃气轮机发电技术	煤化工领域	回收甲醇生产过程排放的弛放气中的氢气，作为燃气轮机的燃料进行发电，燃烧后排出的高温废气进入余热锅炉产生中低压蒸汽，用于生产工艺，实现节能	采用燃料为煤气和放空尾气（热值2400kcal的中低热值）进行发电，建设燃气轮机装机规模76MW，投资12亿元	节能138200tce/a，二氧化碳减排317860 tCO₂/a
13	新型吸收式热变换器技术	石化行业	生产中产生的低品位废热源作为驱动热源，通过吸收式热变换器技术将一部分热量转化成高品位热源回收加以利用，另一部分热源以更低温位排放	石油化工生产过程中的废热80~200℃，建设5MW设备，投资610万元	节能1669tce/a，二氧化碳减排4406tCO₂/a
14	高效复合型蒸发式冷却（凝）器技术	石化行业甲醇、合成氨、尿素等生产过程中工艺气体冷却、冷凝	结合蒸发冷却（凝）换热高效、空气冷却换热节水的优点，优化组合后形成复合型蒸发式换热器	石化等生产过程工艺气体冷却、冷凝，电力等其他工业乏汽的凝结回收系统，建设660MW级直接空冷燃煤机组，投资3393万元	节能15894tce/a，二氧化碳减排41960 tCO₂/a
15	工业冷却循环水系统节能优化技术	石油化工领域	建立换热网络和管网水力数学模型。建立专家分析诊断系统。开发出多种高效节能产品，如节能泵、水力平衡提升调节装置、量子水垢处理器、循环水及能源管理系统等	循环水系统，1780高炉鼓风机透平拖动装置冷却系统技改，配6台900kW冷却泵，投资780万元	节能3048tce/a，二氧化碳减排8047tCO₂/a
16	蒸汽系统运行优化与节能技术	石化企业的动力车间	将动力系统和管网系统的运行以数学模型表示；实时对动力系统和蒸汽管网系统的实际工况作出评估，提出可行的优化措施；将上述成果集成到企业调度指挥系统	技术资料齐全（过程及设备设计数据、目前运行数据）；生产运行的监测仪表工作正常；计算机局域网工作正常，蒸汽量200t/h，建设蒸汽管网总长14km，投资500万元	节能11600tce/a，二氧化碳减排30624 tCO₂/a

序号	技术名称	适用范围	主要技术内容	典型技术参数	减排效益
17	高辐射覆层技术	化工行业	利用高发射率节能材料,增加衬里反射辐射热和炉管吸收能力,提高加热炉的热利用率,减少燃料消耗	在建或大修焦炉,6m焦炉立火道及格子砖节能改造,投资300万元	节能2833tce/a,二氧化碳减排7949tCO₂/a
18	芳烃装置低温热回收发电技术	芳烃装置低温热回收	通过蒸汽发生器和串联热水的换热方式,在芳烃联合装置中回收精馏塔顶的低温热,产生蒸汽用于工艺过程及发电,或产生热水用来发电,有效回收原有精馏塔塔顶排空的热量,实现余热利用	有低温余热可以利用的芳烃装置,建设60万吨/a对二甲苯装置,投资27000万元	节能46224tce/a,二氧化碳减排122000tCO₂/a
19	基于相变移热的等温变换节能技术	所有需要进行CO变换反应的化工项目	将绝热反应器改为双套水管换热等温反应器;径向反应气体分布均匀,降低了床层阻力,特殊布置的装料管使催化剂床层装填均匀,有效利用反应空间;悬挂双套管使水汽流向合理,并且能吸收换热管自身的热膨胀,消除管板因膨胀差不同而带来的局部应力过大问题,设备安全可靠	以煤为原料制合成氨、甲醇等生产过程及工业尾气回收利用中的CO变换,原料气中CO含量和水汽比无限制,建设42万吨氨/a产能,投资5600万元	节能44181tce/a,二氧化碳减排116640tCO₂/a
20	新型节能可控移热变换技术	所有需要进行CO变换反应的化工项目	将一组或多组水冷管束置于变换炉内,利用水汽化时可吸收大量热的原理,在变换反应的同时将反应热及时高效"移出"塔外,既可以稳定、简化操作,同时又可减少变换系统设备数量,缩短流程,节省投资,降低消耗,提高变换效率	变换系统进口CO不低于65%;水气比不低于0.8;湿基流量(标准状态)10.5万~12万立方米/h,温度200℃,压力3.4MPa,建设20万吨氨/a,投资6121万元	节能20728tce/a,二氧化碳减排54723tCO₂/a
21	ZY型等温变换技术	所有需要进行CO变换反应的化工项目	在变换炉内设置水冷管,利用水汽化吸收变换反应热,该技术触媒筐采用径向结构,水冷管束采用分散式布置,结构简单、制造质量易于保证、投资低、阻力小、不超温	变换系统进口CO约60%;水气比约0.6;干基流量(标准状态)约20万立方米/h,温度188℃,压力3.5MPa,建设60万吨氨/a产能,投资9000万元	节能69516tce/a,二氧化碳减排185322tCO₂/a
22	高效降膜式蒸发节能技术	石油化工、煤化工领域	采用多级结构的液体分布装置,换热管管口采用旋流式分布器,使装置内液体液位稳定、换热管内部液体分布均匀。换热管采用纵槽强化管,传热效率高,能耗低,不易结垢	利用原有的泵阀、管线以及仪器仪表等,改造已有再沸器,建设3台乙二醇装置精制工段的再沸器,投资240万元	节能2638tce/a,二氧化碳减排6964tCO₂/a

序号	技术名称	适用范围	主要技术内容	典型技术参数	减排效益
23	冷却塔竹格淋水填料技术	石化、化工、行业小型循环水冷却塔	采用竹基材料替换水泥网格填料和 PVC 填料。与水泥网格填料相比，竹基填料的物理性能质量更轻、比体积更小、换热效率更高；与 PVC 填料相比，竹质的喜油性、耐酸碱及高强的抗温度交变应力的性能可以克服 PVC 填料易破损、易堵塞、阻力大、寿命短、换热效率低下等难题，从而提高能源利用率	自然通风双曲线冷却塔，建设单台淋水面积 2000m²，投资 254 万元	二氧化碳减排 223tCO$_2$/a
24	多阶螺杆连续脱硫制备颗粒再生橡胶成套技术	化工行业废物处理与综合利用领域	合理设计与开发废橡胶脱硫用螺杆挤出脱硫装备，制备的颗粒再生橡胶可替代合成橡胶使用，降低生产橡胶的石油消耗，同时避免了传统废弃轮胎焚烧产生的二氧化碳排放	替代原有传统再生橡胶生产线，建设年产 1 万吨再生橡胶，投资 2100 万元	二氧化碳减排 42600tCO$_2$/a
25	富含一氧化碳（CO）的气态二次能源综合利用技术	化工行业 CO 回收利用	通过新型高效 CO 专用吸附剂和变压吸附分离技术，通过吸附、降压、置换冲洗、解吸等步骤，把富含 CO 的气态二次能源中 CO 有效分离提纯出来，用于化工生产等，实现固碳	具有高炉煤气等富含 CO 的工业气体的场所，建设处理电石炉等尾气 90000m³/h（标准状态），生产 25 万吨/a 乙二醇，投资 30 亿元	二氧化碳减排 390000tCO$_2$/a
26	高效节能低氧燃烧技术	工业燃烧器	采用"3+1"段全预混燃烧方式，三个独立燃烧单元，使炉内温度均匀，热效率提高，解决燃烧不充分导致的高排放。用风的流速引射燃气，燃烧过程中逐渐加速，同方向上混合燃烧，充分利用燃气的动能，增加炉内尾气循环、延迟排烟速度，降低排烟温度，提高热交换效率，有效抑制 NO$_x$、CO$_2$、CO 的产生，节约燃料。通过分段精密配风，实现最佳风燃比。火焰稳定，负荷变化<40%时，热效率不变	火焰的出口速度：240~360m/s；烟气的含氧量：0.5%~10%；实现节能 10%~30%	降低废气中 CO$_2$ 的比例，使 CO$_2$ 排放浓度低于 20%
27	基于干态气化分相燃烧煤粉工业锅炉技术	高效节能装备	通过空气分级，在双炉膛锅炉内完成煤炭固、气两相转化与燃烧，解决煤炭中的炭、灰中温安全分离难题，实现了煤炭充分燃烧和炉内固硫、抑氮的深度协同过程，实现了燃煤锅炉超高能效、系统节能与超低排放的协同兼顾	锅炉热效率>92%、烟气超净排放（尘<5mg/m³、硫<35mg/m³、氮<50mg/m³、灰渣含碳量<0.5%）	锅炉燃料成本降低 15%以上，碳减排量>15%，污染物总量减排量>20%，系统节能>25%；综合运行成本降低 23%以上

序号	技术名称	适用范围	主要技术内容	典型技术参数	减排效益
28	介质浴盘管式焦炉上升管荒煤气余热回收技术	焦化余热利用	通过上升无机械损耗，核心部件可回收；比罗茨风机节能30%，负压比水环节能40%。管换热器实现对焦炉高温荒煤气余热的回收，换热器采用复合间壁式结构，烟气在内筒内自下而上流动，中间层为换热层、螺旋盘管缠绕于内筒外壁、沉埋于导热介质层内，和内筒通过导热介质层复合成一体化弹簧结构，换热介质在螺旋盘管内流动；最外层为外筒壁。可适应高温荒煤气流量和温度的脉冲式剧烈交变，内壁温高，焦油蒸气不凝结	800℃荒煤气可降温200℃；可产生不低于 2.5MPa 饱和水蒸气（或不低于260℃高温导热油；或不低于400℃过热蒸汽）；同等条件下每吨焦产汽量比水夹套技术增加20%以上	节省 20% 喷氨量；完全依靠回收焦炉荒煤气热量替代脱苯管式炉，使富油加热设备的热效率再提高35%以上，减少污染排放点
29	化工副产品高品位蒸汽节能深度转化的水移热变换技术	工业余热利用	在变换工艺中，利用水相变移热，及时移走变换反应过程产生的热量，实现高浓度 CO 深度转化，用两级等温变换即可将原料气中 70% 左右 CO 转化至 0.4% 左右，解决了传统绝热变换技术存在的操作易超温、能耗高、系统稳定性差等问题	操作压力 0.7～7.0MPa；操作温度170～350℃；变换系统入口 CO 浓度8%～90%（干基）；变换系统出口 CO 浓度约0.4%；反应器阻力≤0.15MPa；副产蒸汽压力 0.5～9.0MPa	减少冷凝液量、废气排放量、煤炭消耗量，提高系统能效

4.4.5 化工行业关键减碳技术的减碳潜力贡献评估

根据国家发展和改革委员会发布的《国家重点节能低碳技术推广目录》有关技术，以"富含一氧化碳的气态二次能源综合利用技术"等技术为例，对化工行业技术减碳潜力贡献进行评估。

4.4.5.1 富含一氧化碳的气态二次能源综合利用技术

A 技术原理

富含 CO 气态二次能源目前主要存在形态为高炉尾气、转炉尾气、电石尾气、垃圾焚烧尾气、化工弛放气等。这些气态二次能源中不仅含有 CO，还含有较多的 N_2 等杂质，由于 CO 和 N_2 分子量相同、常压沸点相近，采用传统方法（如冷箱工艺）无法实现有效分离或提纯 CO。目前普遍的处理方式是直接燃烧或发电（间接燃烧），资源利用率低，且造成大量 CO_2 排放。新型高效 CO 专用吸附剂和变压吸附分离技术，通过吸附、降压、置换冲洗、解吸等步骤，把富含 CO 的气态二次能源中 CO 有效分离提纯出来，用于化工生产等，实现固碳。

B 关键技术

通过将 CuCl 分散在分子筛表面，利用 Cu^+ 可与 CO 络合吸附的性质，制得对 CO 有高吸附容量和高选择性的 CuCl/分子筛高效吸附剂（PU-1），实现从富含 CO 气态二次能源中回收 CO。与传统 CO 提纯工艺相比，该技术具有高选择性和高吸附容量，可对富含 CO 的二次能源进行低成本、规模化、工业化的回收应用。对高炉尾气、转炉尾气、电石炉尾气及其他富含 CO 的工业尾气进行除尘、脱硫等，并采用除氧剂（PU-5）在高 CO 气氛下进行高效除氧，再变压吸附分离提纯 CO（图 4-38）。

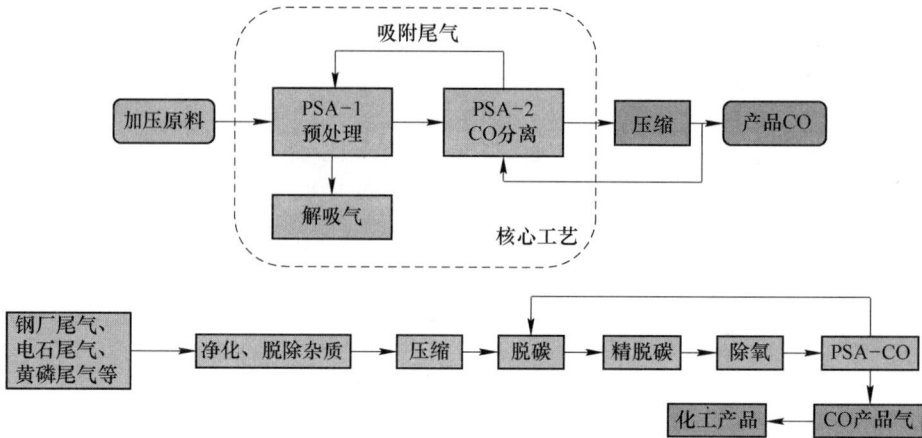

图 4-38　富含一氧化碳的气态二次能源综合利用工艺流程

C　减排潜力

利用该技术处理富含 CO 的工业尾气，既可避免因为燃烧排放大量二氧化碳气体，又可回收 CO 作为化工原料或燃料，产生良好的经济效益，在钢厂尾气、电石炉尾气和其他富含 CO 尾气等领域具有较大的应用潜力。预计未来 5 年，该技术预期推广比例可达 10%，项目总投资约 375 亿元，可形成的年碳减排能力约 390 万吨 CO_2。

4.4.5.2　顶置多喷嘴粉煤加压气化炉技术

A　技术原理

原料煤经磨煤干燥单元制备煤粉，密相输送系统将煤粉输送至气化炉顶部的 3 个煤粉烧嘴内，在烧嘴头部充分均匀混合并保证特有的旋转场，使气化炉内燃烧温度均匀分布，减少热损失，提高气化效率，粗合成气中的一氧化碳和氢气占比可达到 90% 以上，冷煤气效率可达 80% 以上，相比传统固定床气化技术进行合成氨生产实现节能。其工艺流程如图4-39 所示。

B　关键技术

a　煤粉高压密相输送技术

通过特殊设计的流化盘和通气锥设备，使用氮气或二氧化碳气体将固体粉煤进行平稳流化。在此基础上，通过特殊设计的角阀，在压差的推动下，获得固体粉状物质连续稳定的高密度输送。

b　顶置煤烧嘴及点火烧嘴设计技术

通过特殊的通道和夹层设计，使不同物料在各自通道中以不同的速度和旋转角度进行输送。特有的出口设计使不同物料在烧嘴头部进行充分均匀混合并保证特有的旋转场，使煤粉气化时能够拥有稳定的燃烧流场和回流场，保证气化炉内燃烧温度的分布均匀性。同

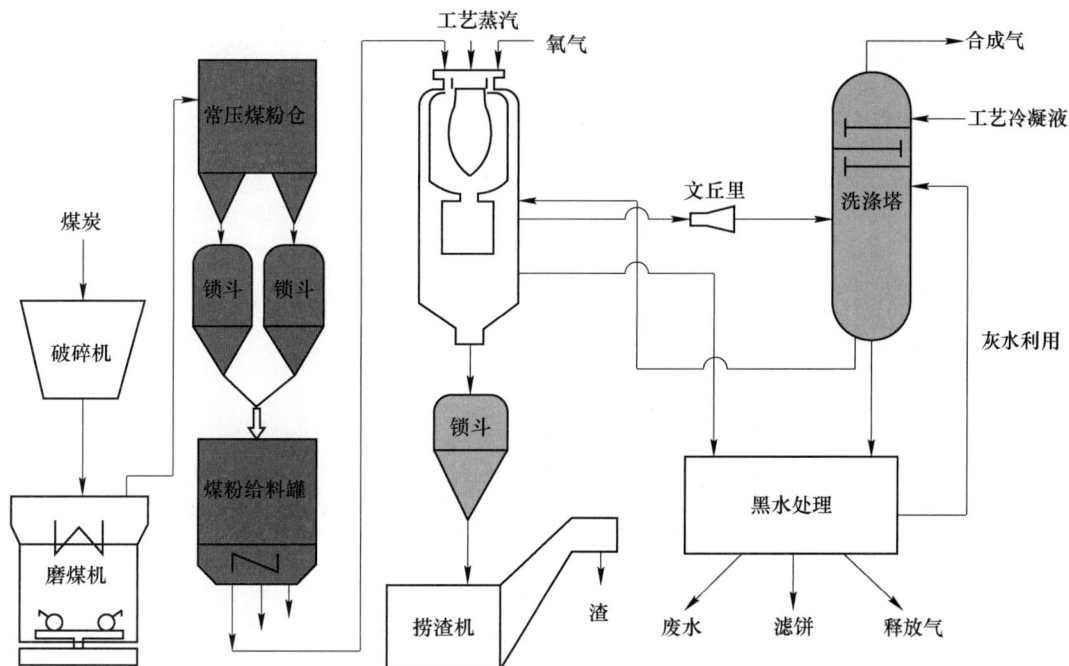

图 4-39　顶置多喷嘴粉煤加压气化炉技术工艺流程简图

时，通过通道和出口孔径数量的设计，使得点火烧嘴能够在常压到高压（4MPa）区间任意进行点火燃烧。

　　c　水冷壁式气化炉反应器设计技术

　　通过盘管环绕方法设计制造气化炉反应器。反应器由水冷盘管构成并涂有耐火泥，外部承压设备为耐压的钢板壁。为达到水冷反应器内外压差一致，在反应器与承压外壳之间设有环形空间，通过特殊的通道设计使反应器与环形空间压力平衡。顶部的特殊对称多通道设计，确保煤粉烧嘴和点火烧嘴的摆放和工作，并保证反应器整体的密封性。

　　d　多级闪蒸能量回收技术

　　使用三级闪蒸设计技术，将带有固体颗粒的高温黑水降温，并将固体物质絮凝沉降，净化黑水使其变成可回用的灰水。在此过程中，将释放的热能与回用灰水的直接和间接多阶段换热进行回收利用。通过上述方法，保证系统和工艺用水最高效的能量使用。

　　C　减排潜力

　　该技术目前已在贵州开阳化工有限公司 50 万吨合成氨项目应用，建设 50 万吨/a 合成氨装置。建设条件：采用当地多种"三高"无烟煤（高灰、高灰熔点、高硫），原料煤灰含量在 20%～35%，灰熔点（T4）在 1300～1560℃，硫含量在 2%～6%。主要技改内容：项目采用 CCG 顶置多烧嘴粉煤气化炉技术，建设 2 套粉煤气化装置，代替传统固定床气化技术。主要设备为粉煤气化炉、粉煤锁斗、粉煤加压给料灌、合成气洗涤塔、渣锁斗等。项目总投资约 25 亿元，比采用传统固定床气化技术增加技改节能投资 5 亿元，建设期 2.5 年。每年可节能 5 万吨标准煤，碳减排 13.2 万吨 CO_2，年节能经济效益为 25200 万元，投资回收期约 2 年。

目前，固定床常压间歇气化工艺的合成氨产量约 3400 万吨。根据国家现有的产业政策，以先进煤气化技术替换常压气化 50% 产量计算，项目总投资约 825 亿元，可形成的年节能能力约 165 万吨标准煤，年碳减排潜力约 436 万吨 CO_2。

4.4.5.3　模块化梯级回热式清洁燃煤气化技术

A　技术原理

在循环流化床气化原理的基础上，优化换热过程，通过一级高温余热回收预热高温气化剂、二级中温余热回收产生气化所需水蒸气、三级低温余热回收产生热水，实现煤气的梯级余热回收利用与干法降温，并避免湿洗所产生的黑水问题。

B　关键技术

a　梯级余热回收技术

基于对能量品位分级引导梯度划分，使高、中、低温余热回收的冷热流得到合理匹配，降低温度错配造成的不可逆损失，在系统内实现全逆流换热与蒸汽自平衡，使系统冷煤气效率从 60%~70% 提升至 70%~80%，解决了余热利用率低的行业难题。

b　基于气力输送的强制循环技术

依据对粉煤反应活性及飞灰形成机理，在旋风自然循环流化床气化炉的基础上，增加飞灰气力输送强制循环模块，可针对原料的特性对气化系统的循环倍率进行优化，将飞灰的产量和含碳量控制在合理范围，解决循环倍率的控制问题。

c　耦合气化技术

利用流化床与气流床的互补特性，流化床为气流床提供品质稳定的"干煤粉"——含碳飞灰，气流床为流化床消化带出物，并产生额外的煤气和蒸汽。两者结合可将碳转化率从传统流化床技术的 85%~90% 提升至 95%~99%，系统冷煤气效率进一步提升至 80%~90%，加上外供的蒸汽，整体热效率高达 95% 以上，解决流化床飞灰残炭问题。

d　系统模块化技术

按功能类别将工艺流程划分为多个易于进行标准化、系列化设计且能根据需要进行配置增减的系统级模块，形成以"梯级回热气化模块"为核心，备煤、除尘、灰输送、渣输送、脱硫、加压、空分、残炭热风炉、残炭锅炉、耦合气化炉等模块为备选配置的系列。通过模块的选择和组合，可以构成从最简配热煤气流程到最高配耦合气化流程系列，满足不同领域适用需求。

C　减排潜力

该技术目前已在广西信发铝电有限公司清洁煤气化系统投建项目应用，清洁工业燃气产量 200km³/h（标准状态），对应年产 14 亿立方米清洁工业燃气（标准状态），煤气热值 ≥1250kcal/m³（标准状态），煤气压力 –30kPa。建设条件：原料煤炭来源充足，外围管道等配套齐全，且有自备电厂锅炉。主要技改内容：新建模块化梯级回热式清洁燃煤气化系统替代氧化铝厂内原有固定床煤气站，包括备煤系统、流化床气化系统、脱硫系统、水处理系统、气力输送系统、煤气加压系统、DCS 控制系统等，并铺设煤气管网。主要设备为破碎机、气化炉、脱硫塔、仓泵、加压风机等。项目投资额 22600 万元，项目建设期 8 个月。每年可节能 14 万吨标准煤，碳减排量 37 万吨 CO_2。每年可节省直接成本 2.4 亿元，投资回收期约 1 年。

目前，清洁燃煤气化系统已在国内陶瓷、氧化铝等行业成熟应用，可进一步拓展至金属深加工、造纸、纺织等行业以及集中供燃气的工业园区，具有较好的发展前景。预计该技术的推广比例可达 10%，项目总投资约 60 亿元，可形成的年节能能力约 195 万吨标准煤，年碳减排潜力 516 万吨 CO_2。

4.4.5.4　新型高效节能膜极距离子膜电解技术

A　技术原理

通过离子交换膜构建电解反应体系，电解盐水生产烧碱和氯气，其电解反应方程式为 $2NaCl+2H_2O \rightarrow 2NaOH+Cl_2\uparrow+H_2\uparrow$。其工艺流程主要分为 3 个工序：二次盐水精制、电解和电解液循环、淡盐水脱氯。

B　关键技术

离子膜法制烧碱技术经历了从普通强制循环到高电流密度自然循环两个阶段。为了进一步降低电耗，目前国内外均已研发出膜极距离子膜电解槽技术，通过减小极间距达到降低电耗的目的。关键技术为电解槽设计制造技术、电极制造技术。主要技术指标为：设计电流密度 $6.0kA/m^2$，运行电流密度 $5.5kA/m^2$，单元槽电压 2.98V，直流电耗（DC）2080kW·h/Mt，烧碱浓度 32%。

C　减排潜力

该技术目前已在江苏安邦电化有限公司、河北冀衡化学股份有限公司、宁波东港电化有限责任公司、河北黄骅氯碱责任有限公司等应用，以 20 万吨/a 新型膜极距离子膜法替代原隔膜法烧碱节能改造项目为例，该项目对原有 16 万吨/a 隔膜法烧碱生产装置改造成膜极距离子膜烧碱装置，具体改造内容包括：整流、盐水精制及电解、氯氢处理、氯气液化及包装、合成盐酸、蒸发固碱、卤水脱硝、变配电及配套公用工程。节能技改投资额 50270 万元，建设期 2 年。与隔膜法烧碱相比，每年可节能 6.8 万吨标准煤，取得节能经济效益 8046 万元，投资回收期 5.4 年。

目前国内隔膜法烧碱产能约为 800 万吨/a，预计未来 5 年，该技术在行业内的推广潜力可达到 50%，投资总额 26 亿元，节能能力 90 万吨标准煤/a，减排能力 238 万吨 CO_2/a。

4.4.5.5　氯化氢合成余热利用技术

A　技术原理

氯气与氢气反应生成氯化氢时伴随释放出大量反应热，完全可以用来副产蒸汽。副产中压蒸汽合成炉在高温区段，使用钢制水冷壁炉筒；在合成段顶部和底部钢材容易受腐蚀的区段，采用石墨材料制作。采用这种方法既克服了石墨炉筒强度低和使用温度受限制的缺点，又克服了合成段的顶部和底部容易腐蚀的缺点，从而使氯化氢合成的热能利用率提高到 70%，副产蒸汽压力可在 0.2~1.4MPa 间任意调节，可并入中、低压蒸汽网使用，使热能得到充分利用。

B　关键技术

自循环换热蒸汽发生技术；腐蚀控制技术；生产运行自动控制技术。每合成生产 1t 氯化氢可副产 0.8~1.4MPa 中压蒸汽 0.7t。

C　减排潜力

该技术目前已在部分化工行业推广应用，使氯化氢合成的热能利用率提高到 70%，节能效果显著。以浙江巨化股份有限公司电化厂的氯化氢合成炉为例，08-140-84 型副产蒸汽氯化氢合成炉一套，日产氯化氢 140t，副产 1.2MPa 蒸汽 84t。主要技改内容：拆除原水套式石墨氯化氢合成炉，利用原厂房框架新上一套副产蒸汽氯化氢合成炉。主要设备包括副产蒸汽氯化氢合成炉、汽包、预热器和排污罐。节能技改投资额 400 万元，建设期 2 个月。每年可节能 3780 吨标准煤，年节能经济效益 448 万元，投资回收期 1 年。

该项技术具有很好的经济效益和社会效益，目前，全行业氯化氢合成炉生产氯化氢的产能约 600 万吨。预计未来 5 年，该技术在行业内的推广潜力可达到 20%，投资总额 5 亿元，节能能力 35 万吨标准煤/a，减排能力 81 万吨 CO_2/a。

4.4.5.6　综合减碳潜力评估和建议

整个化工行业相关典型技术的减碳能力见表 4-49。从减碳能力上讲，在整个化工行业内推广工业冷却循环水系统节能优化技术能够实现较高的减碳总量，同时该技术的单位投资减碳量也较高，应该予以优先推广。富含一氧化碳的气态二次能源综合利用技术因投资较高，造成单位投资减碳量相对较低，但其能实现废气的高效利用，从根本上提高技术减碳效益，发展前景较好，应在后续推广应用中进一步降低成本，提高技术的经济可行性。

表 4-49　化工行业典型技术的减碳潜力

序号	行业	技术	推广潜力/%	投资总额/亿元	减碳能力/万吨 $CO_2 \cdot a^{-1}$	单位投资减碳量/$tCO_2 \cdot (a \cdot 万元)^{-1}$
1	化工行业	富含一氧化碳的气态二次能源综合利用技术	10	375	390	1.04
2	化工行业	工业冷却循环水系统节能优化技术	20	45	546	12.13
3	化工行业	基于相变移热的等温变换节能技术	25	27	53	1.96
4	煤化工	顶置多喷嘴粉煤加压气化炉技术	50	825	436	0.53
5	煤化工	模块化梯级回热式清洁燃煤气化技术	10	60	516	8.60
6	煤化工	先进煤气化节能技术	60	160	21030	131.44
7	氯碱化工	新型高效节能膜极距离子膜电解技术	50	26	238	9.15
8	氯碱化工	氯化氢合成余热利用技术	20	5	81	16.20
9	氯碱化工	非稳态余热回收利用技术	20	7.5	79	10.53
10	氯碱化工	变换气制碱及其清洗新工艺技术	35	20	23	1.15
11	石油化工	大型高参数板壳式换热技术	80	30	198	6.60
12	石油化工	玻璃板式换热器余热回收技术	20	1.5	42	28.00
13	石油化工	热超导陶瓷涂层节能技术	3	2.7	238	88.15
14	石油化工	乏汽与凝结水闭式全热能回收技术	50	29	238	8.21
15	石油化工	换热设备超声在线防、除垢技术	40	8	145	18.13

就煤化工这一细分领域而言，先进煤气化节能技术的推广潜力、减碳能力和单位投资减碳量均较高，应该进行优先推广。顶置多喷嘴粉煤加压气化炉技术虽然推广潜力大但其投资总额较高。为实现整个行业的技术减碳，应对推广潜力大的顶置多喷嘴粉煤加压气化炉技术进行深入研发，降低投资总额，提供相关技术推广后的减碳效益。

针对氯碱化工行业，新型高效节能膜极距离子膜电解技术在推广潜力和减碳能力方面均较高，但其单位投资的减碳量不如氯化氢合成余热利用技术和非稳态余热回收利用技术，特别是氯化氢合成余热利用技术的单位投资减碳量较高，应该根据现有产业特点和投资能力灵活布局新技术，同时采用技术手段进一步降低推广潜力高的新型高效节能膜极距离子膜电解技术的成本，实现行业整体的有效减碳。

在石油化工领域，各类技术在推广潜力、减碳能力和单位投资减碳量上均各有特色，但其核心均为热能的高效利用技术，因此在该领域应该重点关注热能利用方向的减碳，因地制宜提高技术减碳效益。

4.4.6　内蒙古化工行业低碳技术路径设计

4.4.6.1　煤化工低碳技术路径
A　合理控制煤化工规模，压减碳排放总量

根据自治区发展规划、产业布局和产能计划，统筹考虑碳排放目标与能源化工发展需求，科学把握建设节奏，坚决遏制"两高"项目上马。除确需保证能源化工安全单列的煤化工示范项目外，自"十四五"开始原则上不再审批新的煤制油气项目，严格审批煤制烯烃和煤制乙二醇项目，确保新增产能的能耗水平达到行业领先水平。合理推动煤化工领域的产能减量置换，从源头压减行业碳排放总量。

B　优化产业链用能结构，提升行业能效水平

逐步禁止自治区规模以上化工企业新建、扩建燃煤自备电厂，在用的自备电厂必须达到严格的能效标准，利用五年左右的时间逐步进行技术改造和用能切换，2030年前实现通过电网取电满足生产用电需求。积极推动大型空分和中小型压缩机组等产业链共性技术设备由汽轮机驱动调整为电驱。结合自治区丰富的风光资源，发展绿氢储能和供能，在2035年前后推广氢能替代技术。持续推广变频控制技术、回收低位热能、余热回收利用、升级换热装置、改造或淘汰落后工艺等节能措施提升行业能效水平。

C　提升产业链原料结构，推广绿色技术工艺

逐步提升自治区化工产业链产品原料结构，减少煤基产品占比，特别是甲醇生产应优先考虑用天然气或焦炉煤气作为原料替代煤炭，提高焦炉煤气副产品回收，优先利用外购甲醇制烯烃。研发高性能复合新型催化剂，加强低温及高温费托合成、煤直接液化和间接液化等技术集成并于2040年前开始推广应用，进一步降本提效。发展合成气一步法制烯烃等先进技术，进一步优化煤制烯烃工艺流程。

D　促进化工产品固碳化，推动副产品综合利用

发展煤制高能燃料和高值化学品，开发特种蜡、PAO润滑油、特殊取代基芳烃、混合醇和高端煤基含氧化合物等产品，拓展煤基材料产业链，争取2050年前完成制备煤基石

墨化结构材料、碳基储能材料和新能源的工业示范并推广应用，提高化工产品的固碳水平。推动煤化工产业链上氢气、二氧化碳等副产品的高值化综合利用，提高碳原子利用率。

E　发展负排放技术，实现行业碳净零排放

持续开展二氧化碳废气制甲醇、塑料、碳酸二甲酯和合成气以及二氧化碳驱油等 CCUS 技术等前沿性负排放技术研发攻关，联合其他产业积极扩展煤化工行业中二氧化碳资源化利用途径与领域，继续推动二氧化碳生产高附加值烯烃、甲醇等化工产品的技术研发、工业示范和推广应用，争取于 2050 年前开始二氧化碳负排放技术的全面推广应用。

从碳排放控制类别的角度讲，可针对煤化工行业不同控碳环节分阶段提出"控碳，减碳，低碳，零碳""四步走"的本地化碳中和路线图（图 4-40）。

2022~2030 年，采取"控碳"技术路线，依据减排潜力和减排成本，次序实施余热回收利用技术→变频控制技术→产业链共性技术设备电动驱动。

2030~2040 年，采取"减碳"技术路线，次序实施氢能替代技术→天然气或焦炉气制甲醇技术→高性能复合催化剂→煤液化技术。

2040~2050 年，采取"低碳"技术路线，次序实施煤制高能燃料和高值化学品→碳基储能材料制备技术→煤基石墨化结构材料制备技术→二氧化碳生产高附加值化工产品技术。

2050~2060 年，采取"零碳"技术路线，在继续推进上述技术的同时，研发并推广前沿性 CCUS 技术。

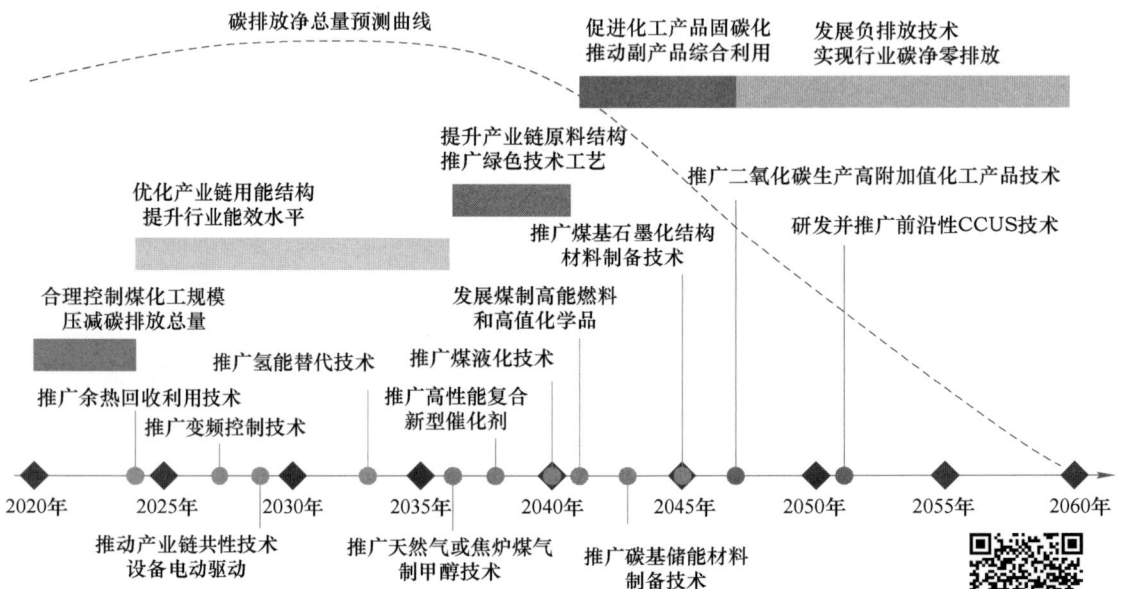

图 4-40　煤化工行业低碳技术路径

4.4.6.2 氯碱化工低碳技术路径

A 管控行业新增产能，推动行业减量置换

统筹考虑碳排放目标与氯碱化工发展需求，加快提升产业集中度水平，自"十四五"开始严格控制电石、乙炔法 PVC 新增产能，杜绝"两高"氯碱项目落地。加快淘汰落后电石产能和生产装备，着力优化提升氯碱化工初级环节，确保新增产能的能耗水平达到行业领先水平。引导区域内企业兼并重组，推动氯碱化工行业的产能减量置换，从源头控制行业碳排放总量。

B 优化行业用能结构，提升综合能效水平

开展电石显热回收及高效利用、储氢燃料电池发电集成装置、氯碱-氢能-绿电自用模式技术攻关，降低行业化石能源消耗，结合氯碱化工特点重点研发并推广氢能替代技术。在规模以上氯碱化工企业优先推广热管电石炉余热回收技术、多效蒸发节能技术、氯化氢合成炉余热利用技术等余热余压利用技术，并在 2030 年形成规模化应用，提高行业综合能效水平。

C 改进行业生产工艺，推广绿色低碳技术

推进氧热法、电磁法电石生产新工艺技术攻关，研发并推广电石法 PVC 无汞触媒技术和膜极距离子膜水解槽改造升级技术，开展非电石法 PVC 新工艺路线工业化示范。提高行业低汞触媒和低碳生产工艺应用水平，于 2040 年前全面淘汰落后生产工艺，完成规模以上氯碱企业的生产工艺升级改造，大幅提高绿色低碳技术覆盖率。

D 横向耦合其他行业，提高资源能源利用率

延伸氯碱化工产业链，探索推动与煤制烯烃、甲醇制烯烃和石油化工等横向融合，争取于 2040 年前跨行业开展副产氢气高值利用技术和化学合成法制乙二醇、甲醇技术的技术研发和工业示范并于 2050 年前开始推广应用，进一步推进工业废盐综合利用制碱和电石渣循环利用制氧化钙等新技术的研发和工业化示范，提高行业节能减排水平，提高资源能源利用率。

E 发展负排放技术，实现行业碳净零排放

持续开展氯碱化工行业内部的二氧化碳综合利用技术研发，跨行业开展 CCUS 技术等前沿性负排放技术研发攻关和推广应用，联合其他产业积极扩展氯碱化工行业中二氧化碳资源化利用途径与领域，争取在 2050 年前后开始二氧化碳负排放技术的全面推广应用。

从碳排放控制类别的角度讲，可针对氯碱化工行业不同控碳环节分阶段提出"控碳，减碳，低碳，零碳""四步走"的本地化碳中和路线图（图 4-41）。

2022~2030 年，采取"控碳"技术路线，依据减排潜力和减排成本，次序实施热管电石炉余热回收技术→多效蒸发节能技术→氯化氢合成炉余热利用技术→氢能替代技术。

2030~2040 年，采取"减碳"技术路线，次序实施电石法 PVC 无汞触媒技术→膜极距离子膜水解槽改造升级技术→氧热法、电磁法电石生产新工艺技术→副产氢气高值利用技术。

2040~2050 年，采取"低碳"技术路线，次序实施工业废盐综合利用制碱技术→电石渣循环利用制氧化钙技术→化学合成法制乙二醇、甲醇技术。

2050~2060 年，采取"零碳"技术路线，在继续推进上述技术的同时，研发并推广前沿性 CCUS 技术。

4.4.6.3 化工行业绿色发展政策建议

A 因地制宜规划化工产业和区域布局

建议根据上位规划要求和产业布局需求，统筹资源禀赋、产业基础、交通区位、发展

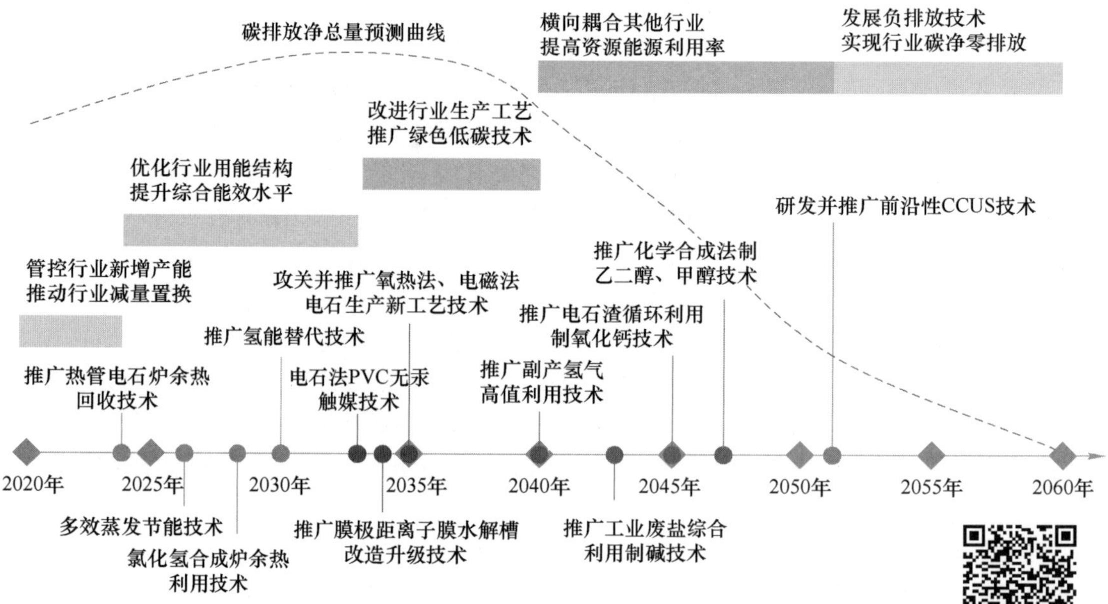

图 4-41　氯碱化工行业低碳技术路径

图 4-41 彩图

路径、环境承载力等自然地理和社会经济因素，科学研判各盟市在化工产业各细分门类的优势和不足，以旗县为单位因地制宜规划化工产业发展路径，避免在产业和区域布局上陷入过分集中和任意分散两种极端路线。建议以产业链增链、补链和碳排放总量、强度控制为抓手梳理区域化工产业布局，做到在产业链完善和碳排放控制的目标下的相关产业适度集中，实现规模效益和上下游联动效益的充分发挥。

B　有保有压实现化工行业低碳发展

建议在科学分析内蒙古自治区及全国化工市场需求的基础上，督促地方政府严禁上马"两高"项目，严格执行产能减量置换政策，引导地方政府根据行业供给关系合理安排化工生产，防范运动式"减碳"和"一刀切"限产。应坚持分类、分区、分业施策，在保障自治区产业有序转型和经济持续稳定发展的前提下，按照地区有先有后、产业有保有压的思路，推动各地区各企业梯次进行低碳技术改造。引导各盟市地方政府结合经济发展水平、产业结构特征、技术条件和功能定位，科学确定域内企业的降碳技术指标，鼓励包钢股份、亿利化学工业、伊泰化工等重点企业率先开展低碳技术改造试点和示范。

C　统筹优化碳排放分配和补偿机制

建议积极争取国家对口专项资金支持，在统筹区域产业、经济、功能定位的基础上，通过奖补类政策在碳排放目标、配额、跨区域补偿、碳税、横向转移支付等方面实现区域协调。发展完善自治区内部的跨区域生态补偿机制和市场化碳配额补偿机制，开设化工行业碳交易平台，尝试建立基于碳排放绩效水平的差别化电价机制。合理确定规模以上重点化工企业集聚地的技术减排目标，可根据现实条件适当降低短期碳排放考核要求，但应在区域发展规划、计划和重点项目中明确技术减排指标并确保落实。对于碳排放转移关系相对固定的地区，可以考虑建立横向转移支付制度，帮助重要化工产品供应基地减污降碳。

D　多措并举推动低碳技术研发应用

建议设立自治区双碳目标专项科研基金，聚焦重点行业和关键领域，资助一批行业领先技术的研究开发工作。发挥行业协会、技术联盟、人才专家库的推动和指导作用，择优选择一批推广潜力大、减碳效益显著、综合投资适中的科技成果进行示范和推广应用。设立专项奖金和行业荣誉等激励政策鼓励、支持各高校和科研院所与行业重点企业进行联合技术攻关并推进技术转化。针对 CCUS 等先进技术具有的创新性强、建设周期长、投资大等问题，探索建立相关技术的税收优惠机制，完善产业配套及管理体系，打通化工行业低碳产业链和创新链，形成合理收益模式，推动相关技术的快速转化。

4.4.7　化工行业技术减碳研究小结

（1）内蒙古化工行业碳排放强度大，部分行业是全国平均水平的 4 倍以上。化工产业是内蒙古自治区的支柱产业和优势产业，炼焦、氯碱、现代煤化工、精细化工等门类多样且具有区域分布差异。目前，内蒙古化工行业存在产业结构不尽合理、区域协同发展不足、资源环境约束加大等问题，并因技术装备水平的不足造成了较大的碳排放，据估算内蒙古化工行业碳排放强度是全国平均水平的 4 倍以上，为顺利实现"双控"和"双碳"目标，应该进行技术升级降低碳排放水平。

（2）化工行业低碳技术体系较为成熟，通过技术集成有望减碳 20% 以上。化工行业目前有 30 余项相对成熟的低碳技术，其中，在整个化工行业内推广工业冷却循环水系统节能优化技术和富含一氧化碳的气态二次能源综合利用技术，在煤化工领域推广先进煤气化节能技术，在氯碱化工领域推广氯化氢合成余热利用技术和新型高效节能膜极距离子膜电解技术预计将在相对较少的投资条件下取得较好的技术减碳效果。通过技术集成，短期内有望在现状基础上取得 20% 以上的减碳效果。

（3）集成行业技术减碳总体路径，推进细分行业协同发力。煤化工行业建议沿合理控制煤化工规模、优化产业链用能结构、提升产业链原料结构、促进化工产品固碳化、发展负排放技术的技术路径，氯碱化工行业建议沿管控行业新增产能、优化行业用能结构、改进行业生产工艺、横向耦合其他行业、发展负排放技术的技术路径制定碳达峰碳中和实施方案，并在此基础上集成各行业的技术路径，协同发力支撑碳排放控制目标的实现。

内蒙古化工行业通过"控碳，减碳，低碳，零碳"的"四步走"路线，有望于 2060 年前实现行业的碳中和。

4.5　有色行业

4.5.1　内蒙古有色行业现状分析与核心问题识别

4.5.1.1　内蒙古有色行业碳排放现状分析

有色金属行业是能源密集型行业，是实现碳减排目标的重点行业之一。中国作为有色金属生产大国，有色金属工业能源消耗约占工业总能耗的 8.1%。2020 年中国有色金属工业协会初步统计显示有色金属工业二氧化碳总排放量约 6.6 亿吨，占全国总排放量的 4.7%，有色金属行业按照主体流程主要分为采矿、选矿、冶炼和压延加工业。2020 年，我国铝产业链的碳排放量约为 5.6 亿吨，约占国内二氧化碳排放量的 6%，其中，电解铝环节碳排放量为 4.2 亿吨,占铝行业碳排放的 75%。因此,做好电解铝环节的碳减排是有色金属工业实现"双碳"目标的关键。

A   有色金属、铝产量现状分析

2020 年我国 10 种有色金属产量为 6188.42 万吨,同比增长 5.50%,其中,原铝(电解铝)产量为 3708.04 万吨,同比增长 5.55%。2020 年内蒙古自治区 10 种有色金属产量为 724.71 万吨,占全国总产量的 11.71%,在全国 31 个省(自治区、直辖市)中排名第 2 位;原铝产量为 574.21 万吨,占全国总产量的 15.49%,在全国 31 个省(自治区、直辖市)中排名第 3 位。可以看出,内蒙古有色行业产能,尤其是原铝(电解铝)产量在全国占比较大,而且排名靠前,是国内重要的原铝产能大省,而且增速明显,同时受到新基建、汽车、光伏等下游产业链的发展需求,以铝为主的有色金属需求量短期不会降低,行业发展前景难以估计,碳排放总量仍需重视。

2010~2020 年期间,内蒙古 10 种有色金属产量由 224.50 万吨增长至 724.71 万吨,增长量达到 2.23 倍。其中主要来自原铝产量的增长,原铝在 2010~2020 年期间产量由 148.75 万吨增长至 574.21 万吨,增长量达到 2.86 倍,占内蒙古 10 种有色金属产量的 79.23%。在 2017 年之前,内蒙古有色行业产能增速缓慢,年产量维持在 330 万吨左右,但在 2018 年 10 种有色金属产量同比 2017 年增长 54.48%,原铝产量同比增长 62.22%,之后年产量保持较高增速持续增长,目前还未到达平台期,产能增长趋势明显(图 4-42)。

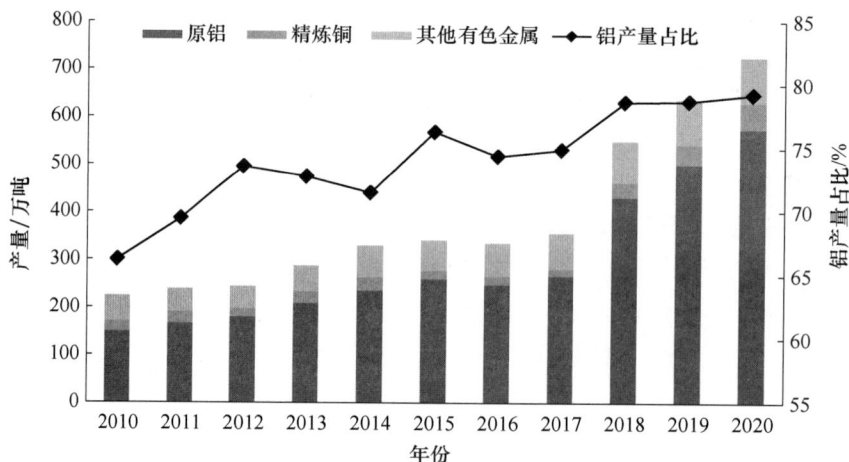

图 4-42   2010~2020 年内蒙古 10 种有色金属产量及铝产量占比

B   有色行业碳排放总量现状分析

数据来源:针对省级层面分析,中国碳核算数据库(Carbon Emission Accounts & Datasets,CEADs)提供了 1999~2019 年省级部门排放数据,这一数据使用 IPCC 部门排放核算方法核算,包括 45 个生产部门和 2 个居民部门,采用有色金属的冶炼和压延加工部门数据作为有色行业排放数据。

1999~2019 年内蒙古有色行业碳排放量总体变化情况如图 4-43 所示,行业碳排放总量总体上呈现先降低后增长的趋势,碳排放总量由 454.09 万吨上升至 923.11 万吨,涨幅约为 1.03 倍。在严格控制总量、加快淘汰落后产能相关政策的引导下内蒙古有色行业碳排放在 2014 年处于低点，之后迅速增长，至 2019 年碳排放增长量超过 21 倍，达到碳排放量新高，并呈现波动上涨的趋势，是内蒙古目前第七大排放行业，占总排放量的 1.16%。在全国范围内，内蒙古自治区有色行业碳排放量排名第 6，占全国有色行业碳排放的 6.32%。内蒙古有色行业相较于自治区内其他行业而言，总体排放量占比不高，但对比国内其他省份有色行业看来，其碳排放量排名靠前，由于生产原铝的单吨能耗高，单吨碳排放量在 10t 以上，同时内蒙古原铝约占有色金属产量的 80%，所以原铝的冶炼及加工是有色行业碳排放的主要来源。

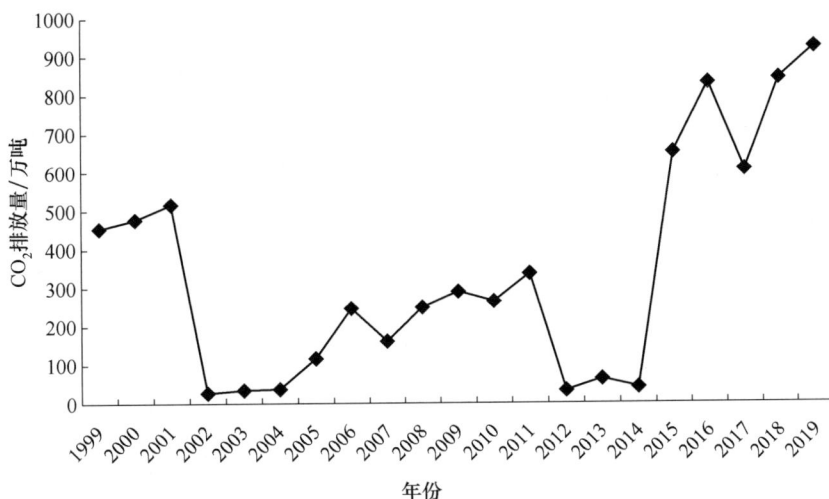

图 4-43　1999~2019 年内蒙古有色行业碳排放量变化

随着我国政策体系和行动方案框架的完善，"碳达峰、碳中和"战略势必将成为影响我国未来 40 年至关重要的发展战略。作为典型的高能耗和高排放行业，有色行业的减排、达峰必将影响到国家战略的全局，内蒙古自治区作为有色金属产能大省，有必要对有色行业，尤其是铝的冶炼和压延加工的碳排放问题展开深入研究。

4.5.1.2　内蒙古有色产业区域分布分析

A　内蒙古有色行业基本情况

从行业划分来看，有色金属行业碳排放的集中度较高，其中铝，尤其是电解铝是有色金属碳排放的最大来源。从生产环节来看，有色金属行业碳排放主要来源于金属冶炼环节，生产过程碳排放主要集中在能源消耗。考虑到内蒙古电解铝行业二氧化碳排放量在有色金属行业中占比最为集中，这里以电解铝行业为例对碳排放特征进行描述，测算范围包括燃料燃烧排放、能源作为原材料用途的排放、工业生产过程排放、净购入的电力和热力消费引起的排放，测算依据为《中国电解铝生产企业温室气体排放核算方法与报告指南（试行）》。在 2020 年电解铝碳排放构成中，能源消费碳排放大约占电解铝碳排放总量的 88%，占绝对主体。综上，有色金属碳排放主要集中于铝行业，尤其是电解铝的冶炼能耗。随着再生铝替代电解铝的速度逐渐加快，铝产业在有色金属行业中碳排放占比将会下降，且会在未来成为推动有色金属行业碳排放下降的主要因素。

自备电是电解铝生产环节的主要用能来源，内蒙古自备电在电解铝能源消费中占比

64.33%，明显高于电网用电比重。自备电是生产企业自主建立的发电设施，在优化产业布局、降低企业运营成本、提高能源利用效率方面发挥了积极作用，但另一方面，由于内蒙古能源资源的特点，自备电大都以火力发电为主，从碳达峰、碳中和的要求来看，加大清洁能源的比重是必然趋势，有色金属行业自备电改造面临较大压力。

　　B　内蒙古有色行业空间分布分析

　　全区主要的原铝生产企业 10 家，年产能达到 657.2 万吨，其中，包头市与通辽市原铝产能分别为 273 万吨/a、266 万吨/a，占内蒙古总产能的 82.01%，产能相对集中，是内蒙古主要的原铝生产基地。其中，包头铝业有限责任公司、内蒙古华云新材料有限公司隶属于中国铝业集团有限公司，包头市新恒丰能源有限公司、东方希望包头稀土铝业有限责任公司隶属于东方希望集团，以上企业位于内蒙古包头市。内蒙古锦联铝材有限公司隶属于锦江国际（集团）有限公司，内蒙古霍煤鸿骏铝电有限责任公司和内蒙古白音华铝电公司是国家电力投资集团公司下辖企业，集中分布于通辽市霍林郭勒市（表 4-50）。

表 4-50　内蒙古主要原铝冶炼企业

序号	企业名称	电力情况	产能/万吨·a^{-1}
	一、包头市（小计）		273
1	包头铝业有限责任公司	100% 自备电	55
2	内蒙古华云新材料有限公司	100% 自备电	80
3	包头市新恒丰能源有限公司	60% 自备电	50
4	东方希望包头稀土铝业有限责任公司	80% 自备电	88
	二、呼和浩特市（小计）		28.2
5	内蒙古大唐国际呼和浩特铝电有限责任公司	100% 自备电	28.2
	三、鄂尔多斯市（小计）		50
6	内蒙古蒙泰集团有限公司	100% 自备电	50
	四、通辽市（小计）		266
7	内蒙古锦联铝材有限公司	80% 自备电	100
8	内蒙古霍煤鸿骏铝电有限责任公司	100% 自备电	86
9	内蒙古创源金属有限公司	80% 自备电	80
	五、锡林郭勒盟（小计）		40
10	内蒙古白音华铝电公司	100% 自备电	40

　　包头市矿产资源丰富，享有富饶的宝山美誉的白云鄂博矿区是以铁、稀土、铝为主的多金属共生矿，其铝储量居全国首位。通辽市境内不仅埋藏着丰富的有色金属矿藏，还拥有多处大型露天煤矿，主要围绕霍林河煤田构建了煤电铝产业集群。由于原铝生产工艺的特点，对电力的需求必不可少，形成了以煤发电、以电炼铝的生产链条，内蒙古自备电在

电解铝能源消费中占比高达 64.33%，所以内蒙古主要铝冶炼企业集中分布在"呼包鄂"城市群与蒙东的通辽市与锡林郭勒盟的资源丰富地区，受有色矿产资源与煤炭资源分布影响明显。总体而言，内蒙古自治区内铝冶炼行业碳排放量与企业空间分布区域差异较大，呈现大中型企业为主，产能相对集中，碳排放量波动增长的趋势。

4.5.1.3 内蒙古有色行业关键问题解析

经过多年的装备升级与融合改造，在产业规模扩张、技术进步、综合利用、循环经济、节能减排等各个方面的龙头带动作用逐步显现，10 种常用有色金属与铝产量均高居全国前列，但同时，碳排放量也随产量增加而持续增加。有色行业作为内蒙古碳排放量排名第六的行业，其主要碳排放源来自电力消耗产生的间接排放，这其中更多的来自自治区内自备电，与化石燃料燃烧产生叠加效应，需要在能源结构环节提高低碳能力，是较难减排的行业。内蒙古有色行业关键问题如下。

（1）原铝生产是主要碳排放来源，工艺改造潜力小。根据国家产品单位能耗指标，铝综合能耗约为 10 种常用有色金属综合能耗的 2 倍，而目前内蒙古 10 种有色金属产量中，原铝产量接近 80%，是主要的碳排放来源。而且铝生产最典型的生产工艺仍为冰晶石-氧化铝融盐电解法（霍尔-埃鲁特熔盐电解法）。经过多年来的工艺持续优化，氧化铝、电解铝生产工艺指标潜力挖掘已接近极限，在生产工艺没有发生颠覆性改变的条件下，铝冶炼各项指标下降空间有限。

（2）以铝为主的有色金属产能不断增加，碳达峰难度大。有色金属品种众多，不同品种的用途存在较大的差异。其中，铜、铝和钼等品种在当前快速发展的新能源、新基建等战略新兴产业中具有重要的用途。光伏和风电对铜铝等有色金属具有较大的需求。内蒙古有色行业产能不断增长，其中原铝的产量占比持续增加至 79.23%，并自 2018 年起，内蒙古 10 种常用有色金属产量保持较高增速快速增长，综合考虑其下游产业链，有色行业产能仍未到达平台期，依旧呈现增长趋势，碳达峰阻力明显。

（3）电耗碳排放占比高，能源结构调整压力大。铝冶炼所产生的碳排放在有色金属行业总排放量中的占比高，而且其能源消耗排放的二氧化碳占比较大，达到 77.5%，其中电能消耗排放的二氧化碳量约占 64.4%。对于内蒙古而言，自备电是电解铝生产环节的主要用能来源，自备电在电解铝能源消费中占比 64.33%，明显高于电网用电比重。内蒙古自备电大都以火力发电为主，风电和太阳能等能源比重低，从碳达峰、碳中和的要求来看，加大清洁能源的比重是必然趋势，有色金属行业自备电改造面临较大压力。

（4）煤电铝产业集群化，碳排放呈现空间叠加。由于铝冶炼对煤电的需求，内蒙古自治区内有色行业空间布局受矿产资源与煤炭资源分布的影响明显，多地形成了以煤发电、以电炼铝、以铝带电、以电促煤的循环经济产业链条，主要集中在"呼包鄂"城市群、通辽市霍林煤田的资源富集区域，形成了以央企控股企业、内蒙古矿业集团和本地上市公司 3 大板块为主的企业集群，整体产能较为集中，碳排放存在明显空间叠加。

（5）科技创新与零碳、负碳技术存在短板。铝冶炼生产中，低温余热回收、无废冶金、惰性阳极、高效超低能耗铝电解、二氧化碳捕集利用等零碳、负碳核心技术的储备不足。需要应用新型低碳工艺和碳捕获与封存，降低成本，加强与互联网、大数据、人工智能进行深度融合，推动产业迈向智能化、绿色化，提升科技含量水平。

4.5.2 有色行业全生命周期碳排放核算

由于原铝生产是有色行业的主要碳排放来源，本书重点对铝冶炼生产工艺碳排放进行了分析评价。

4.5.2.1 全生命周期评价边界

铝冶炼生产系统包括主要生产系统、辅助生产系统以及直接为生产服务的附属生产系统，其中，辅助生产系统包括动力、供电、供水、化验、机修、库房、运输等，附属生产系统包括生产指挥系统（厂部）和厂区内为生产服务的部门和单位（如职工食堂、车间浴室、保健站等）。

铝冶炼生产企业的碳排放核算与报告范围主要包括以下排放：燃料燃烧产生的二氧化碳排放、能源作为原材料用途的排放（炭阳极消耗所导致的二氧化碳排放）、过程排放（阳极效应所导致的全氟化碳排放、碳酸盐分解所产生的二氧化碳）、企业购入和输出的电力、热力产生的二氧化碳排放。铝冶炼企业碳排放及核算边界如图 4-44 所示。

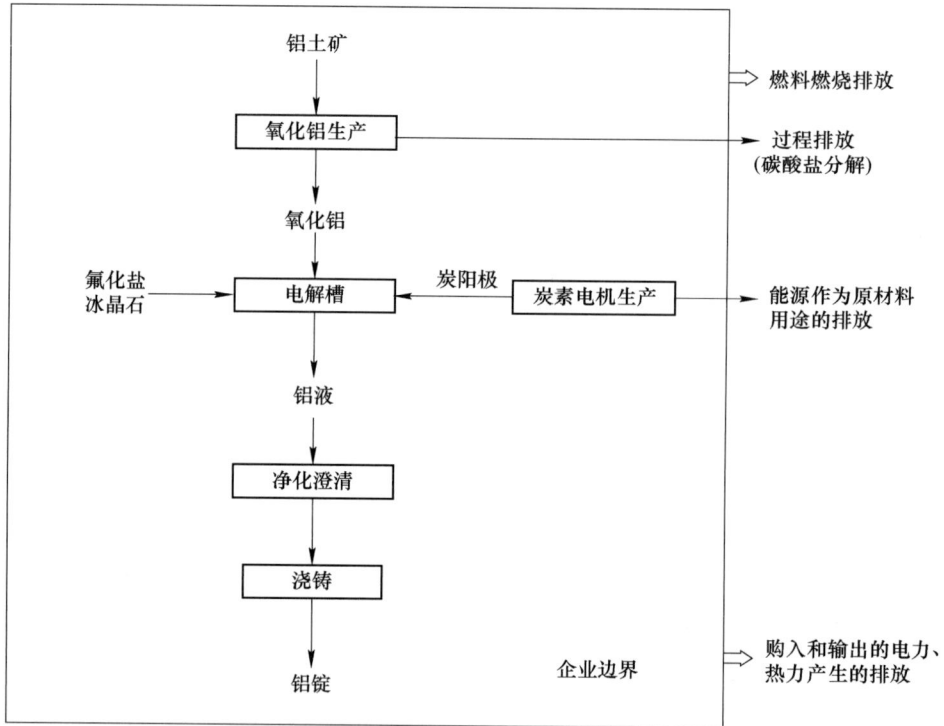

图 4-44 铝冶炼企业碳排放核算边界

4.5.2.2 清单数据

根据 ISO 14040：2006 标准，生命周期清单（life cycle inventory，LCI）的构建和分析是指在生命周期评价过程中对所研究对象在生命周期过程中的输入及输出过程进行汇总编辑和量化分析。清单分析（inventory analysis）包括数据的收集和计算。

本书采用企业数据和统计年鉴数据为主要来源，对缺失数据文献采用调研和选用国外数据库的方法来完善，构建我国有色行业生产的生命周期清单，之后用到不确定分析法对数据质量把关。

根据各参数的输入及输出的变化值比值，利用泰勒系类展开衍生方程快速且精确地推算出我国有色行业的生命周期清单的不确定性。本书将最大限度地采用国家统计数据，并结合铅厂实际数据，构建符合我国有色行业现状的生命周期清单（表4-51）。

表 4-51 生命周期碳排放核算范围相关数据一览（以生产1t铝为例）

生产环节	排放源类别	物质名称	单位	输入输出强度
铝土矿开采	能源输入	燃料油	kg/t	0.70
		电	kW·h/t	0.82×10
	气态排放物	CO_2	kg/t	2.15
		CO	kg/t	0.79×10^{-3}
		SO_2	kg/t	3.61×10^{-3}
		NO_x	kg/t	1.80×10^{-3}
		CH_4	kg/t	2.58×10^{-3}
		颗粒物	kg/t	3.96×10
	产品	铝土矿	t	1.00
氧化铝生产	原料输入	铝土矿	kg/t	2.74×10^3
		纯碱	kg/t	3.27×10
		石灰石	kg/t	0.90×10^3
		水	kg/t	4.20×10^3
	能源输入	原煤	kg/t	2.66×10^2
		煤气	m^3/t	0.90×10^2
		燃油	kg/t	2.15×10
		焦炭	kg/t	2.75×10
		电	kW·h/t	2.34×10^2
	气态排放物	CO_2	kg/t	1.20×10^3
		CO	kg/t	1.21
		SO_2	kg/t	1.63
		NO_x	kg/t	3.47
		CH_4	kg/t	1.09
	固态排放物	赤泥	kg/t	0.72×10^3
		粉尘	kg/t	3.54
	液态排放物	废水	m^3/t	1.04×10
		油污	kg/t	2.20×10^{-2}
		碱	m^3/t	1.13×10
	产品	氧化铝	t	1.00

生产环节	排放源类别	物质名称	单位	输入输出强度
炭素阳极生产	原料输入	石油焦	kg/t	0.57×10^3
		煤沥青	kg/t	1.10×10^2
	能源输入	煤气	m^3/t	0.65×10^3
		燃料油	kg/t	3.45×10
		电	$kW\cdot h/t$	1.25×10^2
	气态排放物	CO_2	kg/t	0.57×10^3
		CO	kg/t	4.48×10^2
		SO_2	kg/t	1.94
		NO_x	kg/t	1.38
		CH_4	kg/t	2.93×10^{-1}
		HF	kg/t	2.30×10^{-2}
		PAHs	kg/t	0.58×10^{-1}
		粉尘	kg/t	4.16×10^{-1}
	产品	炭阳极	t	1.00
铝电解	原料输入	氧化铝	kg/t	0.98×10^3
		冰晶石	kg/t	0.60×10
		氟化铝	kg/t	0.84×10
		氟化镁	kg/t	1.40
		其他氟化物	kg/t	1.75
		阳极糊（自焙）	kg/t	2.54×10^2
		炭阳极（预焙）	kg/t	2.23×10^2
	能源输入	交流电	$kW\cdot h/t$	0.73×10^4
	气态排放物	CO_2	kg/t	0.61×10^4
		CO	kg/t	1.74×10^2
		SO_2	kg/t	3.76×10
		NO_x	kg/t	3.32×10
		CH_4	kg/t	1.79×10
		HF	kg/t	0.85×10
		CF_4	kg/t	1.73×10^{-1}
		C_2F_6	kg/t	1.73×10^{-2}
		粉尘	kg/t	4.39×10
	产品	电解铝液	t	1.00

续表 4-51

生产环节	排放源类别	物质名称	单位	输入输出强度
铝锭铸造	原料输入	电解铝液	kg/t	1.00
		溶剂	kg/t	2.00
	能源输入	原煤	kg/t	3.89×10
		燃料油	kg/t	1.95×10
		煤气	m³/t	1.56×10^2
		天然气	m³/t	2.09×10
		电	kW·h/t	1.82×10^3
	气态排放物	CO_2	kg/t	4.11×10^2
		CO	kg/t	3.81×10^{-1}
		SO_2	kg/t	1.05
		NO_x	kg/t	1.49
		CH_4	kg/t	4.58
		粉尘	kg/t	1.19
	固体废物	铝渣	kg/t	2.00
	产品	铝锭	t	1.00

4.5.2.3 核算方法

其他有色金属冶炼和压延加工业企业的温室气体排放总量等于企业边界内所有生产系统的化石燃料燃烧排放量、能源作为原材料用途的排放量、过程排放量，以及企业净购入的电力和热力消费的排放量之和，按以下公式计算：

$$E = E_{燃烧} + E_{原材料} + E_{过程} + E_{电} + E_{热}$$

式中，E 为碳排放总量，tCO_2；$E_{燃烧}$ 为燃料燃烧排放量，tCO_2；$E_{原材料}$ 为能源作为原材料用途的排放量，tCO_2；$E_{过程}$ 为过程排放量，tCO_2；$E_{电}$ 为购入的电力消费的排放量，tCO_2；$E_{热}$ 为购入的热力消费的排放量，tCO_2。

4.5.2.4 数据收集

本书采用 eFootprint 软件系统，建立了电解铝生产生命周期模型，并计算得到 LCA 结果。研究过程中用到的中国生命周期基础数据库（CLCD）是由亿科开发，基于中国基础工业系统生命周期核心模型的行业平均数据库。CLCD 数据库包括国内主要能源、交通运输和基础原材料的清单数据集。

在 eFootprint 软件中建立的 LCA 模型，其生命周期过程使用的电耗、新水单耗、氟化盐以及电解铝碳阳极单耗数值来自国家统计数据的替换或者来自《中国电解铝生产企业温室气体排放核算方法与报告指南（试行）》。其他数据中的铅、氢氧化钢、煤电、太阳能、石油、焦炭、化学物数据均来自基于企业生产过程的原始数据集合基础上的中国生命周期清单基础数据库（Chinese Process-based Life Cycle Inventory Database，CPLCID），该数据库中涵盖了我国重点工业行业的典型产品、污水处理、垃圾处置等基础生命周期数据，部分来源于中国工程院、国际能源机构（IEA）等发布的数据、中国有色金属工业协会、国际铝业协会、《IPCC2006 国家温室气体清单指南》，部分数据引用自 SimaPro、Gabi 等商业生命周期研究软件数据库。

4.5.2.5　生命周期影响分析

基于图 4-44 包含铝土矿—氧化铝—电解铝等工序在内完整系统边界，计算了原铝生产企业生产过程中生命周期内各工序的温室气体排放量，见表 4-52。

表 4-52　生产 1t 原铝各工序温室气体排放总量

项目名称	CO_2/kg	CH_4/kg	CF_4/kg	C_2F_6/kg	CO_2eq./kg	占比/%
铝土矿开采	11.461	0.014	0	0	11.750	0.10
氧化铝生产	2340	2.135	0	0	2384.840	21.24
碳素阳极生产	565	0.293	0	0	571.153	5.09
电解铝生产	6100	17.850	0.173	0.017	7754.800	69.06
铝锭铸造	411	4.580	0	0	507.180	4.52
合　计	9427.461	24.872	0.173	0.017	11229.723	100

基于以上研究成果，根据《2021 内蒙古统计年鉴》以及各盟市统计年鉴中的年原铝产量，统计并梳理有色行业产生的碳排放，从全生命周期碳排放得出采用铝土矿—氧化铝—电解铝产业链生产 1t 原铝排放 11229.723kg 二氧化碳，考虑到内蒙古自治区铝冶炼企业多数不包含铝土矿采选与氧化铝的生产，因此 2020 年全区电解铝二氧化碳排放量为 4450.12 万吨。各盟市原铝生产企业碳排放空间主要集中分布在"呼包鄂"城市群与通辽市霍林郭勒市，可见有色行业受资源分布影响显著，其中以包头市与通辽市为主要碳排放集中区域，包头市二氧化碳排放量最高，为 1980.9 万吨，占全区铝生产行业碳排放的 44.51%；通辽市二氧化碳排放量为 1862.24 万吨，占全区有色铝生产行业碳排放的 41.85%；由于国家电力投资集团内蒙古白音华煤电有限公司铝电分公司目前还未投产，鄂尔多斯市、呼和浩特市二氧化碳排放量较低，分别为 388.28 万吨、152.67 万吨。

由于原铝生产过程液态和固态污染排放属于宏观监测，数据不够全面和细化，因此对原铝生产的影响评价，主要是根据气态污染物选取环境影响类型进行特征化计算。相关的环境影响类型和环境负荷项目见表 4-53。

表 4-53　原铝生产相关的影响类型和环境负荷分类

环境影响类型	环境负荷项目
不可再生资源消耗（ADP）	铝土矿、石灰石、原煤、原油、天然气
温室效应（GWP）	CO_2、CH_4、CF_4、C_2F_6

续表 4-53

环境影响类型	环境负荷项目
酸化效应（AP）	SO_2、NO_x、HF
光化学烟雾形成（POCP）	SO_2、NO_x、CO
人体健康损害（HTP）	SO_2、NO_x、HF、PAHs、颗粒物

根据 IPCC 规定，CO_2、CH_4、SF_6、CF_4、CF_6 的 GWP 值分别为 1、21、23900、6500、9200，SO_2、NO_x、HF 的 AP 值分别为 1、1.07、1.6，SO_2、NO_x、CO 的 POCP 值分别为 0.048、0.028、0.027，SO_2、NO_x、HF、PAHs、颗粒物的 HTP 值分别为 0.096、1.2、94、570000、0.82。采用当量模型，根据相关特征化因子和资源特征化因子，计算得到原铝生产过程的环境影响特征化结果，见表 4-54 。

表 4-54 原铝生产的特征化结果

环境影响类型	单　位	特征化结果
ADP	kg（锑当量）	0.25
GWP	kg（CO_2 当量）	21.61×10^3
AP	kg（SO_2 当量）	172
POCP	kg（乙烯当量）	26.85
HTP	kg（1，4-二氯苯当量）	29.45×10^3

铝行业全生命周期中对环境影响最大的方面分别为温室效应（GWP）和人体健康损害（HTP），原铝生产过程温室效应（GWP）中电解铝的生产贡献最大，占比 77.10%，其中主要为电力消耗产生的间接排放，其次是氧化铝生产的贡献，占 12.16%。

4.5.3　有色行业低碳技术基础与实践

4.5.3.1　氧化铝高效提取技术

A　技术内涵

氧化铝主要用于生产电解铝，其生产原料为铝土矿，其中氧化铝含量为 40%~65%，主要杂质为二氧化硅，含量在 5%~15% 之间，同时还含有少量的氧化铁、二氧化钛等成分。因此，氧化铝的生产过程，实质上就是使矿石中的氧化铝与二氧化硅、氧化铁等杂质分离的过程。全球 95% 的氧化铝都是通过拜耳法从铝土矿中提取，其原理是在高温高压下用氢氧化钠溶液溶出铝土矿，使其中的氧化铝溶解得到铝酸钠溶液，得到的铝酸钠溶液通过稀释和添加氢氧化铝晶种使氢氧化铝析出，氢氧化铝煅烧得到氧化铝；硅、铁、钛等不溶性杂质留在固相即赤泥中，这样赤泥呈强碱性，其综合利用率很低。

B　未来发展方向和趋势

拜耳法对铝土矿品位（铝硅比）有较高要求，而我国 70% 以上的铝土矿资源为中低品位铝土矿，限制了拜耳法的利用。内蒙古目前主要采用高温烧结/混联法，工艺流程长、能耗是拜尔法的 2~3 倍、成本高。拜耳法中铝土矿中的杂质硅以铝硅酸钠形式进入到固相，造成铝和钠的损失，氧化铝提取率仅 70%左右，且由于强碱性钠的存在，赤泥的综合利用成为关键难题。如何实现铝土矿中氧化铝的高效提取并解决赤泥的综合利用难题是氧化铝行业的发展方向。鉴于内蒙古氧化铝产品品质距国外先进水平有较大差距，很多高端氧化铝依赖进口，我国亟须大力发展高端氧化铝制备技术。

a 选矿拜耳法氧化铝提取技术

选矿拜耳法是氧化铝提取技术多年一直持续发展的研究方向，通过选矿从中低品位铝土矿中选出高品位矿，将高品位矿用高温高压拜耳法进行处理。该技术可扩大中低品位铝土矿原料应用，但氧化铝实收率低（约 70%），浮选尾矿中氧化铝的含量通常在 40%以上，且选矿拜耳法对铝土矿有一定的选择性。此外含化学药剂的选矿尾矿污染严重。通过选矿使得铝土矿品位提升，氧化铝回收率提高，赤泥产量随之减少，用于赤泥洗水的蒸汽能耗量降低。当铝土矿品位提升至 7%时，碳减排可达约 20%。

b 钾系亚熔盐法氧化铝提取技术

特色铝土矿主要为一水硬铝石，首先经过钾系拜耳法提取其中约 75%的氧化铝，然后再采用钾系亚熔盐深度分离铝硅，提取约 20%的氧化铝，同步调控铝土矿中硅、铁、钙等植物生长所需中量元素和微量元素的赋存形态，最后再经过矿物肥转化，实现提铝废渣即赤泥的完全资源化，达到零排放。铝土矿钠系拜耳法和钠系亚熔盐法反应温度均为 260℃，而采用钾系亚熔盐法后，两段反应温度均可降至 220℃，由此带来的 CO_2 排放不低于 20%。

c 高端多品种氧化铝制备技术

超细、高纯、特殊形貌等多品种氧化铝是以冶金氧化铝为原料，经过特殊工艺实现粒度、纯度和形貌的调控。氧化铝纯度达 5N 以上，粒度在 100nm 以下，或呈极窄的粒度分布以及片状、球形等特殊形貌。高端氧化铝制备所用氧化铝量不足其总产量的 5%，这部分减排可忽略不计。

C 需解决的关键科技问题

为上述新技术的实施，需解决以下三大关键科技问题：

（1）选矿拜耳法氧化铝提取技术。铝土矿矿相复杂，除含有一水硬铝石主矿相外，还含有石英、高岭石、叶蜡石、赤铁矿等多种矿物。如何实现一水硬铝石矿相与其他矿相的低成本、高效的预分离，是提高氧化铝回收率、降低能耗和碱耗的核心技术，也是未来要解决的关键科技问题。

（2）钾系亚熔盐法氧化铝提取及赤泥资源化利用新技术。钾系拜耳法赤泥的亚熔盐高效溶出反应新过程是氧化铝清洁节能技术的核心内容和纽带，也是赤泥向多功能矿物肥转化的基础。其目的是不仅实现赤泥中铝硅的深度分离，而且将赤泥中富含钾、硅、铁、钙等植物生长所必须且很多土地已经极度缺乏的元素，利用矿相转换规律设计新的技术路线，并结合化工过程强化与环境矿物材料的理论、方法实现赤泥向多功能矿物肥转化，这也是解决赤泥污染实现赤泥零排放的重要途径。

（3）高端多品种氧化铝制备技术。立足资源特色，科学揭示多品种氧化铝原料杂质的赋存形态和转化规律，构建超细、高纯等高端氧化铝制备新体系以及与之匹配的装备和自动控制技术，是氧化铝行业亟待解决的科技问题。

4.5.3.2 电解铝节能减排技术

A 技术内涵

目前，金属铝全部是采用冰晶石-氧化铝熔盐电解法生产的。该方法以氧化铝为原料，以冰晶石为电解熔剂，采用碳为阳极，铝液为阴极，在960℃的温度下进行电解。在电解过程中，氧化铝溶解进入熔融的氯化物熔盐中，在阴极被电化学还原为金属铝，阳极生成CO_2和CO气体。铝电解是能耗最高、CO_2排放最为严重的行业之一。研究电解铝的节能与减排，从而降低电解铝行业的CO_2排放，对于完成我国碳减排目标具有十分重大的现实意义。

B 未来发展方向和趋势

节能减排技术是铝电解技术的发展方向。

（1）低温铝电解技术。铝电解之所以能耗高，很大部分原因在于铝电解的温度较高，在960℃左右，降低铝电解温度可显著降低铝电解能耗，开发低温铝电解技术，是降低铝电解能耗的一个主要途径。高温熔盐体系随着电解温度降低，氧化铝溶解度也随之降低，溶解速率也变慢，严重影响电流效率，电解槽的稳定性也会变差，因此低温熔盐电解尚存在较多的技术问题尚未解决，现处于集中攻关阶段，有望在2040年进行技术推广和应用。此外，前沿研究还有采用离子液体的低温电解铝技术，该技术以氯化铝为铝源，通过与离子液体复配形成离子液体电解液，电解过程温度可低至100℃以内，槽压<5V，阴极析出固态铝单质，且无CO_2等温室气体排放，该技术的成功应用将大大支撑双碳目标的完成。该技术尚处于实验室小试阶段，需大力推进。

（2）惰性阳极铝电解技术。传统铝电解槽采用消耗式炭素阳极，阳极更换过程对电解槽热平衡影响较大，且炭素阳极制备过程中需要消耗大量的电能，在电解过程中产生CO，和一氧化碳，还会产生少量的四氯化碳。采用惰性阳极，理论上电解过程中阳极不消耗，阳极反应产生氧气，不产生CO_2，和四氯化碳，环境友好，碳减排效果明显。

（3）铝电解槽结构优化综合节能技术。目前我国的铝电解能耗已经居于世界前列，采用传统技术实现铝电解节能越来越困难，必须从电解槽的结构入手，将电解槽从传统的散热型结构改为保温型结构，减少电解槽的热损失，降低槽电压，提高电解槽的能源效率，从而降低铝电解槽的能耗。此外，电解铝CO_2，排放结构中辅料排放量约为0.6t，该辅料的排放量很大一部分来源于电解槽的阴极内衬生产过程中的排放。铝电解废内衬是一种危废，同时又是一种资源，这些废阴极内衬材料含有约40%的碳、30%耐火材料和30%的氟化物电解质，还含有一定量的金属铝。开展铝电解槽废内衬的回收再利用可在一定程度上减少铝电解行业辅料排放量，是铝电解行业节能减排的发展方向。

C 需解决的关键科技问题

（1）低温铝电解技术。对于熔盐体系，掌握电解质组分优化机制以及其中氧化铝的溶解规律，解析电解质组成对电解过程的影响规律，建立电解质优化结果的综合评价机制，并通过电解质组分的优化实现铝电解工艺优化与节能是其关键。对于离子液体体系，其操作温度≤100℃，且没有CO_2等温室气体排放，节能减排潜力巨大。但体系阴极析出的是固态铝单质，加上离子液体电解质本身需要无水无氧环境，因此电解槽设计需要隔离水氧。此外，还要考虑离子液体特殊的腐蚀性以及铝产品的收集和清洗方式。

（2）惰性阳极铝电解技术。理论上惰性阳极生产金属铝的槽电压比炭阳极高1V左右，电解过程耗电更多，吨铝理论能耗高 3000kW·h。由于煤发电释放的 CO_2 量比电解时释放的多得多，因此改用惰性阳极的同时采用绿电电解才能降低电解铝的 CO_2 排放。更为关键的是惰性阳极材料一直没有突破，材料的耐腐蚀性、导电性、抗热震性等问题没有得到很好解决，难以实现工业应用，是亟待解决的瓶颈。

（3）铝电解槽结构优化综合节能技术。电解铝过程中约 50% 的能耗以热量形式通过电解槽散失，因此保温型电解槽开发对于电解铝节能技术尤为重要。窄中缝铝电解槽对于减少电解过程热量损失效果明显，其阳极结构设计与优化、槽物理场变化趋势、槽电压与散热规律、槽工艺参数优化机制以及高导电阴极钢棒的设计与制作、高导电阴极钢棒电解槽磁场与流场变化规律和相应的电解工艺条件优化是其关键。此外，铝电解槽废内衬真空蒸馏分离与再利用技术和铝电解槽底部全氧化铝组分耐火材料利用技术对电解铝过程的综合节能也有一定贡献。

4.5.3.3　铝资源再生循环技术

A　技术内涵

铝的抗腐蚀性强，在使用过程中损耗程度极低，且在多次重复循环利用后不会丧失其基本特性，具有极高的再生利用价值。废铝一般经过分拣、预处理与重熔熔炼后进行再利用，90% 以上的铝是以铝合金被应用的。废铝再生能耗仅为新铝生产的 3%~5%，再生铝的温室气体排放量仅为原铝的 5% 左右，促进废铝回收可显著减少 CO_2 排放。

B　未来发展方向和趋势

由于现行的再生铝技术中合金元素不能被去除，其中合金元素增加，随着废铝一轮又一轮的循环，铝中合金元素的积累不可避免，且随着再生铝量的增加，在不久的将来再生铝的产量将超过其用量，最终，越来越多的再生铝将无法应用变为"死金属"，未来再生铝行业的发展趋势将解决该问题，实现废铝的闭环回收与保级使用。

废铝的闭环回收与保级使用已成为再生铝发展的方向。西方国家在很早已经意识到废铝的保级利用问题，在保级利用方面经验丰富。国外铝行业的龙头企业通过与下游客户开展闭环回收合作，在不增加再生铝合金组分和含量的情况下，实现废铝的保级使用，使废铝资源价值最大化。目前，国外废旧易拉罐闭环回收保级利用体系已非常成熟，汽车废铝与航空航天废铝闭环回收系统也已建立。但由于中国的铝闭环回收体系还处于起步发展阶段，再生铝处理能力有待提高，我国再生铝很少保级利用，大部分降级使用作为铸造铝合金。现在主要研究的保级技术有：

（1）低温熔盐体系再生铝保级技术。东北大学采用低温熔盐体系（600℃以下），以废铝（或废铝合金）为可溶阳极，以纯铝为阴极进行熔盐电解。电解过程中可溶阳极中的铝在阴极铝板上沉积，而阳极中的合金元素以阳极泥的形式沉降至电解槽底部，从而实现废铝中铝与合金元素的彻底分离，实现废铝的再生。尽管该技术回收废铝电耗较高（预计在 5000~7000kW·h/t Al），但回收的铝可达到原铝的质量，回收能耗只相当于原铝的40%~50%，CO_2 排放量只有原铝的 30%，具有很好的 CO_2 减排优势。

（2）离子液体体系再生铝保级技术。中国科学院过程工程研究所采用离子液体体系（100℃以下），以废铝（或废铝合金）为可溶阳极，以纯铝为阴极进行低温电解。电解过程与熔盐体系一样，可溶阳极中的铝在阴极铝板上沉积，其他元素以阳极泥的形式沉降至电解槽底部，从而实现废铝中铝与其他元素的彻底分离，实现废铝的再生。该技术再生铝纯度可达99%以上，且回收能耗仅为原铝生产的30%~40%，CO_2排放几乎为零，是典型的低碳技术。

C 需解决的关键科技问题

（1）低温熔盐体系再生铝保级技术。该技术采用的低温熔盐体系虽然操作温度在600℃以下，但温度仍属于较高水平，因此阳极更换和阴极析出纯铝的取出时的能量损失以及再生铝表面残留熔盐的去除仍存在较大难度。

（2）离子液体体系再生铝保级技术。该技术再生铝的清洗以及洗液中离子液体回收再利用成为难点，需进一步与再生电解过程结合，形成连续一体化装置，使得该技术形成完整生产链条。

4.5.3.4 其他金属的低碳减排技术

有色金属行业除了CO_2排放最大的电解铝，接下来排放靠前的依次是铜精炼、工业硅、镁冶炼。现有的铜精炼、工业硅、镁冶炼以及钒铬锰镍钴锂等金属的提取工艺，无论是采用火法或湿法工艺，均存在反应温度高、提取率低等问题，如火法炼铜、铬盐无钙焙烧、钠化提钒、高压浸出提镍等工艺，降低反应温度可显著降低生产过程能耗，我国开发的生物浸铜、液相氧化提铬、盐酸常压提取镍钴、流化床还原提取锰等新技术，可显著降低生产能耗。现已建成万吨级/年阴极铜生物浸出、3000t/a红土镍矿提取镍钴中试、万吨级/年钒铬液相氧化、万吨级/年锰流化床还原等中试或工业化试验，但仍存在反应分离技术优化、介质再生循环和材料制备等问题需要进一步攻关。相关技术的产业化应用，较现有工艺可实现碳减排20%以上（表4-55）。

表4-55 有色行业绿色推广目录

序号	技术名称	适用范围	核心技术及工艺	主要技术参数	综合效益
1	全底吹连续炼铜工艺	铜冶炼	采用底吹精炼替代传统的精炼工艺，与底吹熔炼和底吹吹炼相衔接，实现氧气底吹熔炼+氧气底吹连续吹炼+底吹精炼的铜冶炼。供气原件氧枪采用大氧枪，鼓入炉内形式采用底吹模式，中间物料全部为热态形式，上下环节物料的转用采用全封闭溜槽方式，精炼炉使用氧枪替代透气砖	阳极板品位 99.7%，铜回收率 98.75%，金回收率 98.5%，从铜精矿到阳极铜综合能耗 106.49kgce/t	环保效益良好，排放尾气 $SO_2 \leqslant 13mg/m^3$、$NO_x \leqslant 33mg/m^3$、颗粒物 $\leqslant 9mg/m^3$，项目平均投资回收期约 11 年
2	复杂多金属物料协同冶炼及综合回收关键技术	固体废物处理及综合利用	利用氧化物、硫化物、硫酸盐、单质等交互反应过程以及固相、液相、气相等多相耦合反应过程，处理含有铅、锌、锑、铜、锡、镍、铋、碲、金、银、砷、硫、铁、氟、氯、铬等十种元素的复杂物料，进行回收。采用逆流焙烧干燥、富氧侧吹冶炼、富氧燃料浸没燃烧等技术，保证处理后的弃渣属于一般固废	铜回收率>96%；锑回收率>90%；银回收率>97%；铅回收率>97.5%；金回收率>97.5%；铋回收率>90%；锌回收率>90%；脱硫率>98.5%；氧浓度最高为 95%；废水、废气、固体废物优于国家现行排放标准	能够实现铅、锌、锑、铋、铜、金、银、碲、硫等多金属复杂原料的有价元素的综合回收，以及各种渣料的无害化处置，废气、废水达标排放，渣处理投资 1200 元/t，渣回收铜 20kg/t、回收锌 10kg/t

序号	技术名称	适用范围	核心技术及工艺	主要技术参数	综合效益
3	金属膜冶炼炉高温气体干法净化节能减排技术	大气污染防治	融合金属膜材料、膜元件制备技术、膜分离、膜装备、膜系统工程应用等技术，实现矿热炉及类矿热炉烟气（（标准状态）含尘<150g/m³）在高温下精密气固分离，得到洁净煤气（（标准状态）含尘<10mg/m³），经换热器回收热能（同时得到纯净焦油等）后，送至用户处作为化工原料或燃气发电。核心滤材通过粉末冶金柯肯达尔效应原理制备，成套系统实现高温在线反吹、高温多级排灰、防结露防焦油糊膜、自动检测控制和安全防爆等功能	工作温度 200～550℃；净化前气体含尘量（标准状态）0～150g/m³；净化后气体含尘量（标准状态）<10mg/m³；过滤精度为 0.1μm	22500kV·A 铁合金矿热炉上应用，年可多回收净煤气约 4492.8 万立方米，颗粒物年减排量 1797t
4	无氰环保镀金技术	无毒无害原料替代	镀金液为中性亚硫酸盐体系，可稳定并连续用于镀金生产。配方不含中高毒类成分，安全性和环保性好。镀液配方采用具有协同效应的组合添加剂，对镀液分散能力、电流效率、镀层外观效果及硬度值均具有良好正向影响和调节功能。可满足功能性软金电镀和装饰性镀金电镀双重需求	镀金纯度约99.99%；操作电流密度 0.2～0.5A/dm²；电流效率≥98%(55℃，0.4ASD)；镀金层硬度≤HV90	与含氰镀金技术相比，同等生产条件下，废水废气处理成本降低30%左右。每生产1kg 镀金量产品可减少 0.9kg 氰化钾的使用量，大幅降低安全生产及环保成本
5	电镀园区污水污泥综合循环利用技术	工业废水处理	催化氧化技术结合离子交换工艺、生化处理系统等，通过对各种电镀废水处理工艺的优化组合，实现电镀用水清洁处理、重金属污染物在线回收、电镀污水处理、电镀污泥资源化和无害化处理的全流程处理及循环利用	稳定达到国家电镀污染物排放标准。主要污染物排放（mg/L）：COD<50，总镍<0.1，总铬<0.5，氰化物<0.2，总铜<0.3，总锌<1.0，总铝<2.0，总磷<0.5，氨氮<8	从源头削减重金属污染物的排放，吨水污染物处理效率≥90%。每吨水处理成本降低 20%左右
6	金精矿氰渣处理技术	危险废物处理	利用金精矿冶炼过程中产生的含氰废水、氰渣、焙烧烟气、污酸废水、生物氧化液等三废的多组分污染因子，直接在生产线耦合形成氰渣处理与利用所需的氧化剂、催化剂、抑制剂、稳定剂、酸化剂、吹脱剂、解吸剂和吸金载体，实现产品类药剂和材料全部替代、氰渣无害化和产品化、金和氰化物深度回收利用、三废污染因子处理及氰渣转型为一般固废等工序同步完成	整个工序不添加产品类药剂和材料，氰渣中吸附态金和氰化物解吸率分别为 90%和 95%以上，氰渣达到相关产品质量标准，氰渣转化为一般固体废物，废气、废水和废渣均达到相关环保排放标准	吨氰渣节省药剂和材料费用 180 元以上，吨氰渣回收金和氰化物效益 50 元以上，吨氰渣产品化效益 120 元以上，吨氰渣节省危险废物处置费用 5000 元以上，吨氰渣节省参与反应的三废达标处理费用 60 元以上

4.5.4　有色行业关键减碳技术的减碳潜力贡献

4.5.4.1　低碳发展情景设置

国家发展改革委等部门联合印发《高耗能行业重点领域节能降碳改造升级实施指南（2022年版）》的通知（以下简称《指南》），《指南》就科学做好重点领域节能降碳技术改造升级提出明确要求，对17个重点行业提出了工作方向和目标。针对有色行业重点领域从关键共性技术的研发、先进适用技术的推广应用两个方面，提出具体工作方向和技术选择的参考建议，明确了"十四五"有色行业节能降碳的目标，对提升行业能源资源利用效率，降低碳排放具有十分重要指导作用。

内蒙古有色行业的碳排放重点是电解铝，若要实现有色行业碳中和的目标，铝冶炼的低碳转型是实现低碳排放的重要主体。与欧美电解铝企业相比，内蒙古电解铝行业在电解环节上的排碳量较高，主要原因是原铝电力能源严重依赖火电。据前文分析统计，2020年，内蒙古电解铝运行产能消耗的自备电占比64.33%，网电占比35.67%。其中，自备电全部为火电，网电按照内蒙古电网的发电结构进行划分。经测算，在电解铝的能源结构中，火电占比94.61%，非化石能源占比5.39%。

对于铝生产工艺，重点开展铝电解高质量阳极技术、电解槽综合能源优化、数字化智能电解槽以及多金属回收及能源高效利用、冶炼能源系统优化、冶金多金属回收、浸出渣资源化利用新技术等一批共性关键技术的研发应用。探索一批铝电解惰性阳极、新型火法炼锌技术等低碳零碳颠覆性技术，建设一批示范工程，培育一批标杆企业。

对于生产工艺更新换代成本较高，技术研发难度大的情况，要首先严格控制能效约束机制，淘汰落后低效产能。以能效标杆水平和基准水平为依据，结合国家相关产业布局规划、产业结构调整指导目录、能耗双控和环境准入等政策措施，推动工艺技术水平落后、能效不达标设备装置关停退出。到2025年，铜、铝、铅、锌冶炼能耗基准水平以下产能基本清零（表4-56）。

表4-56　低碳产业技术基础与实践探索

低碳产业	技术基础	实践探索
1. 应用先进的生产工艺	600kA级超大容量铝电解槽技术。研发的超大容量铝电解槽磁流体稳定性技术，突破了600kA级铝电解槽磁流体稳定性技术瓶颈，为铝电解槽的高效、稳定运行奠定了基础；研发的热平衡耦合控制技术，对影响铝电解槽热平衡的全要素进行了综合优化配置，实现了600kA级铝电解槽预期的热平衡状态；研发的铝电解槽高位分区集气结构技术，实现了超大容量铝电解槽槽罩内负压分布的均匀性，集气效率达到99.6%，污染物总量控制实现了超低排放的目标	百矿集团德保马隘铝产业园煤电铝一体化30万吨铝水工程项目，采用NEUI600高产率铝电解槽技术，建设一条年产300kt铝水生产系统。项目改造后，吨铝直流电耗12557kW·h，吨铝可节约电量457kW·h，年产按照20万吨计算，年节约2.83万吨标准煤，年减排$CO_2$7.85万吨

续表 4-56

低碳产业	技术基础	实践探索
1. 应用先进的生产工艺	铝电解槽智能打壳系统。在传统气缸的基础上，增加了气缸数据传感器和气缸运动控制阀，气缸数据传感器设置在气缸的出口处，气缸控制阀设置在气缸的进气口处，增加带有控制算法的工业控制器，对传感器采集的数据进行推算、分析；通过模拟计算对打壳气缸运动过程进行非线性动力分析，采用拟合和遗传等技术对测量的数据进行记录、过滤、分析、提取，总结出曲线变化规律，形成打壳气缸运动特征库和变化规律库	魏桥集团惠民县汇宏新材料有限公司电解铝二期 A 系列打壳气缸控制系统升级改造项目改造后，打壳锤头粘包率降低约 88%，火眼积料卡堵率降低约 60%，卡堵判断准确率约为 95%，平均每天每槽压缩空气用量为 50.8 万立方米，吨铝电耗为 12923kW·h，平均单槽年产铝量为 1324t，单槽年节约用电量为 5.56 万千瓦·时，单槽年节约压缩空气折合电量为 1.5 万千瓦·时，年节约标准煤 0.20 万吨，年减排 CO_2 0.55 万吨
2. 提高能源利用效率	联合装置交叉换热。通过改造铅生产的精炼加料环节，采用联合装置交叉换热，取消中间冷却，实现冷、热流优化匹配，能量梯次利用，减少天然气用量	江苏新春再生资源有限责任公司实现纯阳燃烧工艺改造，将原有天然气助燃空气燃烧系统改造为天然气氧气燃烧系统，烟气排放量降低 60%，烟气温度降低至 200℃ 左右，节能率达 30%
	余热回收利用。铜冶炼火法系统配备余热锅炉，回收烟气余热，实现节能减排	云南铜业股份有限公司西南铜业分公司实施烟气制酸系统"一转"至"一吸"中间冷却系统余热回收改造，在硫酸三、四系列各新建热管锅炉回收烟气余热，年节能 4205tce，减少二氧化碳排放约 1.35 万吨
3. 优化能源结构	引入天然气代替燃煤，实施可再生能源替代，大力发展风能、太阳能发电，积极构建以新能源为主体的新型电力系统。根据 IEA (2018) 的研究表示，为实现 2℃ 目标，生物质和废物等替代燃料在全球各地区将进一步发展，逐渐替代传统燃料，到 2050 年，化石能源的能源需求将大幅降低	云南铜业股份有限公司西南铜业分公司引入天然气替代燃煤，实现天然气消费量占比 10%，煤炭消费占比由 40% 下降到 22%，有效减少阳极炉渣量，大幅提升热效率，年节约标准煤 6100t
4. 加强能源管理信息化建设	建设能源管理中心，构建能源管理工业网络，通过主要生产经营点能源数据采集与处理、能源设备监视与控制等集成应用，实现节能降耗管控一体化	湖南株冶有色金属有限公司通过建设能源管理中心，实现能源精细化管控，及时发现问题并优化调度，实现年节约电力 600 万千瓦·时。 江苏新春再生资源有限责任公司在铅冶炼熔断工段，采用自动加里奥运输系统及熔炼燃烧系统，实现熔炼自动化和实时监控。建立能耗在线监测系统，实现用能数据实时传输查看

低碳产业	技术基础	实践探索
5. 新兴创新技术	国际铝业协会（IAI）在 2050 年铝业温室气体排放路径报告中指出，在铝行业中有超过 60% 的排放量来自所耗电能的生产过程，因此，脱碳发电和碳捕获利用和储存（CCUS）技术的部署将是发电厂、电力用户以及冶炼厂最重要的减排措施	美铝和力拓合资成立的 Elysis 开发出了无碳铝生产技术，该项技术会释放纯氧作为副产品，并通过使用惰性的专有材料代替传统铝冶炼中使用的碳阳极来消除温室气体排放

总体而言，有色行业实现低碳发展首先要从电解铝环节电力脱碳入手，其次是生产过程的直接排放。原铝生产是一种电能密集型工艺过程，内蒙古原铝行业三分之二以上的电力需求由铝生产商自备和自营的发电厂满足，其中，大部分发电厂燃烧化石燃料，是电力行业最新、最高效的产能之一。因此，脱碳发电、提升行业能效水平、碳捕获利用和储存（CCUS）技术的部署将是发电厂、电力用户以及冶炼厂最重要的减排措施。

针对铜、铝、铅、锌等重点品种的关键领域和环节，开展关键技术的研发应用。探索一批铝电解惰性阳极、新型火法炼锌技术等低碳零碳颠覆性技术，建设一批示范性工程，培育打造一批行业认同、模式先进、技术领先、带动力强的标杆企业，引领行业绿色低碳发展。

（1）推广应用先进适用技术。电解铝领域重点推动电解铝新型稳流保温铝电解槽节能改造、铝电解槽大型化、电解槽结构优化与智能控制、铝电解槽能量流优化及余热回收等节能低碳技术改造，鼓励电解铝企业提升清洁能源消纳能力。铜、铅、锌冶炼领域重点推动短流程冶炼、悬浮炼铜、铜阳极纯氧燃烧、液态高铅渣直接还原、高效湿法锌冶炼技术、锌精矿大型化焙烧技术、赤铁矿法除铁炼锌工艺、多孔介质燃烧技术、侧吹还原熔炼粉煤浸没喷吹技术等节能低碳技术改造。建设一批企业能源系统优化控制中心，实现能源合理调度、梯级利用，减少能源浪费；淘汰能耗高的风机、水泵、电机等用能设备，推进通用设备升级换代。

（2）合理压减终端排放。结合电解铝和铜铅锌冶炼工艺特点，实施节能降碳和污染物治理协同控制。围绕赤泥、尾矿，以及铝灰、大修渣、白烟尘、砷滤饼、酸泥等固体废物，积极开展无害化处置利用技术开发和推广。推动实施铝灰资源化、赤泥制备陶粒、锌浸出渣无害化处置、赤泥生产复合材料、赤泥高性能掺合料、电解铝大修渣资源化及无害化处置等先进适用技术改造，提高固废处置利用规模和能力。

（3）创新工艺流程再造。加快推进跨行业的工艺、技术和流程协同发展，形成更多创新低碳制造工艺和流程再造，实现绿色低碳发展。鼓励有色企业间区域流程优化整合，实现流程再造，推进跨行业相融发展，形成跨行业协调降碳新模式。

4.5.4.2 有色行业减排潜力分析

本书将首先基于前文低碳产业技术基础与实践的调研分析结果，结合专家评判和生命周期评价分析，建立评估指标体系，对当前所有有色行业的减碳技术、零碳技术、负碳技术进行全面评估。采用碳排放总量、度电碳排放量、度电污染物排放量进行减排潜力贡献评估，结合各类技术的成熟程度研判各类技术的减碳潜力及实用可行性，评估其减碳潜力贡献。

　　有色行业需紧抓有色减排的"牛鼻子"——电解铝，其他有色金属（铜、锌、铅、锂等）因产量和排放均较小，减排力度也较小。除了控制产能产量，须调整能源结构，集中攻关低温铝电解技术和惰性阳极铝电解技术等节能提效的关键低碳技术（具体见表4-57）。

表 4-57　内蒙古有色行业各节能减排措施/技术减排潜力

类别	措施/技术名称	行业类别	CO$_2$减排潜力	编号
能源结构调整	可再生能源利用（水、风、光、电）	全部行业	显著	T1
	核能替代	全部行业	中等	T2
	绿色氢能利用	全部行业	较大	T3
	生物质燃料	全部行业	较大	T4
产业结构调整	淘汰落后产能	全部行业	较大	T5
	产能向新能源丰富的地区转移	全部行业	较大	T6
	提高有色金属再生比例	全部行业	较大	T7
节能与能效提升	能源梯级利用	全部行业	中等	T8
	循环经济	全部行业	中等	T9
	电解铝新型稳流保温铝电解槽节能改造	铝	较大	T10
	铝电解槽大型化	铝	较大	T11
	电解槽结构优化与智能控制	铝	较大	T12
	铝电解槽能量流优化及余热回收	铝	较大	T13
	铝电解惰性阳极	铝	较大	T14
	无钙冶金	铝	较小	T15
	悬浮炼铜	铜	中等	T16
	铜阳极纯氧燃烧	铜	中等	T17
	硫酸铜三效混流真空蒸发技术	铜	较大	T18
	富氧顶吹熔炼	铅	较大	T19
	液态高铅渣侧吹还原	铅	较大	T20
	单系列浸出和OTC溶液深度净化系统	锌	较大	T21
	富氧挥发回转炉	锌	较大	T22
	新型火法炼锌技术	锌	较大	T23

类别	措施/技术名称	行业类别	CO$_2$减排潜力	编号
原料回收替代与废物资源化	低温熔盐体系再生铝保级技术	铝	较大	T24
	离子液体体系再生铝保级技术	铝	较大	T25
	铝灰资源化	铝	中等	T26
	赤泥制备陶粒	铝	中等	T27
	电解铝大修渣资源化及无害化处置	铝	中等	T28
	铜冶炼多金属回收及能源高效利用	铜	较大	T29
	锌湿法冶金多金属回收	锌	较大	T30
	浸出渣资源化利用	锌	较大	T31
末端脱碳	生物质能碳捕集与封存（BECCS）	全部行业	较大	T32
	二氧化碳捕集、利用和封存（CCUS）	全部行业	较大	T33

市场需求的增长对碳排放产生较大压力，但通过置换、淘汰落后产能是有效的减碳途径。有色金属中，铜、铝和钼等品种在当前快速发展的新能源、新基建等战略新兴产业中具有重要的用途，光伏和风电对铜铝等有色金属具有较大的需求。根据国际可再生能源机构（IRENA）预测，风电、光伏装机将耗费大量铜、铝等金属。5G 基站、城际高铁及轨道交通、特高压等新基建项目对铜铝有色金属的依赖程度较传统基建更高。铝合金是 5G 基站建设中的重要材料，在智慧灯杆、天线、散热材料等领域有广泛用途，其用铝占比约为 90%左右。内蒙古作为我国重要的有色金属产能大省，未来势必为战略性新兴产业发展提供重要支撑。所以淘汰落后产能，将产能置换转移至内蒙古风电、太阳能等新能源丰富的地区，将会为内蒙古有色行业碳达峰提供巨大贡献。

科技进步和新能源大规模化发展将促使新能源发电成本快速降低，而电解铝生产成本对电价非常敏感。内蒙古多地由于得天独厚的地理位置和环境，风电和光伏发电成本处于全国领先地位，未来有望大量使用新能源，显著提高成本方面竞争力，提高减碳能力。

4.5.4.3 政策建议

（1）强化绿色发展理念，加快推进产能产量达峰。电解铝产能的控制在降低铝冶炼行业峰值中起重要作用，建议严格执行产能置换办法，研究差异化电解铝产能减量置换政策，提高行业准入门槛，严格控制铝冶炼行业产能总量。氧化铝不追求完全自给自足，鼓励适量氧化铝进口，根据电解铝产量调整氧化铝产能规模。

（2）持续优化能源结构，加大清洁能源消纳力度。考虑内蒙古清洁能源富集地区生态承载力的前提下，鼓励电解铝企业主动调整用能结构，积极消纳绿色可再生能源，充分利用内蒙古风电、光伏等资源，推动以煤电为主的电解铝产能向具有清洁能源优势的区域转移，由自备电向网点转化，从源头减少二氧化碳排放量，全面提升清洁能源冶炼的使用比例。

（3）调整优化产业结构，提高再生铝占比水平。加快废铝资源分类回收体系建设，提高保级利用水平。把握国家垃圾分类政策推行契机，将量大面广的铝产品纳入单独分类回收体系。制定再生铝预处理企业规范条件，提高现有废铝资源回收利用企业规范化水平，科学布局、因地制宜推动建设一批区域废铝资源回收预处理配送中心，引导高品质再生铝原料进口，鼓励铝加工企业与再生铝企业联合发展，形成稳定的供需合作模式，加快推动再生铝替代原铝生产比例，从源头解决再生铝企业废铝原料供给难题，全面提升铝产业链绿色循环发展水平。完善绿色采购体系，加大保级回收，推动企业优先采购废铝资源作为原料，引导企业和消费者优先选用绿色铝材和产品。

（4）加大自主创新力度，开发高效低耗减排技术。坚持科技引领，创新驱动，顺应绿色低碳发展方向，开发利用低碳特别是深度脱碳、零碳、惰性阳极、高效用电、可再生能源发电等高效低耗的前沿科技。提高智能化管理水平，全流程减少能源消耗环节的间接排放。持续优化工艺过程控制，进一步降低能耗、物耗，综合降低行业碳排放强度。针对铝电解过程中不可避免的二氧化碳排放，积极跟踪先进的碳捕集、利用与封存技术，研发适用于铝电解二氧化碳捕集的阳极结构及烟气回收治理技术，实现资源化利用。

（5）深度拓展应用领域，助力实现绿色低碳社会。充分发挥金属铝多种优良的结构和功能特性，通过技术创新，延伸产业链，鼓励铝企业探索从源头材料供应商向终端整体解决方案提供商的转变，引导形成"以铝代钢""以铝节木""以铝节铜"的社会共识。特别是在交通轻量化方面，铝材具有天然的优势，在保证车辆强度和安全性能的前提下，能够最大化地降低整车质量，提高动力性和续航里程，减少燃料消耗，降低碳排放，广泛拓展铝的应用领域，助力深度减碳、降碳，实现低碳社会的形成。

（6）全面推进国际合作，构建国内外双循环发展格局。内蒙古作为我国"一带一路"向北开放的重要窗口，要积极打造开放新格局，打破我国电解铝国际产能合作的空白状态，客观分析内蒙古自治区清洁可再生能源资源禀赋有限和未来电解铝需求可能存在少量短缺之间的矛盾，主动对接产业链上下游企业，发挥各自优势，抱团出海，在境外政治经济风险较小、资源能源丰富、物流便利的地区发展铝工业，带动国内装备、技术出口，加快我国全球铝工业强国建设步伐。

4.5.5　内蒙古有色行业低碳技术路径设计

不同减排技术的潜力和成本表现出特异性，需要根据不同阶段，组合各项技术手段合理减碳，当前内蒙古有色行业应重点开展落后产能淘汰，巩固化解电解铝过剩产能成果，严格执行产能置换，严控新增产能。有色行业60%以上的碳排放来自电解铝的电力消耗，随着能源结构的优化，内蒙古充分开发风能与太阳能，大力发展建设光伏、风电、生物质能等绿电项目，逐步实现电力脱碳，这是实现有色行业碳达峰的关键环节。推广节能减排技术和应用，率先从铝生产行业入手，充分利用电解铝新型稳流保温铝电解槽节能改造、铝电解槽大型化、电解槽结构优化与智能控制、铝电解槽能量流优化及余热回收等技术的应用，提升能效。当废铝资源重组后，建设废铝资源分类回收体系，加大铝回收、改进废料分类、消除对消费前废料和金属的损耗。随着相关技术的成熟发展以及成本的降低，有色行业需要依赖实用型碳捕集与碳封存技术，生物质能碳捕集与封存等负碳技术实现碳排放的进一步削减。

未来的路径设计可遵循以下三大原则：

（1）重点开展铝产业电力脱碳，实现有色行业绿色发展。收缩电解铝火电产能，增加清洁能源使用比例，是实现有色行业碳达峰、碳中和最直接和最有效的途径。主要措施包括：1）淘汰燃煤自备电厂，或者通过自备机组发电权置换，利用清洁能源置换火电；2）对自备电厂进行清洁化改造，用低碳或零碳能源替换燃煤；3）利用企业厂房及周边环境，建设风、光电站，配合储能技术，实现清洁能源直供；4）依托风电、太阳能资源，置换电解铝产能，实现清洁能源直接利用。

（2）推广节能提效工艺，增强有色金属循环利用。推进节能技术、节能设备、能源梯级利用和余热利用，促进提高能源利用效率的项目落地；加强全流程、全链条、全要素对标管理，进行节能诊断，发现差距，开展精益管理，以持续改进为载体，挖掘节能降耗潜力，优化技术经济指标。同时利用有色金属的可循环性，大力发展短流程冶炼工艺，大幅度提高再生铝等金属生产能力和再生比例，截至2060年，通过对铝回收、改进废料分类、消除对消费前废料和金属的损耗，再生铝产量占比可达60%，大幅减少电解铝需求，有效削减碳排放量。

（3）加大有色行业负排技术研发应用力度。有色行业碳中和在后期需要通过末端碳捕集的方式才能实现，根据国家发展改革委、国家能源局印发的《能源生产和消费革命战略（2016~2030）》，2050年，化石能源在我国能源结构中的比重仍将达到50%左右。从当前形势看，未来，内蒙古有色金属工业完全实现清洁能源替代的难度较大，化石燃料仍将占据一定的比例。只要存在化石能源的消耗，实现碳中和必将依赖CCUS技术，有色金属工业应加紧布局CCUS技术，以中和化石能源消耗带来的碳排放。

针对不同控碳环节，分阶段提出有色行业"控碳，减碳，低碳，零碳""四步走"的本地化碳中和路线图（图4-45）。

2022~2030年，采取"控碳"技术路线，依据减排潜力和减排成本，次序实施落后产能淘汰政策→严控电解铝产量→对自备电厂进行清洁化改造→依托风电、光电资源置换电解铝产能，可减碳69万吨。

2030~2040年，采取"减碳"技术路线，次序实施先进节能提效技术推广→铝电解槽节能改造等先进技术→铝电解槽能量流优化及余热回收等技术，可减碳31万吨。

2040~2050年，采取"低碳"技术路线，次序实施再生铝保级技术→加大废铝资源回收利用→铝灰资源化→浸出渣资源化利用, 可减碳 12 万吨。

2050~2060 年, 采取"零碳"技术路线, 次序实施实用型碳捕集与碳封存技术→生物质能碳捕集与封存, 可减碳 8 万吨。

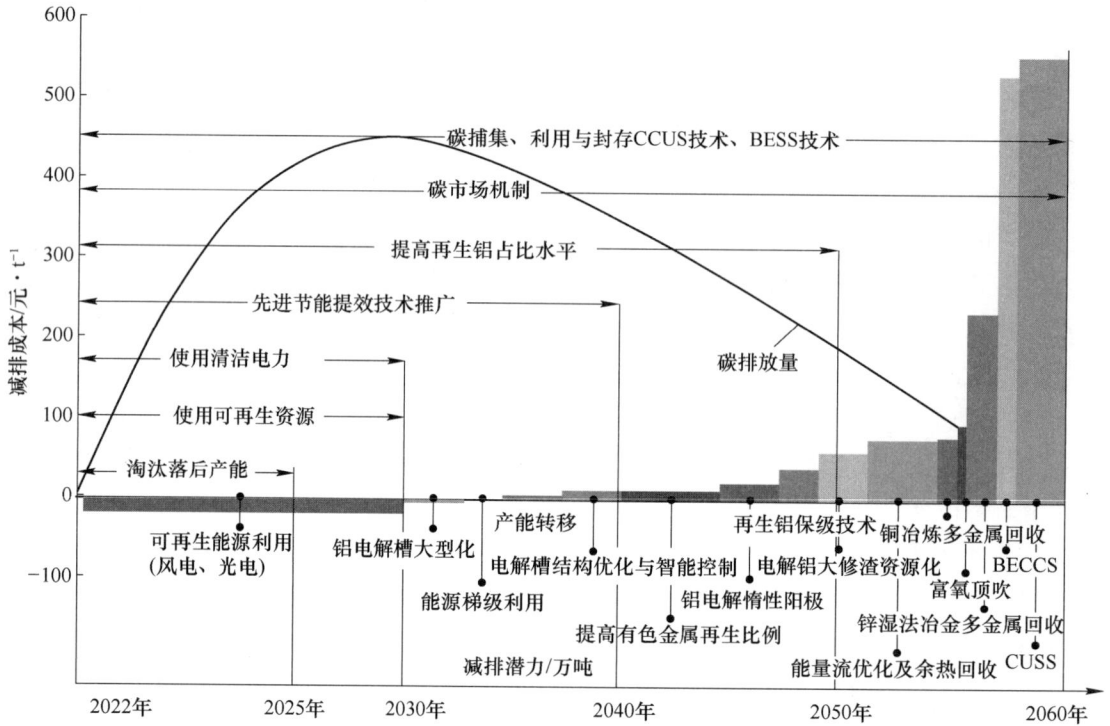

图 4-45　内蒙古有色行业低碳技术路径

4.5.6　有色行业技术减碳研究小结

（1）碳排放趋势分析结果: 内蒙古有色行业碳排放主要以原铝生产为主, 呈现逐步增长的趋势, 其中主要来自对电能的消耗, 同时, 由于电解铝产量的不断增长, 行业发展充满不确定性, 短期内难以实现脱钩。

（2）碳排放空间分布分析结果: 内蒙古有色行业碳排放空间分布主要集中在"呼包鄂"城市群与通辽市霍林煤田的资源富集区域, 包头市与通辽市有色行业碳排放量总和占全区 85% 以上。整体呈现出大规模为主, 分布相对集中, 零散排放源较少, 增长趋势不减的规律。

（3）环境影响分析结果: 铝冶炼是主要的碳排放来源, 其过程中对环境影响最大的方面分别为温室效应（GWP）和人体健康损害（HTP）; 其他影响较小。当前铝冶炼碳排放主要来自氧化铝-电解铝过程的电能消耗。

（4）减碳技术减排潜力分析结果: 能源结构调整对有色行业的减排潜力贡献最大, 其中最重要的是开展电解铝的电力脱碳, 凭借内蒙古的地域优势, 大力发展风电、光电对"双碳"目标的贡献显著; 其次是节能与能效提升、原料回收替代与废物资源化。

（5）减碳技术潜力成本分析结果: 产能转移、提高有色金属再生比例、生产工艺更新换代虽会需要付出一定减排成本，但具有较大减排潜力。生物质能碳捕集与封存（BECCS）、二氧化碳捕集、利用和封存（CCUS）需要付出较高的减排成本。

（6）低碳技术应用总结：能源结构调整在内蒙古推广发展缓慢，自备电是内蒙古原铝生产的主要电力供给，且以火电为主，提升电解铝用电结构中，水电、风电、太阳能等能源的比重面临较大压力。关键减碳技术仍存在瓶颈，铝冶炼生产中，低温余热回收、无废冶金、惰性阳极、高效超低能耗铝电解、二氧化碳捕集利用等零碳、负碳核心技术的储备不足。再生铝占比较低，目前内蒙古主要依靠铝土矿开采生产原铝，随着社会废旧金属资源产生量的不断增加，通过废铝资源回收与处理，加大再生铝利用水平。

4.6 农牧业

根据《IPCC 国家温室气体清单指南》，农业部门（包括种植业、林业和畜牧业等）排放的温室气体主要是 CO_2、CH_4 和 N_2O。自 2012 年，国务院印发《"十二五"控温方案》后，我国加大了甲烷、氧化亚氮、氢氟碳化物、全氟化碳、六氟化硫等非二氧化碳排放的控制，明确要求通过改良作物品种、改进种植技术，努力控制农业领域排放；加强畜牧业和城市废物处理和综合利用，控制甲烷等温室气体排放增长。农业温室气体来源复杂、数量大，综合实施多种减排措施可以实现农业温室气体减排。对内蒙古当前农业温室气体的排放范畴、减排措施、减排潜力以及管理对策等方面进行梳理，以期推动内蒙古农业温室气体减排实践的发展。内蒙古农业非二氧化碳温室气体控制技术研究思路如下：

（1）对内蒙古地区的农业区域分布进行调研，分析全区农业时间序列及空间结构发展趋势、特征，剖析农业发展核心问题。

（2）采用生命周期评价（LCA）方法，构建统一的评价框架，划分一致的评价边界和评价环节，基于内蒙古农业实际生产运营情况，采用最新的可获得的各种甲烷和氧化亚氮排放因子及各个环节的物料消耗参数，量化测算各种农业要素全生命周期内温室气体排放，并估算各种农业生产过程中大气污染物排放，最后进行综合比较分析。

（3）基于国家碳达峰与碳中和规划的时间节点，设置 2030 年碳达峰情景和 2060 年碳中和情景，并从低碳产业技术基础与实践探索方面，进行两种情景下内蒙古地区农业碳排放预测和分析。

（4）基于农业关键减碳技术和现有实践案例的调研，对各类关键技术进行系统梳理，并基于减碳排放量和减污排放量评估各类关键技术的减碳潜力贡献。

（5）最后，基于减碳潜力贡献大小，为内蒙古农业碳中和提出最优碳中和路径设计建议，并为政府部门、行业组织、农业各产业和个人等开展碳中和技术减碳工作提供相关对策参考。

4.6.1 温室气体农业源及控碳技术现状

4.6.1.1 农业温室气体排放源

农业温室气体清单包括四个部分：一是稻田甲烷排放，二是农用地氧化亚氮排放，三是动物肠道发酵甲烷排放，四是动物粪便管理甲烷和氧化亚氮排放。

稻田是大气 CH_4 的重要来源，每季每公顷稻田的甲烷排放量为 $200 \sim 400kg$，稻田甲烷排放量占到农业甲烷总排放量的30%。2020年内蒙古水稻种植面积16.1万公顷，主要集中呼伦贝尔市、兴安盟、通辽市和赤峰市东北部4个盟市。据测算2018年内蒙古稻田CH_4排放量为3.52万吨。

农用地温室气体排放主要源自化肥、农药、柴油、农膜等农用物资的使用所产生的温室气体排放，农业废料、秸秆焚烧所产生的危害气体而导致的农业碳排放，在不充分不科学的土地利用中土壤翻耕所产生的气体排放，农业生产机械运转所排放的污染气体也推进了温室效应的产生过程。2020年全区共投入77.1万吨氮肥、77.5万吨复合肥用于农业生产，化肥总施用量达207.7万吨；从各盟市施用情况看，通辽市最高，化肥施用量58.9万吨；兴安盟、赤峰市并列第二，化肥施用量26.8万吨；呼伦贝尔市第三，化肥施用量24.6万吨；四盟市肥料作用量占全区化肥总施用量的66%。全区地膜覆盖总面积达到133万公顷以上，农用地膜年使用量超过了4.9万吨，并且保持逐年增加的趋势回收率仅为60%左右。化肥、农膜以及农药在生产过程中，会直接或间接的产生温室气体。在使用过程中，会导致土壤中遗留的大量化学元素由于难以分解而造成碳平衡结构破坏，释放出二氧化碳气体。内蒙古农作物秸秆资源丰富，全区农作物秸秆可收集资源量为3128.26万吨，其中，玉米秸秆占可收集资源总量的78.76%，大豆秸秆占6.81%，小麦秸秆占4.85%，向日葵秸秆占2.99%。东四盟秸秆产生量占全区秸秆资源总量的70%左右，秸秆资源分布东部以玉米和大豆为主，中部以玉米为主，西部以小麦和向日葵为主。同时随着内蒙古农业科技水平和政策支持等相关因素的影响，农业生产中机械化程度持续提高，大量的机械运转所排放的污染气体极大地推进了温室效应的产生过程。

畜牧业温室气体排放主要来自动物肠道反刍和粪便产生的甲烷等非二氧化碳。内蒙古是全国重要的农畜产品生产加工输出基地，畜牧业资源得天独厚，牛奶、羊肉、绒毛、饲草等产量居全国首位，牛肉产量居第二位，畜牧业生产实现"十七连稳"。牲畜饲养数量是影响非二氧化碳气体排放的主要因素，2020年末反刍牲畜总头数6899.70万头（只），其中数量最多的是牛671.10万头、羊6074.20万只。2020年内蒙古地区畜牧业动物肠道发酵的CH_4排放量88.38万吨，粪便产生的CH_4和N_2O排放量分别为14.71万吨和3.47万吨。畜禽肠道CH_4排放所占比例为66%，因此内蒙古畜牧业温室气体减排重点主要是肠道发酵产生的CH_4。内蒙古不同地区间家畜非二氧化碳气体排放差异较大，东部四盟市的CH_4、N_2O排放量均处于较高水平，基本都在50%以上，在牲畜种类中，肉牛、奶牛、绵羊和山羊是最主要的排放源，也是畜牧业减排的主要控制领域。

4.6.1.2　农业源温室气体控制技术现状

农业源温室气体控制技术现状如下：

（1）农业生产资料集约节约使用。在控肥增效方面，鼓励推广测土配方施肥、水肥一体化等技术；引导农民优化施肥结构，改进施肥方式，调整氮磷钾肥用量和施肥比例，提高肥料利用效率。如引进智能化施肥系统，在西甜瓜和玉米上进行试验推广，提高化肥利用效率10%以上。在控药减害方面，开展了草地贪夜蛾、草地螟、玉米红蜘蛛、粘虫等病虫害监测预警，推广生物农药、杀虫灯、黄斑等绿色防控措施；选派专业技术人员赴各旗县区开展了绿色防控和专业化统防统治技术指导。

（2）强化废物综合利用。在秸秆综合利用方面，重点推动饲料化、肥料化和燃料化利用，推广青贮、微贮、深翻还田、过腹还田等利用方式。在地膜回收利用方面，推广使用国标地膜，控制和减少水热条件较丰富地区覆膜面积。如引进上海华维节水公司在固阳县建设节水灌溉设备基地，推动残膜回收、加工、利用一体化发展。在畜禽粪污资源化利用方面，配套建设了规模养殖场畜禽粪便干湿分离、污水储存池、有机肥生产等处理措施。

（3）提高土壤碳汇能力。在耕地质量监测和耕地质量保护方面，新建耕地质量监测点，加强耕地质量监测评价和源头管控；推广增施有机肥、秸秆还田、轮作休耕、垄作和滴灌等综合配套技术，改进农业耕作和灌溉方式，提高土壤稳定性，减少农耕和灌溉过程中土壤有机碳的损失，提升耕地质量，提高农田碳汇能力。坚持"量水而行"，以高效节水为重点，加强高标准农田建设。

（4）实施碳捕捉利用负碳技术。不断开展 CO_2 施肥技术研究应用，将工业采集的 CO_2 压缩为液体、干冰作为作物气肥施用。如与神华煤制烯烃 CO_2 尾气收集公司合作，在包头市东河区、九原区通过 CO_2 全自动智能化控制适时适量提升设施蔬菜生产中所需 CO_2 浓度，促进植物的光合作用，提高光合作用效率，推动碳捕捉、利用的同时，实现农业增产。

（5）转变农牧业发展方式。随着内蒙古对规模化养殖的引导、扶持及现代养殖技术和设施的快速发展，传统家庭散养模式逐步向规模化养殖发展，截至 2017 年末全区各类畜禽规模养殖场达到 10 万多个，畜禽规模化养殖率已经超过 70%，畜牧业生产方式由散养迈向全面规模化养殖时期。

农业发展方式方面主要控碳举措为积极引导龙头企业、合作社流转土地并开展规模化、标准化生产，提高生产效率，降低单位产量或产品的碳排放强度。围绕食品和农副产品加工"十大链条"，大力建设规模化标准化生产基地。如采取玉米大豆间作种植模式，该技术相对于传统玉米种植每亩减施纯氮 4kg，减少用药 25% 以上；引进中化集团、山东金丰公司等全程社会化服务企业，在包头市固阳县、达茂旗、土右旗建立服务中心基站，开展土地集中连片全程社会化服务，该措施打破地界增加可耕作面积，降低生产成本 10% 以上。

（6）以新能源替代发展零碳智慧畜牧业。2022 年 1 月伊利现代智慧健康谷正式启动，该项目将逐步建成 158 万千瓦新能源替代项目，结合制氢、储能、电力碳汇交易等措施，实施电源电网、冷源冷网、热源热网、水源水网、气源气网、数据源数据网的"六源六网"建设和升级，完成全国首个零碳五星示范区的打造与建设，并以此为示范在呼和浩特市进行全面推广实施，打造一批零碳产业园区。

4.6.1.3　农业源碳排放控制技术存在问题

农业源碳排放控制技术存在的问题如下：

（1）相关制度规范亟待健全。内蒙古高度重视"双碳"工作，印发了《内蒙古自治区碳达峰工作分工方案》，制定了《内蒙古自治区碳达峰碳中和"1+N+X"政策体系编制工作实施方案》，出台了《内蒙古自治区落实<关于完整准确全面贯彻新发展理念做好碳达峰碳中和工作的意见>的具体措施》和《内蒙古自治区碳达峰实施方案》。《内蒙古自治区"十四五"生态环境保护规划》中提出着力开展碳排放达峰行动，科学制定自治区碳排放达峰行动方案，明确峰值目标、路线图及配套政策措施。但是，农业绿色发展制度政策尚不健全，与地方实际情况契合度较低，缺乏各类主体参与减排降碳的动力。同时由于农业生产活动广泛性、隐蔽性、随机性大，农业碳排放源统计、监测控制体系还需不断完善。此外内蒙古农业生产碳减排与碳交易市场机制还未建立，农业生产活动作为主要碳源之一和重要的碳汇主体，将其纳入碳减排与碳交易框架体系也非常必要。

（2）科技创新潜力仍需释放。研究表明规模化、集约化经营下的碳排放水平要远远低于牧民散养下的碳排放水平。内蒙古畜禽规模化养殖率虽然已经超过70%，但全区牧民散养的比例仍然较大，畜禽养殖的规模化集约化程度仍待提高。同时畜牧业低碳技术以传统方法为主，研发的力度不足、深度减碳与负碳技术研究应用少，自主创新能力低，畜牧业产品无法实现高产优质的目标。

用技术进步改造传统农业是我国应对农业资源刚性约束、实现农业发展的重要路径，其中绿色科技是农业绿色发展的关键动能。但目前农业科技投入占农业GDP的比重不足1%，农业科技人才素质偏低且数量偏少，农业科技贡献率和科技成果转化率较发达地区存在较大差距，特别是低碳农业技术水平总体不高、创新不足。

目前，内蒙古在农牧业规模化标准化生产和精准化管理、农业投入品减量增效、农牧业生产废物资源化利用、耕地质量保护提升和减排固碳新技术等方面正在推动试验示范，但还需在实践过程中针对内蒙古区位特征、农牧业产业特点、发展中存在的重大关键技术和瓶颈问题，开展农牧业科技技术研发与项目攻关，因地制宜探索适宜内蒙古减排固碳路径，实现农业固碳和绿色生产。

（3）宣传力度不足、缺少低碳意识。内蒙古农牧业在生产活动中还处于一种高投入、高排放的粗放式模式，农业生产活动中过多依赖于农用物资的使用，缺少低碳意识，缺少对农业物资使用的控制。

4.6.2　内蒙古农牧业低碳技术路径设计

根据上述自治区农牧业非CO_2排放实际需求、现实条件以及各项技术的开发和应用前景，为了更好地达到减碳目标和需求，我们提出农牧业碳减排"三步走"的技术路径（图4-46）。

（1）减污降碳阶段：畜牧业方面采取生态化、规模化的养殖方式；建设粪便处理收集和资源化利用设施；改善饲料质量减少动物排放甲烷；发展畜禽养农和秸秆养畜等农牧结合模式。农业方面减少农资等投入品使用量、提升投入物与机械的使用效率、开展废物资源化利用。能源利用方面，加强风能、太阳能等绿色清洁新能源的使用比例，从源头降低农业碳排放量。

（2）碳汇提质阶段：推进优质粮食生产、农畜产品的深加工、精加工；施用有机绿色肥料改良土壤质量；鼓励退牧还草、轮牧禁牧，促进草原恢复、提升草原固碳能力。实现农业产品优质化、产地清洁化。

（3）高质量发展阶段：推行"种植—养殖—沼气—肥料—种植"模式，构建循环经济链条。

与工业、能源和交通等领域相比，农业减排固碳措施成本相对较低，见效快，且农林碳汇有助于抵消碳排放，实现碳中和。但实现低碳农业还需要推广相应技术、开展市场化探索、配套扶持政策等层面协同推进。

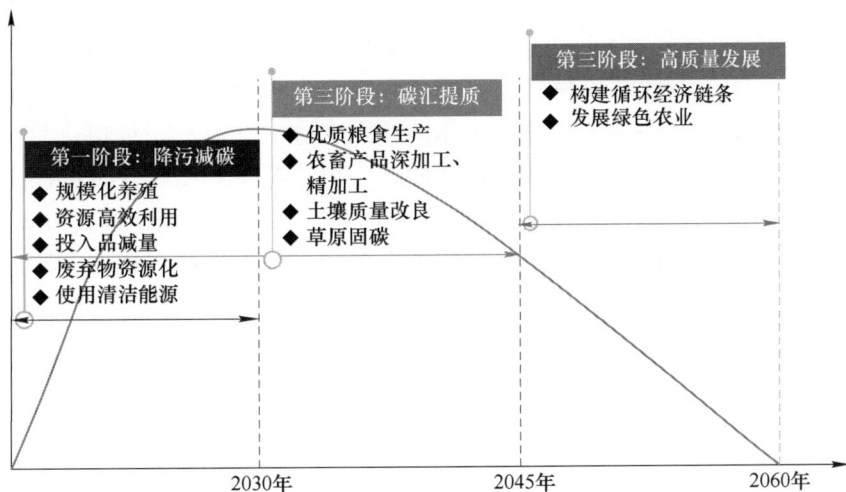

图 4-46 内蒙古农牧业低碳技术路径

图 4-46 彩图

4.6.3 农牧业固碳减排政策建议

（1）建立健全农业绿色低碳发展政策体系。

1）建立健全农业政策、标准。结合内蒙古农业生产特点，及时出台与新发展格局相适应的农业农村碳达峰、碳中和的相关法律法规，及时修订不适应碳达峰、碳中和工作要求的地方性法规、规章和政策文件，抓紧制修订关于能耗限额、产品设备能效等地方标准、农用物资监管等政策。通过法制化、制度化，确保农业"双碳"工作稳定可持续。

2）建立健全统计监测体系。建立健全全区农业碳排放统计核算体系，研究建立农业系统碳汇监测核算体系，开展森林、湿地、土壤等生态碳汇本底调查和碳储量评估，实施生态保护修复碳汇成效监测评估。

3）加速形成农业碳排放交易市场。积极推动将农业纳入碳排放交易市场，按照先单项后全面、先基础后复杂、先试点后普及的原则，调动各方主体的积极性，循序推进不同主体、不同产品进入碳排放交易市场。此外，应加快完善绿色信贷、债券、保险等金融支撑体系，为更多主体参与到农业碳减排中创造良好条件。

4）加大政策扶持力度。行政手段是实现农业碳减排的重要推动力，也是实现推动农业低碳经济发展的重要支撑。加强针对涉及低碳农业发展项目的资金扶持力度，加强农业企业下乡推广技术的项目补贴工作。积极宣传引导组织相关农业高新企业对农民进行技术指导，加紧制定相关惠农低碳补贴，研究制定相关政策吸引更多的农村劳动力留在家乡发展农业，让农民得到更多实惠。对涉及退耕还林、退耕还草、退耕还湿的农牧户进行相应的补贴。

（2）推广低碳农业技术，转变农业发展方式。

1）需要政府主导、财政扶持研发农业固碳减排新技术。鉴于农业的公益性产业性质，需要在政府的主导和扶持及企业的参与下，开展固碳减排行动。参考国际国内先进的统计标准与模型，结合内蒙古农业种养水平，选择符合实际情况的农业甲烷排放的计算标准，获得更详细准确的农业甲烷排放基础数据，以便精准施策，因地制宜。鼓励先进科研成果与种养知识向农业农村转化，同时在实践中量化不同措施的甲烷减排成本与效益，为进一步的推广和评估工作提供可靠的数据支撑。针对水稻种植，总结国内的减排路径与优秀案例，制定稻田甲烷减排最佳做法、可用技术和创新技术的清单。针对畜牧业，促进农场水平全生命周期的甲烷追踪，从饲粮摄入、产品品质到粪便管理等环节建立可追溯碳足迹的数据体系。鼓励其他形式的激励措施与创新项目，鼓励跨领域的创新与合作，为政府、科研院校、企业、农民及其他组织搭建高效的平台，加速新成果新技术向减排效益的转化。建立健全以绿色为导向的农业补贴制度和农村金融制度，财政和金融支持"三农"的资金要密切与化肥农药减量增效、提升秸秆利用、地膜回收、畜禽粪便等废物的综合利用相联系，结合内蒙古地理气候状况因地制宜地开展科研活动，加强技术的研发、投入与后期维护，注重长期实施效果，为农业减排和固碳持续提供激励。同时需要进一步揭示农业固碳减排的效应机制，探明我国农业固碳减排的重点领域与区域及其潜力和技术途径；要创制优质多抗低碳排放的作物品种和家畜种禽，提高品种的气候韧性；创新优质丰产低碳排放的种植和养殖技术，提高作物系统的气候韧性；要开展固碳减排的产品和机具研发，创制新型的化学和生物固碳减排产品。在此基础上，在重要典型农区农田景观尺度上，开展技术筛选和集成示范，创建低碳高效农业模式。

2）持续发展绿色农牧业。结合内蒙古农业生产特点和在国家粮食安全、生态安全中的地位，内蒙古非温室气体减排在农业上应遵循"稳能减排"的路径，在稳定种养殖业产能的基础上，种植业减排以控制农田 N_2O 排放，减少农机耗能排放为主；养殖业减排以控制奶牛和肉牛肠道 CH_4 排放及废物处理过程中 CH_4 与 N_2O 为主。固碳应遵循"减速双增"原则，需要减缓耕地有机碳含量下降速率，增加中低产田土壤有机碳储量和增加放牧草地土壤有机碳储量。同时针对绿退沙进的问题，内蒙古还要加快林产业和沙产业的发展，以便通过植树造林加强荒漠化治理，推动林业发展，增加农业碳汇功能。在农牧业生产经营方面，需持续推动农牧结合和种养循环，以便使农牧业发展与资源环境承载力保持协调，推动农牧业的绿色可持续发展。

3）推行低碳产品的使用。随着农业生产扩展及人们生活水平的进一步提高，农业源碳排放必将进一步上升。此外，农产品生产、储运和加工过程中，也要消耗大量化肥、机械装备及化石能源等产品，这些产品在生产和贮运过程中也要消耗化石能源而排放大量碳。尽管国际上没有将这些间接排放纳入农业排放，但如果农业能够在投入品上进行减量增效，则可以为非农产业的碳减排做出重大贡献。

4）强化农牧业低碳转变。内蒙古农业属于高碳型农业，为使产业向低碳方向转变，还需要政府介入，结合自治区各盟市地区实际特点，针对性开展低碳农业的快速转型。大力施用有机绿色肥料改良土壤质量，提升投入物与机械的使用效率；在质地黏重、薄层贫瘠农田推行"玉米-大豆"间、套、轮作制度，培肥土壤，注重与温室气体排放间的协同；鼓励退牧还草、轮牧禁牧，促进草原恢复、提升草原固碳能力；在能源使用方面，要加强风能、太阳能等绿色清洁新能源的使用比例，从源头降低农业碳排放量；发展以生态农牧业为重点的农村牧区清洁能源循环链，推行"种植-养殖-沼气-肥料-种植"模式，推进优质粮食生产和设施农牧业建设;建立以农牧业产业化工程和农副产品加工业为主体,形成农业-养殖业-生物产业链。同时,工农业互相渗透,构成大的产业循环集合;改进生产工艺,构建以粮食及其他农副产品龙头加工企业为依托的粮油食品循环经济链条、以畜产品加工企业为依托的畜产品循环经济链条,推进农畜产品的深加工、精加工,延长产业链条;利用现代生物工程和高效提取技术,提高农畜产品加工废物的综合利用水平。

(3)优化农业产业结构、打造绿色低碳农业产业链。

以农业供给侧结构性改革为引领,鼓励各地区在满足环境承载力的前提下,发挥比较优势,优化调整农业产业结构,因地制宜发展现代循环农业,通过改良生产结构、优化生产方式,实现农业碳汇水平提升,提高农业净碳效应。通过将新能源产业与农业耦合发展,推进农村清洁高效能源开发利用,优化农业生产用能结构。通过推进农产品加工业绿色转型、建立健全绿色流通体系、促进绿色农产品消费构建农业绿色供应链。通过建设一批绿色农业产业集聚区,促进资源集约利用、循环利用、高效利用。释放农业多功能性,有条件的地区积极推广观光、休闲农业等高效益、低排放的经营模式,让绿色低碳产业成为乡村振兴新的经济增长点。

(4)加强人才队伍建设。

农业技术人才是推动农业绿色低碳发展的核心动力,应发挥好基层农技推广服务体系、新型农业经营主体带头人作用,并开展形式多样、内容实用、通俗易懂、成效明显的绿色低碳技术培训活动,提高农民绿色低碳技术储备与应用水平。

(5)加强宣贯引导。

对农业促进低碳发展的贡献加大宣贯力度,加强对农民低碳环保理念的灌输,引导农民树立低碳农业、环保农业、绿色农业的意识。通过政府、企业及技术推广部门的宣传引导、大力扶持,在广大农民中推广低碳农业技术,使农民真正在生产过程中得到方便,在收入中得到实惠。形成一个由"政府引导、企业参与、农民主导、技术推广部门助力"的"四位一体"长效发展机制格局,逐步推动农业低碳化的工作进程,推进绿色生态农业的建设。

4.7 建筑领域

4.7.1 内蒙古建筑领域现状

随着我国城镇化的快速发展和人民生活水平的不断提高,我国建筑面积快速增加,基本保持年均3%~5%的增速,建筑能耗也呈逐年递增趋势,根据中国建筑节能协会能耗专委会最新发布的《中国建筑能耗研究报告(2021)》,2019年全国建筑全过程(包括建材生产、建筑施工、建筑运行)碳排放总量为49.97亿吨CO_2,占全国碳排放的比重为50.6%。早在20世纪80年代,我国已通过建立行业标准、发布政策法规、开展科技创新等措施推进建筑节能,促进建筑领域低碳发展。

内蒙古建筑节能降耗工作起步较晚,"十一五"期间推动新建建筑执行节能强制性地方标准,既有建筑节能改造得到了大力推进,"十二五"期间,启动绿色建筑发展规划,采取了可再生能源建筑一体化应用、既有建筑节能改造等措施,推动建筑节能降耗。截至 2020 年底，全区累计实施既有居住建筑节能改造面积 1607.6 万平方米，累计新建节能建筑面积 16306.4 万平方米，其中获得绿色建筑评价标识的面积达到 847.6 万平方米。绿色建筑占新建建筑比例超过 50%，绿色建材推广面积达到 575.5 万平方米。2021 年内蒙古自治区人民政府办公厅发布了《关于加强建筑节能和绿色建筑发展的实施意见》，明确了到 2025 年建筑节能和绿色建筑发展的主要目标，提出了八项重点任务，在技术引进与推广应用方面，主要涉及被动式超低能耗建筑、装配式建筑、保温结构一体化建筑、新能源建筑的发展，这也将是"十四五"期间，建筑领域低碳的主要方向。

4.7.2　内蒙古建筑领域核心问题识别

随着经济社会的快速发展，内蒙古建筑业也得到迅速发展，在国民经济中的地位日益显著。从整体上看，建筑业碳排放与建筑业总产值、GDP 增速变化趋势基本一致，可分为两个阶段，第一阶段为稳步上升阶段（2000~2010 年），随着 GDP 迅速增长，建筑业总产值快速增加（增速为 23.3%），建筑业碳排放平均增速达 21.3%；第二阶段为增速下降阶段（2011~2020 年），内蒙古逐步迈入高质量发展进程，GDP 增速变缓，建筑业总产值随之增速缓慢（增速为 0.8%），建筑节能降耗工作大力推进，绿色建筑广泛推广，碳排放量有所下降，平均增速为-3.7%。人口对建筑领域碳排放影响较小，内蒙古是人口流出型省份，从 2000~2010 年，内蒙古人口缓慢增长，平均增速为 0.4%，2011 年以后，人口总数逐年下降，到 2020 年底，内蒙古人口总数为 2402.8 万人，全国排名倒数第八（图 4-47）。

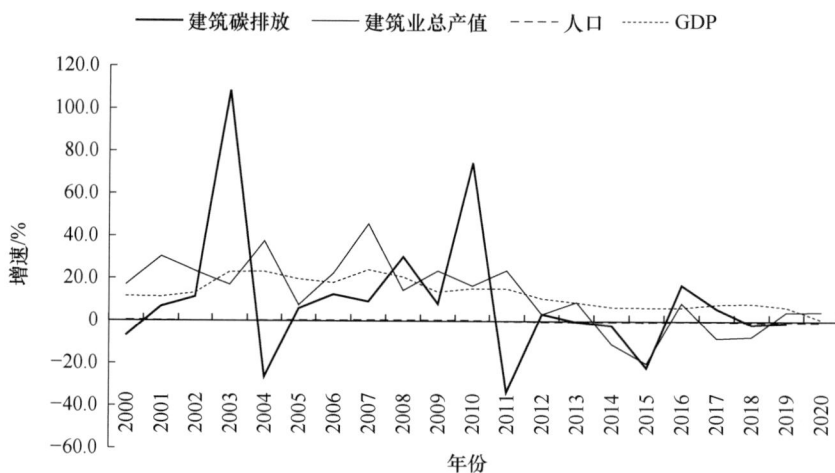

图 4-47　内蒙古建筑领域碳排放增速

建筑规模方面，虽然"十三五"期间内蒙古建筑业房屋施工面积和竣工面积有所下降，但人口城镇化率逐年上升，截至 2020 年末，内蒙古常住人口城镇化率达 67.48%，比全国高 3.59 个百分点，居全国第十位。再加上新型城镇化的建设，未来城镇建筑的规模还将持续扩大，老旧城区建筑需要进行升级改造，结合乡村振兴的大格局，农村建筑也将迎来现代化的升级（图 4-48）。

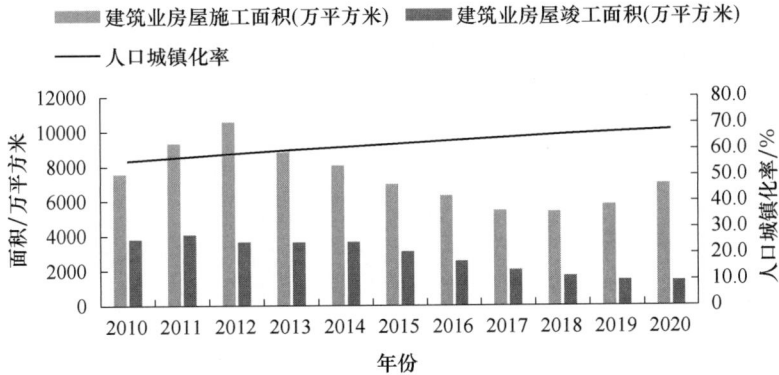

图 4-48 内蒙古建筑业规模变化情况

建筑运行方面，尽管内蒙古建筑业总产值相对较低（全国排名倒数第五），人口较少（全国排名倒数第八），但根据《中国建筑能耗研究报告》统计，内蒙古的建筑碳排放量在全国排名处于中上，主要原因是建筑运行阶段的电力使用和冬季供暖。电力碳排放占了建筑运行阶段碳排放总量的50%以上，热力碳排放占25%以上。

2020年，内蒙古自治区全社会用电量3900亿千瓦时，增速2.44%，全国排名第六位，其中约1/5的电量来自清洁能源；城市集中供热面积6.33亿平方米，全国排名第八，其中58%为热电联产集中供热，34%为燃煤锅炉供热，6.8%为燃气锅炉供热，1.2%为生物质等形式供热。用电量和供热面积的逐年上涨，导致建筑运行期碳排放量的增加。此外，炊事热水城市天然气、液化石油气的使用，也是导致建筑运行碳排放的一大因素，截至2020年底，内蒙古城市天然气供气总量为20.75亿立方米，液化石油气5.71万吨，折合二氧化碳排放量达424.4万吨（图4-49）。

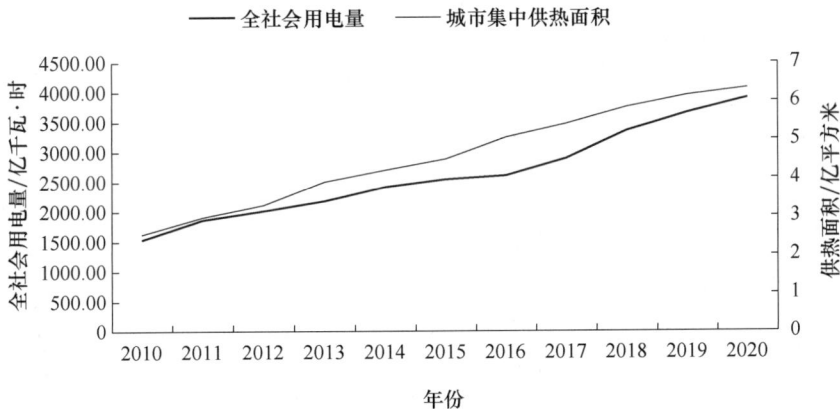

图 4-49 建筑运行阶段用电和供热统计

建筑材料方面，近十年，除了水泥在"十三五"期间，由于严格控制高耗能行业产能规模，导致产量有所下降，其他几种主要建材产量仍然呈上升趋势，约70%的水泥、90%以上的平板玻璃用于建筑业。这些建材的生产方式仍以传统方式为主，生产链条长、环节多、精准管理难，全产业链低碳化实现难度大。2020 年底，内蒙古水泥产量为 3610.88 万吨，约排放 2654 万吨二氧化碳，是碳排放的巨头，也是碳减排的关键（图 4-50）。

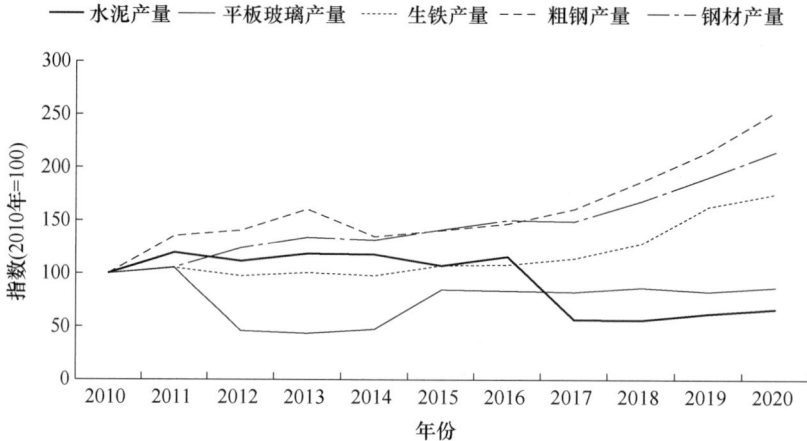

图 4-50　主要建筑材料产量统计

综上所述，在"双碳"背景下，内蒙古建筑领域发展的核心问题如下：

（1）新型城镇化将持续带来碳排放。内蒙古自治区正处在工业化和城市化快速发展向高质量发展过渡阶段，在未来较长的一段时间内，既有建筑需要升级改造，新型建筑还需继续建设，农村牧区住宅需要进行保温性能等方面的升级，由城镇规模化建设消耗的能源而带来的二氧化碳排放量将持续增长。

（2）建筑运行阶段供电供暖带来的碳排放量仍然较高。内蒙古全社会用电量和集中供暖面积仍居全国前十，但其中清洁能源使用比例仍有较大提升空间，特别是农村牧区仍以传统的散煤燃烧等方式为主，效率低，能耗高，结合内蒙古"十四五"新能源发展布局，未来这部分碳排放有较大的减排空间。

（3）建材生产产生的碳排放量巨大。水泥、平板玻璃、生铁、粗钢、钢材等都是碳排放大户，调整过程产能，开展技术升级，优化生产工艺，新型建筑材料和建筑形式研发将是建材生产减碳的关键。

4.7.3　建筑领域减碳技术现状与应用

建筑碳排放主要包括三个方面：一是建材生产，如钢铁、水泥、玻璃、有色等生产；二是建筑施工，如材料运输、建筑建造、拆除；三是建筑运行，如炊事、热水、供热、电力消耗等。建筑运行可分为直接碳排放，如建筑的锅炉、煤炉、燃烧灶具和燃气热水器，通过直接燃烧排放 CO_2；间接碳排放，如建筑用电或利用区域供热供冷的蒸汽和冷热水。本书将根据碳排放产生节点，分析现有的减碳技术。

4.7.3.1　建筑领域减碳技术现状

A　建材生产减碳技术

水泥、平板玻璃、钢材等生产需要消耗大量的能源，采用节煤节电的技术，使用清洁能源，有利于减少碳排放，水泥生产还可以使用烧成的"两料"替代、水泥的低熟料生产等。还可以使用二氧化碳的 CCUS（捕集、利用、封存）技术。在前文中有详细阐述，在此不再冗述。另外，可以改进建筑材料生产工艺、研发新型低碳建筑材料，根据《绿色技术推广目录》《国家重点节能低碳技术推广目录》，建材减碳技术见表4-58。

表 4-58　内蒙古建材减碳技术

序号	技术名称	适用范围	主要技术内容	典型技术参数	减排效益
1	基于卷对卷工艺的辐射制冷薄膜超材料规模化生产技术	绿色建筑材料	通过流延成膜方式，将可增强共振吸收的功能粒子随机分散到柔性高分子材料中，采用卷绕磁控溅射工艺将太阳光谱高反射的金属材料多层溅射沉积到流延膜表面形成反射层，再通过涂布复合工艺将保护膜和安装胶分别复合于功能膜上下层，制备出可高效规模化生产的辐射制冷膜超材料产品	太阳能反射比≥0.89，8~13μm 红外发射率≥0.92	可减少空调制冷能耗40%
2	近空间升华法制造大面积碲化镉发电玻璃技术	绿色建筑材料	以碲化镉为核心材料，采用近空间升华法在透明导电玻璃上沉积光电功能材料，利用激光、光刻等实现电池内部串联，并与另一块玻璃封装成发电玻璃。解决镀膜过程中玻璃基板高温变形问题、均匀成膜问题和长时间连续生产中玻璃温度控制问题，形成制备碲化镉发电玻璃成套技术	产品面积≥1.92m²，光电转换效率≥13%	预计平均每片碲化镉发电玻璃功率250W，每年发电量200~300kW·h，可节省 64~96kgce，减少 CO_2 排放146~220kg
3	全氧燃烧技术	建材行业玻璃纤维和玻璃窑炉	纯氧代替空气，经过调压后，以一定的流量送入窑炉，与燃料进行燃烧	6 万吨玻璃纤维池窑或浮法玻璃熔窑，投资 1000 万元	节能 1214tce/a，减排 3205tCO_2/a
4	富氧燃烧技术	建材行业工业窑炉（有关数据以浮法玻璃熔窑为例）	用富氧代替空气助燃，可改善产品质量、降低能耗、减少污染	500t/d 浮法窑，投资 100 万元	节能 2300tce/a，减排 5290tCO_2/a
5	Low-E 节能玻璃技术	建材行业	在普通浮法玻璃生产线锡槽的末端或者退火窑的前端增加一套 Low-E 镀膜设施，在浮法玻璃生产线上实现在线 CVD 或者 PCVD 镀膜生产	15 万平方米 Low-E 节能玻璃，投资 1200 万元	节能 4180tce/a，减排 11035tCO_2/a
6	预混式二次燃烧节能技术	建材行业	改进燃烧器结构，提高火焰温度15%~20%，改善陶瓷窑内温度场分布；延长火焰的停留时间；采用二次空气补偿和加装分焰器等技术措施，提高火焰梯度的燃烧强度	采用较清洁的燃气；鼓风式燃烧。14条辊道窑进行二次燃烧节能技术改造，投资 600 万元	节能 5561tce/a，减排 14682tCO_2/a

序号	技术名称	适用范围	主要技术内容	典型技术参数	减排效益
7	应力高强混凝土管桩免蒸压技术	建材行业预应力高强混凝土管桩（PHC管桩）生产企业	通过特种矿物掺合料和专业外加剂的使用，使管桩混凝土经过一次常压蒸汽养护和短期自然养护即达到使用要求	年产 PHC 管桩 300 万米，投资 712 万元	节能 2718tce/a，减排 7176tCO$_2$/a
8	层烧蓄热式机械化石灰立窑煅烧节能技术	建材行业石灰生产	采用花瓶形内胆、上部环型烟道和特有保温结构；风机系统采用了锁风装置并结合水浴烟气处理装置、滤筒式除尘装置及信息自动化处理系统，降低了单位产品生产能耗	50 万吨石灰的生产线，投资 4500 万元	节能 15000tce/a，减排 39600tCO$_2$/a
9	高效优化粉磨节能技术	建材行业粉磨生产系统	采用高效冲击、挤压、碾压粉碎原理，配合适当的分级设备，使入磨物料粒度控制在 3mm 以下，并优化球磨机内部构造和研磨体级配方案，从而有效降低系统粉磨电耗	ϕ3.2m×13m 水泥球磨机粉磨生产线高效优化粉磨节能技术节能改造，投资 200 万元	节能 1575tce/a，减排 4158tCO$_2$/a
10	钛纳硅超级绝热材料保温节能技术	建材行业陶瓷、玻璃、耐火材料等窑炉保温，原油贮罐及管道保温等	使用钛纳硅超级绝热材料替代或部分替代传统绝热材料使用，使用时表面能量损失极少，从而达到明显的节能效果；同时钛纳硅材料为不燃材料，安全环保	施工面积：871m^2/条（550t/d 浮法线），使用钛纳硅材料 2613m^2（厚度 6mm），投资 310 万元	节能 1948tce/a，减排 5143tCO$_2$/a
11	烧结砖隧道窑辐射换热式余热利用技术	建材行业烧结砖隧道窑生产线	冷却带安装余热锅炉，烧成后的砖坯余热生产过热蒸汽，余热锅炉产生的低温烟气再用于砖坯干燥，实现余热的梯级利用。产生的蒸汽直接用于生产、生活或发电	年产 1.2 亿标砖生产线配置余热发电系统，投资 1150 万元	节能 2608tce/a，减排 6885tCO$_2$/a
12	浮法玻璃炉窑全氧助燃装备技术	建材行业浮法玻璃生产线	开发了全氧燃烧喷枪及其配套系统，实现燃烧产生的火焰温度呈梯度分布，辐射能力增加，燃烧更充分，传热效率提高，实现了产品单位能耗的降低	600t/d 浮法玻璃生产线，投资 700 万元	节能 4200tce/a，减排 11088tCO$_2$/a

序号	技术名称	适用范围	主要技术内容	典型技术参数	减排效益
13	建筑陶瓷薄型化节能技术	建材行业陶瓷工业	大规格陶瓷薄板生产技术，陶瓷薄板成型装备包括双活塞大吨位压机，无模腔布料系统，高效薄板抛光磨边线等，通过控制原料配方生产超薄陶瓷，把砖坯的厚度降至 3.5~5mm，实现节材节能	年产薄型瓷质砖100 万平方米，投资1600 万元	节能 1962tce/a，减排 5180tCO$_2$/a
			超薄陶质砖生产技术通过控制原料配方和烧成制度来生产超薄陶瓷。厚度降至 4.5~6mm，烧成温度和周期可以降低，烟气中有害物质降低 20%~30%。原料减少 40%~60%，节能至少 30%	年产薄型陶瓷砖800 万平方米，投资500 万元	节能 10000tce/a，减排 26400tCO$_2$/a
14	无动力防卡筛及配套骨料前端砂石同产工艺技术	建材行业骨料筛分与生产	该技术通过创新筛条结构和布局，利用物体自身重力滑落，无阻防卡，不需消耗电能即可实现骨料筛分。同时，将碎石、制砂两条生产线高效集约成一条生产线，实现砂石同产，提高能效和资源利用率	年产碎石 55 万吨，年产砂 17 万吨生产线，投资 30 万元	节能 970tce/a，减排 2560tCO$_2$/a
15	智能调节透反射率节能玻璃膜	建材、建筑、民用及商用；建筑玻璃及汽车玻璃贴膜	将具有温控相变特性的二氧化钒纳米粉体通过共混手段均匀地分散在 PET 原料中并拉制成具有三层不同结构的薄膜。薄膜在室温较高的情况下，通过金属相二氧化钒的二次反射阻隔 80%以上的太阳热；在室温较低的情况下积极有效地导入太阳热	28000m^2 玻璃膜，投资 450 万元	节能 640tce/a，减排 1395tCO$_2$/a
16	建筑陶瓷制粉系统用能优化技术	建材行业建筑卫生陶瓷	优化集成串联式连续球磨机技术、往复式对极永磁磁选技术、大型节能喷雾干燥塔与微煤洁净喷燃系统技术等，对陶瓷粉料生产进行集中生产、管理和配送，实现了陶瓷粉料标准化、系列化、规范化和精细化生产输送，提高了制粉系统的能效	日产 1200t 陶瓷干粉料生产线，投资3500 万元	节能 21344tce/a，减排 56349tCO$_2$/a

序号	技术名称	适用范围	主要技术内容	典型技术参数	减排效益
17	保温技术之一：纳米梯度结构保温材料节能技术	建材行业冶金、化工等行业、工业锅炉、窑炉、城市热力管道保温等	通过物理加工将不同成分的纳米微粒形成梯度结构，并进一步组成微米尺度上的颗粒团。利用材料体系中的纳米颗粒和结构，降低热量的传导、对流和辐射，起到绝热保温效果，减少电炉、管道等的热损失，降低能耗	50台220kW台车式电阻炉，投资667万元	节能 2251tce/a，减排 5942tCO$_2$/a
18	保温技术之二：陶瓷纳米纤维保温技术	建材行业工业领域管道或窑炉高（低）温工程防火隔热	采用胶体法和超临界加强工艺，制备平均粒径为40nm的超细陶瓷纳米粉体材料。在微观结构中，超细纳米粉体与纤维基材形成直径小于50nm的孔隙，孔隙率为1.8mL/g；使材料在保持足够机械强度的同时减小体积密度，减弱空气对流，阻断分子间传热，大幅降低热辐射，提高保温保冷效果	DN350mm/DN200mm中压蒸汽管线，长度1350m，投资350万元	节能 926tce/a，减排 2445tCO$_2$/a
19	智能连续式干粉砂浆生产技术	建材行业干粉砂浆生产	通过动态计量系统、三级搅拌系统及计算机控制系统，并利用物料自重，实现了连续下料、连续搅拌、连续出料，替代传统间歇式生产方式，减少电机功率和数量，显著降低电耗	年产48万吨干粉砂浆，投资350万元	节能 925tce/a，减排 2167tCO$_2$/a
20	纳米阻燃隔热材料节能技术	建材、石化等行业蒸汽热能输送等	采用具有抗氧化、耐腐蚀的高纯度镜面铝箔反射技术，能将到达材料表面的热量有效反射，大幅降低热辐射损失；将纳米五氧化二锑阻燃剂加入粘接胶水和阻燃气泡层中实现产品的绝热和阻燃功能。该技术产品实现高纯度镜面铝箔与纳米阻燃气泡有机结合，具有良好的隔热、保温和阻燃性能，可降低蒸汽输送过程中的热量损失	20.1km蒸汽输送管道保温，投资111万元	节能 11589tce/a，减排 30595tCO$_2$/a
21	串联式连续球磨机及球磨工艺节能技术	陶瓷原料加工生产用设备及工艺技术领域	采用串联式连续球磨机系统代替间歇式球磨机进行陶瓷原料加工的球磨工艺，实现陶瓷原料球磨制粉系统的连续化、自动生产，提高了球磨系统的能效	单套系统日产1200t陶瓷干粉料生产线，投资1200万元	节能 4900tce/a，减排 12939tCO$_2$/a

B 建筑施工减碳技术

建筑施工减碳主要包括材料运输、建筑建造、拆除等过程中减少碳排放。

（1）运输减碳。主要从建材运输过程耗能方面进行减碳，涉及建材从生产地运到施工现场的运输过程。这部分减碳技术主要包括运输工具电气化替代（如采用电动汽车）、交通减碳等方面，在4.8节中有详细叙述。

（2）施工减碳。建筑施工阶段，包括建造和拆除等阶段碳排放，主要包括机械设备、小型机具、临时设施使用，现场制作混凝土、砂浆，现场制作构件和部品等。

对于这部分碳排放，管理上应推动城市组团式发展，科学确定建设规模，控制新增建设用地过快增长。倡导绿色低碳规划设计理念，建设海绵城市。推动建立以绿色低碳为导向的城乡规划建设管理机制，制定建筑拆除管理办法，杜绝大拆大建。建设绿色城镇、绿色社区、绿色建筑等。

技术上推广绿色建造方式，加快推进新型建筑工业化，大力发展装配式建筑，推广钢结构住宅，推动建材循环利用，强化绿色设计和绿色施工管理。研发新型低碳结构体系，研发新型建筑材料替代水泥，目前研究和应用较多的是生产—装配节能技术，建筑施工减碳技术及应用实例见表4-59。

表 4-59 建筑施工阶段推荐减碳技术及应用实例

技术名称	技术简介	应用实例
生产—装配节能技术	通过在工厂里制备预制的构件，在施工现场完成组装，现场施工作业以大量的机械吊装为主，可大大减少现浇作业从而极大地降低碳排放。此外，装配式建筑具有保温、隔音、防火、抗震等优点，通过节能减少建筑运行期碳排放。常见的生产—装配技术应用建筑有：砌块建筑，主要由预制的块材进行墙体的搭建；板材建筑，主要由预制的楼板、墙板等材料搭建；盒式建筑，属于工程化程度较高的一种结构样式，结构、家具、饰品等全都提前做好；升板建筑，大部分施工操作在地上进行，多选用无梁楼板或双向密肋楼板，楼板的负载能力强，可用于大型商场、仓库等建筑；骨架板材建筑，主要由预制的骨架、板材构成，多用于轻型建筑	新冠疫情期间十天建成的火神山、雷神山医院，就是采用装配式钢结构技术，将拼装式工业化成品，在现场进行整体吊装，大幅减少现场作业的工作量和时间，实现了效率最大化
建筑垃圾模块化处置技术	通过开发和设计小型化、模块化建筑垃圾处置模块及控制系统，实现生产线快速布置与高效处置，实现工厂化制造，集装化运输，现场快速便捷拼装，设备可重复利用。预计实现建筑垃圾资源化利用率≥95%；再生骨料含杂率≤0.3%	建筑垃圾模块化处置线在北京、上海、河北、江苏等地陆续投入使用，累计形成处置能力近400万吨
建筑垃圾再生产品制备混凝土技术	将废弃的建筑垃圾进行一级破碎、二级破碎、一级筛分、二级筛分等工序后，作为骨料替代部分砂石或作为微粉替代部分水泥，可减少水泥或砂石的使用量，降低碳排放。预计单位碳减排量为793tCO$_2$/（万吨建筑垃圾·a）	北京昌平建筑垃圾处置系统集成及再生产品应用消纳示范工程，处置利用建筑垃圾150万吨/a。年减排量约11.6万吨CO$_2$，碳减排成本100~200元/tCO$_2$。产生年经济效益6000万元，投资回收期约8年

技术名称	技术简介	应用实例
建筑垃圾中微细粉再生利用技术	以建筑垃圾为原料，利用固体物料在机械力作用下发生晶格畸变、表面断键等特征，使粉体表面具有较高的表面能；利用碱性化学激发剂对处于介稳状态的玻璃体起到解离和促进水化作用，在化学激发剂形成的化学力与机械力协同作用下，显著提高再生胶凝材料的水化活性和粉磨效率，以此制得高活性矿物掺合料，可以替代部分水泥，从而实现碳减排。预计单位碳减排量为 1500tCO$_2$/（万吨建筑垃圾·a）	湖北武汉天意成有限公司建筑垃圾资源化项目，年处理 200 万吨建筑垃圾、100 万吨工业废渣。项目年减排量约 30 万吨 CO$_2$，碳减排成本为 10~15 元/tCO$_2$。年经济效益 3000 万元，投资回收期约 1.3 年
一体化轻质混凝土内墙施工技术	以混凝土结构的梁、柱作为支撑点，浇筑前将墙体植筋与柱连接，并预埋线盒、管线和预留孔洞、门窗，最后采用铝模为模板进行浇筑。施工过程中采用预拌砂浆，利用自动化发泡装置现场制备轻质混凝土，通过泵送设备将轻质混凝土浇注在模板中，并经自然养护成型。与传统施工方法相比，可大幅节工、节时，减少砂石料用量，并降低施工过程中的能耗。预计单位碳减排量为 187tCO$_2$/（万平方米建筑面积·a）	珠海市中信红树湾项目，建设规模：项目占地面积 27.2 万平方米，建筑面积 80.2 万平方米。建项目碳减排量 1.5 万吨 CO$_2$，碳减排成本为 -780~540 元/tCO$_2$。与传统施工方法相比可实现经济效益 3000 万元，投资回收期约 4 年

C　建筑运行减碳技术

建筑运行减碳主要包括炊事、供热、电力，以及绿化等过程中的减少碳排放。

（1）炊事热水减碳。炊事方面，目前城市居民、单位食堂和餐饮业多数采用燃气灶具，农村则使用燃气、燃煤和柴灶。用电力替代炊事，实现炊事电气化，是炊事实现零碳的最可行途径。

热水方面，目前城镇基本上已普及生活热水。除少数使用太阳能生活热水外，大部分使用的燃气和电。使用太阳能或者电热水器将是建筑热水减碳的主要路径。

（2）供热减碳。对于热力系统，应加快推进居住建筑和公共建筑节能改造，提升城镇建筑和基础设施运行管理智能化水平，加快推广供热计量收费和合同能源管理。积极推动严寒、寒冷地区清洁取暖，推进热电联产集中供暖，加快工业余热供暖规模化应用，因地制宜推行热泵、生物质能、地热能、太阳能等清洁低碳供暖。

主要减碳技术为：新建建筑实现供暖分户计量，以电力驱动热泵供暖方式为主，采用能源总线等方式实现资源共享和分布式（分户）热泵供暖；既有集中供暖建筑，尚不能用电力或天然气替代的，需要结合城市更新进行改造，提升锅炉效率、提高热网供回水温差，可以采用"第五代区域供暖系统"技术，集成应用各种低品位热源，如规模化利用城市的废热余热。

在建筑供暖方向上，利用夜间谷电储热技术，结合太阳能光热集热技术、物联网计量技术、大数据监测技术、气象与环境人工智能技术，实现建筑超低能耗目标下的太阳能光热+储热式电辅助能源的多能互补清洁能源综合利用。

建筑热力减碳技术及应用实例见表 4-60。

表 4-60　建筑热力推荐减碳技术及应用实例

技术名称	技术简介	应用实例
空气热源泵	利用高位能使热量从低位热源空气流向高位热源的节能装置。 热泵在低碳能源转型发挥非常重要的作用：推进全面电气化；解决提供各种热源，包括提供蒸汽来替代燃煤燃气锅炉；回收各类余热；为电网削峰填谷；解决低碳能源结构燃烧燃料不足问题，提供电力燃料	在南方新能源市场应用非常广泛了，主要应用于在家庭热水、商用热水、家庭采暖、分布式集中供暖、畜牧业养殖供暖、恒温水产养殖、农业大棚恒温领域、工农业烘干领域、校园热水及供暖等领域
地源热泵技术	是利用地下浅层地热，可供热又可制冷的高效节能系统。地埋管土壤源热泵，民用建筑供热与供冷负荷基本一致的情况下使用，如北方地区新建公共建筑和住宅等	北京、天津、沈阳等城市大力发展地源热泵，如奥运会的部分场馆，奥运森林公园等都使用地源热泵
水源热泵技术	利用地下浅层水源和地表水源中的低温热能，实现低位热能向高位热能转移	奥运村 41.325 万平方米建筑，投资 11080.47 万元，节约能量 8000tce/a，二氧化碳减排量18400tCO$_2$
基于低品位余热利用的大温差长输供热技术	在热力站设置吸收式换热机组降低一次网回水温度，提高供回水温差，增加管网输送能力；在热电厂设置吸收式余热回收机组回收汽轮机余热，减少环境散热；同时换热站内的低温回水促进电厂内余热回收效率得到提升，提高电厂整体供热效率。该技术利用既有传热过程中的温差损失，在不增加能耗的前提下，提高热电厂供热能力 30%以上；降低热电联产能耗 40%以上；提高既有管网输送能力 80%	北京、山西等已投入使用
新型智能太阳能热水地暖技术	运用地板辐射热的供暖方式，利用太阳能热水直接对地板加热，替代传统化石能源供热，实现二氧化碳减排。同时，通过微电脑控制技术，可实现分时、分室和分户控制。预计减碳量为648tCO$_2$/（万平方米·a）	目前已在山东、河北、内蒙古、西藏、湖北、山西、天津等省市 24 个项目实施应用，效果良好

（3）电力消耗减碳。目前建筑运行最主要的能源是外界输入的电力。随着建筑实现全面电气化，其他各类直接的燃料应用也将转为电力，这将使建筑用电量进一步增加。针对这些问题，建筑行业电力消耗方面主要减碳路径为提升可再生能源的利用率，建设集光伏发电、储能、直流配电、柔性用电于一体的"光储直柔"建筑。根据《2030 年前碳达峰行动方案》，到 2025 年，城镇建筑可再生能源替代率达到 8%，新建公共机构建筑、新建厂房屋顶光伏覆盖率力争达到 50%。

建筑电力减碳技术及应用实例见表 4-61。

表 4-61　建筑电力推荐减碳技术及应用实例

技术名称	技术简介	应用实例
光储空调直流化关键技术	将光伏输出直流电直接连接变频空调系统直流母线，实现光伏直流直接驱动空调系统。实现了并离网多模式运行及自由切换，用电可不依赖于电网。通过引入储能单元，系统用电实现光伏储能互补，能量可用可储。利用功率阶跃抑制技术解决系统模式切换瞬间运行不稳定问题。利用能源信息智慧管理技术实现系统发电用电储电的智慧调度	2016 年，格力电器光伏空调实现了全系列化。2018 年初，格力电器中标全球最大的光伏空调项目——美国凤凰世贸中心，以该项目光伏装机每年可发电 1050 万千瓦·时计算，每年减排二氧化碳 8600t
建筑能源监管与空调节能控制技术	基于物联网、云平台、系统集成等技术，通过建筑群→建筑→楼层→房间→用能设备的多层级多维度能耗数据的可视化、同环比分析，实现用能监管、指标对比分析、定额管理、节能诊断等；对空调系统各个运行环节整体联动调控，通过管网水力平衡动态调节、负荷动态预测技术实现冷源系统能效优化控制，通过分时分区控温、室内动态热舒适性优化调节技术实现末端精细化管理控制，实现空调系统高效节能运行。预计建筑综合节能率 15% 以上，其中空调系统节能率为 20%~30%	在国内外酒店、机关、学校、工厂等各类建筑成功应用，平均节能 30% 以上
建筑光伏一体化（BIPV）	充分利用城乡建筑的屋顶空间和其他可接受太阳辐射的外表面安装光伏电池，通过分布式光伏发电的形式，解决大规模发展光电时空间资源不足的问题。BIPV 技术的关键是其中的"I（integrated）"，即集成。既要保证 PV 的效率，又要具备建筑组件的功能，还要保持建筑的美观	深圳国际园林花卉博览会安装的 1MW 太阳能光伏并网发电系统，采用 4000 多个单晶硅光伏组件（160W 和 170W 组件），将太阳转化为电能，并与深圳市电网并网运行。北京天普太阳能工业有限公司天普新能源示范楼 50kWp 并网光伏示范电站，在建筑物的多个部位，结合建筑需要，多角度多方法地安装了总容量为 50365Wp 的 6 种类型的光伏组件
"光储直柔"技术	配电系统与外电网通过 AC/DC 整流变换器连接。依靠系统内配置的蓄电池、与建筑内各种用电装置连接，AC/DC 整流变换器可以通过调整其输出到建筑内部直流母线的电压来改变每个瞬间系统从交流外网引入的外电功率。各个采用了"光储直柔"配电方式的建筑就可以直接接受风电、光电基地的统一调度，每个瞬间根据风电、光电基地当时的功率分配各座建筑从外网的取电功率，调度各"光储直柔"建筑的 AC/DC 整流变换器，按照这一要求的功率从外电网取电	华为数字能源的深圳安托山基地预计 2022 年投入使用。这一基地为"光储直柔"近零碳园区，每年可产出 150 万千瓦·时光伏绿电，年耗电量从 1400 多万千瓦·时降至 700 万千瓦·时，年省电达 50%，降低碳排放超 60%

（4）建筑碳汇。建筑碳汇是指在划定的建筑物项目范围内，绿化、植被从空气中吸收并存储的二氧化碳量。目前绿色建筑和新型建筑材料研究较多，也有成功应用案例，如碳汇板的新材料结构由灌木花卉种子、耐候膜、给水带、供水布、透气布、防水膜、纤维布、传感器等组成，实现了自动控水、供肥的智能养护管理和智能质量控制于一体，可种植常绿灌木花卉，长成后固碳量达 $0.2 \sim 2 kg/m^2$，释氧量达 $0.15 \sim 1.5 kg/m^2$。

根据《国家重点节能低碳技术推广目录》，建筑行业节能减碳技术汇总见表 4-62。

表 4-62　建筑行业节能减碳技术列表

序号	技术名称	适用范围	主要技术内容	典型技术参数	减排效益
1	热泵技术之一：地源热泵技术	建筑行业建筑物的采暖供冷	地源热泵技术是利用地下浅层地热，可供热又可制冷的高效节能系统	办公建筑面积 1 万平方米，投资 1000 万元	节能 380tce/a，减排 1006tCO_2/a
2	热泵技术之二：水源热泵技术	建筑行业建筑物的采暖供冷	水源热泵技术是利用地下浅层水源和地表水源中的低温热能，实现低位热能向高位热能转移的一种技术	41.325 万平方米建筑，投资 11080.47 万元	节能 8000tce/a，减排 18400tCO_2/a
3	热泵技术之三：空气源热泵冷、暖、热水三联供系统技术	以民用、商用建筑节能产品为主，选择大中型商用机市场，尤其是学校、商场、医院、小区、宾馆、酒楼、办公楼、洗浴中心等场所的大中小冷气、暖气、集中生活热水供应系统	高度集成"三位一体"，采用电驱动，蒸气压缩循环，供冷同时供生活热水、供暖同时供生活热水，也能单独供冷、单独供暖、单独供生活热水的设备	22000m² 建筑面积，投资 610 万元	节能 855tce/a，减排 2257tCO_2/a
4	热电协同集中供热技术	建筑行业、集中供热行业	以热泵机组代替常规水水换热器，热泵机组使用谷电保持所需回水温度。在供热首站以热泵机组代替常规汽水换热器，回收电厂余热。实现远郊电厂的长距离大温差输送	2×135MW 机组，投资 9270 万元	节能 76000tce/a，减排 200640tCO_2/a
5	节能型合成树脂幕墙装饰系统技术	建筑行业建筑墙体装饰	以合成树脂为主要黏结材料，各种助剂配制成腻子以及各种涂料，分层施涂在建筑物墙体上，替代传统铝塑板幕墙，节约生产、施工和使用能耗	墙体面积 5 万平方米，投资 500 万元	节能 2900tce/a，减排 7656tCO_2/a
6	水性高效隔热保温涂料节能技术	建筑行业用于建筑业、石油工业、运输业、兵器工业等需要保温隔热的材质表面	采用具有低堆积密度和低导热系数的聚氨酯中空微珠、高反射性颜料、高发射性助剂等，使涂膜断面为连续的蜂窝网状结构，涂膜内部不形成沟状热流，显著降低涂膜导热系数，实现隔热保温。用于建筑、厂房屋顶、管道等表面时，可降低空调等设备的使用能耗，实现节能	仓库涂刷面积 450 平方米，投资 0.5 万元	节能 1tce/a，减排 2tCO_2/a

序号	技术名称	适用范围	主要技术内容	典型技术参数	减排效益
7	温湿度独立调节系统	建筑行业公共建筑、住宅建筑等的采暖供冷系统节能	温湿度独立调节空调系统采用两套独立的系统，分别控制、调节室内空气的温度与湿度	1.3 万平方米办公楼空调系统，投资 200 万元	节能 58tce/a，减排 154tCO$_2$/a
8	中央空调全自动清洗节能技术	建筑行业建筑楼宇及工业厂房的水冷式中央空调热交换器	每天全自动清洗中央空调冷凝器 36 次，使中央空调冷凝器始终处于清洁状态。系统全自动运行，自身不耗电，节能减排效果好	2 台 450RT、2 台 500RT、2 台 1100RT 中央空调节能技术，投资 100 万元	节能 546tce/a，减排 1441tCO$_2$/a
9	动态冰蓄冷技术	建筑行业各种中央空调系统及工艺用冷系统	制冷剂直接与水进行热交换，水结成絮状冰晶；同时，生成和溶化不需二次热交换，大大提高了空调的能效。冰浆总体移峰填谷能力优于传统冰蓄冷技术	制冷机组额定功率 600RT，蓄冷量 3600RTh，蓄冰槽 360m^3 供冷面积 20000m^2，投资 255 万元	转移峰时电量 86 万千瓦·时，减排 276tCO$_2$/a
10	高效水蓄能中央空调技术	建筑行业建筑领域用供热制冷	综合利用水冷空调机组、空气源热泵、水源热泵、地源热泵、热泵热水器、电锅炉等设备为载体，在夜间采用水为蓄能介质，利用水的显热进行能量储存；同时，根据不同建筑物的实际情况和需求进行配套的蓄能，在高峰时段进行释能，通过实现电力移峰填谷而达到降低能耗、节省运行费用的目的	8 万平方米，投资 1400 万元	节能 172tce/a，减排 403tCO$_2$/a
11	基于相变储热的热源互补清洁供热技术	建筑行业可再生能源与工业低品位余热回收存储利用	以相变蓄热技术为核心，将工业余热、可再生能源、低谷电等高效储存，实现多热源互补。因采用可再生能源和低品位工业余热替代传统化石能源供热，减少了化石燃料消耗，实现节能	4 座高炉冲渣水及焖渣低品位余热回收，380 万平方米建筑物供暖及全年生活热水需求，共投资 10680 万元	节能 126000tce/a，减排 290000tCO$_2$/a
12	过程能耗管控系统技术	建筑行业适用于建筑、交通、机械、电力、通信等行业高能耗单位电、水、气等能源监测和管控	电、水、气等能源过程参数实时测量，对能源、用能设备与用能过程进行实时监测和管理，发现并消除无效能耗，鉴别并管控低能效行为，以实现用能效率的持续改善	南方中集厂区高低压变配电房、车间配电箱及工艺过程进行能源的监测、能耗统计与能效分析，同时将压缩空气等二次能源纳入监测与联动分析，投资 680 万元	节能 6649tce/a，减排 15293tCO$_2$/a

序号	技术名称	适用范围	主要技术内容	典型技术参数	减排效益
13	蒸汽节能输送技术	建筑行业热力输送、城镇集中供热、热电联产蒸汽热能输送、分布式能源配套热网等	采用纳米绝热层、复合保温结构、隔热支架、减少蒸汽输送过程中的热损耗量	单线管长 21 公里、最大供热量为 171t/h，年供热量为 314.3 万 GJ，投资 1000 万元	节能 6500tce/a，减排 17000tCO$_2$/a
14	墙体用超薄绝热保温板技术	建筑行业新建建筑节能保温、既有建筑节能改造	由芯材与真空保护表层复合而成，其中填充芯材主要是低导热系数的芯材填料，外层采用多层复合材料，整体抽真空后密封。可大幅度降低导热系数，提高保温板绝热性能	10 万平方米建筑外墙保温，投资 180 万元	节能 1638tce/a，减排 4324tCO$_2$/a
15	磁悬浮变频离心式中央空调机组技术	建筑行业产品为大型离心式中央空调系统，适用各种建筑空调：地铁、办公写字楼、酒店、学校、机场和工艺冷却等场所	直流变频驱动技术，高效换热器技术，过冷器技术，基于工业微机的智能抗喘振技术，磁悬浮无油运转技术，根本上提高了离心式中央空调的运行效率和性能稳定性	总建筑面积 60000m^2 的酒店空调系统，投资 1500 万元	节能 500tce/a，减排 1320tCO$_2$/a
16	分布式能源冷热电联供技术	建筑行业大型楼宇建筑，容积率较高的综合物业形态区域	用能建筑就近建设能源站，采用一次能源天然气作为主要能源发电，发电机产生的尾气用来制冷与采暖，能源梯级利用，能源利用率可高达 85%	总面积 17.6 万平方米，投资 5550 万元	节能 1302tce/a，减排 3437tCO$_2$/a
17	分布式水泵供热系统技术	建筑行业建筑	分布式水泵工艺改造、气候补偿、分时分区、集中监控	供热面积 645 万平方米，投资 723 万元	节能 16874tce/a，减排 44547tCO$_2$/a
18	基于冷却塔群变流量控制的模块化中央空调节能技术	建筑行业建筑及工业领域使用水冷式机组中央空调系统的场合	采用冷却塔群变流量技术，充分利用冷却塔有效换热面积，提高冷却效率，减少冷却水流量需求，降低主机及冷却水泵的能耗；采用双变流量技术，用一次泵系统实现主机定流量安全运行、末端变流量节能运行，降低冷冻水泵的能耗；由传统的采集所有温度、压力、流量等信号，由上位机集中处理后发出指令去驱动相关设备，变为独立采集相关设备信号后直接驱动的方式，实现模块化控制，各个设备按预先设定运行	大型水冷式中央空调改造，投资 315 万元	节能 823tce/a，减排 2172tCO$_2$/a

序号	技术名称	适用范围	主要技术内容	典型技术参数	减排效益
19	低辐射玻璃隔热膜及隔热夹胶玻璃节能技术	建筑行业建材、建筑行业民用或商业建筑窗体	该技术产品通过控制红外反射率的溅射技术、纳米涂布技术、紫外阻隔技术等，降低建筑物窗体热损失，与 low-E 玻璃相比，可实现低成本节能	窗体面积 12000m^2，投资 90 万元	节能 192tce/a，减排 507tCO$_2$/a
20	溴化锂吸收式冷凝热回收技术	建筑行业采暖供冷，工业领域，工艺制冷及供热	针对同时有制冷制热需求的用户，通过采用冷凝热回收技术回收制冷剂冷凝废热，在制冷的同时产生 80~90℃ 的高温热水，降低机组的运行能耗	1 台 800 万千卡/h（1cal = 4.1868J）热泵型冷凝热回收机组，投资 700 万元	节能 3600tce/a，减排 9500tCO$_2$/a
21	浅层地能利用之一：单井循环换热地能采集技术	建筑行业建筑供暖	以循环水为介质，单井全封闭循环换热采集浅层地能，实现在动态平衡下自然能源的循环利用。具有较强的可设计性和较为广泛的适应性	9.3 万平方米，投资 3242 万元	节能 3372tce/a，减排 8902tCO$_2$/a
22	浅层地能利用之二：浅层地（热）能同井回灌技术	建筑行业建筑供暖	采用独特的成井工艺，井深为 150~260m，解决了换热提能问题，四周添加了 250m 厚的石英砂为滤料层，标准颗粒直径为 3~5mm，改变了现有的地质结构，降低了水流的流速，延长水与土壤的交换，提高了换热量，使出水温度处于恒定状态	1.2 万平方米，投资 235 万元	节能 160tce/a，减排 422tCO$_2$/a
23	智能热网监控及运行优化技术	建筑行业供热/供冷	建设智能运营管理平台，结合气候补偿、分时分区、多热源联网优化运行等技术，实现供热系统的动态负荷预测、全网调度、运行趋势分析、能耗分析等功能，实现供热过程的智能集中监控与远程调度	供热面积 845 万平方米的民用采暖项目，投资 3597 万元	节能 9902tce/a，减排 26145tCO$_2$/a
24	燃气锅炉烟气余热利用技术之一：宽通道双级换热燃气锅炉烟气余热回收技术	建筑行业供暖、燃气锅炉	通过设置两级换热器，充分回收燃气锅炉排烟中的显热和潜热。利用高效气-气换热器回收燃气锅炉烟气余热，预热锅炉给风；利用高效气-水换热器回收烟气余热，预热燃气锅炉给水。提高了锅炉能效，实现了节能减排	14MW 燃气锅炉烟气余热利用项目，投资 120 万元	节能 236tce/a，减排 541tCO$_2$/a
25	燃气锅炉烟气余热利用技术之二：烟气源热泵供热节能技术	建筑行业民用及工业燃气锅炉和直燃机的余热回收	采用三级降温两级换热的热能梯级利用方式，利用气水换热器和烟气源热泵将烟气中的热能（显热和潜热）回收利用	2000m^2 建筑供热和学生浴室每天 50t 热水，投资 45 万元	节能 90tce/a，减排 214tCO$_2$/a

序号	技术名称	适用范围	主要技术内容	典型技术参数	减排效益
26	燃气锅炉烟气余热利用技术之三：喷淋吸收式烟气余热回收利用技术	建筑行业	通过中间介质在直接接触式烟气冷凝换热器中吸收烟气冷凝热；通过吸收式热泵采用喷淋式直接接触式换热方式，使系统排烟降温至露点温度以下，回收烟气余热用于加热热网回水。解决了间壁式烟气换热器存在的腐蚀难题，提高了天然气锅炉供热系统的能效	29MW 燃气锅炉烟气余热回收项目，投资 600 万元	节能 1041tce/a，减排 1697tCO$_2$/a
27	建筑节能智能控制技术之一：建筑（群落）能源动态管控优化系统技术	建筑行业建筑及工业、交通等领域的单栋建筑、建筑群落以及跨区域建筑群落（包括 IDC 机房）的节能减排	为建筑节能提供物联网动态管理，形成建筑群落、分布式能源和单栋建筑的整体能源控制与优化服务。同时，感知用能设备的运行状况与故障报警，实现最大限度节能减排	8.6 万平方米建筑，投资 370 万元	节能 464tce/a，减排 1225tCO$_2$/a
28	建筑节能智能控制技术之二：基于实际运行数据的冷热源设备智能优化控制技术	适合于、锅炉、中央空调、直燃机以及换热器设备	适合于集中空调、锅炉等复杂、非线性和时变性系统的优化控制。该系统由控制接口、设备模型、环境模型、系统运行模型、数据库等构成，节能率在 20%~60% 的范围	10 万平方米办公建筑面积，3 台溴化锂机组，使用天然气做燃料，投资 110 万元	节能 320tce/a，减排 845tCO$_2$/a
29	建筑节能智能控制技术之三：基于人体热源的室内智能控制节能技术	商用及办公建筑室内系统	本技术采用 RF 射频技术、红外技术对人体移动热源的监测，配合环境及气象参数采集、预置时间策略、用能管理策略与能耗数据分析模型构成的智能化室内节能控制系统	建筑面积 15196m^2，投资 70 万元	节能 110tce/a，减排 288tCO$_2$/a
30	基于喷射式高效节能热交换装置的供热技术	建筑行业城市集中供热	以蒸汽作为热源，在蒸汽处于临界温度、临界压强以及临界速度状态下，通过喷射、收缩及扩散等过程，将具有一定计算容积比的蒸汽与水的混合物在混合室直接混合，形成单项热水供热。与传统供热方式相比，没有换热损失，能源利用效率高	84 万平方米供热面积，投资 300 万元	节能 1749tce/a，减排 4617tCO$_2$/a

续表 4-62

序号	技术名称	适用范围	主要技术内容	典型技术参数	减排效益
31	基于全焊接高效换热器的撬装换热站技术	建筑行业供热领域	以全焊接高效换热器为核心技术，集智能电气控制设备、智能运行监控设备等于一体，实现换热站高效换热。该技术具有换热效率高、管网阻力小、按需按量供热、自动水处理、智能化控制、无人值守、免清洗维护等特点，可实现能源梯级利用	20 万平方米供暖面积，投资 120 万元	节能 840tce/a，减排 2218tCO₂/a
32	冷库围护结构一体化节能技术	建筑行业冷库领域	采用改性阻燃型聚苯乙烯颗粒一次加热成空腔构造模块，同时使用聚氨酯发泡隔热层和膨胀玻化微珠防火层等材料，构建冷库围护结构。该技术使保温材料与墙体结构紧密结合，避免产生冷库围护结构热桥效应，有效提高冷库的保冷隔热性能，大幅降低冷库电耗	总容量为 4500m³ 冷冻库，投资 45 万元	节能 70tce/a，减排 164tCO₂/a
33	胶条密封推拉窗技术	建筑行业推拉窗密封	通过增加窗型材空气腔数量和玻璃槽口尺寸，提升窗体强度，防止窗框变形与坠扇，提高保温性能；采用接触式胶条密封，提高窗体的气密性，降低窗体散热损失	100 万平方米，投资 780 万元	节能 900tce/a，减排 2376tCO₂/a
34	预制直埋保温管保温处理工艺技术	建筑行业城市集中供热、区域供冷领域等	采用环戊烷发泡工艺和聚氨酯发泡剂自动喷涂技术，在管道外部形成保温结构，并通过热缠绕技术对外护管进行冷却定型，实现工作钢管、聚氨酯保温层、高密度聚乙烯外护管的紧密粘接，构成"三位一体"的保温结构，提升保温效果，延长管道使用寿命	DN800mm 管道 5km，投资 1400 万元	节能 13074tce/a，减排 34515tCO₂/a
35	CO₂空气源热泵供热技术	建筑行业集中、分布供暖及生活热水	CO₂空气源热泵具有出水温度高，对寒冷地区室外温度适应能力强等特点，在供回水大温差条件下具有较高的制热系数。CO₂热泵相比传统氟利昂工质热泵出水温度可达 70℃以上，供水温度可以满足传统散热器的需求，因此不需要对老旧小区管道和楼宇内部系统进行改造	总建筑采暖面积 8640m²，投资 181 万元	节能 128tce/a，减排 301tCO₂/a

序号	技术名称	适用范围	主要技术内容	典型技术参数	减排效益
36	基于自学习模糊前馈控制的冷热源系统节能技术	建筑行业各类建筑及工业领域中央空调冷热源系统	以中央空调系统末端负荷需求为导向，以冷热源系统整体节能为目标，对中央空调冷热源系统进行整体协同控制，并进行持续自动优化，进而实现冷热源系统保持最佳工况。同时，该技术通过一系列关键技术减少了冷热源系统的滞后性，提高了控制系统的准确性，并实现了冷热源系统的运行	总建筑面积55万平方米，总制冷量35522W，投资400万元	节能979tce/a，减排2295tCO_2/a
37	污水源热泵系统流道式换热技术	建筑行业建筑供热领域	该技术污水侧采用单流道、大截面、无触点结构设计，具有优异的抗堵、防垢性能；设备清水侧采用紧凑型、小截面、多支点、多层并联和串联结构，保证了换热设备承压能力与抗挠度。利用该技术的热泵系统COP可达3.5~4.5，节能效益显著	供暖建筑总面积约为28.4万平方米，投资2313万元	节能1885tce/a，减排4976tCO_2/a
38	基于新型换热结构的一体式低氮燃烧冷凝技术	建筑行业民用建筑采暖、工业领域供热	采用316L不锈钢材质特殊换热结构，可有效抵御冷凝腐蚀，使得烟气在换热过程中产生旋转、分流和汇合，进而提高换热效率。由于冷凝锅炉可以极大回收烟气中的显热和潜热，热效率相比传统燃气锅炉更高，锅炉最高热效率可达109%	11.2MW热水锅炉供热系统，投资679万元	节能777tce/a，减排1267tCO_2/a

4.7.3.2 内蒙古技术应用现状

建材生产方面，统筹整合钢铁、水泥等高耗能企业的余热余能资源和区域用能需求，实现能源梯级利用，大力发展热泵、蓄热及中低温余热利用技术，进一步提升余热利用效率和范围。

建筑施工方面，内蒙古大力发展装配式建筑，2019年底装配式建筑占新建建筑的比例达到3.1%。累计实施既有居住建筑节能改造面积1607.6万平方米，累计新建节能建筑面积16306.4万平方米。全区新建建筑按照绿色建筑标准设计的建筑面积达到8022.5万平方米，获得绿色建筑评价标识的面积达到847.6万平方米，绿色建筑占新建建筑比例超过50%，绿色建材推广面积达到575.5万平方米。

建筑运行方面，内蒙古逐步推进集中供热清洁取暖，大力推进"城中村"和"棚户村"改造力度，推进"煤改气""煤改电"双替代，对暂时不能通过清洁供暖替代散烧煤供暖的，因地制宜利用"洁净煤+环保炉具""生物质成型燃料+专用炉具"等模式进行替代。强化农村牧区洁净煤、环保炉具使用，大力压减农牧区传统炉具，加快普及高效清洁燃烧炉具。2020 年，全区集中供热面积达到 52293 万平方米，相对于 2019 年增长了 4.7%，集中供热清洁取暖率达到 90.3%。

4.7.4　内蒙古建筑领域技术减碳路径

考虑到内蒙古城镇和农村牧区采暖方式、建筑形式、生活方式的差别，内蒙古建筑领域碳排放分为城镇建筑和农村牧区住宅，分别从建筑的全过程，包括建材生产、建筑施工、建筑运行进行减碳路径的分析。

4.7.4.1　建筑领域减碳环节分析

A　城镇建筑减碳环节分析

根据《内蒙古自治区新型城镇化规划（2021~2035 年)》，到 2025 年，常住人口城镇化率达到 69%左右，基本完成 2005 年前建成的老旧小区改造；到 2035 年，自治区城镇化进入成熟期，常住人口城镇化率达到 72%左右。因此，预计到 2025 年，内蒙古城市人口增加约 100 万人，到 2035 年，增加约 300 万人，城镇建筑规模必将随着人口的增大而增加，由此带来建材生产、建筑施工、建筑运行的碳排放。

（1）建材生产方面。随着内蒙古新型城镇化进程的加快和人民生活水平的提升，建材生产供应必将持续一段时间的增长，短期内不会出现下降。建材产量增长预计可以分为三个阶段：一是快速增长期（2022~2025 年），由于城镇化的需求不可避免的增长；二是缓慢增长期（2026~2035 年），随着住房保障和供应体系的不断完善，增速逐渐变缓；三是稳定期（2036~2060 年)，内蒙古基本实现城镇化，城市规模变化不大，建材需求稳定。

针对内蒙古建材的以上特征，管理上，调整过程产能，开展技术升级，优化生产工艺，推进清洁能源使用；技术上，采用节煤节电的技术，水泥生产可使用烧成的"两料"替代、低熟料生产等。另外，还可以使用二氧化碳的 CCUS 技术。此外，研发高强钢筋、高性能混凝土、高性能砌体材料、保温结构一体化墙板等绿色低碳建筑材料，推进新的建筑形式，研究经济可行的采用建筑垃圾、煤矸石、粉煤灰、炉渣、尾矿等固体废物为原料生产墙体材料，提升资源利用率，减少碳排放。

（2）建筑施工方面。建筑施工碳排放整体趋势与建材生产一致，与建设规模正相关，可分为三个阶段。管理上应合理规划城市发展，科学确定建设规模，严格控制新增建设用地过快增长，杜绝大拆大建，内蒙古中西部推进建设呼包鄂乌城市群，东部打造赤峰、通辽区域性中心城市，以中心城市带动周边城镇发展。推进被动式超低能耗建筑发展，开展被动式超低能耗建筑、近零能耗建筑、零碳建筑试点示范。推动绿色建材应用，促进绿色建筑发展，新建建筑全面执行绿色建筑标准。技术上大力发展装配式建筑，装配式混凝土结构项目宜先采用预制内外墙板、楼板、楼梯等部件，再逐步发展到应用竖向构件。积极推动包头市钢结构装配式建筑生产基地，稳步发展呼伦贝尔市木结构装配式建筑生产基地，推进保障性住房、办公楼、医院、学校、科技馆、体育馆等各类民用建筑应用装配式钢结构。研发使用新型保温材料，推动建筑本体自然通风采光、围护结构保温、外表面遮阳等被动式节能技术应用。

（3）建筑运行方面。建筑运行阶段碳排放情况与电力、热力系统的清洁能源改造呈正相关。根据《内蒙古自治区"十四五"能源规划》，截至 2025 年底，新能源装机比重超过 50%，可再生能源电力消纳占比达到 35%，城乡居民生活人均用电量提高到 900kW·h以上，管道天然气覆盖 66%以上旗（县、区)，清洁取暖覆盖率超过 80%；到 2035 年底，风、光、氢、储成为自治区新主导产业，全国现代能源供给中心全面建成，能源基本公共服务均等化基本实现。因此预计2022~2025年，建筑运行时能源供应仍以煤炭等化石能源为主，碳排放的增长不可避免；2025~2035年，新能源供应逐渐占主导地位，可再生能源电力消纳水平不断提升，化石能源的使用逐渐下降，碳排放量相应减少；2035~2060年，传统能源退出与新能源替代平稳过渡。

因此，建筑运行阶段主要减碳措施是，炊事热水实现电气化替代，电力实现新能源替代，电力减碳的具体措施在前面章节有详述，在此不再冗叙。供热方面，管理上要加大城镇供热管网建设改造，推动建立"一网多源"供暖格局，扩大热电联产、清洁燃煤锅炉等集中供暖供热面积，提高清洁供暖比例。技术方面，推进太阳能、浅层地热能、空气能等新能源在建筑中的应用，减少民用建筑常规能源使用，大力发展集光伏发电、储能、直流配电、柔性用电于一体的"光储直柔"建筑，推进建设太阳能热水建筑一体化系统，实现清洁能源的就地生产和消纳，推广建筑碳汇应用。

B 农村牧区住宅减碳环节分析

内蒙古地区冬季时间长，气温低，农村牧区住宅减碳的关键在于供电采暖方面的节能降碳。根据《内蒙古自治区"十四五"可再生能源发展规划》，内蒙古将大力推动农村能源革命，促进农村牧区清洁用能，助力乡村振兴。到2025年，自治区可再生能源生产总量超过9000万吨标准煤，到2030年，自治区新能源装机容量超过2亿千瓦，全区可再生能源供暖面积达到3600万平方米。

建材生产方面，要推动农村牧区采用低碳环保技术建设绿色农房。墙体（围护）选择热阻性能好的建筑材料，推动利用农作物秸秆、建筑垃圾等制作成混凝土、墙体材料、保温材料等建筑材料。

建筑施工方面，统筹县域城镇和村庄规划建设，引导农村牧区住房执行建筑节能标准，推进农村牧区新建、改建和扩建的居住建筑按照《内蒙古农村牧区居住建筑节能设计标准》设计和建造。推进装配式建筑应用，经济条件较好地区的农村自建住宅、新农村居民点建设中重点推进装配式木结构农房建设。

建筑运行方面，清洁取暖上，推动生物质供暖，探索以农林生物质、生物质成型燃料等为燃料的生物质锅炉供热方式；大力推动中深层地热供暖；加快提升呼包鄂周边、蒙东乡村可再生能源供暖水平，推广电热膜、电锅炉、空气源热泵、石墨烯取暖器等供暖设施；在通辽市、鄂尔多斯市等农牧区，开展牧区清洁供暖示范项目，探索离网式新能源供热模式；推广生物质碳化与固化及高效低排节能炉具。

清洁用能上，发展分布式光伏能源，在农村牧区大力推进分散风电开发，建设"农光互补""林光互补""牧光互补"等分布式光伏电站；发展分散式风能，在偏远农村牧区和边境地区发展分散式风电；发展分布式氢能源，在偏远农村牧区开展氢燃料电池分布式电源示范应用；发展生物质能源，在黄河沿线、呼伦贝尔市、兴安盟和通辽市等农林生物质资源丰富地区，有序推进农林生物质热电联产项目。

清洁用气上，2025年前，推进发展生物质能源，在赤峰市、兴安盟、通辽市、巴彦淖尔市等农作物秸秆、畜禽粪污生物质资源富集地区，推广户用沼气、联户沼气，推动生物天然气示范项目，增加乡镇居民天然气供给能力，通过瓶组站形式为县域内农村提供清洁燃气，带动农村有机废物处理，2025年后，逐步实现农村牧区炊事热水电气化，使用绿电替代生活燃气需求。

内蒙古建筑领域减碳政策及技术详细见图4-51。

内蒙古建筑领域碳排放
- 城镇建筑
  - 建材生产
    - 管理措施
      - 调整过剩产能
      - 开展技术升级
      - 优化生产工艺
      - 推进清洁能源使用
    - 技术措施
      - 采用节煤节电的技术，水泥生产可使用烧成的"两料"替代、低熟料生产等。
      - 使用二氧化碳的CCUS(捕集、利用、封存)技术
      - 研发高强钢筋、高性能混凝土、高性能砌体材料、保温结构一体化墙板等绿色低碳建筑材料
      - 采用建筑垃圾、煤矸石、粉煤灰、炉渣、尾矿等固体废物为原料生产墙体材料
      - 推进新的建筑形式
  - 建筑施工
    - 管理措施
      - 合理规划城市发展，严格控制新增建设用地过快增长，杜绝大拆大建
      - 推进被动式超低能耗建筑发展
      - 推动绿色建材应用，促进绿色建筑发展
    - 技术措施
      - 发展装配式建筑，装配式混凝土结构项目宜先采用预制内外墙板、楼板、楼梯等部件，再逐步发展到应用竖向构件
      - 包头市钢结构装配式建筑生产基地，呼伦贝尔市木结构装配式建筑生产基地
      - 保障性住房、办公楼、医院、学校、科技馆、体育馆等各类民用建筑应用装配式钢结构
  - 建筑运行
    - 炊事热水
      - 电气化替代
    - 电力供应
      - 新能源替代
      - "光储直柔"建筑
    - 采暖供热
      - 建立"一网多源"供暖格局
      - 太阳能、浅层地热能、空气能等新能源应用
      - 太阳能热水建筑一体化系统
    - 增加碳汇
- 农村牧区住宅
  - 建材生产
    - 低碳环保技术建设绿色农房
    - 利用农作物秸秆、建筑垃圾等制作成混凝土、墙体材料、保温材料等建筑材料
  - 建筑施工
    - 统筹县域城镇和村庄规划建设
    - 引导农村牧区住房执行建筑节能标准
    - 推进装配式建筑应用
  - 建筑运行
    - 清洁取暖
      - 生物质供暖
        - 以农林生物质、生物质成型燃料等为燃料的生物质锅炉供热
      - 地热供暖
        - 大力推动中深层地热供暖
      - 新能源供暖
        - 在通辽市、鄂尔多斯市等农牧区探索离网式新能源供热模式
      - 保暖设施
        - 推广电热膜、电锅炉、空气源热泵、石墨烯取暖器等供暖设施
    - 清洁用能
      - 分布式光伏能源
        - 在农村牧区建设"农光互补""林光互补""牧光互补"等分布式光伏电站
      - 分散式风能
        - 在偏远农村牧区和边境地区发展分散式风电
      - 分布式氢能源
        - 在偏远农村牧区开展氢燃料电池分布式电源示范应用
      - 生物质能源
        - 在黄河沿线、呼伦贝尔市、兴安盟和通辽市等推进农林生物质热电联产项目
    - 清洁用气
      - 在赤峰市、兴安盟、通辽市、巴彦淖尔市等农作物秸秆、畜禽粪污生物质资源富集地区，推广户用沼气、联户沼气

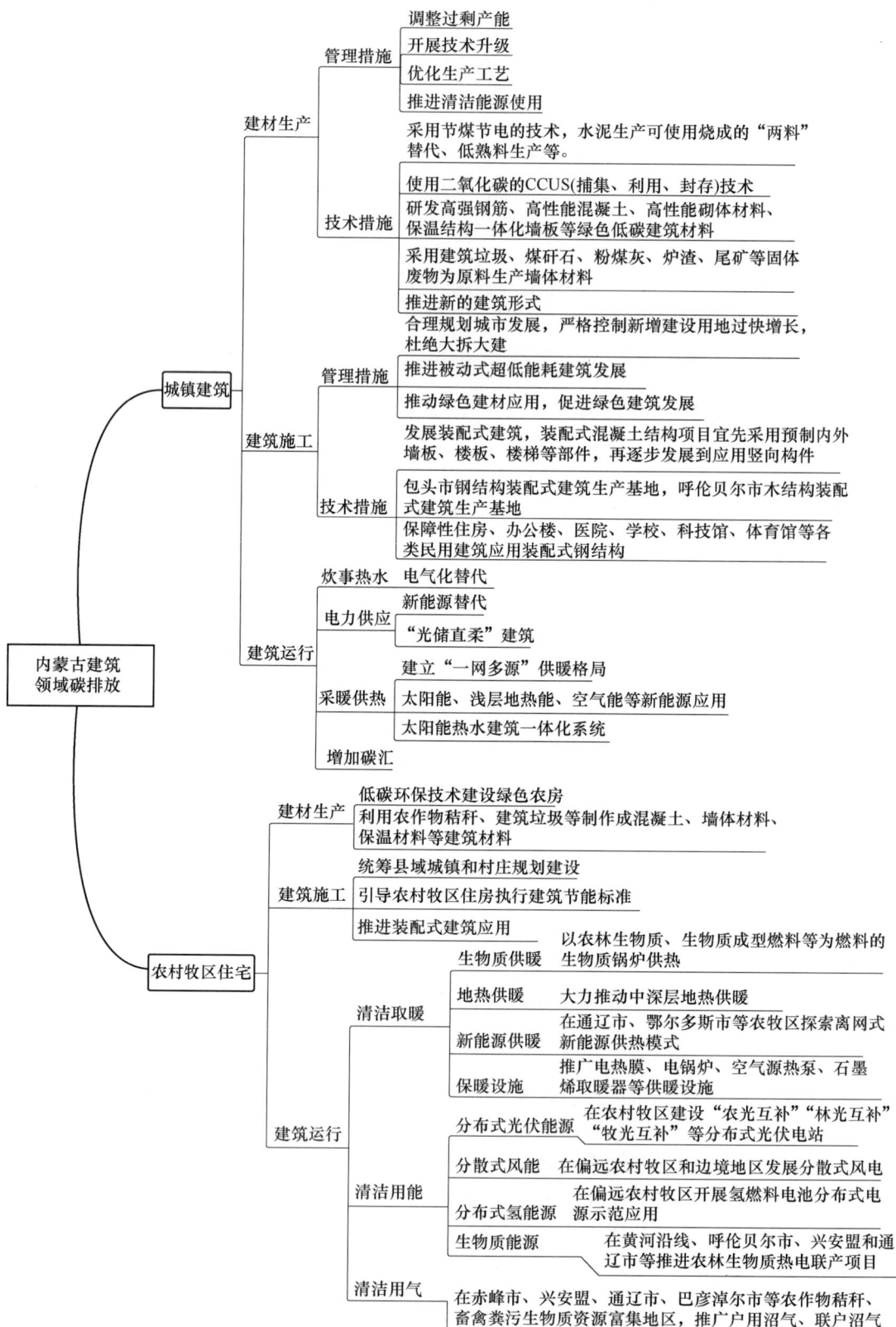

图 4-51　内蒙古建筑领域减碳政策及技术

4.7.4.2 减碳技术路径

按照建筑领域 2030 年碳达峰、2060 年实现碳中和的规划，内蒙古建筑领域到 2060 年分阶段减碳路径见图 4-52。

措施	2025年	2030年	2060年
有序控制建筑规模	•完善城镇布局和形态 •全区建筑业房屋年竣工面积控制在878万平方米	•城镇化逐步进入成熟期，城镇布局和形态逐步定型成熟 •全区建筑业房屋年竣工面积控制在540万平方米	低碳、环保、生态、绿色现代化建筑体系成熟
优化建筑结构	•城镇新建建筑执行绿色建筑标准 达到率100% •农村牧区新建、改建和扩建的居住建筑执行建筑节能标准 达到率100% •既有居住建筑节能改造 新增改造面积1000万平方米 •加强绿色建材推广应用 推广面积1000万平方米 •发展装配式建筑 建筑面积占比30%	城镇及农村牧区的老旧建筑绿色节能改造 / 民用建筑推广 / 在城镇及农村牧区居民住房推广 40%	新老建筑全部达到节能标准 / 建材全面绿色化 / 新型装配化建筑比例进一步上升
显著提升设备能效水平	•推动可再生能源在民用建筑中应用 应用比例30% •推动清洁取暖 覆盖率超过80%	推广太阳能光热一体化建筑 45% / 90%	•城镇建筑用能基本实现清洁能源替代 •大部分乡村牧区建筑用能实现清洁化

图 4-52 内蒙古建筑领域减碳路径

（1）2025 年前，有序控制建筑规模，继续完善城镇布局和形态，基本构建城乡融合发展格局，呼包鄂乌城市群规模进一步壮大，赤峰、通辽区域性中心城市承载力和辐射力进一步提高，全区建筑业房屋年竣工面积控制在 878 万平方米；全力推动绿色建筑，城镇新建建筑 100%执行绿色建筑标准，农村牧区新建、改建和扩建的居住建筑 100%执行建筑节能标准；继续开展既有居住建筑节能改造，加强城乡结合部既有建筑节能改造，新增改造面积至少 1000 万平方米；加强绿色建材推广应用，打造乌兰察布市、锡林郭勒盟绿色建材生产基地，新增公共机构要求采用绿色建材，绿色建材推广面积 1000 万平方米；大力发展装配式建筑，在包头市建设钢结构装配式建筑生产基地，在呼伦贝尔市建设木结构装配式建筑生产基地，保障性住房、办公楼、医院、学校、科技馆、体育馆等各类民用建筑率先应用装配式钢结构，经济条件较好地区的农村自建住宅、新农村居民点建设中重点推进装配式木结构农房，装配式建筑面积占比达 30%；扩大可再生能源建筑应用规模，可再生能源在民用建筑中应用比例达 30%，在呼包鄂城市群积极推动中深层地热能规模化供暖示范，在蒙东地区发展生物质热电联产项目，清洁取暖覆盖率超过 80%。

（2）2030 年前，自治区城镇化逐步进入成熟期，城乡发展一体化基本实现，城镇布局和形态逐步定型成熟，全区建筑业房屋年竣工面积控制在 540 万平方米；城镇及农村牧区的老旧建筑逐步实现绿色节能改造，强化绿色建材在民用建筑的推广应用，推广建筑碳汇的应用，在城镇及农村牧区居民住房推广装配式建筑，装配式建筑面积占比达 40%；强化太阳能、浅层地热能、空气能等新能源在建筑中的应用，推进太阳能光热一体化建筑，可再生能源在民用建筑中应用比例达 45%，清洁取暖覆盖率超过 90%。

（3）2060 年前，建筑领域实现碳中和，低碳、环保、生态、绿色现代化建筑体系成熟，低碳城市、社区、乡村建设完善，全区建筑业房屋竣工面积稳定增长，老旧建筑全部实现绿色化节能改造，城镇建筑用能基本实现清洁能源替代，大部分乡村牧区建筑用能实现清洁化，新型装配化建筑比例进一步上升，全社会建筑领域形成与资源环境承载力相匹配、与生产生活生态相协调的绿色发展体系。

4.7.5　建筑领域减碳技术研究结论与政策建议

4.7.5.1　主要结论

（1）内蒙古自治区正处在工业化和城市化快速发展向高质量发展过渡阶段，人口城镇化率逐年上升，截至 2020 年末，内蒙古常住人口城镇化率达 67.48%，比全国高 3.59 个百分点，居全国第十位。再加上新型城镇化的建设，未来城镇建筑的规模还将持续扩大，老旧城区建筑需要进行升级改造，结合乡村振兴的大格局，农村建筑也将迎来现代化的升级。

（2）尽管内蒙古建筑业总产值相对较低（全国排名倒数第五），人口较少（全国排名倒数第八），但根据《中国建筑能耗研究报告》统计，内蒙古的建筑碳排放量在全国排名处于中上，主要原因是建筑运行阶段的电力使用和冬季供暖。内蒙古全社会用电量和集中供暖面积仍居全国前十，但随着"十四五"新能源的规划布局，清洁能源使用比例仍有较大提升空间。

（3）内蒙古除水泥以外的主要建材产量仍然呈上升趋势，这些建材的生产方式仍以传统方式为主，生产链条长、环节多、精准管理难，全产业链低碳化实现难度大。调整过程产能，开展技术升级，优化生产工艺，新型建筑材料的研发应用，装配式建筑的推广应用，将是这部分碳的减排关键。

（4）农村牧区住宅减碳的关键在于供电采暖方面的节能降碳，"农光互补""林光互补""牧光互补"等分布式光伏电站、分散式风电能源、生物质取暖是这部分碳的减排关键。

4.7.5.2　主要建议

（1）推动城市组团式发展，科学确定建设规模，控制新增建设用地过快增长。建立以绿色低碳为导向的城乡规划建设管理机制，制定建筑拆除管理办法，杜绝大拆大建。倡导绿色低碳规划设计理念，推动绿色建筑、低碳建筑规模化发展，推动绿色城镇、绿色社区、绿色农房的建设。

（2）推进绿色建材的研发和应用。加强高强钢筋、高性能混凝土、高性能砌体材料、保温结构一体化墙板等绿色建材的研发应用，强化建材循环利用，引进建筑垃圾模块化处置、微细粉再生利用、再生产品制备混凝土等技术，实现建筑垃圾资源化利用。

（3）继续推广装配式建筑。逐步推广钢结构建筑，新建科技馆、体育馆、博物馆、图书馆等公共建筑应用装配式钢结构，新建的旅游景区、景区客栈及度假区等区域建筑应优先采用装配式木结构。

（4）强化节能改造。公共建筑应率先完成节能改造，鼓励既有居住建筑开展绿色化改造，老旧小区改造须增加节能环保要求，农房应逐步开展节能改造。建筑炊事、供热等逐步推进电气化替代，因地制宜地采用空气、水、地源热泵技术供暖；大力发展太阳能热水建筑一体化系统，新建公共建筑应优先采用建筑光伏一体化（BIPV）技术，现有建筑逐步开展太阳能光伏分布式、一体化改造；农村地区发展分布式光伏技术，采用光伏屋顶并利用直流微网接纳风电与光电，推广压缩成型的固体燃料、规模化沼气等技术。

（5）开展农村牧区绿色住宅改造。强化农村住宅围护结构保温，降低供暖需求；推广"无煤村"建设，促进太阳能、风能、生物质能等清洁能源的开发利用，优化采暖、炊事等用能设备，推进用能方式转变。

4.8 交通领域

4.8.1 内蒙古交通现状

交通领域的碳排放是引发全球气候变化的主要因素之一。全球交通领域的碳排放主要涉及公路、铁路、航空、海运等多个部门。就运输方式看，全球交通领域碳排放量的72%来自道路车辆。就地理分布格局而言，交通运输碳排放量最高的是发达经济体和部分新兴经济体。随着人口的增加、交通基础设施的改善，不论是在发达经济体还是发展中经济体，交通部门的能源使用量还是会继续增加。

内蒙古自治区呈狭长型布局，是北部横向交通的重要省区，也是我国很多纵向交通大通道的节点，在全国综合立体交通网络中占据重要的格局。

公路方面，自治区规划了"8纵8横31联"高速公路网布局，到2020年底，"6纵5横11联"基本建成，公路通车总里程达到21万千米，其中等级公路占公路线路总里程97.7%。"十三五"期间，公路货运量比重整体呈下降趋势，2020年底达到63.9%，客运量比重逐年下降，2020年达到43.6%。截至2020年底，民用汽车5435827辆，其中公共汽车营运车辆7720辆，出租汽车运营35143辆。高速公路ETC覆盖率达到100%，公众出行信息服务覆盖率达到100%。城市公交车新能源车辆占比达63.3%，出租汽车清洁能源车辆占比达51.5%（图4-53）。

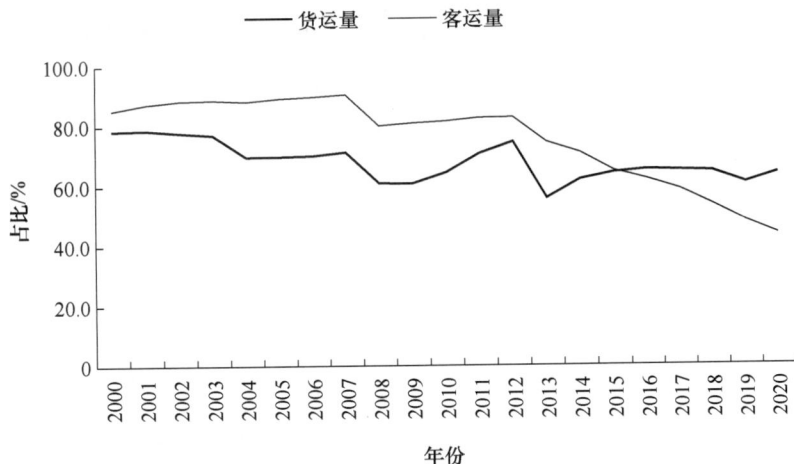

图 4-53　内蒙古自治区公路货运量及客运量占比情况

铁路方面，内蒙古现有干线铁路 8 条，支线 16 条，2020 年，铁路营业里程达 1.42 万千米，占全国铁路网总营业里程比重达 9.7%，居全国第一。内蒙古作为产煤大省，铁路在煤炭等大宗货物运输中起到主力作用，煤炭产品外运通道主要是经集包-集通线、集包-张集-京张线、大准-大秦线、包神-神朔-朔黄线、滨州-平齐-哈大线、赤大白-锦赤线、锦赤-赤绥线、巴新-锦阜线以及锡曹线销往外省。铁路承担的货运和客运比重整体呈上升趋势，截至 2020 年，铁路货运量比重达 36.1%，客运量比重达 44.6%，中长途运输任务的比重逐年提高。铁路复线率低于全国平均水平 22 个百分点，电气化率低于全国平均水平 27 个百分点（图 4-54）。

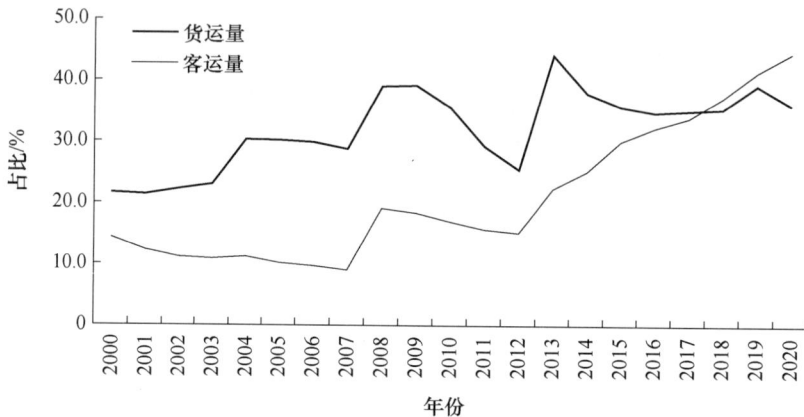

图 4-54　内蒙古自治区铁路货运量及客运量占比情况

民用航空方面，截至 2020 年底，全区民用机场总数达到 40 个（其中运输机场 20 个），其货运和客运量占比仍相对较小，2020 年货运量仅为公路的 0.003%，客运量为公路的 27%。

水路方面，截至 2020 年底，全区内河航道 2516.5km，共有渡口 42 道、渡船 27 艘、浮桥 20 座、码头 47 座、客船 486 艘、货船 49 艘、顶推船推轮 16 艘、驳船 127 艘、非运输船 171 艘。水路的客运量和货运量相对较少。

4.8.2　内蒙古交通领域核心问题识别

内蒙古交通运输业发展取得了一定成就，旅客周转量和货物周转量快速增加，其中货物周转量尤其明显，特别是"十一五"期间，货物周转量呈飞速增长，至"十三五"趋于平稳。交通领域碳排放增长趋势与货物周转量整体趋势一致，可分为四个阶段：一是货物周转量、旅客周转量与碳排放同步平稳增长阶段（2000~2007 年）；二是旅客周转量小幅增长，货物周转量与碳排放快速增长阶段（2007~2012 年）；三是货物周转量与旅客周转量持平，碳排放量大幅下降阶段（2011~2016 年）；四是货物周转量小幅增长，旅客周转量小幅下降，碳排放量持平阶段（2016~2020 年）。因此，内蒙古自治区交通领域碳排放与货物周转量关系密切，受其影响较大（图 4-55）。

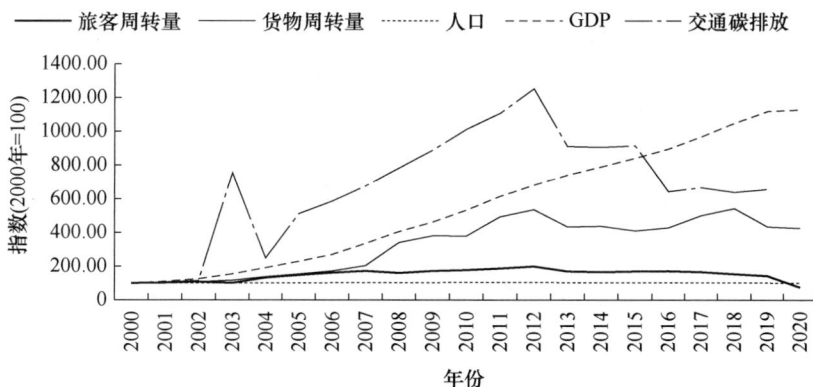

图 4-55 内蒙古交通运输活动量指数增长情况

货运交通方面，内蒙古作为煤炭、有色金属、矿石等资源大省，货运周转量整体呈上升趋势，2020 年底货运周转量达 4431.47 亿吨公里，未来货运压力仍然巨大。公路货运量比重虽然整体呈下降趋势，但公路货物周转量仍然增长较快，载货汽车数量几乎逐年上涨，铁路货物周转量呈上升趋势，但增长较缓。截至 2020 年底，公路货物周转量达到 1888.79 亿吨公里，铁路货物周转量 2542.68 亿吨公里。这说明在"公转铁"的政策推动下，货物运输结构调整取得了一定成效，铁路货物运输量比重逐步增大，但仍有较大的提升空间，载货车辆增长尚未得到根本控制，公路货运带来的碳排放量仍然较大。

客运交通方面，公路客运量及旅客周转量从 2012 以来逐年下降，铁路客运量及旅客周转量整体呈上升趋势；载客汽车和私人车辆快速增长，20 年增长了近 30 倍，由此带来的碳排放量十分巨大（图 4-56）。

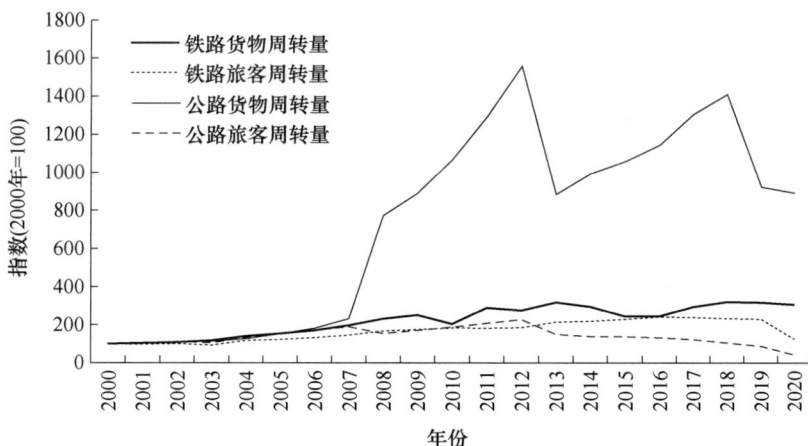

图 4-56 内蒙古货运和民用交通情况

公共交通方面，公共汽电车与出租汽车数量增长较小，到 2020 年底，全区公共汽电车运营总量为 8852 辆、出租汽车为 38517 辆，分别为私人汽车总数的 0.2% 和 0.8%。因此，仅在城市公交车和出租车推广使用清洁能源是远远不够的，对实现碳达峰和碳中和的影响较小（图4-57）。

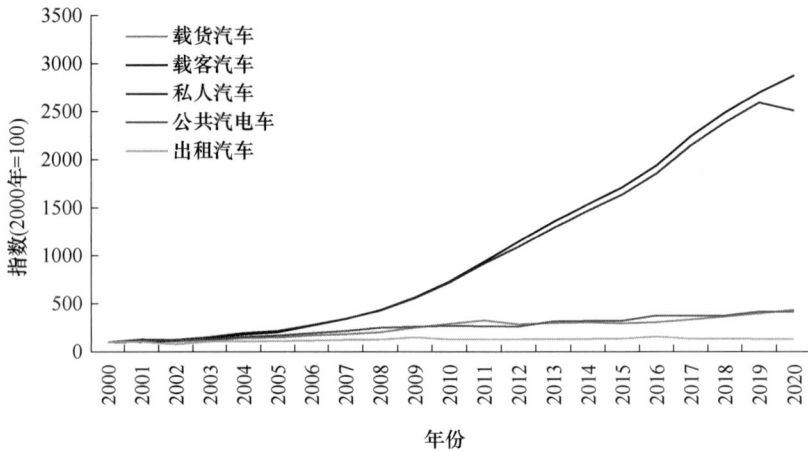

图 4-57　内蒙古交通运输车辆情况　　　　图 4-57 彩图

综上所述，在"双碳"目标背景下，当前内蒙古交通领域发展面临的挑战主要有五个方面：

（1）交通运输的需求仍然保持上升态势。煤炭、有色金属、矿石等资源货运周转压力巨大，客运、私家车数量呈倍数增长，交通活动持续增加，由此带来的碳排放量将持续增长。

（2）货物运输结构仍然不尽合理。公路货物运输仍然占据约 64% 的份额，承担着大量大宗货物中长距离运输的任务，载货车辆持续增长，铁路复线率低于全国平均水平 22个百分点，公路货运带来的碳排放量较高。

（3）新能源交通工具占比仍然较低。铁路电气化率低于全国平均水平 27 个百分点，燃油消耗量较高，城市公共服务车辆尚未实现新能源全替代，私人车辆新能源使用率低，由此造成的碳排放量仍然较高。

（4）交通基础设施不够完善。综合立体交通网络覆盖广度、深度有待提升，东中西部高速公路主通道尚未贯通，12 个盟市中仍有 6 个盟市政府所在地与自治区首府未实现高速公路直连；综合性枢纽场站建设滞后，全区还没有建成集公路、铁路、航空一体的综合交通枢纽，各运输方式衔接不畅；城市轨道交通发展落后，城际铁路尚未形成网络。

（5）数字交通智慧化水平仍然不高。虽然高速公路 ETC、公众出行信息服务覆盖率达到了 100%，但整体而言，交通领域智慧化水平仍然不高，跨部门、跨区域协作不足、统筹不够，与物流、文化旅游、邮政快递等其他产业缺少融合联动，交通运输节约集约利用资源能力仍需提升。

4.8.3　交通领域减碳技术现状与应用

交通领域碳排放按照排放类型，可分为直接排放和间接排放。直接排放包括锅炉等设备燃烧天然气、柴油等化石燃料产生的排放；机场热电联产系统燃烧天然气等化石燃料产生的排放；场内运输车辆或装卸设备燃烧柴油、汽油、液化天然气等化石燃料产生的排放。间接排放包括使用外购的电力、热力导致的排放。按照产生来源，可分为公路运输、铁路运输、航空运输、水路运输。按照产生节点，可分为交通运输工具、交通设施生产运营。本书将根据碳排放产生节点，分析现有的减碳技术。

4.8.3.1 交通领域减碳技术现状

交通领域减碳技术包括运输工具和生产运营两方面的减碳。

（1）交通运输工具减碳技术。交通运输工具包括公路、铁路、航空、水路运输工具，其中，公路运输工具包括以化石燃料为动力的运输工具（汽油车、柴油车、单一气体燃料汽车、两用燃料汽车、双燃料汽车、混合动力电动汽车等）、以电力为动力的运输工具（电车、纯电动汽车、插电式混合动力汽车等）；铁路运输工具包括内燃机车、电力机车。

交通运输工具减碳技术主要集中在两方面，一是通过升级改造交通运输工具，使用清洁能源、使用新型材料等，从其自身减少碳排放；二是交通运输管控的智能化，提高交通运输工具的使用效率，从而减少碳排放。国内已推广使用的技术见表4-63。

表 4-63　交通装备减碳技术

序号	分类	技术名称	适用范围	主要技术内容	典型技术参数	减排效益
1	交通装备升级改造	汽车混合动力技术	交通行业汽车行业、混合动力汽车	再生制动能量回收技术；消除急速工况技术；高效率混合动力专用发动机技术；整车集成和整车控制策略优化匹配技术等	100辆混合动力系列车，单台混合动力汽车平均增加投资5万元	节能 0.71tce/车，二氧化碳减排1.87tce/车
2	交通装备升级改造	轮胎式集装箱门式起重机"油改电"节能技术	交通行业集装箱堆场等集装箱装卸港口或物流企业	集装箱堆场装卸采用轮胎式集装箱门式起重机作业，用柴油发电机组供电，能耗较大，污染严重。改造后，利用市电作为动力，降低了能耗和运营成本，环境质量得到改善	60台轮胎式集装箱门式起重机高架滑触线供电方式油改电改造，投资4000万元	节能 1687tce/a，减排4454tCO₂/a
3	交通装备升级改造	新型轮胎式集装箱门式起重机节能技术	交通行业港口、中转站装卸集装箱或件杂货等	实现整机重量的轻型化；通过电力驱动，满足RTG机动性要求；电动RTG采用变频调速、可编程控制器和现场总线控制组成电力驱动控制系统，实现调速、控制一体化	集装箱码头年通过能力60万TEU，投资2322万元	节能 1606tce/a，减排4240tCO₂/a
4	交通装备升级改造	发动机智能冷却技术	交通行业适用商用车辆，如客车、卡车、工程机械	通过对发动机的水、气温度恒温控制，及低能耗的新型驱动技术应用，综合降低整车能耗总量	1000台公交车辆发动机冷却系统优化改造，投资1025.8万元	节能 1998tce/a，减排5275tCO₂/a
5	交通装备升级改造	金属减摩修复技术	交通行业各种热能动力机械，通用或专用机械，大型机械部件，交通运载工具乃至其他特种装备	矿物原料精细提纯、层片剥离及纳米化加工制备技术，功能化表面改性及其插层复合技术，减摩修复的功能材料制备工艺及其载体的符合技术摩擦学表面分析技术	1台DF8B型内燃机车，投资10万元	节能 130tce/a，减排343tCO₂/a

续表 4-63

序号	分类	技术名称	适用范围	主要技术内容	典型技术参数	减排效益
6	交通装备升级改造	轨道车辆直流供电变频空调节能技术	交通行业城市轨道交通车辆、铁路客车、铁路机车、高速列车、动车组等的空调系统	将直流供电技术和变频热泵技术组合优化，实现空调机组的制冷量连续调节，满足热负荷变化需求；冬季取暖时采用热泵，制热能效比高，实现了轨道车辆空调系统的节能	17 列车，136 台变频热泵车辆空调，投资 408 万元	节能 406tce/a，减排 885tCO$_2$/a
7	交通装备升级改造	城市轨道交通牵引供电系统制动能量回馈技术	交通行业城市轨道交通运输	将城市轨道列车制动时产生的制动能量回馈到中压交流电网，供给交流电网中其他用电设备使用，不仅实现能量回收利用，还可以提高功率因数，减少能量损耗，实现节能	交流电压为 10kV，直流电压 1500V 峰值回馈容量 3.6MW，投资 350 万元	节能 335tce/a，减排 884tCO$_2$/a
					北京地铁 14 号线全线 17 个站，全部采用城市轨道交通能馈式牵引供电装置，投资 4197 万元	节能 1817tce/a，减排 4798tCO$_2$/a
8	交通装备升级改造	汽柴油清净增效剂生产技术	交通行业交通车辆	采用不含金属成分和灰分、特殊配方制备的胺基化合物、醚类化合物等作为主要组分，混合汽柴油后，在发动机内部通过高温高压燃烧过程发挥功效，在燃油燃烧过程中产生大量自由基，引发连锁的分子链反应，可优化燃烧过程，提高燃烧速度，有效提高燃油经济性，降低油耗，减少机动车尾气主要污染物	加入汽柴油中可同时降低污染物 HC 下降率 5.47%、CO 下降率 4.01%、NO 下降率 10.39%、气体污染综合改善率 19.87%、节油率 2.6%	按 2019 年全国汽油消耗 12000 万吨，全国柴油 15000 万吨计算，一年可节约标准煤 1027 万吨；减少 CO$_2$ 排放约 2731.82 万吨
9	交通装备升级改造	高效节能 SiC 功率器件及模块关键技术	交通行业交通车辆	以晶圆为材料，通过结构外延生长、干法刻蚀、制作碳膜、高温氧化等工艺来制备 SiC 芯片。通过优化芯片结构，增强电流密度，形成高可靠性栅介质；采用超声波金属焊接工艺和粗铜线键合工艺，提高端子焊点抗疲劳寿命和连接可靠性；通过端子键合、双面散热、纳米银烧结等互连技术实现 SiC 一体化水冷封装	SiC MOSFET 芯片：击穿电压 ≥1200V、导通电阻 ≤ 25mΩ，最高工作结温 ≥200℃。SiC 功率模块：击穿电压 ≥1200V、导通电流 ≥400A，最高工作结温 ≥200℃	新能源汽车电机控制器系统效率 99%。促进太阳能、风能等可再生能源发展，减少温室气体及有害气体排放

序号	分类	技术名称	适用范围	主要技术内容	典型技术参数	减排效益
10	交通装备升级改造	降低燃油重组分馏程温度的燃油清净增效剂技术	交通行业交通车辆	选用煤油和植物粉经光照射等工艺得到富含生物酶的基础液，结合燃油、促活剂、分散剂、稳定剂等制成燃油清净增效剂。使用时通过向成品燃油中添加该增效剂，促进燃油在发动机内的充分燃烧，降低污染物排放，减少机械磨损，实现燃油高效清洁利用	降低燃油重组分馏程温度 1~5℃。节油率：京六汽油车 3.8%（碳平衡法），柴油发动机 3%（台架测试）。尾气 HC、CO、NO_x 减排率：汽油车 25%、20%、25%；柴油发动机 19%、20%、7%；总 PM 和 $PM_{2.5}$ 减排率 22%	按 2019 年全国汽油消耗 12000 万吨，全国柴油 15000 万吨计算，一年可节约标准煤 1326.6 万吨；可减少 CO_2 排放约 3528.756 万吨
11	交通装备升级改造	新能源汽车全铝车身制造技术	交通行业交通车辆	选择封闭截面铝合金挤出型材和热塑性玻纤增强复合材料分别作为车身骨架和覆盖件材料，利用"挤/弯/焊-型/粘/喷-装"一体化短流程工艺，建成多车型柔性焊装生产线，实现短流程、低材耗、低排放和智能化生产	车身扭转刚度达 26967N·m/(°)，车身全尺寸焊接质量合格率 92%	单车碳排放 112kgCO_2/辆；生产制造过程能耗 11.9kgce/辆；车型行驶能耗 9.7kW·h/100km
12	交通运输管控智能化	高速公路电子不停车收费技术	交通行业高速公路收费领域	通过 DSRC 设备、密钥系统及双界面 CPU 技术、ETC 车道逻辑、ETC 运营模式等关键技术，实现车辆不停车收费	高速公路 37 个收费站，建设 ETC 车道 70 条，投资 3500 万元	节能 1064tce/a，减排 2809tCO_2/a
13	交通运输管控智能化	混合动力交流传动调车机车技术	交通行业各铁路站、场(段)及地铁、城轨等内部铁路的调车作业	采用多能源动力总成控制及再生制动能量回收等关键技术，使调车作业既可单独使用柴油发电机或蓄电池供电，也可同时使用二者供电，实现机车节油降耗的目的	年产 100 台混合动力系列机车生产线，投资 10000 万元	节能 8100tce/a，减排 21384tCO_2/a

续表 4-63

序号	分类	技术名称	适用范围	主要技术内容	典型技术参数	减排效益
14	交通运输管控智能化	轨道交通制动能量综合利用和智慧能源管控系统关键技术	交通行业 轨道交通	采用基于 IGBT 的三相逆变、PWM 斩波混合型并联技术，实现列车再生制动能量吸收或利用；通过回馈型技术和电阻能耗型技术互为备用，实现经济性和节能性。利用通信网络实时采集和存储各车站、变电所、以及沿线附属建筑等的能源数据，对轨道交通用能情况进行统计分析，实现用能优化管理。按一个城市轨道交通 300km 规模计算，预计日节电量约 30 万千瓦·时	预计加入汽柴油中可同时降低污染物 HC 下降率 5.47%、CO 下降率 4.01%、NO 下降率 10.39%、气体污染综合改善率 19.87%，节油率 2.6%	2019 年全国汽油消耗 12000 万吨，全国柴油 15000 万吨计算，一年可节约标准煤 1027 万吨；减少 CO_2 排放约 2731.82 万吨

（2）交通设施生产运营减碳技术。交通设施包括客货运站场、铁路站场、航站楼、港口等的燃煤、燃油、燃气、耗电设施，充电桩、配套电网、加注（气）站、加氢站等基础设施。交通设施减碳技术可分为两类，一是交通设施升级改造，包括燃煤、燃油、燃气设施的电气化替代，太阳能、氢能、生物质能的推广应用等；二是配套新能源交通工具推广应用而建设的充电桩、加注站、加氢站等新型交通设施。

4.8.3.2　内蒙古技术应用现状

交通运输工具方面，内蒙古自治区着力推动新能源汽车（主要包括纯电动汽车、插电式混合动力汽车和燃料电池汽车）推广应用，呼和浩特市、包头市等属地政府机关、公共机构，以及公交车、出租车等城市客运与环卫、物流、机场通勤、公安巡逻等领域逐步应用新能源汽车；大型企业集团、工业园区、旅游景区、机场等逐步使用新能源汽车作为场内通勤交通车和工作用车中。交通运输工具减碳技术，如子午线轮胎、润滑油减磨剂、燃油清净剂等节能新技术、新工艺已逐渐用于车辆生产。总投资约 200 亿元的呼和浩特新能源汽车制造项目在金山高新技术产业开发区落地，全球首个万辆级氢能燃料电池汽车（重卡）产业化项目落户鄂尔多斯市，硅谷天堂新能源汽车换电网生态一体化项目落地包头市，同时推动纯电动重卡的产业布局和应用。截至 2020 年底，内蒙古新能源汽车产能突破 7.3 万台，已拥有两家整车资质企业和 30 余家锂电池、镍氢动力电池、新能源动力电池正负极材料生产企业，年生产锂离子电池正、负极材料、石墨电极等材料约 80 万吨；全区共推广应用各类新能源汽车 2.5 万辆，占全区汽车保有量的 0.23%。然而，同全国新能源汽车占比 1.54% 相比，仍有较大差距。内蒙古新能源汽车产业存在产业规模小、缺乏关键技术、产业配套不足、基础设施建设落后、新能源汽车运营政策不配套等问题，这些问题直接制约了新能源汽车的大规模推广应用。

交通运输管控智能化方面，内蒙古综合交通运输调度和应急指挥系统（TOCC）建成并投入使用，实现 ETC 全国联网并撤销全部省界收费站，高速公路 ETC 覆盖率达到 100%，定制客运、共享交通等快速发展，但与发达省市相比，智慧化程度仍有较大差距。

交通设施方面，内蒙古自治区逐步推进公共停车场、居民社区、公路沿线等区域充换电设施建设，截至 2020 年底，全区累计建成充电站 284 个，各类充电桩 3958 个，车桩配比为 6.3∶1，与业内 3.5∶1 相比，还有较大差距。在加氢站方面，截至 2020 年底，全区仅建成了 3 座加氢站，新建加氢站在规划设计、施工建设、商业运营等环节缺少相关的规程和规范，导致项目推进缓慢，影响氢能的推广应用。

4.8.4　内蒙古交通领域技术减碳路径

自治区交通领域碳排放涉及公路、铁路、航空、水运等交通方式，涵盖客运、货运交通。其中客运交通细分为公交车、地铁、出租车以及私人小汽车等市内客运以及公路、铁路、航空和水路等城际客运，货运交通细分为公路、铁路、航空和水路。由于内蒙古自治区以公路、铁路、航空运输为主，水路运输较少，本书仅对公路、铁路、航空运输减碳路径进行研究（图 4-58）。

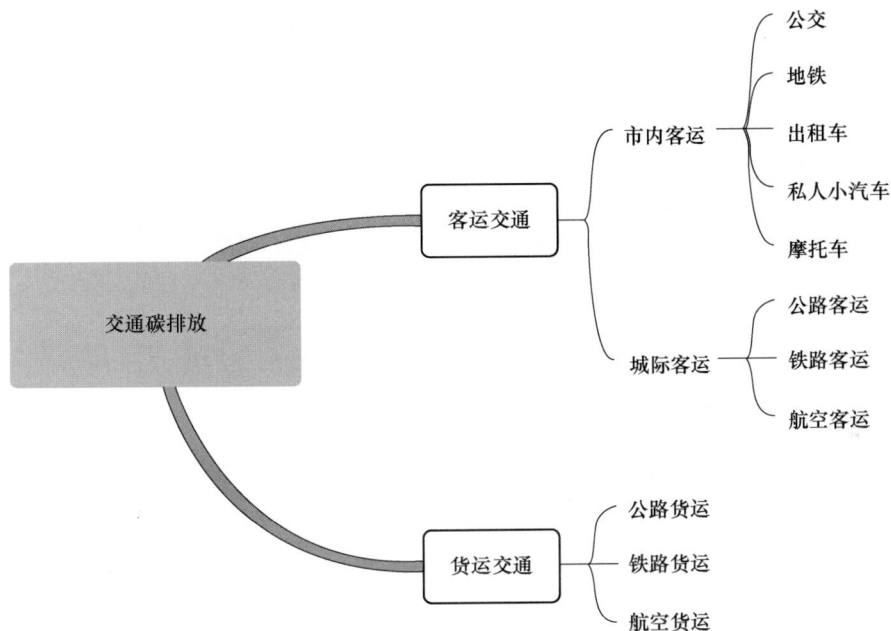

图 4-58　交通领域碳排放结构

4.8.4.1　交通领域减碳环节分析

内蒙古经济发展水平处于快速增长向高质量发展转型阶段，工业化和城镇化快速发展，客货运输及其能源消费、碳排放还处于上升阶段（图 4-59）。

A　客运交通减碳环节分析

客运交通方面，随着经济的发展，人们生活水平的提高，旅客运输总需求将会持续增长，增长情况可分为两个阶段：一是客运总量和增长率"双高"阶段，预计 2020~2050 年内蒙古将处于这个阶段，主要是由于快速城镇化发展导致的；二是客运总量高，增速低的阶段，预计 2050 年以后内蒙古城镇化发展趋于成熟，客运需求增长率随着城镇化速度减缓而下降。

```
                        ┌─────────────────┐
                        │  交通领域碳排放  │
                        └────────┬────────┘
                     ┌───────────┴───────────┐
            ┌────────┴────────┐     ┌────────┴────────┐
            │ ○  客运交通      │     │ ○  货运交通      │
            └────────┬────────┘     └────────┬────────┘
```

市内客运

管理政策
- 引导绿色出行，减少私人小汽车的使用;
- 加强地铁、轻轨、磁悬浮、市郊铁路等设施的建设;
- 提升公共交通利用率等

技术
- 新能源技术
- 自动驾驶技术
- 发动机技术
- 车辆制造技术
- 智慧交通技术等

城际客运

管理政策
- 完善城市群地区综合交通网络，中西部推进建设呼包鄂乌城市群、东部打造赤峰通辽中心枢纽
- 增加城市间高速铁路、城际铁路等基础设施建设
- 以节能型、大容量的快速交通方式引导城市、城市群集约布局，形成集约低碳的交通供给方式

技术
- 推动新燃料、载运工具新技术的研发和应用

公路货运

管理政策
- 持续调整交通运输结构，推进"公转铁"
- 推动物流车辆的氢燃料电池替代，在鄂尔多斯市、包头市等国家燃料电池汽车示范应用城市，率先实现物流车辆的燃料电池示范应用

技术
- 高寒地区使用的新能源汽车技术
- 生态驾驶技术
- 车辆制造-轻量化技术

铁路货运

管理政策
- 完善铁路运输网络，特别是高速铁路网
- 提升铁路的电气化水平
- 提高铁路运输组织化程度，提高铁路的复线率
- 降低货运能源强度

技术
- 新能源技术
- 铁路列车轻量化技术
- 机车节电节油技术
- 智能管理技术

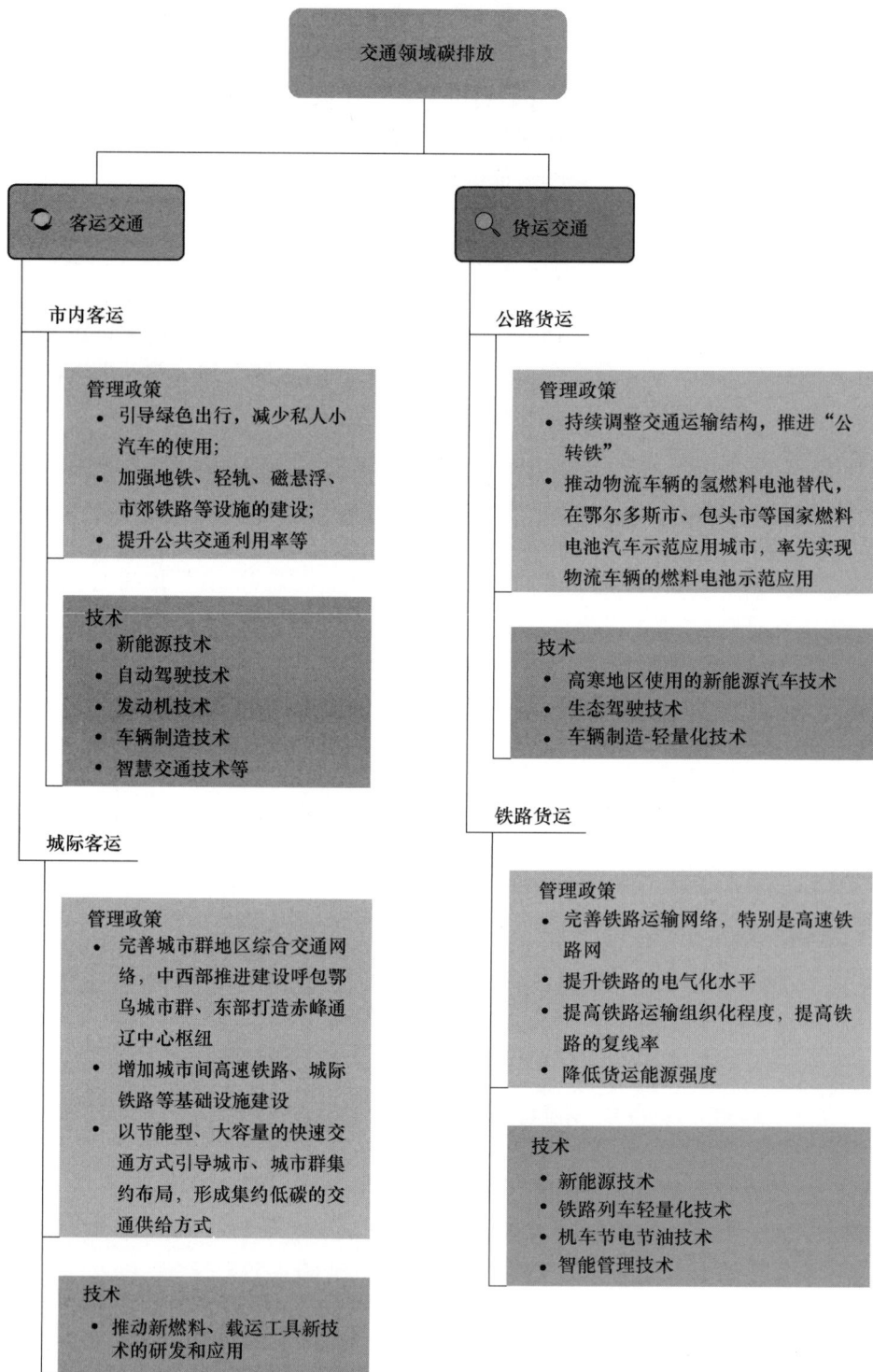

图 4-59　内蒙古交通领域减碳政策及技术

市内客运交通运输需求将持续增加，但碳减排难度较大、空间较小。特别是公交、地铁、出租车等公共交通，减排潜力较小。管理上，可通过引导绿色出行，减少私人小汽车

的使用，加强地铁、轻轨、磁悬浮、市郊铁路等设施的建设，提升公共交通利用率等方式减碳；技术上，可通过新能源技术、自动驾驶技术、发动机技术、车辆制造技术、智慧交通技术等的升级和应用，减少碳排放。

城际客运交通随着城镇化的进程和城市群的建设将快速发展，具有一定的减碳潜力。管理上，可通过完善城市群地区综合交通网络，中西部推进建设呼包鄂乌城市群、东部打造赤峰通辽中心枢纽，增加城市间高速铁路、城际铁路等基础设施建设，以节能型、大容量的快速交通方式引导城市、城市群集约布局，形成集约低碳的交通供给方式；技术上，推动新燃料、载运工具新技术的研发和应用。

B 货运交通减碳环节分析

货运交通方面，内蒙古作为煤炭、有色金属、矿石等资源大省，货运的需求还将持续增长。随着经济的发展，大宗货物运输量将逐渐趋于稳定，高价值、分散性、小批量、时效性强的货运需求将快速增长。整体增长情况可分为三个阶段：一是货运量稳步增长阶段（2020~2030年），工业化进程的持续推进导致煤炭、矿石等需求继续增长；二是货运量增速放缓阶段（2030~2040年），内蒙古逐步进入以科技创新驱动的新型工业化阶段，对工业原材料运输需求量增速放缓；三是货运量趋于稳定阶段（2040~2060年），内蒙古实现新型工业化，工业原材料、工业产品的运输需求趋于稳定。

公路货运作为目前占据了60%多货运份额的运输方式，具有较大的碳减排空间。管理上，可通过持续调整交通运输结构，推进"公转铁"，将公路承担的煤炭、矿石等大宗物资运输任务逐渐转移给铁路，将小批量、多批次、质量轻、时效性强的货运任务交给公路，从而逐步减少公路货运周转量，此外还可以推动物流车辆的氢燃料电池替代，在鄂尔多斯市、包头市等国家燃料电池汽车示范应用城市，率先实现物流车辆的燃料电池示范应用。技术上，可推动适用高寒地区使用的新能源汽车技术研究，促进生态驾驶、车辆制造等技术升级。

铁路方面，随着"公转铁"政策的推进，铁路货运量及货物周转量占比将逐渐上升，承担着大宗物资运输任务。管理上，不断完善铁路运输网络，特别是高速铁路网，提升铁路的电气化水平，提高铁路运输组织化程度，提高铁路的复线率，降低货运能源强度，减少碳排放。技术上，推动新能源的研发应用，引进铁路列车轻量化、机车节电节油、智能管理技术，降低铁路能耗。

4.8.4.2 减碳技术路径

按照交通领域2030年碳达峰、2060年实现碳中和的规划，内蒙古交通领域到2060年分阶段减碳路径见图4-60。

（1）2025年前加强交通基础设施建设，基本完善"四横十二纵"综合运输大通道，全面建成国家高速公路网主线内蒙古境内，显著提高普通国省干线公路互联互通水平，不断优化铁路基础设施网络，逐步完善机场布局和功能，以"呼包鄂乌"城市群和赤峰、通辽区域中心城市为核心全面提升综合客货运枢纽布局；持续强化交通运输结构调整，公路大宗物资运输量转向铁路比例达到5%左右；12个盟市主城区公共交通出行分担率达到20%，城市主城区交通绿色出行分担率达到65%；以城市公交、出租车、市政车辆为重点，大力推广节能和新能源汽车，全区新能源及清洁能源公交车比例达到85%，加大充电桩、加氢站、加气站等基础设施建设，在包头市、鄂尔多斯市开展氢燃料电池重卡示范；

措施	2025年	2030年	2060年
加强交通基础设施建设	• "四横十二纵"综合运输大通道基本完善 • 区域客运"123出行交通圈"基本形成	• 现代化综合交通运输体系基本形成 • 综合交通网络总规模达到30万千米 • 12个盟市主城区"123出行交通圈"基本完善	• 建成完善、绿色、低碳的现代化综合立体交通体系
优化调整交通运输结构	• 公路大宗物资运输量转向铁路比例 5% • 12个盟市主城区公共交通出行分担率 20% • 城市主城区交通绿色出行分担率 65%	继续优化货物运输结构，完善货物运输枢纽 引导绿色出行 ——→ 32% 城市全面推广绿色出行	• 12个盟市主城区公共交通出行分担率达到50% 引导绿色出行 ——→ 45%
加快清洁燃料替代	• 全区新能源及清洁能源公交车比例 63.3%→85%（2020年） • 燃料电池车示范鄂尔多斯市、包头市开展重卡矿卡氢燃料电池汽车应用示范 • 建设充电桩、加氢站、桩车比加气站等基础设施1:3	• 全区城市公交、出租车、市政车推广新能源 ——→ 95% • 全区重卡矿卡推广氢能源 ——→ 100% • 私人小汽车推广新能源 ——→ 30%~50% 继续完善基础设施 桩车比 1:2	• 运输工具全面使用清洁能源 ——→ 100% 铁路电气化 ——→ 100% 全面完善基础设施 桩车比 1:1
显著提升设备能效水平	• 扩大低能耗运输装备应用，推广节能减排新技术、新材料 • 完善和落实节油、节气管理制度及奖罚制度	• 低能耗运输装备应用进一步提升，资源利用效率明显提高	• 低能耗运输装备全面应用 • 交通领域设备能效整体提升10%~20%
大力发展智能交通	• 建设综合智能交通体系 • 高速公路关键节点监测覆盖率达到100%	• 运用大数据优化运输组织模式，全面提升交通运输节能管理能力	• 交通领域全面实现智能化

图 4-60　内蒙古交通领域减碳路径

大力发展智能交通，建设综合智能交通体系，全面提升交通运输节能管理能力。

（2）2030年前，自治区现代化综合交通运输体系逐步形成，发达的快速网、完善的干线网、广泛的基础网逐步建成，基本形成城市公共交通与航空、铁路等城际客运的无缝衔接，进一步完善一体化公交体系和以铁路为骨架的城际运输体系，综合交通网络总规模达到30万千米，12个盟市主城区"123出行交通圈"基本完善；高效的快货物流圈逐步形成，物流成本降至合理水平，客货运输结构合理，铁路货运比例进一步提高，基本形成货运枢纽集疏运体系、城市配送体系以及多式联运、换装转运体系；12个盟市主城区公共交通出行分担率达到32%；新能源及清洁能源城市公交、出租车、市政车辆的比例达到95%，重卡矿卡全面实现氢能替代，私人小汽车清洁能源使用率达到30%~50%，充电桩、加氢站、加气站等基础设施基本完善；交通领域数字化、智能化水平进一步提升。

（3）2060年前，交通领域实现碳中和，建成完善、绿色、低碳的现代化综合立体交通体系；12个盟市主城区公共交通出行分担率达到50%；客货运输结构合理，货运量稳定，各种运输方式实现无缝衔接；12个盟市主城区公共交通出行分担率达到45%；新增运输工具基本实现全面使用清洁能源，铁路实现全面电气化，充电桩、加氢站、加气站等基础设施全面完善；交通领域设备能效整体提升10%~20%，已形成与资源环境承载力相匹配、与生产生活生态相协调的全天候交通设施绿色发展体系；交通领域智能化管理效率全面提升。

4.8.5 交通领域减碳技术研究结论与政策建议

4.8.5.1 主要结论

（1）货物周转量对内蒙古自治区交通领域碳排放影响较大，在"公转铁"的政策推动下，货物运输结构调整取得了一定成效，但仍然不尽合理，公路货物运输量占比64%，由此带来的碳排放量仍然较大。

（2）内蒙古交通运输的需求仍然保持上升态势，由此带来的碳排放量将持续增长。

（3）新能源交通工具使用率低，铁路电气化率低于全国平均水平27个百分点。

（4）调整交通运输结构，减少公路货运量，推进运输车辆清洁能源替代，是内蒙古交通领域实现碳减排的关键。

4.8.5.2 主要建议

（1）构建完善、绿色、低碳的现代化综合立体交通体系。构建以综合交通、公交优先、绿色出行、创新驱动、智慧管理为核心的绿色交通运输体系，打造以"呼包鄂乌"城市群和赤峰、通辽区域中心城市为核心的综合客货运枢纽，构建12个盟市主城区"123出行交通圈"，完善城际轨道交通，构造一体化公交体系和以铁路为骨架的城际运输体系。

（2）优化调整交通运输结构。推动大宗货物"公转铁"，打造快货物流圈，培育无车承运试点货运平台，建设货运枢纽集疏运体系、城市配送体系以及多式联运、换装转运体系。

（3）加快清洁燃料替代。高效推进新能源和清洁能源装备应用，以城市公交、出租汽车、环卫车辆等为重点领域，逐步加大新能源车辆推广力度，以重卡矿卡为试点推广应用氢能源电池车辆，加强新能源清洁能源续航保障及绿色能源供给能力，优化充换电、加气、加氢基础设施布局。强化新能源技术研发和推广应用。推动太阳能、氢能、生物质能等新能源电池技术的研发，开展新能源混合动力车辆研发，深化自动驾驶技术、发动机技术、车辆轻量化制造技术、机车节电节油技术的研究。推进风能、太阳能等清洁可再生能源在公路服务区、收费站等设施上的应用。

（4）推动智慧交通应用。建设综合智能交通体系，积极运用大数据优化运输组织模式，全面提升交通运输节能管理能力。加快建设城市交通智慧大脑。加强对城市交通运行状态的监测和分析，推动城市交通精准治理。推动互联网与传统道路客运深度融合，强化信息技术对提升交通运输效率、运输服务水平以及绿色交通监管水平的支撑作用，以大数据、云计算、5G、北斗等新基建技术为引领，布局建设以信息、融合、创新为主要特征的"智慧+绿色"交通运输体系。

（5）提升交通基础设施碳汇能力。开展交通基础设施汇碳、固碳作用和能力研究，在公路沿线、枢纽互通区、航道绿地等区域，根据环境条件选择适宜的高碳汇能力绿化植物，提高固碳能力和碳汇水平。

4.9 公共机构领域

4.9.1 公共机构碳排放现状

公共机构是指全部或者部分使用财政性资金的国家机关、事业单位和团体组织。2016

年，国家制定了《"十三五"控制温室气体排放工作方案》，要求推动工业、建筑、交通、公共机构等重点领域节能降耗，并强化宾馆、办公楼、商场等商业和公共建筑低碳化运营管理。

公共机构碳排放总量大，是节能降碳的重要领域。根据《"十四五"公共机构节约能源资源工作规划》，2020 年，全国公共机构约 158.6 万家，能源消费总量 1.64 亿吨标准煤，用水总量 106.97 亿立方米；单位建筑面积能耗 18.48kgce/m^2，人均综合能耗 329.56kgce/人，人均用水量 21.53m^3/人。

站在全球应对气候变化的角度来看，我国公共机构节能降碳地位重要，意义非凡。公共机构处于能源消费端，在碳达峰、碳中和行动中，一方面要推进自身领域节能降碳，有条件的地区 2025 年前实现公共机构碳达峰、全国公共机构碳排放总量 2030 年前尽早达峰；另一方面要利用自身优势，发挥好在系统性变革中的示范引领作用。

4.9.2　内蒙古公共机构领域现状分析与核心问题识别

根据《内蒙古自治区公共机构节约能源资源"十四五"规划》，2020 年，全区公共机构已达 20328 家，占全国的 1.3%；能源消费总量为 273.53 万吨标准煤，占全国的 1.7%；用水总量 9361.06 万立方米，占全国的 0.9%；人均综合能耗 514.3kgce/人，约为全国均值的 156.1%；单位建筑面积能耗 28.99kgce/m^2，约为全国的 156.9%；人均用水量 17.6m^3/人，约为全国的 81.7%。全区 2376 家公共机构创建为节约型机关。区本级单位开展节能改造工程，建成了能耗在线监测系统，实施了光伏、空调、照明系统、保温、老旧管网等改造工程，各盟市"十三五"期间共投入资金约 2 亿多元开展节能改造。

从上述数据可知，全区公共机构节能工作还存在很多亟须解决的问题，如内蒙古自治区的人均综合能耗、单位建筑面积能耗均高出国家平均水平，合同能源管理、合同节水管理等应用较少，管理节能、行为节能、技术节能、市场手段还没有成规模、成系统推进等。面对碳达峰、碳中和的挑战，全区公共机构必将需要充分发挥示范引领作用，进一步加大节能减排工作力度，采取新的管理措施，引进新技术，强化能耗双控。

4.9.3　公共机构减碳路径

4.9.3.1　技术路线

公共机构主要以办公室工作为主，不同于其他工业生产企业，没有工业生产过程，也没有原料排放。其碳排放主要集中于以下三方面：（1）固定设备及运输工具使用煤、石油、天然气等一次能源直接排放；（2）外购电力、热力等二次能源使用所造成的间接排放；（3）运输员工、员工航空出差、废物处理等过程中的其他间接排放。而其中能源活动所造成的二氧化碳直接排放和间接排放远高于其他过程的排放，一般占到全部排放量的 80%以上（图 4-61）。

4.9.3.2　技术路径

公共机构减碳技术路径主要从以下四方面考虑：（1）空调、照明、电器、动力设备等在内的公共机构用能设施减碳；（2）公共机构公务出差等消费减碳；（3）公共机构炊事热水部分的减碳；（4）公共机构办公材料、设施的减碳；五是增加公共机构碳汇。

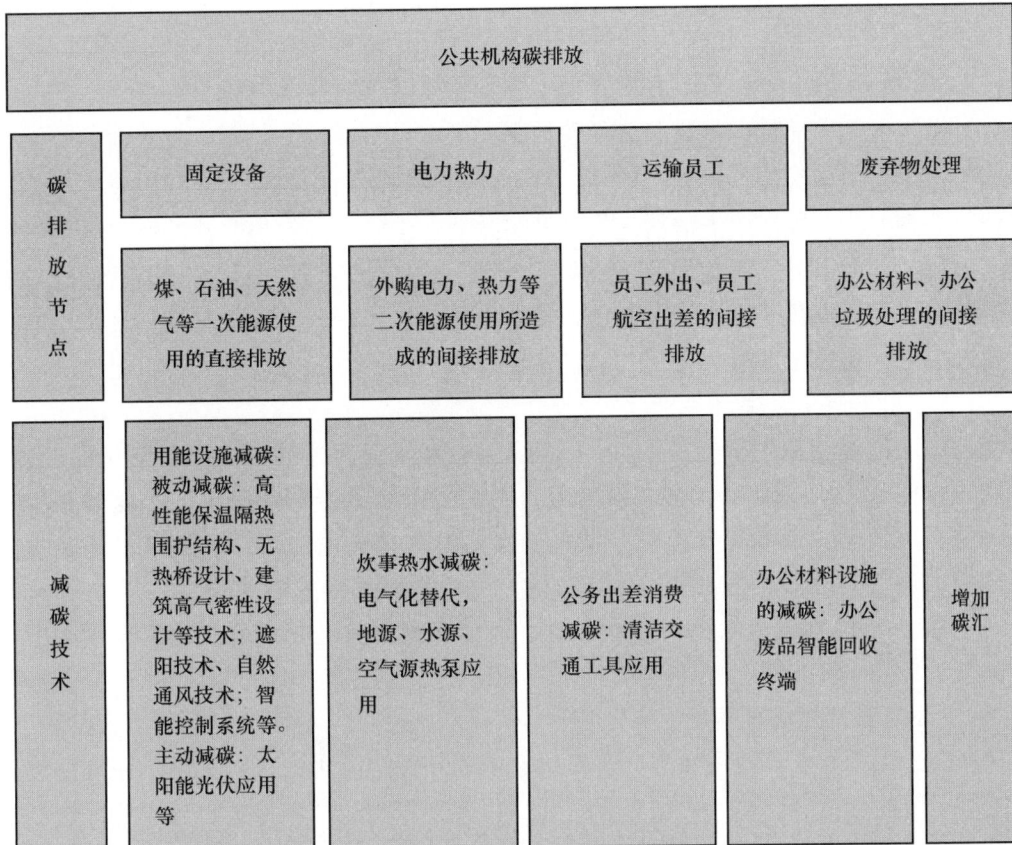

图 4-61　公共机构减碳技术路线图

A　公共机构用能设施减碳

包括被动式减碳和主动减碳两方面。

（1）被动减碳。被动减碳是指提升公共机构建筑物自身的保暖性能等，降低能耗使用，具体减碳技术与建筑施工减碳技术类似，包括通过使用高性能保温隔热围护结构、无热桥设计、建筑高气密性设计等技术，降低供暖负荷；采用遮阳技术、自然通风技术等，降低建筑在供冷季和过渡季的供冷负荷等。公共机构运行时，可采用智能控制系统，对建筑暖通空调、照明系统和遮阳之间联动控制，以充分利用自然通风、自然采光等被动式手段降低建筑的能量需求。

（2）主动减碳。主动减碳是积极推广应用节能降碳新技术、新产品，对中央空调进行节能降碳改造，开展数据中心节能升级，应用高密度集成等高效 IT 设备、液冷等高效制冷系统，推动采用自然冷源等制冷方式，提高建筑能源系统和设备的能效，包括提高新风热回收效率、提升输配系统设备（水泵、风机）的效率、提升建筑冷热源（锅炉、冷水机组）的能效、采用高能效的照明设备等手段来降低建筑物的能源消耗。推进新能源应用，如太阳能光伏应用。

太阳能光伏技术：利用建筑屋顶、立面、车棚顶面等适宜场地空间，安装光电转换效率高的光伏发电设施。有条件的公共机构可试点建设连接光伏发电、储能设备和充放电设施的微网系统，实现高效消纳利用。新建公共机构可采用建筑光伏一体化（BIPV）技术。

B　公共机构炊事热水减碳

炊事热水方面主要推进设施的电气化替代，以电力替代煤、油、气等化石能源直接燃烧和利用，可采用空气源、水源、地源热泵及电锅炉等清洁用能设备替代燃煤、燃油、燃气锅炉，提高办公、生活用能清洁化水平。医院消毒供应、洗衣等蒸汽系统以就近分散电蒸汽发生器替代集中燃气（煤）蒸汽锅炉。制冷系统逐步以电力空调机组替代溴化锂直燃机空调机组，减少直接碳排放。逐步以高效电磁灶具替代燃气、液化石油气灶具，有条件的公共机构可率先建设全电厨房。

C　公务出差消费减碳

优先选用清洁交通工具，例如使用电力、氢燃料的新能源汽车，电气化的船舶等。公务用车方面，加大新能源汽车配备使用力度，使用新能源车辆用于机要通信和相对固定路线的执法执勤、通勤等。提升公共机构新能源汽车充电保障，内部停车场要配建与使用规模相适应、运行需求相匹配的充（换）电设施设备或预留建设安装条件，鼓励内部充（换）电设施设备向社会公众开放。清洁交通工具技术的详细内容见4.8节相关内容。

D　办公材料设施的减碳

提高办公设备和资产使用效率，严格执行节能环保产品优先采购和强制采购制度，带头采购更多节能、低碳、循环再生等绿色产品，优先采购秸秆环保板材等资源综合利用产品。推广建设办公废品的智能回收终端，加强废弃电器电子类资产、废旧家具类资产等循环利用，实现废旧物品循环利用。

智能回收终端：包含玻璃、金属、塑料、纸类、有害等多种分类项目，终端上可安装有GPS定位与温度感知系统、太阳能充电系统等，能实现7×24h不间断供电。当终端智能检测回收物品满足回收标准后，可自动通过人工智能系统通知回收废物。人们可主动进行垃圾的分类投放，终端实现固定回收。

E　增碳汇

发挥植物固碳作用，采用节约型绿化技术，提倡栽植适合本地区气候土壤条件的抗旱、抗病虫害的乡土树木花草，采取见缝插绿、身边添绿、屋顶铺绿等方式，提高单位庭院绿化率。具体可采用碳汇板的新材料，建筑运行减碳技术中有详细描述。

根据《国家重点节能低碳技术推广目录》，公共机构领域减碳技术见表4-64。

表4-64　公共机构领域减碳技术

序号	技术名称	适用范围	主要技术内容	典型技术参数	减排效益
1	热管/蒸气压缩复合制冷技术	通信行业通信、IT、金融等行业以及各部委、科研院所等	在同一设备载体上实现分离式热管技术和蒸气压缩式制冷技术的复合，优势互补，最大限度地利用室外自然冷源，从而达到了节能的目的	2台热管/蒸气压缩制冷复合空调机组，投资300万元	节能379tce/a，减排1001tCO$_2$/a

序号	技术名称	适用范围	主要技术内容	典型技术参数	减排效益
2	通信用240V直流供电系统	通信行业 可应用于工业、通讯、国防、医院、计算机业务终端、网络服务器、网络设备、数据存储设备等各个领域的数据机房中向服务器等通信设备供电	电源模块关键参数大幅提高，功率从单模块6kW发展到15kW，体积功率密度从原0.877W/cm³提高到1.693W/cm³；重量功率密度从原1090.9W/kg提高到1621.62W/kg	1350kW通信用240V直流供电系统，投资120万元	节能22tce/a，减排572tCO$_2$/a
3	基站载频设备智能节电技术	通信行业 电信行业移动通信领域	实时监控无线基站载频在不同时段话务负荷的变化，动态关断/开启空闲载频的功率放大器，或动态调整载频功率放大器的静态功耗，从而降低整体能耗	6.6万个基站载频升级智能节电功能，投资660万元	节能888tce/a，减排2344tCO$_2$/a
4	通信用耐高温型阀控式密封电池节能技术	通信行业 通信	采用耐腐蚀的新型铅锡钙三元合金工程技术和独创的ABS材料技术。攻克了阀控密封电池对温度敏感的难题，额定工作温度提高到35℃，适用于传统及户外基站的升温节能	房屋面积18m²，实际负载约17.7A，信号覆盖半径500~800m，投资1.8万元	节能1.4tce/a，减排4tCO$_2$/a
5	数据中心机房供冷技术之一：分布式热管冷却技术	通信行业 数据中心、信息机房冷却系统	根据所在地区气候特点，室外尽可能采用"自然冷源"，或"自然冷源+主动制冷"的方式，室内通过热管工质的气液相变循环，把信息机房内热量带到室外的排热。实现降低机房环控能耗、无局部热区、智能动态按需供冷、模块化建设、动态扩容，并有效提高机房单位面积装机率	550m²数据机房加装水冷系统，投资104万元	节能122tce/a，减排285tCO$_2$/a
6	数据中心机房供冷技术之二：全密闭动态均衡送风供冷节能技术	通信行业 各类数据中心（IDC）、机房	采用气流密闭循环技术，实现数据中心的二维动态送风，智能导流；按需精细送风，大幅提高机房供冷效率	60m²数据机房，空调总功率53.2kW，投资73万元	节能89tce/a，减排172tCO$_2$/a
7	服务器芯片液体冷却节能技术	通信行业 数据中心信息机房	在服务器芯片上加装水冷板，利用液体取代空气来对服务器的芯片进行冷却，主板上的其他发热元器件通过风扇进行散热，高效准确制冷，减少了机房空调的数量。35℃的供水温度即可满足制冷需求，能实现全年自然冷却	200m²数据机房，1000个计算节点，总功率700kW，投资1000万元	节能1727tce/a，减排3765tCO$_2$/a

序号	技术名称	适用范围	主要技术内容	典型技术参数	减排效益
8	电子设备液冷导热节能技术	通信行业 政府、通信运营商、IDC企业、互联网、金融、公安、电力等行业数据中心	采用热管散热技术和水冷散热技术相结合，将热管冷板模块与服务器耦合形成芯片级制冷，将服务器高热流密度产生的热量导出到服务器机箱外，然后通过液冷内外循环系统将热量传递至冷却塔散热。该技术无需空调压缩机，PUE值大幅降低，有效实现数据中心的节能	14个业务机架、单机架功率6kW，投资1050万元	节能188tce/a，减排442tCO₂/a
9	基于SDR集群专网通信系统节能技术	通信行业 无线专网通信系统领域；包括2G/3G/4G集群产品、2+4宽窄带融合集群产品、应急通信/便携通信产品	采用数字中频多载波合路技术减少功率放大器的使用数量，采用限制峰值功率和数字预失真对消技术提高功率放大器效率，从而整体降低基站功率放大器的能耗。同时，光纤传输和紧凑的硬件结构使得设备可适应室外安装和自然散热，减少机房面积和空调能耗，进一步实现节能	807个基站，投资12000万元	节能1895tce/a，减排4440tCO₂/a
10	餐厨垃圾就地快速处理及油水高效分离节能技术	其他行业 就餐人员集中的国家机关、企业、学校、医院等企事业单位的餐饮场所	该技术采用非加热的物理水分离技术，高效去除油污水中的动植物油，与传统加热重力分离法相比，能明显降低电耗；核心设备铁胃吞食机采用纯物理技术，大大缩短处理时间，实现餐厨垃圾减量化，有效降低处理过程中的电耗。副产品可实现资源优化利用，设备可以长期高效稳定运行	设备7台，每台日额定处理量150kg。厨余油污水专业分离机6台，每台处理量10t/h，投资1510万元	节能368tce/a，减排863tCO₂/a。

4.9.4　公共机构领域减碳技术研究结论与政策建议

4.9.4.1　研究结论

（1）内蒙古自治区公共机构的人均综合能耗约为全国均值的156.1%、单位建筑面积能耗约为全国的156.9%，均高出国家平均水平。合同能源管理、合同节水管理等应用较少，管理节能、行为节能、技术节能、市场手段还没有成规模、成系统推进。

（2）公共机构的碳排放主要集中在固定设备及运输工具使用煤、石油、天然气等一次能源直接排放；外购电力、热力等二次能源使用所造成的间接排放；运输员工、员工航空出差、废物处理等过程中的其他间接排放。其中，能源活动所造成的二氧化碳直接排放和间接排放远高于其他过程的排放，一般占到全部排放量的80%以上。

（3）公共机构碳减排技术路径主要从以下四方面考虑，一是空调、照明、电器、动力设备等在内的公共机构用能设施减碳；二是公共机构公务出差等消费减碳；三是公共机构炊事热水部分的减碳；四是公共机构办公材料、设施的减碳；五是增加公共机构碳汇。

4.9.4.2 主要建议

（1）严格控制公共机构新建建筑，合理配置办公用房资源，推进节约集约使用；全面实施公共机构的节能改造，强化绿色建筑创建，将单位建筑面积碳排放量纳入公共机构节约能源资源工作规划和考核体系。

（2）优先将绿色建筑、绿色建材、低碳产品纳入政府采纳目录，严格执行节能环保产品优先采购和强制采购制度，公共机构要率先采购秸秆环保板材等资源综合利用产品。

（3）因地制宜地推广使用光伏发电与建筑一体化应用，充分利用建筑屋顶、立面、车棚顶面等适宜场地空间，安装光电转换效率高的光伏发电设施。有条件的公共机构可建设连接光伏发电、储能设备和充放电设施的微网系统，实现高效消纳利用。

（4）建设智慧监控、能耗预警系统，优化空调、电梯、照明等用能设备控制策略，有条件的公共机构可集成整合楼宇自控、能耗监管、分布式发电等系统，实现各系统之间数据互联互通，打造智能建筑管控系统，实现数字化、智能化的能源管理。

（5）推动炊事、供热设施实施电气化替代，因地制宜采用空气源、水源、地源热泵等清洁用能设备替代燃煤、燃油、燃气锅炉；医院蒸汽系统以就近分散电蒸汽发生器替代集中燃气（煤）蒸汽锅炉。呼和浩特市、乌兰察布市等地云计算中心推广应用高密度集成等高效 IT 设备、液冷等高效制冷系统，因地制宜采用自然冷源等制冷方式。

（6）采用节约型绿化技术，采取见缝插绿、身边添绿、屋顶铺绿等方式，发挥植物固碳作用，提升公共机构碳汇。

（7）推动新能源用车在公共机构的使用，新增执勤、通勤等公务用车优先配备新能源汽车，提升公共机构新能源汽车充电保障。

（8）培育干部职工绿色低碳生活方式，倡导低碳出行、低碳办公理念；公共机构食堂用餐厉行节约、杜绝浪费；全面实施生活垃圾分类示范，干部职工在社区带头开展生活垃圾分类志愿服务。

5 内蒙古非二氧化碳控制技术路径研究

非二氧化碳温室气体是指《京都议定书》下，除二氧化碳外的其他温室气体种类，包括甲烷（CH_4）、氧化亚氮（N_2O）、氢氟碳化物（HFCs）、全氟化碳（PFCs）、六氟化硫（SF_6）等气体。我国是非二氧化碳排放最多的国家，占到温室气体总排放量的17%左右，主要包括甲烷（CH_4）、氧化亚氮和含氟气体。根据有关统计，内蒙古主要非二氧化碳温室气体包括甲烷（CH_4）、氧化亚氮（N_2O）及含氟气体（HFCs）三种温室气体，主要排放源为能源、工业、农业和废物处理四大领域。内蒙古从2006年采取了一系列的政策措施控制非二氧化碳，大力推进应用和开发非二氧化碳减排技术，但仍然存在行业技术应用普及度不高、应用技术水平较低、技术研发投入和推广力度不足等问题。本部分主要基于总结国家非二氧化碳技术应用的政策为基础，根据自治区非二氧化碳排放现状和技术实践基础，提出自治区重点领域非二氧化碳减排技术路径。

5.1 非二氧化碳控制的重要性

当今环境问题中的全球变暖和臭氧层损耗导致地球表面紫外线辐射大大增强，已经引起了国际学术界的广泛关注，谈到温室气体，首先会想到二氧化碳，全球变暖的原因之一是 CO_2 气体的浓度不断增加。同时，全球温室气体排放实际上还包括相当一部分的其他气体，例如 CH_4（甲烷）和 N_2O（一氧化二氮）。

根据1997年的《京都议定书》，温室气体除了二氧化碳，还包括甲烷（CH_4）、氧化亚氮（N_2O，一氧化二氮）、氢氟碳化物（HFCs）、全氟化碳（PFCs）、六氟化硫（SF_6）等气体，这些气体相比二氧化碳具有更强的温室效应（具体增温潜势见表5-1）。联合国政府间气候变化专门委员会（IPCC）第五次报告指出，工业革命以来，约有35%的温室气体辐射源自非二氧化碳温室气体排放。长期以来，非二氧化碳温室气体（除甲烷外）的排放多与能源消费有直接关系，是工业化、城市化和农业现代化的结果，因此在气候变化的总体战略中加强控制这些气体的排放显得越来越重要。根据 EPA（美国环境保护局）的数据，2010年中国排放的非二氧化碳温室气体占全球该类气体的比重最高（13.6%），其次是美国（9.84%），然后是印度（8.59%）、巴西（6.12%）、俄罗斯（5.54%）。非 CO_2 温室气体的存续时间长、全球增暖潜势大，对地球环境的负面影响较大。

表5-1 政府间气候变化专门委员会第四次评估报告给出的全球变暖潜势值

温室气体	IPCC 第四次评估报告值
二氧化碳（CO_2）	1
甲烷（CH_4）	25

续表 5-1

温室气体		IPCC 第四次评估报告值
氧化亚氮（N_2O）		298
氢氟碳化物（HFCs）	HFC-23	14800
	HFC-32	675
	HFC-125	3500
	HFC-134a	1430
	HFC-143a	4470
	HFC-152a	124
	HFC-227ea	3220
	HFC-236fa	9810
	HFC-245fa	1030
全氟化碳（PFCs）	CF_4	7390
	C_2F_6	9200
六氟化硫（SF_6）		22800

我国非二氧化碳排放减排面临多重国际压力，目前已经生效的《〈关于消耗臭氧层物质的蒙特利尔议定书〉基加利修正案》和《中国受控消耗臭氧层物质清单》，我国将逐步削减氢氟碳化物（HFCs）的生产和使用。同时，非二氧化碳与大气环境质量密切相关。甲烷是对流层臭氧的前体物，也能引起城市烟雾空气污染。此外，非二氧化碳对人体健康威胁也比较大，主要源自柴油发电机尾气、低效率炉灶、煤矿瓦斯泄漏以及固体废物中的甲烷排放等。非二氧化碳排放减排对于改善我国大气环境质量，保障人民身体健康将有正向积极作用。

目前，中国已经颁布了循环经济促进法、清洁生产促进法，开展大气污染防治行动计划等一系列举措，但仍然存在以下问题：（1）从认识上，将二氧化碳等同于温室气体，将二氧化碳减排等同于温室气体减排，国家减缓行动计划主要针对二氧化碳减排。然而，非二氧化碳具有导致气候变化和污染大气环境质量的双重效应，对经济、环境、社会的影响甚至更大，如何理顺管理体制，走出认识误区，是非二氧化碳温室气体减排面临的最大挑战。（2）政策上，非二氧化碳减排缺乏法律地位，减排行动缺乏目标和驱动力。目前国内现有的非二氧化碳减排控制措施，更多是通过国际碳交易模式下的市场机制来实现，受气候变化国际谈判走势的影响较大，相关政策措施的不确定性较高。（3）资金缺位、减排技术储备不足。整体来看，我国针对非二氧化碳减排的统计监测体系尚有待完善，行业间对非二氧化碳减排的技术创新不足。

5.2　甲烷减排路径设计

5.2.1　我国甲烷减排技术政策总结

2008 年中国原国家质量监督检验检疫总局同原环境保护部共同发布并实施《煤层气（煤矿瓦斯）排放标准》，2012 年中国发布了《石油天然气开采业污染防治技术政策》，分别针对油气行业和煤层气行业提出部分有关于甲烷排放的参考性指导和浓度标准。2019~2020 年生态环境部已经在多个场合表示将出台控制非二氧化碳温室气体特别是甲烷的政策动向。"十四五"规划将甲烷纳入温室气体控排范围，成为长期国家气候战略的重要窗口期。2021 年中共中央、国务院发布的《关于完整准确全面贯彻新发展理念做好碳达峰碳中和工作的意见》《关于深入打好污染防治攻坚战的意见》均提出加强甲烷等非二氧化碳温室气体排放管控。2021 年 11 月 25 日，生态环境部例行新闻发布会提出目前我国甲烷行动计划主要有开展甲烷排放控制研究，推动出台中国甲烷排放控制行动方案，加强重点领域甲烷排放的监测、核算、报告和核查体系建设，鼓励先行先试，加强国际合作等五个方面的安排和打算。我国甲烷相关技术政策如表 5-2 所示。

表 5-2　我国甲烷相关技术政策

时间	相关政策
2008 年 4 月	原国家质量监督检验检疫总局同原环境保护部共同发布并实施《煤层气（煤矿瓦斯）排放标准》，对煤层气行业提出部分有关于甲烷排放的参考性指导和浓度标准
2012 年 3 月	发布《石油天然气开采业污染防治技术政策》，对油气行业提出部分有关于甲烷排放的参考性指导和浓度标准
2012 年 1 月	国务院印发《"十二五"控制温室气体排放工作方案》，通过改良作物品种、改进种植技术，努力控制农业领域温室气体排放；加强畜牧业和城市废物处理和综合利用，控制甲烷等温室气体排放增长
2017 年 2 月	国家发展改革委与农业部联合印发《全国农村沼气发展"十三五"规划》，解决大规模畜禽养殖场粪污处理和资源化利用问题
2019 年 6 月	全国低碳日活动中首次召开了甲烷减排与监测专题研讨会。生态环境部应对气候变化司副司长蒋兆理在会上表示，有效控制甲烷排放对协同控制空气污染和应对气候变化具有重要的作用，以甲烷为主的非二氧化碳控制将作为生态环境部应对气候变化司的工作重点，未来的两到三年是推动甲烷减排工作的关键年份
2019 年 10 月	生态环境部发布"关于进一步加强石油天然气行业环境影响评价管理的通知"，提出加强油气行业甲烷及挥发性有机物的泄漏检测
2019 年 12 月	在第二十五届联合国气候大会上，中国政府在中国角举办"非二氧化碳温室气体排放控制国际经验与中国实践"边会。中国代表团团长、生态环境部副部长赵英民表示，非二氧化碳温室气体具有减排成本低、响应速度快、协同效益明显的特点，减少甲烷排放是控制气候变化的有效手段。这是中国气候变化负责人首次在国际场合阐述控制包括甲烷在内的非二氧化碳温室气体的重要意义
2020 年 1 月	"2020 中国甲烷论坛"在北京召开，生态环境部应对气候变化司司长李高在会上表示，中国非常重视甲烷的减排和利用工作。李高指出，"十四五"是我国控制温室气体排放的关键期，中国将进一步加强包括甲烷在内的非二氧化碳温室气体排放控制，更好地利用市场机制进一步推动甲烷的减排工作

续表 5-2

时间	相关政策
2020 年 11 月	生态环境部、国家发展和改革委员会、国家能源局联合发布了《关于进一步加强煤炭资源开发环境影响评价管理的通知》，首次提出对温室气体排放的管控。通知提出，"提高煤矿瓦斯利用率，控制温室气体排放……甲烷体积浓度大于等于8%的抽采瓦斯，在确保安全的前提下，应进行综合利用。鼓励对甲烷体积浓度在2%（含）至8%的抽采瓦斯以及乏风瓦斯，探索开展综合利用。"
2021 年 3 月 12 日	《中华人民共和国国民经济和社会发展第十四个五年规划和2035年远景目标纲要》提出，要加大甲烷、氢氟碳化物、全氟化碳等其他温室气体管控力度，"十四五"期间，中国将采取进一步的措施，结合相关规划和政策的制定和落实，推动开展中国控制甲烷排放行动
2021 年 4 月 22 日	习近平主席出席领导人气候峰会时提出，中国将加强对非二氧化碳排放的管控
2021 年 10 月 24 日	《中共中央国务院关于完整准确全面贯彻新发展理念做好碳达峰碳中和工作的意见》提出加强甲烷等非二氧化碳温室气体管控
2021 年 11 月 2 日	《中共中央、国务院关于深入打好污染防治攻坚战的意见》提出加强甲烷等非二氧化碳温室气体排放管控
2021 年 11 月 11 日	中华人民共和国生态环境部发布了《中美关于在21世纪20年代强化气候行动的格拉斯哥联合宣言》（下称《宣言》），《宣言》中提到，中美双方认为加大行动控制和减少甲烷排放是21世纪20年代的必要事项。中美计划在2022年上半年共同召开会议，聚焦强化甲烷测量和减排具体事宜，包括通过标准减少来自化石能源和废物行业的甲烷排放，以及通过激励措施和项目减少农业甲烷排放。《宣言》中还提到，中方计划在其近期通报的国家自主贡献之外，制定一份全面、有力度的甲烷国家行动计划，争取在21世纪20年代取得控制和减少甲烷排放的显著效果
2021 年 11 月 25 日	生态环境部应对气候变化司副司长陆新明在生态环境部例行新闻发布会上表示，目前我国甲烷行动计划主要有五个方面的安排和打算：一是开展甲烷排放控制研究；二是推动出台中国甲烷排放控制行动方案；三是加强重点领域甲烷排放的监测、核算、报告和核查体系建设；四是鼓励先行先试；五是加强国际合作

"十四五"是我国控制温室气体排放的关键期，环境部应对气候变化司将进一步加强包括甲烷在内的非二氧化碳的温室气体排放的控制，采取一系列的行动，开展包括修订煤层气、煤矿瓦斯的排放标准，强化标准的执行等一系列工作，并将加强污水处理和垃圾填埋的甲烷排放控制和回收利用，还要进一步修订温室气体资源减排机制资源管理办法和相关方法学，更好地利用市场机制进一步推动甲烷的减排工作，同时，还将积极地推动甲烷减排相关的气候投融资的工作，推动更多资金投向这个领域。

（1）煤层气减排关键技术。煤炭行业是中国人为甲烷气体排放量占比最高的行业。根据最新的国家温室气体清单数据，中国煤炭开采导致的甲烷排放占中国人为甲烷排放总量的38%，约为2100万吨。中国煤炭领域来说，煤矿瓦斯的治理主要是以煤矿安全为主，经过瓦斯治理政策以及技术等各方面的投入，目前瓦斯治理水平逐渐提高，煤矿的安全水平也得到了巨大的进步。煤矿瓦斯治理及利用的难点主要集中在乏风瓦斯（甲烷浓度在0.5%～1%之间）以及废弃矿井的瓦斯抽采上。

为实现甲烷限制减排，优先关注煤炭开采和矿后活动、油气系统甲烷逃逸。对于煤炭开采和矿后活动，应加强煤层气开采、瓦斯利用，减少甲烷逃逸。重点推广煤层气抽采地面远距离自动控制钻进、煤矿井下大功率定向钻进技术与装备、煤矿井下水力压裂控制技术与装备、低浓度煤层气发电、低浓度煤层气浓缩利用等先进适用技术。重点研究废弃煤矿瓦斯治理和利用、关闭矿井瓦斯逸散控制技术，推进油气生产、处理和储运全系统甲烷泄露检测和甲烷回收利用。

目前煤矿甲烷减排关键技术有：

1) 高浓度瓦斯减排技术。煤矿瓦斯发电、民用燃气和汽车燃料是高浓度瓦斯（一般体积分数≥30%）的主要利用领域，具有较高的技术成熟度，也能获得较好的经济效益，成为促进我国煤矿甲烷减排最有价值的瓦斯利用技术。作为利用方式的延伸，低浓度瓦斯压缩提纯液化也是具有减排潜力的甲烷减排途径之一。

2) 低浓度瓦斯减排技术。对于低浓度瓦斯（一般指体积分数在5%~30%），主要减排途径为发电。由于低浓度瓦斯处于瓦斯的爆炸范围5%~16%，所以低浓度瓦斯面临的技术难题是防止在输送和利用过程中瓦斯爆炸事故的发生。在低浓度瓦斯输送技术中的安全问题得到解决之后，经过大规模应用过程中的经验积累，低浓度瓦斯发电技术也逐步发展成为一种成熟度较高的低浓度瓦斯利用技术。低浓度瓦斯提纯技术的重点和难点在于经济高效地实现 CH_4/N_2 的分离，目前普遍使用的技术为变压吸附技术。

3) 通风瓦斯减排技术。通风瓦斯体积分数一般在0.75%以下，具有排放量大、浓度稀薄、利用难度大等特点，有效的通风瓦斯利用技术成为我国煤矿甲烷控排过程中需要重点突破的关键技术。国内外通风瓦斯利用方式可以分为两大类：一类是作为主燃料利用方式，采用逆流式热氧化和逆流式催化氧化技术2种技术；另一类是作为辅助燃料利用方式，采用混合燃烧技术。目前具有较大发展前景的技术之一为双向蓄热式氧化技术。

(2) 农业活动甲烷减排关键技术。农业活动甲烷排放呈多而散的状态。从技术进步的角度推动农业活动甲烷减排，主要推广应用调整反刍类动物饲料结构、推广合适的稻田灌溉方式和土壤水分状况调整技术。对于动物粪便管理则与固体废物处理类似，加强沼气回收利用。"十四五"时期农业活动控制甲烷技术推荐如表5-3所示。

表5-3　"十四五"时期农业活动控制甲烷技术推荐

技术名称	使用范围	技术内容
反刍动物肠道甲烷减排技术	动物肠道发酵减排	该技术模式通过调控日粮营养结构、优化饲料品种、改善粗饲料品质、合理使用饲料添加剂，降低反刍动物肠道甲烷排放，提高畜牧业生产效益
畜禽粪便管理温室气体减排技术	动物粪便管理	该技术模式采取粪污干湿分离、固体粪便覆膜好氧堆肥、液体粪污密闭贮存发酵、粪肥深施还田等，减少甲烷和氧化亚氮的直接排放，大幅降低氨气导致的氧化亚氮间接排放，还能替代化肥使用，提高土壤有机质。畜禽养殖温室气体减排可以通过优化饲料配比、使用新型饲料、改善粪便处理技术、科学设计和搭建畜舍等方式实现。例如，将秸秆氨化处理后再投喂，可以减少黄牛16%~30%甲烷排放；而使用多功能舔砖，不但可提高黄牛日增重量，还可减少10%~40%的甲烷排放；与水冲清粪和水泡粪相比，人工干清粪可减少甲烷排放50%以上
农村沼气综合利用技术	农田废物田间排放控排	该技术模式采用厌氧发酵处理，产生的沼气用于集中供气、发电上网、提纯制备生物天然气，产生的沼渣沼液进行综合利用，为农村地区提供绿色清洁能源，替代化石能源消耗，减少化肥施用，增加土壤有机质，实现减污降碳协同增效

（3）废物处理甲烷减排关键技术。目前，虽然有一些垃圾填埋场和污水处理厂已经开始进行甲烷气体的收集利用，但尚未覆盖所有，还会继续加强对固体废物处理和污水处理厂甲烷回收利用，减少甲烷排放。

其中，固体废物处理方面。重点在加强沼气回收利用，推动垃圾分类和垃圾减量化。垃圾处理技术方面，城市生活垃圾填埋处理，其中的有机物会发生厌氧反应，产生大量甲烷。人工减少甲烷的主要技术措施包括：一是垃圾的分类处理和填埋，充分利用有机垃圾产生的甲烷作为燃料或发电；二是改善填埋场设施，降低填埋场湿度以抑制甲烷的产生；三是筛选环境适应性强的甲烷氧化菌并接种于填埋场，促进甲烷的氧化；四是将填埋构造由厌氧型改为半好氧型或渗沥液回灌的半好氧型。

废水处理方面，甲烷主要在有机物的去除过程中产生，主要发生在氧化还原电位较低的区域（缺氧区或厌氧区），经过发酵产酸菌、产氢产乙酸菌和产甲烷菌等一系列微生物依次作用，复杂有机物最终被氧化成甲烷和二氧化碳。虽然国家对废水排放的要求日趋严格，但我国水环境质量现状依然十分严峻，氮污染排放呈现浓度增高、排放量增大的趋势，同时由于能源日益紧缺，污染治理过程中的能耗问题逐渐被重视起来。微生物燃料电池（microbial fuel cell，MFC）是一种以产电微生物为催化剂，通过生物降解作用将存储在污染物中的化学能直接转化为电能的装置，将其应用于脱氮过程当中，可以在高效去除废水中氮元素的同时回收电能，提供了一条新的污水治理思路。

5.2.2 内蒙古甲烷排放现状及减排技术基础

5.2.2.1 内蒙古甲烷排放现状

二氧化碳对大气的温室作用会持续几百年，甲烷作为重要温室气体，短期增温效应是二氧化碳的80多倍（长期增温效应是34倍），占全球短期效应的温室气体排放总量的25%（长期效应温室气体总量的8%）。甲烷由人类活动（如天然气系统泄漏和牲畜饲养）以及湿地等自然资源排放。它作为对流层臭氧形成的重要前兆，对气候有直接影响，也对人类健康、作物产量以及植被的质量和生产力产生一些间接影响。

内蒙古甲烷主要来源于能源活动、农业活动和废物处理三大领域，其中能源活动甲烷排放占甲烷排放总量的55%，是最主要的甲烷排放领域，主要集中在地下井工开采、露天开采、矿后开采、移动源排放和生物质（秸秆、薪柴、动物粪便等）燃烧等；农业活动和废物处理产生的甲烷排放主要集中在稻田、动物肠道发酵和动物粪便管理排放。

5.2.2.2 内蒙古甲烷控制技术基础

A 煤层气开采

自治区煤层气资源勘探程度总体较低，现已查明高瓦斯矿区的煤层气资源量为2600亿立方米，预测储量5000亿立方米，主要分布于古拉本、呼鲁斯太、乌达、桌子山、棋盘井和石拐等矿区。主要实施技术也只有近距离高瓦斯煤层群开采立体瓦斯治理技术、煤层瓦斯抽采技术、本煤层羽状预抽瓦斯技术等。自治区的煤层气开采综合利用在2009年起步，当时的抽采煤层气约3200万立方米/a。主要实施技术如表5-4所示。

表 5-4　内蒙古煤层气综合利用应用实例

技术名称	实施主体
近距离高瓦斯煤层群开采立体瓦斯治理技术	神华乌海能源公司五虎山、平沟煤矿瓦斯发电厂项目
煤层瓦斯抽采技术	内蒙古太西煤集团松树滩煤矿一期 3×500kW 瓦斯发电厂项目
	石拐区煤层气（煤矿瓦斯）抽采综合利用示范项目
本煤层羽状预抽瓦斯技术	乌海矿务局苏海图煤矿

B　农业活动甲烷排放

关于禽畜粪便资源化利用，自治区从 2017 年开始逐步重视，加快推进畜禽粪污资源化利用工作，推广各项技术模式。从源头减量、过程控制、末端治理三个阶段有针对性的推广有关技术模式，并根据自治区东西部养殖类型和气候特点，分区域推广粪污全量收集还田利用、污水肥料化利用、粪污专业化能源利用、粪便垫料回用、异位发酵床等粪污综合利用模式。内蒙古畜禽粪污资源化利用主推通用技术模式及分区域推广模式如表 5-5 和表 5-6 所示。

表 5-5　内蒙古畜禽粪污资源化利用主推通用技术模式

技术模式	模式内容
源头减量	推广使用微生物制剂、酶制剂等饲料添加剂和低氮低磷低矿物质饲料配方，提高饲料转化效率，促进兽药和铜、锌饲料添加剂减量使用，降低养殖业排放。推动生猪、奶牛规模养殖场改水冲粪为干清粪，采用节水型饮水器或饮水分流装置，实行雨污分离、回收污水循环清粪等有效措施，从源头上控制养殖污水产生量
过程控制	规模养殖场根据土地承载能力确定适宜养殖规模，建设粪污处理设施，使用堆肥发酵菌剂、粪水处理菌剂和臭气控制菌剂等，加速粪污无害化处理过程，减少氮磷和臭气排放
末端利用	肉牛、羊和家禽等以固体粪便为主的规模化养殖场，鼓励进行固体粪便堆肥或建立集中处理中心生产商品有机肥；生猪和奶牛等规模化养殖场鼓励采用粪污全量收集还田利用和"固体粪便堆肥+污水肥料化利用"等技术模式，推广快速低排放的固体粪便堆肥技术和水肥一体化施用技术，促进畜禽粪污就近就地还田利用

表 5-6　内蒙古畜禽粪污资源化利用分区域推广模式

技术模式	模式内容
粪污全量收集还田利用	对于养殖密集区或大型规模养殖场，依托专业化粪污处理利用企业，集中收集并通过氧化塘贮存对粪污进行无害化处理，在作物收割后或播种前利用专业化施肥机械施用到农田，减少化肥施用量
污水肥料化利用	对于有配套农田的规模养殖场，养殖污水通过氧化塘贮存或沼气工程进行无害化处理，在作物收获后或播种前作为底肥施用

技术模式	模式内容
粪污专业化能源利用	依托大规模养殖场或第三方粪污处理企业,对一定区域内的粪污进行集中收集,通过大型沼气工程或生物天然气工程,沼气发电上网或提纯生物天然气,沼渣生产有机肥,沼液通过农田利用或浓缩使用
粪便垫料回用	规模奶牛场粪污进行固液分离,固体粪便经过高温快速发酵和杀菌处理后作为牛床垫料,养殖污水进行厌氧、好氧深度处理,达标排放或消毒回用
异位发酵床	粪污通过漏缝地板进入底层或转移到舍外,利用垫料和微生物菌进行发酵分解

C 废物处理

自治区垃圾处理控制甲烷排放方面,在自治区"十三五"应对气候变化规划中,就提到要加强垃圾渗滤液处理处置、填埋场甲烷利用和恶臭处理,积极控制处理过程中的甲烷排放。在实际的垃圾填埋场控制甲烷排放中,只有垃圾填埋气燃烧甲烷利用技术的应用。内蒙古已实施的废物处理技术应用实例如表5-7所示。

表 5-7 内蒙古已实施的废物处理技术应用实例

技术名称	实施主体(项目)	主要内容
垃圾填埋气燃烧	内蒙古毓洁环保科技有限公司矿区环境综合治理与开发利用项目,建设地址乌海市海南区乌海能源公司公乌素露天煤矿一采区东帮采剥坑	填埋气体经导气石笼导出后排放,设置甲烷监测设备,后期当甲烷浓度增长到5%时配置自动点火设施
垃圾填埋气燃烧发电	内蒙古包头市环卫产业有限责任公司包头市生活垃圾填埋场填埋气处理工程项目	开展了垃圾填埋气无害化、资源化处置研究,开发了相应的填埋气焚烧、发电关键技术,实现了相应环保设备的国产化,为治理填埋气无序排放、实现垃圾填埋气无害化资源化处置提供技术和设备支持,实现垃圾填埋作业的节能减排。可应用于垃圾填埋场,污水污泥处理厂,煤矿瓦斯治理以及石油炼厂和化工厂的废气焚烧处理

5.2.2.3 内蒙古甲烷控制存在的问题

内蒙古甲烷控制存在的问题具体如下:

(1)缺少顶层设计。需进一步完善相关政策体系,有针对性、有计划、有步骤的部署控制甲烷排放,加大鼓励相关技术的研发和推广,出台相应标准,做好顶层设计。

(2)技术应用水平低,导致自治区煤层气资源动用率低、产能转化率低、有气难产出等问题。

(3)垃圾填埋气回收利用只在起步阶段,需进一步建设示范试点,以点带面地提高垃圾填埋气的综合利用。

5.2.3 甲烷排放控制技术路径建议

5.2.3.1 煤矿甲烷排放控制技术路径

煤矿甲烷减排需在"绿色发展、统筹协调、多措并举、支撑保障"的减排原则指导下，遵循"技术-经济-政策"协同发展的总体路径。具体路径主要包括以下 4 个方面：

（1）源头治理。大力推广应用智能化抽采等煤矿瓦斯精准抽采技术，突破软煤层塌孔和废弃煤矿瓦斯开发等技术瓶颈，提升抽采瓦斯体积分数，从源头上减少煤矿瓦斯的排放。

（2）技术支撑。加大技术与经济可行的煤矿瓦斯利用关键技术突破，降低利用成本，为煤矿瓦斯减排提供技术支撑和保证。

（3）分质利用。针对不同体积分数的煤矿瓦斯，结合煤矿瓦斯利用的各项技术使用条件，积极开展民用燃气、工业锅炉、煤矿瓦斯发电、瓦斯提纯利用、氧化供热等煤矿瓦斯多元化综合利用。

（4）监测核算。鼓励相关部门和企业，开展煤矿瓦斯监测技术和核算方法研究。有序推进煤矿瓦斯监测试点项目建设，发挥示范项目引领推动作用。

5.2.3.2 废物处理甲烷排放控制技术路径

废物处理甲烷排放控制技术路径具体如下：

（1）普及垃圾分类，提高民众垃圾分类水平。优化与完善回收技术已经成为各企业生存和发展的基石，推广垃圾分类回收新技术：无线射频识别（RFID）技术追踪、垃圾付费方法、回收桶的战略性安放技术与垃圾气化可变废为宝技术。

（2）增强低排放、少污染的垃圾处理工艺应用。推广焚烧处理，借鉴国外的先进技术设备，降低焚烧厂的成本和有害物质的排放。逐步推广生物反应器填埋技术、好氧填埋技术、准好氧填埋技术、循环式准好氧填埋技术等垃圾填埋技术。对生活垃圾等进行再利用转换将会从经济效益和可持续发展的角度对温室气体减排起到很大的帮助。通过填埋沼气再利用和垃圾焚烧发电等方式也可以有效地实现节能减排。

（3）强化污水处理好氧工艺，加强厌氧环节甲烷回收。从污水源头减量、处理工艺优化和甲烷回收利用等进行管控，工业污水处理厂通过厌氧反应器的实施可以有效地收集处理过程中释放的甲烷；通过具有甲烷回收和处理的厌氧系统代替废水和污泥氧化处理系统可以直接地降低甲烷排放量。针对排放密集区域进行重点减排政策的制定和实施，加强污水处理厂运营管理，提高活性污泥法、普通活性污泥法、高浓度活性污泥法、接触稳定法、氧化沟、SBR、生物膜法、两段好氧生物处理工艺、A/O 工艺、A_2/O 工艺、A/O_2 工艺工程实践比例，加强厌氧环节甲烷回收再利用。

5.2.3.3 甲烷控制政策建议

对于甲烷控制政策建议如下：

（1）加强顶层设计。将非二氧化碳温室气体管控作为应对气候变化规划和控制温室气体排放政策的重要组成部分，加强与产业政策的协调，研究制定非二氧化碳温室气体管控方案，实施控制甲烷排放行动，明确甲烷减排的阶段性行动目标和具体的措施。

（2）推动低浓度甲烷综合利用。设立重大示范工程，鼓励和支持低浓度甲烷开发利用，补齐甲烷全浓度利用短板，减少资源能源浪费。

5.3 氧化亚氮减排路径设计

5.3.1 我国氧化亚氮减排技术政策总结

国家在减排甲烷的同时也将氧化亚氮纳入减排政策中，加强氧化亚氮的减排。

（1）农田氧化亚氮减排关键技术。 农用土壤排放氧化亚氮所占比例较大，虽然无法快速减排，但还是可通过人为途径降低氧化亚氮排放。农用土壤排放主要通过减少氮肥施用、优化施肥方式、改进肥料种类、提高水肥耦合等，在增加作物产量的同时，有效减少氧化亚氮排放，提升氮肥利用率，降低肥料投入成本，实现增产与减排协同。通过施肥模式优化以及新型肥料和抑制剂（如缓控释肥、硝化抑制剂）的使用，可减少农田氧化亚氮排放达 50%。通过科学制定施肥和农药、农膜等使用方案，采用高效、环保的新型农业生产资料，既有助于农田氧化亚氮的减排，也可倒逼农资产业结构改革和生产优化，以避免生产过程的温室气体排放。

（2）农业系统氧化亚氮减排关键技术。 从种植业农用地氧化亚氮产生机理角度看，农用地氧化亚氮的形成途径包括硝化作用、反硝化作用（生物反硝化、化学反硝化）、硝态氮异化还原为氨等作用。其中最主要的是硝化和反硝化作用，可占总排放量的 70%～90%。因此控制农用地氧化亚氮的排放主要在于对硝化作用的抑制，采用地下滴灌处理提高微生物活性和通过硝化抑制剂对硝化菌进行抑制是十分有效的控制措施。

（3）污水氧化亚氮减排关键技术。 污水氧化亚氮排放主要在生物脱氮过程中产生，主要发生在硝化阶段和反硝化阶段。在硝化阶段，氧化亚氮主要是来源于羟胺（NH_2OH）氧化和硝化菌的反硝化过程，此外硝酰基（NOH）的非生物反应、好氧反硝化菌的存在与异养菌的硝化等几个过程也会造成氧化亚氮的产生。主要污水处理方式有 AO（厌氧好氧工艺法）、AAO（厌氧-缺氧-好氧生物处理法，包括各类改良 AAO 工艺、多级 AO、倒置 AO、UCT、多点进水多段 AO 等工艺）、氧化沟（包括卡罗塞尔、奥贝尔、AAO 氧化沟等各类改良型氧化沟）、其他生物膜工艺及活性污泥/生物膜混合系统（暂以 MBBR 代表此类）、MBR（膜生物反应器）、BAF（曝气生物滤池）、SBR（序列间歇式活性污泥法）等。

（4）硝酸生产氧化亚氮减排关键技术。 硝酸装置 N_2O 减排共有炉内一级减排、炉内二级减排和炉外三级减排 3 种技术。炉内一级减排技术实施改造较为困难，目前尚无成功案例；炉内二级减排改造和设施安装较为简单，得到较为广泛应用。炉外三级减排则是对硝酸尾气中的 N_2O 进行减排主要包括 Uhde 第 1 种技术、Uhde 第 2 种技术、CRI 技术和 Chemcat 技术。

对于国内 2005 年以后建设的硝酸项目基本采用双加压工艺，尾气透平机进口气体温度在 360～370℃，比较适合采用 Uhde 第 2 种技术。

5.3.2 内蒙古氧化亚氮排放现状及减排技术基础

5.3.2.1 内蒙古氧化亚氮排放现状

氧化亚氮作为一种重要的长生命期的温室气体，在形成温室效应、破坏臭氧层、形成酸性降水以及光化学反应等方面都会产生重要影响。由于氧化亚氮的全球增温潜势是二氧化碳近 300 倍，因此其含量的增加必将对气候变化有着重要的影响。根据清单统计，内蒙古氧化亚氮主要来源于农业活动、能源活动、工业生产过程和废物处理，其中，能源活动的氧化亚氮排放最多，占氧化亚氮排放总量的 53.6%，主要集中在移动源排放、生物质（秸秆、薪柴、动物粪便等）燃烧；其次为农业活动，主要集中在农用地氧化亚氮（N_2O）排放、动物粪便管理；工业生产过程和废物处理产生的氧化亚氮量非常小，集中在电站锅炉、硝酸生产。

5.3.2.2　自治区控制氧化亚氮排放技术基础

A　农业活动氧化亚氮减排应用技术

自治区从 2006 年就已经开始全面推广测土配方施肥技术，重点开展测土、配方、配肥、供肥、施肥指导等 5 个环节工作，提高氮肥利用率，减少土壤氧化亚氮排放。

B　秸秆综合利用氧化亚氮减排应用技术

自治区高度重视秸秆综合利用，全面推行秸秆肥料化、饲料化、能源化、原料化利用等综合利用措施，探索秸秆利用规模化、专业化、产业化运营模式。到 2020 年底，秸秆综合利用率超过 85%。主要应用的技术有秸秆青贮、微贮、微生物发酵及揉丝技术，秸秆全量还田技术，积极探索秸秆打捆直燃集中供暖等，具体利用技术如表 5-8 所示。

表 5-8　内蒙古推广秸秆综合利用技术应用表

秸秆综合利用类型	技术名称
秸秆饲料化	秸秆青贮、微贮、微生物发酵及揉丝技术
秸秆肥料化	秸秆全量还田技术
秸秆能源化利用	积极探索秸秆打捆直燃集中供暖

C　污水处理氧化亚氮减排应用技术

自治区不断加大水污染防治力度，结合"污染防治攻坚战""一湖两海"综合治理，污水处理厂提标改造进程加快，整体污水处理能力显著提升。"十三五"期间，内蒙古污水处理工艺可归为八类：AO（厌氧好氧工艺法）和 AAO（厌氧-缺氧-好氧生物处理法，包括各类改良 AAO 工艺、多级 AO、倒置 AO、UCT、多点进水多段 AO 等工艺），应用比例占到所有污水处理厂的 19% 和 34%；氧化沟（包括卡罗塞尔、奥贝尔、AAO 氧化沟等各类改良型氧化沟）、其他生物膜工艺及活性污泥/生物膜混合系统（暂以 MBBR 代表此类），分别占到 16% 和 8%；MBR（膜生物反应器）、BAF（曝气生物滤池）、SBR（序列间歇式活性污泥法，包括相关变形工艺，如 CAST、CASS、UNITANK、MSBR、ICEAS，以及各类 SBR 的改良工艺等），分别占到 3%、2% 和 1%；其他（上述内容之外的各类活性污泥工艺、人工湿地以及一级强化处理等）占到 1%，具体污水处理工艺技术如表 5-9 所示。

表 5-9　"十三五"内蒙古污水处理工艺汇总表

工艺名称	应用占比/%	技术具体介绍
AO（厌氧好氧工艺法）	19	它的优越性是除了使有机污染物得到降解之外，还具有一定的脱氮除磷功能，是将厌氧水解技术用为活性污泥的前处理，所以 AO 法是改进的活性污泥法

工艺名称	应用占比/%	技术具体介绍
AAO（厌氧-缺氧-好氧生物处理法，包括各类改良 AAO 工艺、多级 AO、倒置 AO、UCT、多点进水多段 AO 等工艺）	34	可用于二级污水处理或三级污水处理，以及中水回用，具有良好的脱氮除磷效果
BAF（曝气生物滤池）	2	集生物氧化和截留悬浮固体于一体，节省了后续沉淀池（二沉池），其容积负荷、水力负荷大，水力停留时间短，所需基建投资少，出水水质好；运行能耗低，运行费用省
其他生物膜工艺及活性污泥/生物膜混合系统（暂以 MBBR 代表此类）	8	运用生物膜法的基本原理、同时结合活性污泥法的优点，以悬浮填料作为微生物生长的载体，通过悬浮填料在二级生化池中的充分流化，可强化脱氮除磷，实现污水的高效处理
MBR（膜生物反应器）	3	是一种由膜分离单元与生物处理单元相结合的新型水处理技术。按照膜的结构可分为平板膜、管状膜和中空纤维膜等，按膜孔径可划分为微滤膜、超滤膜、纳滤膜、反渗透膜等
SBR（序列间歇式活性污泥法，包括相关变形工艺，如 CAST、CASS、UNITANK、MSBR、ICEAS，以及各类 SBR 的改良工艺）	1	主要特征是反应池一批一批地处理污水，采用间歇式运行方式，每一个反应池都兼有曝气池和二沉池作用，因此不再设置二沉池和污泥回流段，而且一般也可以不建水质或水量调节池
氧化沟（包括卡罗塞尔、奥贝尔、AAO 氧化沟等各类改良型氧化沟）	16	曝气池呈封闭的沟渠型，所以它在水力流态上不同于传统的活性污泥法，它是一种首尾相连的循环流曝气沟渠，又称循环曝气池。最早的氧化沟渠不是由钢筋混凝土建成的，而是加以护坡处理的土沟渠，是间歇进水间歇曝气的，从这一点上来说，氧化沟最早是以序批方式处理污水的技术
其他（上述内容之外的各类活性污泥工艺、人工湿地以及一级强化处理等）	1	—

5.3.2.3 自治区控制氧化亚氮排放存在的问题

自治区控制氧化亚氮排放存在的问题如下：

（1）缺少顶层设计。自治区对于控制氧化亚氮的政策措施分散，没有形成统一的政策体系，缺少系统的控制氧化亚氮排放的制度支撑。

（2）氧化亚氮控制力度和范围需要加大。自治区对于电站锅炉、硝酸生产产生的氧化亚氮是从"十四五"才开始重视，农用地测土施肥等控制措施依旧未能大范围实施。

5.3.3 氧化亚氮排放控制技术路径建议

氧化亚氮的排放控制技术路径建议如下：

（1）开发和推广工业生产过程氧化亚氮减排技术。鼓励科研院所和有条件的发电企业开展循环流化床锅炉氧化亚氮排放规律研究，探索适应内蒙古不同煤种、不同循环流化床锅炉形式的低氧化亚氮排放适用技术。硝酸生产企业将现有选择性尾气处理装置改造为非选择性处理装置，有效削减尾气中氧化亚氮排放。

（2）增强农田氧化亚氮减排。直面重化肥、轻有机肥，重大量元素肥料、轻中微量元素肥料，重氮肥、轻磷钾肥"三重三轻"问题，走减肥增效、高产高效的可持续发展之路。推广秸秆还田技术，注重沼肥、畜禽粪便合理利用大规模实施配方施肥，推广新型肥料。

5.4　全氟化碳减排路径设计

5.4.1　我国全氟化碳减排技术政策总结

重点在规定空气中 SF_6 及其毒性分解物的允许含量，加强 SF_6 气体及其分解物的回收处理，降低泄漏率或采用其他代替气体。HFC-23 作为副产品和逃逸物，从技术上来说，通过对其捕获和清除，可以从 HCFC-22 的生产中减少 90% 以上的 HFC-23 排放。通过热氧化对 HFC-23 进行捕获和消除是一种非常有效的减排选择，消除率可达 99% 以上，同时考虑热氧化设备的停机时间对排放的影响。

5.4.2　内蒙古全氟化碳排放现状及减排技术基础

5.4.2.1　内蒙古全氟化碳排放现状

具有强大温室效应的氢氟碳化物（HFCs），其全球变暖潜势可达二氧化碳的成千甚至上万倍。中国在实现碳达峰的过程中，如何遏制"超级温室气体"HFCs 排放，显得尤为关键。内蒙古含氟气体排放仅涉及氢氟碳化物和全氟化碳，不涉及其他排放。氢氟碳化物的排放主要来自其他生产过程。

5.4.2.2　内蒙古控制全氟化碳技术基础

目前，内蒙古自治区所有电解铝企业都已采用不停电开关技术，减少阳极效应中全氟化碳排放。特别是通辽市对电解铝企业开展了电解铝企业烟气污染物近零排放示范工程建设，应用电力行业石灰石—石膏湿法净化技术，在达标排放基础上对电解铝企业烟气进一步深度治理，从而实现近零排放。工程建成后，将使电解铝企业烟气中的"氟化物"在现有达标排放基础上进一步减排 90% 以上。

鼓励氢氟烃生产企业开展新一代低增温潜势制冷剂的研发，推动企业优化生产工艺，尽可能减少生产、储存、运输过程中含氟温室气体泄漏。鼓励电解铝企业采用不停电停开槽技术，大幅度降低阳极效应导致的全氟化碳排放。

5.4.2.3　内蒙古控制全氟化碳存在的问题

内蒙古自治区全氟化碳排放量较少，集中在电解铝和氟化工企业。目前电解铝企业已经逐步在重视全氟化碳减排，硝酸生产则是在这方面的重视程度不够，未能采取有效措施减少氧化亚氮排放。

"十四五"时期，内蒙古自治区鼓励相关企业开展优化工艺、采取先进技术减少全氟化碳排放，但缺少相应的技术研发或应用配套激励措施，同时约束机制也欠缺，不能很好地营造技术创新或应用的良好氛围。

5.4.3 全氟化碳排放控制技术路径建议

全氟化碳排放控制技术路径建议如下：

（1）减少铝电解生产过程中的排放。建立并完善铝电解产生的 CF_4 和 C_2F_6 检测、评估体系，制定合理的减排目标；开发利用新的惰性材料取代炭阳极，减少 PFCs 的排放。

（2）减少氟化工生产过程中的排放。PFCs 气体在生产中由于不完善的生产工艺和管理水平的欠缺，部分企业生产过程中向大气泄漏的 PFCs 气体量仍较大。通过对 PFCs 生产工艺进行了研究和创新，特别是在合成反应、粗品净化及产品精制工艺的改进方面有所突破，并使 PFCs 生产过程中实现节能降耗、安全。制定 PFCs 生产企业特征污染物排放标准，并在生产企业实现 PFCs 泄漏气体的回收，减少生产源头的 PFCs 排放。

5.5 采矿业碳减排技术路径集成

5.5.1 采矿业碳排放现状

采矿业指对固体（如煤和矿物）、液体（如原油）或气体（如天然气）等自然产生的矿物的采掘；包括地下或地上采掘、矿井的运行，以及一般在矿址或矿址附近从事的旨在加工原材料的所有辅助性工作，例如碾磨、选矿和处理；还包括使原料得以销售所需的准备工作。

采矿业的二氧化碳排放量占全球二氧化碳排放量的 2%~3%，在减排方面发挥着重要作用。在行业内，迄今为止，大部分焦点都集中在投资组合的转变上（即剥离煤炭资产）；然而，该行业正面临来自政府监管机构、投资者和客户的越来越大的脱碳运营的压力。矿工的可持续性越来越成为资本市场的关注焦点，现在获得资本的机会更多地依赖于可持续性。书中，我们着手探索该行业的现状，积极脱碳所需的条件并建立一个强有力的事实基础，以实现 1.5℃ 的气候变化目标，并了解相关成本和所需投资。

采矿业的二氧化碳排放可分为三大类：一类排放（柴油排放）、二类排放（发电排放）和三类排放（供应链和运输排放）。目前，40%~50% 的二氧化碳排放来自移动设备中使用的柴油，另外 30%~35% 来自不可再生电力。

5.5.2 采矿业技术减碳路径

采矿业碳减排和脱碳的实现需要综合考虑几个方面，包括转向可持续采购、燃料和动力传动系统，以及转向绿色电力。以下技术处于不同的成熟阶段，在目前或到 2030 年，其中一些已经实现成本正效应。

减少一类排放和二类排放：提高运营效率。通过改进流程和性能将运营效率从平均水平提升到最高四分之一或基准水平的适度投资可以产生现金流，以投资于替代动力传动系统或运营改造。

减少一类排放和二类排放：使用可持续燃料。对于矿山上使用的运输设备有多种选择。例如，改用液态可持续燃料（生物燃料或合成燃料），即使在使用现有设备和基础设施的情况下，也有可能将碳排放量减少 70% 以上。做出这样的改变会使矿山目前的总拥有成本增加 10%~15%，到 2040 年增加约 5%。

　　减少一类排放和二类排放：建立可持续动力传动系统。为了完全实现碳中和，需要改变动力传动系统，氢燃料电池和电池电动汽车都是可能的长期选择。在国际上，不同的矿业集团正在积极研究并做出改变：比如 Boliden 已经在 Aitik 建立了受电弓充电混合动力车；英美资源集团正在开发 300t 燃料电池电动汽车拖运卡车；纽蒙特黄金公司在博登建立了世界上第一个全电动矿山。

　　减少二类排放：使用绿色电力。切换到绿色电力来源可解决当前排放量的 30%～50%，因此绿色电气化是采矿业脱碳的必然路径。有几种不同复杂程度的替代方案，从购买绿色电力到安装和节约可再生能源（例如，使用光伏太阳能电池板），几项大规模举措已经在进行中，以将矿山转向完全可再生电力。例如，力拓（RioTinto）的 Gudai-Darri 矿将有 65% 的总用电量由太阳能发电场和电池存储相结合提供。

　　减少三类排放：采购可持续消耗品。随着原始设备制造商（OEM）面临脱碳压力，将整个供应链转向更环保的运营是采矿行业需要解决的挑战，包括的主要消耗品是水泥、钢材和石灰。

　　在 2030～2040 年之间，实现零碳矿山的潜在途径有多种，包括纯电动汽车和氢途径。整个采矿业脱碳存在短期、中期和长期的机会。

　　短期脱碳行动中包括：寻找绿色能源替代品并在可用时购买或投资可再生能源；并改用现有的简易可持续燃料。在第一阶段，未来三到五年内可以减少高达 60% 的排放量。

　　零碳的中期和长期机遇包括：

　　BEV 途径。转向全电动移动设备车队，运输卡车通过受电弓充电，其他卡车则使用电池交换方法充电。

　　氢途径。使用 FCEV 移动车队，结合来自风能或太阳能的绿色氢气容量的积累。

　　合成燃料途径。保留现有设备，但使用由绿色氢和碳捕获、利用和储存（CCUS）产生的插入式合成燃料。

　　在整个采矿行业大规模实现脱碳目标，包括矿业公司、原始设备制造商、供应商、石油和天然气公司、商品客户等需要共同努力，开发目前尚不具备的潜在正成本的减排方法。

6 内蒙古技术减碳制度创新研究

6.1 构建技术减碳政策体系

6.1.1 完善碳减排技术发展法规制度

通过制定法规为减排政策的长效实施提供执法基础、增强执行力度，把碳中和的长期愿景转换为全社会的行动共识，全面促进低碳转型的个人行为、企业行动、资金流动、技术研发等。完善应对气候变化相关制度建设，持续推进碳交易制度建设，将行业覆盖范围由高耗能行业扩展到有较大排放增长趋势的行业，如建筑排放、交通排放等，通过碳市场机制形成稳定的、不断提升的碳价格市场信号和不断加严的碳排放总量控制。将创新性低碳和负排放技术的长期发展纳入内蒙古关键技术发展战略，加快关键核心技术研发和创新。

6.1.2 实施绿色低碳科技创新行动计划

有效落实内蒙古研究提出的经济结构、产业结构、能源结构低碳化转型，建筑、交通、农业等部门低碳发展重大政策与行动方案，将已经编制的碳达峰碳中和绿色低碳科技创新行动落在实处。着力提升内蒙古碳达峰碳中和关键核心技术的攻关能力；加快以煤炭、电力、冶金、化工、建材等行业为重点的减碳、零碳、负碳技术成果转化应用；聚焦煤炭清洁高效利用、风光综合利用、大规模储能、源网荷储一体化、可再生合成燃料、CCUS 等先进技术，推动自治区尽早构建以新能源为主体的新型电力系统、以化石能源+CCS、CCUS 为保障的能源供应体系。积极探索实施碳监测评估、碳排放总量控制、行业碳排放标准、项目碳排放评价、碳排放准入与退出等相关制度、标准和机制等。

6.1.3 推动低碳技术产业化

加快形成激励绿色技术创新和推广的体制机制与政策环境，使低碳和零碳新技术的研发形成产业化。首先推广已经成熟或比较成熟的绿色技术，应用后能够产生明显社会效益和经济效益，达到高技术含量和生产率、少排放或零排放、与传统产业相比低成本的目标。减碳政策同样可以参比以污染治理为出发点，以环境治理和发展新能源为主，以税收、补贴、绿色金融为推动手段，发展绿色产业，逐步向碳中和推进。

6.1.4 优化低碳技术应用环境

推进减碳技术创新体系建设，加强关键核心技术取得突破、技术成果转化加速落地、科创环境优化升级。构建碳普惠制度机制与模式，建议建立广泛覆盖的低碳场景体系，建立持续发展的市场交易体系，建立高效完善的信息服务体系。完善碳排放权交易机制，推进重点行业碳排放交易，开展林草碳汇交易。

6.1.5　强化激励政策措施

对处于创建期的国家级创新平台，给予资金、土地、用能等方面支持，积极创建呼包鄂国家自主创新示范区，开展国家级高新技术产业开发区"提质进位"行动、自治区级高新技术产业开发区"促优培育"行动等。鼓励有条件的盟市建设科技大市场，支持科技成果转移转化示范区、示范基地、专业化技术研发与中试公共服务平台建设，对新获批的科技成果转移转化示范区给予经费支持。对绩效评价优秀的科技成果转移转化基地和服务平台给予后补助支持。

6.2　搭建减碳技术成果转化创新平台

聚焦零碳电力、零碳燃料发电能/原料/燃料替代、工业过程重构、CCUS 等关键技术，与中国科学院、中国工程院、清华大学、上海交通大学等大院大所、知名高校共建低碳技术创新平台。从自治区产业转型实际需求出发，积极对接国家和自治区节能减排重大科技战略碳中和目标，依托"科技兴蒙"行动支持政策，赋予联合平台更大科研自主权，支持联合平台争创国家级低碳技术创新基地，吸引和带动更多新建项目、创新资源汇聚内蒙古。

充分发挥内蒙古天合林业碳汇研究院、鄂尔多斯碳中和研究院、内蒙古自治区节能降碳中心等研发平台作用。优化推进与北京大学、清华大学、上海环境能源交易所等单位签订合作的科技创新平台建设，有效应用海量数据，促进数字技术与实体经济深度融合，赋能传统产业转型升级，催生新产业新业态新模式，促进数字技术与实体经济深度融合，有效推动 2030 年碳达峰和 2060 年碳中和。

6.3　加强全流程碳管理人才队伍建设

6.3.1　强化科创人才制度建设

积极适应碳达峰、碳中和目标新要求，形成自治区应对气候变化及低碳发展人才培养与引进协同发展的长效机制，有序推进全区应对气候变化及低碳发展人才建设工作。建立自治区应对气候变化与低碳发展人才库，盘活现有人才资源，释放人才活力。设立内蒙古碳达峰碳中和专项人才计划，构建碳达峰碳中和复合型人才流动机制。依托重大项目实施和创新平台联合共建，加大"候鸟型""人才飞地"等柔性引才引智力度，鼓励低碳领域知名专家、青年学者来内蒙古开展短期研发、长期驻站、技术入股以及自主创业、落户就业等创新创业活动，引进、吸纳一批能够引领和推动碳达峰技术创新发展的高端人才和领军团队，建立完善配套的人才激励政策。

6.3.2　加强科创人才培养

根据产业需要和行业特点，以实践能力培养为重点，以产学研用结合为途径，培养高素质创新型碳管理人才，加大碳排放、碳市场、碳金融及由碳交易衍生的碳核查、碳会计、碳审计、碳资产管理和碳金融衍生的碳信贷、碳保险、碳债券等专业人才培养力度，落实《高等学校碳中和科技创新行动计划》，支持高校和科研院所应对气候变化、低碳发展等相关专业、学科建设，为自治区培养更多专业人才。大力发掘和培养本土人才队伍，加大对区内低碳科技创新人才的培养力度，构建完备的人才梯次结构。

6.4　强化绿色低碳投融资激励机制

6.4.1　制定自治区应对气候变化投融资实施方案

深化《内蒙古自治区党委自治区人民政府关于深化投融资体制改革的实施意见》，根据《关于促进应对气候变化投融资的指导意见》《气候投融资试点工作方案》《内蒙古自治区"十四五"应对气候变化规划》等要求，制定自治区应对气候变化投融资实施方案，大力推进应对气候变化投融资发展，引导和撬动更多社会资金进入应对气候变化领域，要进一步激发自治区潜力、开拓市场，逐步推动形成减缓和适应气候变化的能源结构、产业结构、生产方式和生活方式。

6.4.2　推动组建气候投融资专业金融机构

搭建气候投融资平台，针对气候友好型项目，助推金融机构创新机制，推出气候投融资产品。探索将碳排放权、碳排放权交易（CCER）、绿证等环境权益及其收益作为碳资产，进行抵押、担保的融资新路径。与世界银行和全球环境基金（GEF）、绿色气候基金（GCF）、气候投资基金（CIFs）等国际基金、中国绿色发展基金、中国清洁发展机制基金等专业机构和政府融资平台以及其他社会资本合作，推动组建气候投融资专业金融机构，以投资基金、赠款、贷款、不动产信托投资基金（REITs）等各种依法合规形式参与气候投融资活动。

6.4.3　加大应对气候变化及低碳发展专项资金投入力度

进一步发挥好自治区应对气候变化及低碳发展专项资金的导向作用，逐步扩大专项资金规模。地方各级人民政府加大本地区应对气候变化及低碳发展专项资金投入，积极争取中央专项资金支持。大力发展绿色金融，鼓励金融机构严格落实绿色信贷指引、能效信贷制度，创新金融政策工具，拓宽企业融资渠道，推动气候投融资工作，建立政府引导、市场运作、社会参与的多元化投入机制，形成多渠道资金筹措体系。

6.5　积极开展碳排放权交易

6.5.1　完善自治区碳排放权交易相关制度

如制定管理暂行办法，深入推进生态文明建设，加快经济发展方式转变，促进体制机制创新，充分发挥市场在温室气体排放资源配置中的决定性作用，加强对温室气体排放的控制和管理，规范碳排放权交易市场的建设和运行。

6.5.2　全面开展林草碳汇交易

促进自治区森林生态效益价值化，培育森林碳汇市场，争取更多的国际国内资金投入内蒙古林业生态建设，实施清洁发展机制林业碳汇项目，培养自治区林业碳汇专家，开展造林再造林碳汇，增加林业碳汇，积极推进林业碳汇交易。积极参与全国碳排放权交易，鼓励充分利用林草碳汇实施碳排放权抵消机制，探索建立林草碳汇减排交易平台，鼓励各类社会资本参与林草碳汇减排行动，助力重点区域、大型活动组织者、自愿减排企业、社会公众等利用林草碳汇实现碳中和，逐步完善林草碳汇多元化、市场化价值实现机制。

6.5.3　全面推进重点行业碳排放交易

在发电行业交易的基础上，推进钢铁、水泥、煤化工等重点行业开展碳市场交易。充分地发挥碳市场控制温室气体排放的积极作用，保持重点排放单位履约率，推进市场覆盖范围内碳排放总量和强度保持双降，促进企业温室气体减排，强化社会各界低碳发展意识，积极推进自治区碳市场建设。

6.6　构建碳普惠制度与模式

建立持续发展的市场交易体系，建立基于碳普惠核证减排量的交易机制，完善碳普惠核证减排量对管控单位碳排放配额的抵消补充机制，推动碳普惠核证减排量用于碳市场履约抵消，在全区范围内开展合作，推动碳普惠体系跨区域合作。建立高效完善的信息服务体系，建立碳普惠统一平台，鼓励企事业单位探索开发基于绿色出行、绿色消费、绿色生活、绿色公益、小微企业节能减排项目场景的碳普惠应用程序，实现与碳普惠统一平台的联通，直观、及时地向小微企业、社区家庭和个人展示低碳行为数据，探索积分奖励等激励机制广泛调动社会各界资源参与减排行为。

7 内蒙古经济转型的技术减碳路径总结

7.1 内蒙古经济转型技术减碳研究分析

7.1.1 内蒙古重点行业碳排放来源与分布

内蒙古电力、水泥、钢铁、化工、有色等重点行业碳排放仍然呈增长趋势，增速波动，短期内难以实现脱钩。各行业碳排放贡献最大环节、排放量最大的地区分布均有差异。

各行业碳排放量贡献最大的环节：电力行业的燃煤发电过程、水泥行业的熟料生产过程、钢铁行业高炉炼铁过程的能源活动、化工行业的燃料燃烧和过程排放、有色行业氧化铝-电解铝等冶炼过程的电能消耗。这几个行业碳排放量最大的区域分别是：乌海市、呼和浩特市和鄂尔多斯市等内蒙古的中南部，呼包鄂乌城市群和赤通双子星城市圈，乌包鄂城市群特别是包头市，鄂尔多斯市、乌海市及周边地区，赤峰市和通辽市。

非二氧化碳主要为甲烷（CH_4）、氧化亚氮（N_2O）及含氟气体（HFCs），主要来源于能源、工业、农业和废物处理四大领域。农牧业温室气体清单包括稻田甲烷排放、农用地氧化亚氮排放、动物肠道发酵甲烷排放、动物粪便管理甲烷和氧化亚氮排放。

内蒙古建筑领域碳排放量主要来自建筑运行阶段的电力使用和冬季供暖。交通运输的需求仍然保持上升态势，碳排放量将持续增长，货物周转量和动力能源消耗对内蒙古交通领域碳排放影响较大。公共机构碳排放主要集中在固定设备及运输工具能源消耗排放，占到全部排放量的80%以上，其次为员工交通运输、废物处理碳排放。

7.1.2 低碳技术评估优选

不同减排技术的减排潜力和减排成本表现出特异性，电力行业减排量90%来自供电结构调整。系统灵活性改造下的纯凝机组、燃煤电厂退役和高效储能减排成本和减排潜力均比较大。供电结构调整是电力行业减排的重点方向，重点关注各可再生能源发电技术及煤电改造技术的综合应用，突破新型储能在技术和成本上的瓶颈。

水泥行业压减和置换水泥熟料产能、低温预热发电、辊压机粉磨系统、新型干法水泥窑生产运行节能监控优化系统、大推力多通道燃烧节能六项技术均拥有较高的减排潜力，而且会产生一定的经济效益。而当前应用的水泥窑协同处置城市生活垃圾、污泥等协同处置技术、高效布袋除尘技术等碳减排潜力不大、经济成本较高，尚有待升级。

化工行业适宜推广工业冷却循环水系统节能优化技术和富含一氧化碳的气态二次能源综合利用技术，在煤化工领域推广先进煤气化节能技术，在氯碱化工领域推广氯化氢合成余热利用技术和新型高效节能膜极距离子膜电解技术。

钢铁行业中增加短流程炼钢比例虽然需要付出较大减排成本，但是该措施具有最大的减排潜力。减少不合理钢铁消费需求、先进产能代替落后产能、冷捣糊整体优化成型筑炉节能技术和高辐射覆层技术不仅具有较高减排潜力，而且会产生较高的经济效益。提高高炉入炉球团比、二氧化碳捕集与封存（CCS）、二氧化碳捕集、利用和封存（CCUS）需要付出较高的减排成本。

有色行业电解铝的电力脱碳等能源结构调整减排潜力最大。产能转移、提高有色金属再生比例、生产工艺更新换代虽会需要付出一定减排成本，但具有较大减排潜力。生物质能碳捕集与封存（BECCS）、二氧化碳捕集、利用和封存（CCUS）需要付出较高的减排成本。

建筑领域减排关键是调整建材生产过程产能、开展技术升级、优化生产工艺、新型建筑材料的研发应用、装配式建筑的推广应用。农村牧区住宅减碳在于供电采暖方面的节能降碳，"农光互补""林光互补""牧光互补"等分布式光伏电站、分散式风电能源、生物质取暖是关键。

交通领域中调整交通运输结构，减少公路货运量，推进运输车辆清洁能源替代，是内蒙古交通领域实现碳减排的关键。

公共机构应考虑以下碳减排技术，一是空调、照明、电器、动力设备等用能设施减碳；二是公共机构公务出差等消费减碳；三是公共机构炊事热水部分的减碳；四是公共机构办公材料、设施的减碳；五是增加公共机构碳汇。

7.2　实现双碳目标的技术减碳政策建议

7.2.1　分阶段分行业实施碳达峰碳中和技术路线

7.2.1.1　电力行业

按照"增容控量""控容减量""减容减量"3个阶段来谋划内蒙古电力行业的发展路径。基于火电配套风光电，坚持集中式与分布式开发并举，注重能源绿色低碳转型与灵活性调节资源补短板并重，实现"水风光储"协同发展，电力多元化供应。针对电力行业控碳环节，实施"控碳，减碳，低碳，零碳""四步走"的本地化碳中和路线图，力争电力行业减排70%~75%。

2022~2030年，采取"控碳"技术路线，依据减排潜力和减排成本，次序实施新建煤电禁批→落后产能淘汰→电力结构调整→清洁煤技术、节能减排技术与工艺改造技术。

2030~2040年，采取"减碳"技术路线，次序实施系统灵活性改造→煤电集团和新能源的优化组合→绿电基础设施与调峰能力建设。

2040~2050年，采取"低碳"技术路线，次序实施源网荷储一体化、微电网、直流配电网等智能配电技术→碳核查机制→碳交易市场机制。

2050~2060年，采取"零碳"技术路线，次序实施新型储能技术→大比例风电、光伏应用技术→实用型CCUS技术→碳汇与负碳技术。

7.2.1.2　水泥行业

针对不同控碳环节，分阶段实施"控碳，减碳，低碳，零碳""四步走"的本地化碳中和路线图。

2022~2030年，采取"控碳"技术路线，依据减排潜力和减排成本，次序实施落后产能淘汰政策→产能置换技术→压减水泥熟料产量技术→多通道燃烧技术等系统改造技术。

2030～2040 年，采取"减碳"技术路线，次序实施能源结构优化技术→高固气比预煅烧等先进技术→原料替代技术。

2040～2050 年，采取"低碳"技术路线，次序实施清洁电力应用→回转窑提升技术→预热与预磨技术。

2050～2060 年，采取"零碳"技术路线，次序实施实用型碳捕集与碳封存技术→碳汇与负碳技术。

7.2.1.3　钢铁行业

基于全产业链分析，针对不同控碳环节，分阶段提出"控碳，减碳，低碳，零碳""四步走"的本地化碳中和路线图。

2022～2030 年，采取"控碳"技术路线，依据减排潜力和减排成本，次序实施落后产能淘汰政策→严控钢材产量→推广节能减排技术和应用→余热循环利用等节能改造技术。

2030～2040 年，采取"减碳"技术路线，次序实施能源结构调整→富氧高炉炼铁等先进技术→直接还原技术，提高绿电使用比例。

2040～2050 年，采取"低碳"技术路线，次序实施降低煤电使用比例→加大废钢资源利用→电炉短流程技术→高炉炉料优化技术。

2050～2060 年，采取"零碳"技术路线，次序实施实用型碳捕集与碳封存技术→基于氢气的直接还原铁技术→碳循环钢化联产碳负排技术。

7.2.1.4　煤化工行业

从碳排放控制类别的角度讲，可针对煤化工行业不同控碳环节分阶段提出"控碳，减碳，低碳，零碳""四步走"的本地化碳中和路线图。

2022～2030 年，采取"控碳"技术路线，依据减排潜力和减排成本，次序实施余热回收利用技术→变频控制技术→产业链共性技术设备电动驱动。

2030～2040 年，采取"减碳"技术路线，次序实施氢能替代技术→天然气或焦炉气制甲醇技术→高性能复合催化剂→煤液化技术。

2040～2050 年，采取"低碳"技术路线，次序实施煤制高能燃料和高值化学品→碳基储能材料制备技术→煤基石墨化结构材料制备技术→二氧化碳生产高附加值化工产品技术。

2050～2060 年，采取"零碳"技术路线，在继续推进上述技术的同时，研发并推广前沿性 CCUS 技术。

7.2.1.5　氯碱化工行业

从碳排放控制类别的角度讲，可针对氯碱化工行业不同控碳环节分阶段提出"控碳，减碳，低碳，零碳""四步走"的本地化碳中和路线图。

2022～2030 年，采取"控碳"技术路线，依据减排潜力和减排成本，次序实施热管电石炉余热回收技术→多效蒸发节能技术→氯化氢合成炉余热利用技术→氢能替代技术。

2030～2040 年，采取"减碳"技术路线，次序实施电石法 PVC 无汞触媒技术→膜极距离子膜水解槽改造升级技术→氧热法、电磁法电石生产新工艺技术→副产氢气高值利用技术。

2040～2050 年，采取"低碳"技术路线，次序实施工业废盐综合利用制碱技术→电石渣循环利用制氧化钙技术→化学合成法制乙二醇、甲醇技术。

2050～2060 年，采取"零碳"技术路线，在继续推进上述技术的同时，研发并推广前沿性 CCUS 技术。

7.2.1.6　有色金属行业

针对不同控碳环节，分阶段提出有色行业"控碳，减碳，低碳，零碳""四步走"的本地化碳中和路线图。

2022～2030 年，采取"控碳"技术路线，依据减排潜力和减排成本，次序实施落后产能淘汰政策→严控电解铝产量→对自备电厂进行清洁化改造→依托风电、光电资源置换电解铝产能。

2030～2040 年，采取"减碳"技术路线，次序实施先进节能提效技术推广→铝电解槽节能改造等先进技术→铝电解槽能量流优化及余热回收等技术。

2040～2050 年，采取"低碳"技术路线，次序实施再生铝保级技术→加大废铝资源回收利用→铝灰资源化→浸出渣资源化利用。

2050～2060 年，采取"零碳"技术路线，次序实施实用型碳捕集与碳封存技术→生物质能碳捕集与封存。

7.2.1.7　农牧业

（1）减污降碳阶段：畜牧业方面采取生态化、规模化的养殖方式；建设粪便处理收集和资源化利用设施；改善饲料质量减少动物排放甲烷；发展畜禽养农和秸秆养畜等农牧结合模式。农业方面减少农资等投入品使用量、提升投入物与机械的使用效率、开展废物资源化利用。能源利用方面，加强风能、太阳能等绿色清洁新能源的使用比例，从源头降低农业碳排放量。

（2）碳汇提质阶段：推进优质粮食生产、农畜产品的深加工、精加工；施用有机绿色肥料改良土壤质量；鼓励退牧还草、轮牧禁牧，促进草原恢复、提升草原固碳能力。实现农业产品优质化、产地清洁化。

（3）高质量发展阶段：推行"种植—养殖—沼气—肥料—种植"模式，构建循环经济链条。

7.2.1.8　建筑领域

（1）2025 年前，有序控制建筑规模，全区建筑业房屋年竣工面积控制在 878 万平方米；全力推动绿色建筑，继续开展既有居住建筑节能改造，城镇新建建筑 100% 执行绿色建筑标准，农村牧区新建、改建和扩建的居住建筑 100% 执行建筑节能标准；加强绿色建材推广应用，打造乌兰察布市、锡林郭勒盟绿色建材生产基地，新增公共机构要求采用绿色建材；大力发展装配式建筑，在包头市建设钢结构装配式建筑生产基地，在呼伦贝尔市建设木结构装配式建筑生产基地，保障性住房、办公楼、医院、学校、科技馆、体育馆等各类民用建筑率先应用装配式钢结构，经济条件较好地区的农村自建住宅、新农村居民点建设重点推进装配式木结构农房，装配式建筑面积占比达 30%；扩大可再生能源建筑应用规模，可再生能源在民用建筑中应用比例达 30%，在呼包鄂城市群积极推动中深层地热能规模化供暖示范，在蒙东地区发展生物质热电联产项目，清洁取暖覆盖率超过 80%。

（2）2030 年前，全区城乡发展一体化基本实现，城镇布局和形态逐步定型成熟，全区建筑业房屋年竣工面积控制在 540 万平方米；城镇及农村牧区的老旧建筑逐步实现绿色节能改造，强化绿色建材在民用建筑的推广应用，推广建筑碳汇的应用，在城镇及农村牧区居民住房推广装配式建筑，装配式建筑面积占比达 40%；强化太阳能、浅层地热能、空气能等新能源在建筑中的应用，推进太阳能光热一体化建筑，可再生能源在民用建筑中应用比例达 40%，清洁取暖覆盖率超过 90%。

（3）2060 年前，建筑领域实现碳中和，低碳、环保、生态、绿色现代化建筑体系成熟，低碳城市、社区、乡村建设完善，全区建筑业房屋竣工面积稳定增长，老旧建筑全部实现绿色化节能改造，城镇建筑用能基本实现清洁能源替代，大部分乡村牧区建筑用能实现清洁化，新型装配化建筑比例进一步上升，全社会建筑领域形成与资源环境承载力相匹配、与生产生活生态相协调的绿色发展体系。

7.2.1.9 交通领域

（1）2025 年前加强交通基础设施建设和运输结构调整，基本完善"四横十二纵"综合运输大通道，公路大宗物资运输量转向铁路比例达到 5% 左右；12 个盟市主城区公共交通出行分担率达到 20%，城市主城区交通绿色出行分担率达到 65%；以城市公交、出租车、市政车辆为重点，大力推广节能和新能源汽车，全区新能源及清洁能源公交车比例达到 85%，加大充电桩、加氢站、加气站等基础设施建设，在包头市、鄂尔多斯市开展氢燃料电池重卡示范；大力发展智能交通，建设综合智能交通体系，全面提升交通运输节能管理能力。

（2）2030 年前，自治区现代化综合交通运输体系逐步形成，基本形成城市公共交通与航空、铁路等城际客运的无缝衔接，基本形成货运枢纽集疏运体系、城市配送体系以及多式联运、换装转运体系；12 个盟市主城区公共交通出行分担率达到 32%；新能源及清洁能源城市公交、出租车、市政车辆的比例达到 95%，重卡矿卡全面实现氢能替代，私人小汽车清洁能源使用率达到 30%~50%，充电桩、加氢站、加气站等基础设施基本完善；交通领域数字化、智能化水平进一步提升。

（3）2060 年前，交通领域实现碳中和，建成完善、绿色、低碳的现代化综合立体交通体系；12 个盟市主城区公共交通出行分担率达到 50%；客货运输结构合理，各种运输方式实现无缝衔接；12 个盟市主城区公共交通出行分担率达到 45%；新增运输工具基本实现全面使用清洁能源，铁路实现全面电气化，充电桩、加氢站、加气站等基础设施全面完善；交通领域设备能效整体提升 10%~20%，交通领域智能化管理效率全面提升。

7.2.2 加快落实重点行业领域技术减碳政策

7.2.2.1 电力行业

（1）电力行业应尽快采取深度减排行动。 内蒙古在当前政策实施基础上加强 2030 年前实现电力碳达峰减排力度，目前电力行业碳排放仍然处于上升趋势，因此，应该加强顶层设计，稳妥规划转型节奏，保障电力供应安全；加强绿色低碳重大科技攻关，统筹电力全链条技术与产业布局；优化完善利益平衡统筹兼顾的市场机制，加快建设绿色金融政策保障体系。通过政策、技术、机制协同，推动内蒙古能源基地中长期低碳转型的高质量发展。

（2）严格控制新增煤电机组，加强对可再生能源的支持，保障可再生能源发展规模与速度。 严控煤炭消费增长，严控新增煤电项目，为非化石能源发展提供空间，有序调整能源生产结构，提高煤炭利用效率。除了原则上不再新增煤电装机以避免造成浪费，还需要建立存量煤电机组容量成本回收机制，以妥善应对煤电机组转型问题。通过增加可再生能源供应满足未来绝大部分新增电力需求，在新基建中加强对可再生能源的支持，解决可再生能源发展面临的瓶颈和挑战。

（3）**优先发展煤电集团和新能源的优化组合，充分利用火电企业的基础设施与调峰能力，提高电力系统整体灵活性和稳定性。**系统灵活性改造下的纯凝机组建设发挥了重要作用，但相较于电源结构优化，纯凝机组建设仍具有较高的减排成本。一方面，内蒙古需要加快推进电力行业系统灵活性改造，提升储能水平，保证电力供需平衡；另一方面还应注重降低纯凝机组建设的投资成本与维护成本，结合网络化水平促进技术升级改造，使发电、配电更加高效经济。加快形成多种能源协同互补、综合利用、集约高效的供能方式，提升能源供给质量、利用效率、减碳水平和安全保障能力，建设国家现代能源经济示范区，推动内蒙古由化石能源大区向清洁能源大区转变。

（4）**全力推进风电、光伏技术应用，广泛拓展新能源场景应用技术发展。**建设一批千万千瓦级新能源基地，在全国率先建成以新能源发电为主体，以火电调峰为辅助的能源供给体系，实现能源基地的全面低碳转型。同步建立完整的固废处理技术体系和产业创新，支撑后续风电、光伏以及储能行业等产生的大量固体废物处理。作为全国能源基地，充分发挥内蒙古大电网平台优化能源资源配置的枢纽作用、统筹推进源网荷储协调发展，提高电网接纳新能源和多元化负荷的承载力和灵活性。提升电网数字化智能化调度运行水平。积极发展源网荷储一体化、微电网、直流配电网等新模式新业态、为保障经济社会发展和推动健源绿色低碳转型提供有力支撑。

（5）**积极发展储能技术研发和应用，加强跨区域电力交换通道建设，继续推进电力市场改革。**随着间歇性可再生能源发电量的提高，电力系统需要新建储能机组来满足逐时的电力调峰需求。因此，需要积极部署储能技术的研发、示范和应用，建立绿色融资手段，为大规模的跨区域电力交换通道建设提供资金。未来的电力行业深度脱碳从政策上取决于电力市场机制建设，需要继续推进电力市场改革，通过市场手段实现社会总成本的最小化。

（6）**研发和应用示范 CCUS 技术，实现深度减排。**CCUS 技术的引入增强了系统电源的灵活性，而且可以替代一部分间歇性可再生能源发电，对保证未来电网的正常运行有一定的正面作用。当前 CCUS 技术还处在应用示范阶段，尚未开展大规模的地质勘探，内蒙古应加入研发投入，探索更为可行的 CCUS 技术应用路径，大力突破 CCS 技术瓶颈、降低成本，以落实技术的全面推广。

（7）**完善绿色投融资机制，支持电力行业深度脱碳。**随着碳减排力度的加大，电力部门的新增投资将大幅上升，年均新增投本规模也将长期维持在较高水平，需要建立和完善绿色投融资机制，以绿色金融支持内蒙古低碳转型。"双碳"目标对内蒙古电网运行面临极大挑战，在发电侧大力开发可再生能源的同时，需要大规模应用各类技术手段来保证电网的稳定可靠运行，例如跨区输电、储能技术、光热发电技术、虚拟同步技术等；此外，还需要考虑电网侧各类技术的配置及应用成本，对应的系统总成本将大幅上升。考虑到未来持续多年的高投资规模，完善绿色投融资机制对于电力行业深度脱碳至关重要。

7.2.2.2　水泥行业

(1) 加强产能置换监管，加快低效产能退出。严禁新增水泥熟料，推动水泥错峰生产常态化，合理缩短水泥熟料装置运转时间。建议研究修订《产业结构调整指导目录》，提高水泥熟料落后产能和过剩产能淘汰标准，将 2000t/d 及以下普通水泥熟料、1000t/d 及以下特种水泥生产线列入"淘汰类"。鼓励大型骨干水泥企业联合设立产业结构调整专项资金，促进水泥熟料过剩产能的退出。支持各类社会资本参与水泥企业并购重组，提升水泥产业集中度，充分发挥大型骨干企业的示范引领作用。

(2) 继续深入推广先进的节能减排技术。针对工艺环节中的排放段，强化各类成熟度较高的节能减排技术推广。如集成模块化窑衬节能技术、水泥熟料烧成系统优化技术和节能监控优化系统技术、提高余热回收利用技术等。建议加大推广力度，普及率在 2030 年应达到 50% 以上。

(3) 科学调整水泥产品结构，加强顶层设计。完善生产者、消费者碳排放责任核算方法和各类责任分摊法等政策。制定奖惩激励机制，如若企业某项技术单位碳减排成本<71 元/tCO_2，则认为企业有动力自发应用该减排技术，此时政府应采取强制应用措施，如施加惩罚措施，督促企业克服初期投资较大的难关。如若该技术>71 元/tCO_2，则政府应采取经济激励措施，适当给予补贴，帮助企业进行技术研发改进，降低减排成本。

(4) 优化调整水泥产品原材料结构，减少熟料用量。减少熟料用量与用混合材替代部分熟料是水泥混凝土工业发展趋势，也是提高建筑物寿命和水泥混凝土工业健康及低碳发展的必然选择。我国水泥中熟料系数为 0.678，若降到 0.55，以出厂水泥计，碳排放可减少 18%。

(5) 提高碳捕集技术和绿色低碳水泥生产技术的研发投资。应用富氧燃烧、液氨吸收和高温钙循环等碳捕集技术以及创新绿色低碳水泥的生产工艺至关重要，通过这些技术措施可以将水泥行业碳排放量大幅降低。同时，采取经济激励措施，适当给予补贴，帮助企业进行技术研发改进，降低减排成本。

(6) 因地制宜利用风能、太阳能等可再生能源。逐步提高低碳或零碳能源比例。

(7) 建立全面的碳核查机制。在积极探索行业内重点减排路径的同时，积极做好碳资产管理工作，利用碳金融工具从保值与增值等方面入手加强碳资产管理。提前做好准备工作：一是摸清家底，有效管理碳资产；二是实现低碳管理，设立专门机构或者部门；三是积极参与碳市场交易，积累经验。

7.2.2.3　钢铁行业

(1) 限期实施技术装备升级改造。应尽少颠覆式替代既有工艺设备，鼓励高炉提高焦化环节副产氢的利用水平，对钢铁企业制氢和用氢予以财政支持，培育钢铁行业氢气消费需求和习惯，并充分利用内蒙古区内以高炉为主体的既有资产，对部分装备未达到产业结构调整指导目录准入标准，但不属于淘汰类的，按规定办理有期限的项目备案手续，在不新增产能的前提下，限期实施技术升级，存在产业结构调整指导目录淘汰类装备的，不予备案，并督促企业加快淘汰。

(2) 利用综合标准依法依规淘汰落后产能。严格常态化执法和强制性标准实施，利用综合标准对能耗、环保、质量、安全、技术等达不到标准和生产不合格产品或淘汰类产能（即落后产能）依法依规关停退出，充分发挥法律法规的约束作用和规范标准的门槛作用，从体系建设、空间布局、能力提升、节能减排、质量升级等多方面推动钢铁企业转型升级、高质量发展。

（3）加大废钢资源回收利用，推进废钢资源回收体系建设。支持钢铁企业等牵头成立大型废钢回收加工配送企业，推进废钢回收、拆解、加工、分类、配送一体化发展，提升优质废钢资源保障能力。科学管理废钢资源交易，充分发挥废钢的市场调节作用，降低铁矿石的对外依存度。推动废钢现货、期货平台建设，促进形成公开透明有序的废钢定价机制。

（4）促进钢铁产业流程优化降碳。受到废钢资源以及直接还原铁（DRI）不足、高端产品生产技术不成熟等条件的限制，内蒙古区内应以包钢钢联股份有限公司（包钢集团）电炉炼钢建设项目为示范，最大限度地发挥现有高炉-转炉流程设备设施价值的同时，不宜冒进，分阶段目标稳步推进电炉炼钢。通过电价改革向电炉短流程炼钢倾斜，尽快制定区别于钢铁长流程的用电扶持政策，对全废钢电炉用电实施价格补贴，从而降低电炉炼钢用电成本。

（5）充分发掘新能源，提高绿电使用比例。鼓励企业因地制宜，充分利用风力、生物质能等可再生能源。鼓励钢铁企业以及以钢铁为核心的工业园区建设绿色微电网，优先利用可再生能源，通过电力直接交易、电网购电、购买绿电交易证书等方式给予电炉钢企业绿电使用配额，提高绿电使用比例。

（6）优化原材料结构，提高炼铁炉料球团矿配比。加大对"大比例使用球团矿"企业的政策支持，减少球团矿生产设备的限产比例，优化高炉炉料结构，给予区内球团用铁精粉生产企业金融和税收等方面优惠政策。

（7）加快零碳、负碳的科技研发和试验示范。通过淘汰落后产能、技术装备升级、生产工艺更新，内蒙古区内钢铁行业将有约 870 万吨二氧化碳不得不排放。后期需要加速推动对新资产的投入，包括逐步完善针对钢铁行业的氢气供应体系和 CCUS 产业，持续推动氢和 CCUS 成本的下降，根据各盟市不同的资源条件推动熔融还原、直接还原等技术工艺的规模化投产和运行。注重"双碳"目标与其他产业发展目标的协同，依靠负碳行业或部门共同实现碳中和。

（8）建立绿色零碳钢铁产品标准认证体系。积极参与构建钢铁产品碳排放核算认证体系，并基于此体系率先在重大公共设施工程建设项目的招投标过程中引入用钢的碳排放强制标准，逐步扩大标准的应用范围，鼓励政府和国企在更多的工程建设项目中采用标准，在适当时机将绿钢消费与地方和企业的碳减排考核指标挂钩，最大限度地培育绿钢消费市场。

（9）建立健全钢铁行业碳金融体系。建立以钢铁行业应对气候变化为发展目标的低碳标准体系，分批和有序开展钢铁行业低碳领域标准化工作。发布钢铁行业碳排放分级绩效评价标准，推动钢铁行业全面开展低碳绩效评价工作，并将低碳绩效评价结果与差别水价、电价和停限产等地方政策挂钩。充分发挥市场机制对控制温室气体的作用，加强碳减排的政策引导和激励，通过财政、税收、价格和金融等一系列调控政策，引导企业低碳转型。

7.2.2.4　化工行业

（1）因地制宜规划化工产业和区域布局。建议根据上位规划要求和产业布局需求，统筹资源禀赋、产业基础、交通区位、发展路径、环境承载力等自然地理和社会经济因素，科学研判各盟市在化工产业各细分门类的优势和不足，以旗县为单位因地制宜规划化工产业发展路径，避免在产业和区域布局上陷入过分集中和任意分散两种极端路线。建议以产业链增链、补链和碳排放总量、强度控制为抓手梳理区域化工产业布局，做到在产业链完善和碳排放控制的目标下的相关产业适度集中，实现规模效益和上下游联动效益的充分发挥。

(2) 有保有压实现化工行业低碳发展。建议在科学分析内蒙古自治区及全国化工市场需求的基础上，督促地方政府严禁上马"两高"项目，严格执行产能减量置换政策，引导地方政府根据行业供给关系合理安排化工生产，防范运动式"减碳"和"一刀切"限产。应坚持分类、分区、分业施策，在保障自治区产业有序转型和经济持续稳定发展的前提下，按照地区有先有后、产业有保有压的思路，推动各地区各企业梯次进行低碳技术改造。引导各盟市地方政府结合经济发展水平、产业结构特征、技术条件和功能定位，科学确定域内企业的降碳技术指标，鼓励包钢股份、亿利化学工业、伊泰化工等重点企业率先开展低碳技术改造试点和示范。

(3) 统筹优化碳排放分配和补偿机制。建议积极争取国家对口专项资金支持，在统筹区域产业、经济、功能定位的基础上，通过奖补类政策在碳排放目标、配额、跨区域补偿、碳税、横向转移支付等方面实现区域协调。发展完善自治区内部的跨区域生态补偿机制和市场化碳配额补偿机制，开设化工行业碳交易平台，尝试建立基于碳排放绩效水平的差别化电价机制。合理确定规模以上重点化工企业集聚地的技术减排目标，可根据现实条件适当降低短期碳排放考核要求，但应在区域发展规划、计划和重点项目中明确技术减排指标并确保落实。对于碳排放转移关系相对固定的地区，可以考虑建立横向转移支付制度，帮助重要化工产品供应基地减污降碳。

(4) 多措并举推动低碳技术研发应用。建议设立自治区双碳目标专项科研基金，聚焦重点行业和关键领域，资助一批行业领先技术的研究开发工作。发挥行业协会、技术联盟、人才专家库的推动和指导作用，择优选择一批推广潜力大、减碳效益显著、综合投资适中的科技成果进行示范和推广应用。设立专项奖金和行业荣誉等激励政策鼓励、支持各高校和科研院所与行业重点企业进行联合技术攻关并推进技术转化。针对 CCUS 等先进技术具有的创新性强、建设周期长、投资大等问题，探索建立相关技术的税收优惠机制，完善产业配套及管理体系，打通化工行业低碳产业链和创新链，形成合理收益模式，推动相关技术的快速转化。

7.2.2.5 有色行业

(1) 强化绿色发展理念，加快推进产能产量达峰。电解铝产能的控制在降低铝冶炼行业峰值中起重要作用，建议严格执行产能置换办法，研究差异化电解铝产能减量置换政策，提高行业准入门槛，严格控制铝冶炼行业产能总量。氧化铝不追求完全自给自足，鼓励适量氧化铝进口，根据电解铝产量调整氧化铝产能规模。

(2) 持续优化能源结构，加大清洁能源消纳力度。考虑内蒙古清洁能源富集地区生态承载力的前提下，鼓励电解铝企业主动调整用能结构，积极消纳绿色可再生能源，充分利用内蒙古风电、光伏、等资源，推动以煤电为主的电解铝产能向具有清洁能源优势的区域转移，由自备电向网点转化，从源头减少二氧化碳排放量，全面提升清洁能源冶炼的使用比例。

（3）调整优化产业结构，提高再生铝占比水平。加快废铝资源分类回收体系建设，提高保级利用水平。把握国家垃圾分类政策推行契机，将量大面广的铝产品纳入单独分类回收体系。制定再生铝预处理企业规范条件，提高现有废铝资源回收利用企业规范化水平，科学布局、因地制宜推动建设一批区域废铝资源回收预处理配送中心，引导高品质再生铝原料进口，鼓励铝加工企业与再生铝企业联合发展，形成稳定的供需合作模式，加快推动再生铝替代原铝生产比例，从源头解决再生铝企业废铝原料供给难题，全面提升铝产业链绿色循环发展水平。完善绿色采购体系，加大保级回收，推动企业优先采购废铝资源作为原料，引导企业和消费者优先选用绿色铝材和产品。

（4）加大自主创新力度，开发高效低耗减排技术。坚持科技引领，创新驱动，顺应绿色低碳发展方向，开发利用低碳特别是深度脱碳、零碳、惰性阳极、高效用电、可再生能源发电等高效低耗的前沿科技。提高智能化管理水平，全流程减少能源消耗环节的间接排放。持续优化工艺过程控制，进一步降低能耗、物耗，综合降低行业碳排放强度。针对铝电解过程中不可避免的二氧化碳排放，积极跟踪先进的碳捕集、利用与封存技术，研发适用于铝电解二氧化碳捕集的阳极结构及烟气回收治理技术，实现资源化利用。

（5）深度拓展应用领域，助力实现绿色低碳社会。充分发挥金属铝多种优良的结构和功能特性，通过技术创新，延伸产业链，鼓励铝企业探索从源头材料供应商向终端整体解决方案提供商的转变，引导形成"以铝代钢""以铝节木""以铝节铜"的社会共识。特别是在交通轻量化方面，铝材具有天然的优势，在保证车辆强度和安全性能的前提下，能够最大化的降低整车重量，提高动力性和续航里程，减少燃料消耗，降低碳排放，广泛拓展铝的应用领域，助力深度减碳、降碳，实现低碳社会。

（6）全面推进国际合作，构建国内外双循环发展格局。内蒙古作为我国"一带一路"向北开放的重要窗口，要积极打造开放新格局，打破我国电解铝国际产能合作的空白状态，客观分析内蒙古自治区清洁可再生能源资源禀赋有限和未来电解铝需求可能存在少量短缺之间的矛盾，主动对接产业链上下游企业，发挥各自优势，抱团出海，在境外政治经济风险较小、资源能源丰富、物流便利的地区发展铝工业，带动国内装备、技术出口，加快我国全球铝工业强国建设步伐。

7.2.2.6 农牧业

一是建立健全地方性碳达峰碳中和农牧业法规和政策、标准，促使内蒙古农牧业低碳发展法制化、制度化。二是建立健全全区农牧业碳排放统计监测体系，开展畜牧业碳排放监测，开展森林、湿地、土壤等生态碳汇本底调查和碳储量评估，实施生态保护修复碳汇成效监测评估。三是针对化肥农药减量增效、秸秆利用、地膜回收、畜牧业低碳饲料使用、畜禽粪便综合利用、农牧业清洁能源利用、农牧业碳减排及生态固碳等，建立健全低碳农牧业发展项目的惠农低碳补贴制度。四是加大技术指导、宣传引导扶持力度，提高农民绿色低碳技术储备与应用水平。五是积极开展农牧业固碳减排行动，形成"政府引导、企业参与、农民主导、技术推广部门助力"的"四位一体"长效发展机制格局。

7.2.2.7 建筑领域

（1）推动城市组团式发展，科学确定建设规模，控制新增建设用地过快增长。建立以绿色低碳为导向的城乡规划建设管理机制，制定建筑拆除管理办法，杜绝大拆大建。倡导绿色低碳规划设计理念，推动绿色建筑、低碳建筑规模化发展，推动绿色城镇、绿色社区、绿色农房的建设。

(2) 推进绿色建材的研发和应用。 加强高强钢筋、高性能混凝土、高性能砌体材料、保温结构一体化墙板等绿色建材的研发应用，强化建材循环利用，引进建筑垃圾模块化处置、微细粉再生利用、再生产品制备混凝土等技术，实现建筑垃圾资源化利用。

(3) 继续推广装配式建筑。 逐步推广钢结构建筑，新建科技馆、体育馆、博物馆、图书馆等公共建筑应用装配式钢结构，新建的旅游景区、景区客栈及度假区等区域建筑应优先采用装配式木结构。

(4) 强化节能改造。 公共建筑应率先完成节能改造，鼓励既有居住建筑开展绿色化改造，老旧小区改造须增加节能环保要求，农房应逐步开展节能改造。建筑炊事、供热等逐步推进电气化替代，因地制宜地采用空气、水、地源热泵技术供暖；大力发展太阳能热水建筑一体化系统，新建公共建筑应优先采用建筑光伏一体化（BIPV）技术，现有建筑逐步开展太阳能光伏分布式、一体化改造；农村地区发展分布式光伏技术，采用光伏屋顶并利用直流微网接纳风电与光电，推广压缩成型的固体燃料、规模化沼气等技术。

(5) 开展农村牧区绿色住宅改造。 强化农村住宅围护结构保温，降低供暖需求；推广"无煤村"建设，促进太阳能、风能、生物质能等清洁能源的开发利用，优化采暖、炊事等用能设备，推进用能方式转变。

7.2.2.8 交通领域

(1) 构建完善、绿色、低碳的现代化综合立体交通体系。 构建以综合交通、公交优先、绿色出行、创新驱动、智慧管理为核心的绿色交通运输体系，打造以"呼包鄂乌"城市群和赤峰、通辽区域中心城市为核心的综合客货运枢纽，构建12个盟市主城区"123出行交通圈"，完善城际轨道交通，构造一体化公交体系和以铁路为骨架的城际运输体系。

(2) 优化调整交通运输结构。 推动大宗货物"公转铁"，打造快货物流圈，培育无车承运试点货运平台，建设货运枢纽集疏运体系、城市配送体系以及多式联运、换装转运体系。

(3) 加快清洁燃料替代。 高效推进新能源和清洁能源装备应用，以城市公交、出租汽车、环卫车辆等为重点领域，逐步加大新能源车辆推广力度，以重卡矿卡为试点推广应用氢能源电池车辆，加强新能源清洁能源续航保障及绿色能源供给能力，优化充换电、加气、加氢基础设施布局。强化新能源技术研发和推广应用。推动太阳能、氢能、生物质能等新能源电池技术的研发，开展新能源混合动力车辆研发，深化自动驾驶技术、发动机技术、车辆轻量化制造技术、机车节电节油技术的研究。推进风能、太阳能等清洁可再生能源在公路服务区、收费站等设施上的应用。

(4) 推动智慧交通应用。 建设综合智能交通体系，积极运用大数据优化运输组织模式，全面提升交通运输节能管理能力。加快建设城市交通智慧大脑。加强对城市交通运行状态的监测和分析，推动城市交通精准治理。推动互联网与传统道路客运深度融合，强化信息技术对提升交通运输效率、运输服务水平以及绿色交通监管水平的支撑作用，以大数据、云计算、5G、北斗等新基建技术为引领，布局建设以信息、融合、创新为主要特征的"智慧+绿色"交通运输体系。

(5) 提升交通基础设施碳汇能力。 开展交通基础设施汇碳、固碳作用和能力研究，在公路沿线、枢纽互通区、航道绿地等区域，根据环境条件选择适宜的高碳汇能力绿化植物，提高固碳能力和碳汇水平。

7.2.2.9　公共机构领域

（1）严格控制公共机构新建建筑，合理配置办公用房资源，推进节约集约使用；全面实施公共机构的节能改造，强化绿色建筑创建，将单位建筑面积碳排放量纳入公共机构节约能源资源工作规划和考核体系。

（2）优先将绿色建筑、绿色建材、低碳产品纳入政府采纳目录，严格执行节能环保产品优先采购和强制采购制度，公共机构要率先采购秸秆环保板材等资源综合利用产品。

（3）因地制宜地推广使用光伏发电与建筑一体化应用，充分利用建筑屋顶、立面、车棚顶面等适宜场地空间，安装光电转换效率高的光伏发电设施。有条件的公共机构可建设连接光伏发电、储能设备和充放电设施的微网系统，实现高效消纳利用。

（4）建设智慧监控、能耗预警系统，优化空调、电梯、照明等用能设备控制策略，有条件的公共机构可集成整合楼宇自控、能耗监管、分布式发电等系统，实现各系统之间数据互联互通，打造智能建筑管控系统，实现数字化、智能化的能源管理。

（5）推动炊事、供热设施实施电气化替代，因地制宜采用空气源、水源、地源热泵等清洁用能设备替代燃煤、燃油、燃气锅炉；医院蒸汽系统以就近分散电蒸汽发生器替代集中燃气（煤）蒸汽锅炉。呼和浩特、乌兰察布等地云计算中心推广应用高密度集成等高效IT设备、液冷等高效制冷系统，因地制宜采用自然冷源等制冷方式。

（6）采用节约型绿化技术，采取见缝插绿、身边添绿、屋顶铺绿等方式，发挥植物固碳作用，提升公共机构碳汇。

（7）推动新能源用车在公共机构的使用，新增执勤、通勤等公务用车优先配备新能源汽车，提升公共机构新能源汽车充电保障。

（8）培育干部职工绿色低碳生活方式，倡导低碳出行、低碳办公理念；公共机构食堂用餐厉行节约、杜绝浪费；全面实施生活垃圾分类示范。

7.2.2.10　非二氧化碳温室气体控制政策建议

（1）加强非二氧化碳温室气体控制顶层设计。 将非二氧化碳温室气体管控作为应对气候变化规划和控制温室气体排放政策的重要组成部分，研究制定非二氧化碳温室气体管控方案，实施控制甲烷排放行动，明确甲烷减排的阶段性行动目标和具体的措施。

（2）推动甲烷控制和低浓度甲烷利用建议。 推广垃圾分类回收新技术，普及垃圾分类，优化垃圾回收体系，提高民众垃圾分类水平。鼓励相关部门和企业，开展矿产资源开采瓦斯监测技术和核算方法研究，有序推进煤矿瓦斯监测试点项目建设。设立重大示范工程，鼓励和支持低浓度甲烷开发利用，补齐甲烷全浓度利用短板，减少资源能源浪费。

（3）开发和推广工业生产、农牧业氧化亚氮减排技术。 鼓励科研院所和有条件的发电企业开展循环流化床锅炉氧化亚氮排放规律研究，探索适应内蒙古不同煤种、不同循环流化床锅炉型式的低氧化亚氮排放适用技术。硝酸生产企业将现有选择性尾气处理装置改造为非选择性处理装置，有效削减尾气中氧化亚氮排放。直面重化肥、轻有机肥，重大量元素肥料、轻中微量元素肥料，重氮肥、轻磷钾肥"三重三轻"问题，推广农牧业控碳技术，不断增强农田氧化亚氮减排效能。

（4）加大铝电解和氟化工行业全氟化碳控制。 开发利用铝电解生产中采用新的惰性材料取代炭阳极技术，减少 PFCs 的排放。建立铝电解企业 CF_4 和 C_2F_6 检测、评估体系，制定合理的减排目标。加强氟化工行业生产工艺改进、PFCs 泄漏气体的回收，制定 PFCs 生产企业特征污染物排放标准，控制全氟化碳排放。

7.2.3 做好内蒙古技术减碳的管理保障建议

一是加快构建技术减碳政策体系，包括完善碳减排技术发展法规制度、实施绿色低碳科技创新行动计划、推动低碳技术产业化、优化低碳技术应用环境、强化激励政策措施。二是搭建减碳技术成果转化创新平台。三是加强全流程碳管理人才队伍建设，如强化科创人才制度建设、加强科创人才培养。四是强化绿色低碳投融资激励机制，包括制定自治区应对气候变化投融资实施方案、推动组建气候投融资专业金融机构、加大应对气候变化及低碳发展专项资金投入力度。五是积极开展碳排放权交易，完善自治区碳排放权交易相关制度，全面开展林草碳汇交易、全面推进重点行业碳排放交易。六是构建碳普惠制度与模式。

参 考 文 献

［1］ 包思勤. "双碳"背景下内蒙古产业结构战略性调整思路探讨［J］. 内蒙古社会科学, 2021, 42 (5): 199-206.

［2］ 蒋小谦, 徐婧寒, 张黛阳. 6 张图带你了解中国的碳排放［EB/OL］. 世界资源研究所. https: //wri. org. cn/insights/data-viz-6-graphics-per-capita-emissions-china, wri. org. cn.

［3］ 王文军, 赵黛青, 陈勇. 我国低碳技术的现状、问题与发展模式研究［J］. 中国软科学, 2011 (12): 84-91.

［4］ 秦书生, 周彦霞. 我国发展低碳技术的困境与对策［J］. 科学经济社会, 2012, 30 (3): 38-41.

［5］ 高军, 王研凯, 赵智勇, 等. 660MW 超超临界机组烟气余热利用系统应用分析［J］. 内蒙古电力技术, 2015, 33 (3): 71-73.

［6］ 丁奇生, 李松. HP 强涡流型多通道燃烧器的开发与应用［J］. 机械装备, 2006, 3 (11): 54-55.

［7］ 刘志海. 我国平板玻璃行业节能减排现状及措施建议［J］. 建筑玻璃与工业玻璃, 2013, 6: 2-8.

［8］ 国家发展改革委环境和资源综合利用司节能处. 钢铁行业重点节能技术［J］. 广西节能, 2004, 2: 5-6.

［9］ 曹立刚. 包钢烧结球团技术进步［J］. 包钢科技, 2009, 35 (5): 7-11.

［10］ 陈春元. 包钢高炉喷煤新系统烟煤喷吹合理比例的研究［J］. 包钢科技, 2008, 34 (4): 10-12.

［11］ 张恒伟. 化工工艺中常见的节能降耗技术［J］. 山西化工, 2021 (3): 169-182.

［12］ 张凤霞. 化工工艺中常见的节能降耗技术措施［J］. 当代化工研究, 2021, 17: 145-146.

［13］ 郭峰, 成宏伟. 化工工艺中节能降耗技术措施分析［J］. 技术与市场, 2017, 24 (11): 48-49.

［14］ 于海东. 乌海. 科技创新赋能绿色低碳转型发展［N］. 内蒙古日报, 2021-4-12 (6).

［15］ 许世森, 王保民. 两段式干煤粉加压气化技术及工程应用［J］. 化工进展, 2010 (29): 290-294.

［16］ SHAN Y, HUANG Q, GUAN D, et al. China CO_2 emission accounts 2016-2017［J］. Scientific Data, 2020, 7 (1): 54.

［17］ 何建坤. 碳达峰碳中和目标导向下能源和经济的低碳转型［J］. 环境经济研究, 2021, 6 (1): 1-9.

［18］ 陈国平, 董昱, 梁志峰. 能源转型中的中国特色新能源高质量发展分析与思考［J］. 中国电机工程学报, 2020, 40 (17): 493-506.

［19］ 舒印彪, 张丽英, 张运洲, 等. 我国电力碳达峰、碳中和路径研究［J］. 中国工程科学, 2021, 23 (6): 1-14.

［20］ 王彦哲, 周胜, 王宇, 等. 中国核电和其他电力技术环境影响综合评价［J］. 清华大学学报 (自然科学版), 2021, 61 (4): 377-384.

［21］ 田云, 林子娟. 巴黎协定下中国碳排放权省域分配及减排潜力评估研究［J］. 自然资源学报, 2021, 36 (4): 921-933.

［22］ 邵桂兰, 王金, 李晨. 基于 2030 年碳减排目标的中国省际碳排放配额研究［J］. 山东财经大学学报, 2021, 33 (4): 13-23.

［23］ CAO Q, KANG W, SAJID M J, et al. Research on the optimization of carbon abatement efficiency in China on the basis of task allocation［J］. Journal of Cleaner Production, 2021, 299: 126-129.

［24］ 刘惠, 蔡博峰, 张立, 等. 中国电力行业 CO_2 减排技术及成本研究［J］. 环境工程, 2021, 39 (10): 8-14.

［25］ IEA. Projected Costs of Generating［R］. 2020.

［26］ 中国电力企业联合会. 中国电力行业年度发展报告 2020［R］. 2020-06-12.

［27］ YUAN J, NA C, LEI Q, et al. Coal use for power generation in China［J］. Resources, Conservation and Recycling, 2018, 129: 43-53.

［28］ YANG D, FAN L, SHI F, et al. Comparative study of cement manufacturing with different strength grades using the coupled LCA and partial LCC methods—A case study in China ［J］. Resources, Conservation and Recycling, 2017, 119: 6-8.

［29］ 何峰, 刘峥延, 邢有凯, 等. 中国水泥行业节能减排措施的协同控制效应评估研究 ［J］. 气候变化研究进展, 2021, 17 （4）: 400-409.

［30］ 陈继军. 看这些技术如何助力减碳 ［J］. 中国石油和化工产业观察, 2021 （8）: 12-14.

［31］ 崔波, 张立君. 碳达峰背景下内蒙古乌海及周边地区转型发展路径探析 ［J］. 北方经济, 2021 （7）: 57-59.

［32］ 国家能源局. 国家能源局关于促进煤炭工业科学发展的指导意见 ［EB/OL］. 2015. http://www.nea. gov.cn/2015-03/25/C_134095304.htm.

［33］ 国家质量监督检验检疫总局和国家标准化管理委员会. 温室气体排放核算与报告要求　第10部分 化工生产企业: GB/T 32151. 10-2015 ［S］. 北京, 2015.

［34］ 内蒙古自治区人民政府. 内蒙古自治区"十三五"工业发展规划. 2017.

［35］ 万里扬. 基础化工行业深度报告——化工碳中和系列报告二: 化工行业碳排放压力有多大 ［R］. 上海, 东方证券研究所, 2021: 1-22.

［36］ 王晓磊. 内蒙古自治区碳排放峰值预测及综合控制策略研究 ［D］. 北京: 中国地质大学（北京）, 2017.

［37］ 张建宇, 秦虎, 汪维. 中国开展甲烷排放控制关键问题与建议 ［J］. 环境与可持续发展, 2019 （5）: 105-108.

［38］ 内蒙古自治区人民政府. 内蒙古自治区"十四五"生态环境保护规划. 2021.

［39］ 张树礼. 推动减污降碳协同增效 以高水平生态环境保护推进内蒙古高质量发展 ［J］. 北方经济, 2022 （3）: 26-28.

［40］ 郭二果, 张树礼. 双碳背景下内蒙古绿色产业发展管理对策 ［J］. 北方经济, 2022 （1）: 42-44.

［41］ 郭二果, 张树礼, 李长青. 内蒙古绿色产业发展现状与路径 ［J］. 当代畜禽养殖业, 2022 （2）: 54-56.

［42］ 郭二果, 李现华, 刘芬, 等. 加快推进黄河流域生态环境整体保护 ［J］. 北方经济, 2020 （8）: 14-17.

［43］ 农业农村部. 农业农村减排固碳十大技术模式 ［J］. 农学学报, 2021, 11 （12）: 13.

［44］ 周亚敏. 非二氧化碳温室气体控制的战略与技术选择 ［J］. 气候变化研究进展, 2013, 9 （4）: 295-298.

［45］ 汪维, 高霁, 秦虎, 等. 甲烷的温室气体效应及排放控制 ［J］. 城市燃气, 2020, （4）: 4-9.

［46］ 杨啸, 刘丽, 解淑艳, 等. 我国甲烷减排路径及监测体系建设研究 ［J］. 环境保护科学, 2021, 47 （2）: 51-55, 70.

［47］ 董文娟, 孙铄, 李天枭, 等. 欧盟甲烷减排战略对我国碳中和的启示 ［J］. 环境与可持续发展, 2021, 46 （2）: 37-43.

［48］ 程琨, 潘根兴. 农业与碳中和 ［J］. 科学, 2021, 73 （6）: 8-12.

［49］ 杨啸, 刘丽, 解淑艳, 等. 我国甲烷减排路径及监测体系建设研究 ［J］. 环境保护科学, 2021, 47 （2）: 51-55, 70.

［50］ 郑思伟, 唐伟, 谷雨, 等. 城市生活垃圾填埋处理甲烷排放估算及控制途径研究 ［J］. 环境科学与管理, 2013, 38 （7）: 45-49.

［51］ 中国煤炭工业协会. 煤炭工业"十四五"科技发展指导意见 ［R/OL］. 2021. http://www.zgmtgyxh. org.cn/uploadfile/20210609103717716.pdf.

［52］ 国家发展和改革委员会, 国家能源局. 煤炭工业发展"十三五"规划 ［R］. 2017.

[53] 裴湛, 赵刚, 黄翔峰. 污水处理厂 N_2O 释放特征和减排途径研究 [J]. 环境科学与管理, 2016, 41 (4): 74-77.

[54] 张学智, 王继岩, 张藤丽, 等. 中国农业系统 N_2O 排放量评估及低碳措施 [J]. 江苏农业学报, 2021, 37 (5): 1215-1223.

[55] 李湘, 马翠梅. 气候变化绿皮书: 我国非二氧化碳温室气体排放控制形势分析 [R]. 北京: 社会科学文献出版社, 2020: 233-244.

[56] 国家发展和改革委员会. 国家重点节能低碳技术推广目录 (2014 年本, 2015 年本, 2016 年本, 2017 年本 节能部分).

[57] 工业和信息化部. 国家工业节能技术应用指南与案例. 2018.

[58] 工业和信息化部. 国家工业节能技术装备推荐目录. 2020.

[59] 国家发展改革委, 科技部, 工业和信息化部, 自然资源部. 绿色技术推广目录. 2020.

[60] 工业和信息化部. 工业节能技术装备推广目录. 2021.

[61] 郭晓, 李东升. "十三五" 期间内蒙古自治区污水处理工艺比较 [J]. 城市建设, 2021, (17): 355.

[62] 陈功, 石忠宁, 史冬, 等. 铝电解工业中全氟碳化物排放 [J]. 有色矿冶, 2010, 26 (1): 50-53.

[63] 相震. 减排全氟化碳应对全球气候变化 [J]. 三峡环境与生态, 2011, 33 (4): 15-18.

[64] 刘文革, 徐鑫, 韩甲业, 等. 碳中和目标下煤矿甲烷减排趋势模型及关键技术 [J]. 煤炭学报, 2022, 47 (1): 470-479.

[65] 张建宇, 秦虎, 汪维. 中国开展甲烷排放控制关键问题与建议 [J]. 环境与可持续发展, 2019, 44 (5): 105-108.

[66] 柯宇, 安明. 硝酸装置氧化亚氮三级减排技术及应用 [J]. 化肥工业, 2014, 41 (4): 42-46.

[67] HAU J, PRATHER M J. Global long-lived chemical modes excited in a 3-D chemistry transport model: Stratospheric N_2O, NO_x, O_3 and CH_4 chemistry [J]. Geophysical Research Letters, 2010, 37: L07805.

[68] MONTZKA S A, DLUGOKENCKY E J, BUTLER J H. Non-CO_2 greenhouse gases and climate change [J]. Nature, 2011, 4 (76): 43-50.

[69] REAY D S, DAVIDSON E A, SMITH K A, et al. Global agriculture and nitrous oxide emissions [J]. Nature Climate Change, 2012 (2): 410-416.

[70] SAUNOIS M, STAVERT A R, POULTER B, et al. The Global Methane Budget 2000-2017 [J]. Earth System Science Data, 2020, 12 (3): 1561-1623.

[71] SMITH P, REAY D, SMITH J. Agricultural methane emissions and the potential formitigation [J]. Philosophical Transactions of the Royal Society A: Mathematical, Physical and Engineering Sciences, 2021, 379: 20200451.

[72] TIAN H, XU R, CANADELL J G, et al. A comprehensive quantification of global nitrous oxide sources and sinks [J]. Nature, 2020, 586: 248-256.

[73] XIA L, LAM S K, CHEN D, et al. Can knowledge-based N management produce more staple grain with lower greenhouse gas emission and reactive nitrogen pollution? A meta-analysis [J]. Global Change Biology, 2017, 23: 1917-1925.

[74] ZHAO Y, WANG M, HU S, et al. Economics- and policy-driven organic carbon input enhancement dominates soil organic carbon accumulation in Chinese croplands [J]. Proceedings of the National Academy of Sciences of the United States of America, 2018, 115: 4045-4050.

[75] ZHENG X, HAN S, HUANG Y, et al. Re-quantifying the emission factors based on field measurements and estimating the direct N_2O emission from Chinese croplands [J]. Global Biogeochemical Cycles, 2004, 18: 1-19.

[76] ZOU J, HUANG Y, JIANG J, et al. A 3-year field measurement of methane and nitrous oxide emissions from rice paddies in China: Effects of water regime, crop residue, and fertilizer application [J]. Global Biogeochemical Cycles, 2005, 19: 1-9.

[77] 夏龙龙, 颜晓元. 中国粮食作物生命周期生产过程温室气体排放的研究进展及展望 [J]. 农业环境科学学报, 2020, 39: 665-672.

[78] 李虎, 邱建军, 王立刚, 等. 中国农田主要温室气体排放特征与控制技术 [J]. 生态环境学报, 2012, 21: 159-165.

[79] 李飞跃, 汪建飞. 中国粮食作物秸秆焚烧排碳量及转化生物炭固碳量的估算 [J]. 农业工程学报, 2013, 29: 1-7.

[80] 王晓玉, 薛帅, 谢光辉. 大田作物秸秆量评估中秸秆系数取值研究 [J]. 中国农业大学学报, 2012, 17: 1-8.

[81] 董红敏, 李玉娥, 陶秀萍, 等. 中国农业源温室气体排放与减排技术对策 [J]. 农业工程学报, 2008, 24: 269-273.

[82] 郝先荣, 沈丰菊. 户用沼气池综合效益评价方法 [J]. 可再生能源, 2006 (2): 4-6.

[83] 生态环境部等9部门联合印发《关于开展气候投融资试点工作的通知》（环办气候〔2021〕27号）, 2021.

[84] 内蒙古自治区党委. 关于贯彻落实习近平总书记参加十三届全国人大二次会议内蒙古代表团审议时重要讲话精神, 坚定不移走以生态优先绿色发展为导向的高质量发展新路子的决定, 2019.

[85] 生态环境部等5部门联合印发《关于促进应对气候变化投融资的指导意见》（环气候〔2020〕57号）, 2020.

[86] 龙惟定, 梁浩. 我国城市建筑碳达峰与碳中和路径探讨 [J]. 暖通空调, 2021, 51 (4): 1-17.

[87] IEA. Perspectives for the clean energy transition, the critical role of buildings [R/OL]. [2021-03-02]. http://www.iea.org/reports/the-critical-role-of-buildings.

[88] WRI, C40, ICLEI. Global protocol for community scale greenhouse gas emission inventories, an accounting and reporting standard for cities [S/OL]. USA: Green house Gas Protocol, World Resources Institute, 2014 [2021-03-02]. http://files.wri.org/dB/ssfs-public/glabal protocol_for_community_scal_greenhouse_gas_emission_inventory executive_summrary.pdf.

[89] 《建筑碳排放计算标准》（GB/T 51366-2019）[S]. 中华人民共和国住房和城乡建设部公告 2019 年第 101 号.

[90] 内蒙古自治区人民政府办公厅. 关于加强建筑节能和绿色建筑发展的实施意见. [2021-4-15].

[91] 内蒙古自治区人民政府办公厅. 内蒙古自治区"十四五"住房城乡建设事业规划. [2021-9-30].

[92] 江亿, 胡姗. 中国建筑部门实现碳中和的路径 [J]. 暖通空调, 2021, 51 (5): 1-13.

[93] 郑振华, 钟吉湘, 谢斌. 装配式建筑体系节能技术发展综述 [J]. 建筑节能, 2020, 48 (4): 138-143.

[94] 王俊文, 任平阳. 欧盟积极推进交通领域减排 [J]. 生态经济, 2021, 37 (3): 1-4.

[95] 生态环境部环境规划院《机动车污染防治政策的费用效益评估（CBA）技术手册》[R]. (2020-12).

[96] 关积珍. 中国智能交通的创新发展成就与未来展望 [J]. 可持续发展经济导刊, 2021 (Z2): 45-48.

[97] 鲁光泉, 王云鹏, 田大新. 车车协同安全控制技术 [M]. 北京: 科学出版社, 2014.

[98] 陆化普. 智能交通系统主要技术的发展 [J]. 科技导报, 2019, 37 (6): 27-35.

[99] 张志芸, 张国强, 刘艳秋, 等. 我国加氢站建设现状与前景 [J]. 节能, 2018, 37 (6): 16-19.

[100] 赵峰涛. 公共机构要为碳达峰碳中和作更大贡献 [N]. 学习时报, 2021-6-21 (1).

[101] 国家机关事务管理局, 国家发展和改革委员会, 财政部, 生态环境部. 深入开展公共机构绿色低

碳引领行动促进碳达峰实施方案. ［2021-11-16］.

［102］ 内蒙古自治区机关事务管理局. 内蒙古自治区公共机构节约能源资源"十四五"规划.

［103］ 廖虹云，熊小平，赵盟，等. 公共机构温室气体排放核算方法相关问题探讨 ［J］. 中国能源. 2015, 37（1）：31-34.

［104］ 路菲，邹瑜，余镇雨，等. 公共机构超低能耗建筑研究 ［J］. 建筑技术, 2020, 51（6）：690-694.

［105］ 国管局公共机构节能管理司. 发挥示范引领作用 助力实现碳达峰、碳中和 ［J］. 中国机关后勤. 2021（5）：6-8.

［106］ 袁晓玲，郗继宏，李朝鹏，等. 中国工业部门碳排放峰值预测及减排潜力研究 ［J］. 统计与信息论坛，2020, 35（9）：72-82.

［107］ 赵紫薇，孔福林，童莉葛，等. 基于"3060"目标的中国钢铁行业二氧化碳减排路径与潜力分析 ［J］. 钢铁，2022, 57（2）：162-174.

［108］ ZHANG X Y, JIAO K X, ZHANG J L, et al. A review on low carbon emissions projects of steel industry in the World ［J］. Journal of Cleaner Production, 2021, 306：127-259.

［109］ 刘楠楠，杨晓松，楚敬龙，等. 有色金属冶炼企业碳排放核算与减排策略 ［J］. 矿冶，2021, 30（3）：1-6.

［110］ 屈秋实，王礼茂，王博，等. 中国有色金属产业链碳排放及碳减排潜力省级差异 ［J］. 资源科学，2021, 43（4）：756-763.

［111］ 邢奕，崔永康，田京雷，等. 钢铁行业碳中和低碳技术路径探索 ［J］. 工程科学学报，2021, 12.

［112］ 张旭辉，潘根兴. 对碳中和的启示 ［J］. 科学，2021, 73（6）：18-21.

［113］ 闫明. 农业生产碳足迹及氮肥去向的计量研究 ［D］. 南京：南京农业大学，2015.

［114］ 钱浩宇. 大气二氧化碳与主要农艺措施对水稻生长及稻田甲烷排放的综合效应 ［D］. 北京：中国农业科学院，2021.

［115］ JIANG Y, CARRIJO D, HUANG S, et al. Water management to mitigate the global warming potential of rice systems：a global meta-analysis ［J］. Field Crops Research. 2019, 234：47-54.

［116］ 廖松婷，王忠波，张忠学，等. 稻田温室气体排放研究综述 ［J］. 农机化研究. 2014, 10：6-11.

［117］ 金书秦，林煜，牛坤玉. 以低碳带动农业绿色转型：中国农业碳排放特征及其减排路径 ［J］. 改革. 2021, 5（327）：29-37.

［118］ 魏文栋，陈竹君，耿涌，等. 循环经济助推碳中和的路径和对策建议 ［J］. 中国科学院院刊，2021, 36（9）：1030-1038.

［119］ ZHENG JJ, SUCH S. Strategies to reduce the global carbon footprint of plastics ［J］. Nature Climate Change. 2019, 9（5）：374-378.

［120］ 张卫建，严圣吉，张俊，等. 国家粮食安全与农业双碳目标的双赢策略 ［J］. 中国农业科学. 2021, 54（18）：3892-3902.

［121］ 张娟，杨东，陈媛，等. 基于低碳经济视角的内蒙古农牧业的发展问题初探 ［J］. 中国市场，2018（8）：2.

［122］ 高明娟，方瑞春，王亚琴，等. 内蒙古农牧业循环经济研究方向及发展模式 ［J］. 农家参谋，2021, 4：7-8.

［123］ ZHOU Z, ZHANG J Y, LIU P, et al. A two stage stochastic programming modelforthe optimal design of distributed energy systems ［J］. Applied Energy, 2013, 103：135-144.

［124］ 陈志昊，刘培，李政，等. 新区综合能源系统多目标最优化设计 ［J］. 工程热物理学报，2021, 42（1）：33-39.

［125］ LI T X, LIU P, LI Z. A multi G period and multi G regional modeling and optimization approach to energy in frastructure planning atatransients tage：A casestudy of China ［J］. Computers & Chemical

Engineering，2020，133：106-673.

[126] LI T X，LIU P，LI Z. Quantitative relationship between low carbon pathways and system transition costs based on a multiperiod and multiregion alenergy infrastructure planning approach：A case study of China [J]. Sustainable Energy Reviews，2020，134：110-159.

[127] 李忱息，刘培，李政. 城市能源系统碳达峰路径最优化 [J]. 清华大学学报（自然科学版）：2022，62（4）：810-818.

[128] 郭启光，杨宏杰，海琴. 内蒙古全面提升科技创新能力的路径研究 [J]. 前沿，2021（5）：122-128.

[129] 姜红丽，刘羽茜，冯一铭，等. 碳达峰、碳中和背景下"十四五"时期发电技术趋势分析 [J]. 发电技术，2022，43（1）：54-64.

[130] 周宏春. 碳达峰、碳中和需要技术创新驱动和支撑 [N]. 中国建材报，2021-11-09（001）.

[131] 王一鸣. 中国碳达峰碳中和目标下的绿色低碳转型：战略与路径 [J]. 全球化，2021（6）：5-18，133.

[132] 邱玥，周苏洋，顾伟，等. "碳达峰碳中和"目标下混氢天然气技术应用前景分析 [J]. 中国电机工程学报，2022，42（4）：1301-1321.

[133] 曹湘洪. 炼油行业碳达峰碳中和的技术路径 [J]. 炼油技术与工程，2022，52（1）：1-10.

[134] 朱四海. 碳达峰碳中和的制度保障与技术支撑研究 [J]. 发展研究，2022，39（1）：52-62.

[135] 曹成，侯正猛，熊鹰，等. 云南省碳中和技术路线与行动方案 [J]. 工程科学与技术，2022，54（1）：37-46.